21 世纪全国高等院校旅游管理类创新型应用人才培养规划教材

旅游心理学

主　编　杨　娇　刘丽梅
副主编　关海波

内 容 简 介

旅游心理学是心理学中一门新兴的应用性学科,是将心理学原理、相关研究成果及研究方法运用到旅游业中而产生的。为使读者对旅游心理学的研究内容有一个整体的、系统的把握,本书开篇介绍了心理学及其相关学科的基本概念和理论框架,进而对旅游者消费心理、从业服务心理和企业管理心理进行了详尽阐述。本书体系完整、论述详尽,反映了本学科的最新成果和前沿动态,具有极强的实务指导性。

本书既可作为旅游管理专业本、专科学生的教材,也可作为旅游企业和相关企业高级管理人员的培训用书。

图书在版编目(CIP)数据

旅游心理学/杨娇,刘丽梅主编.—北京:北京大学出版社,2014.1
(21世纪全国高等院校旅游管理类创新型应用人才培养规划教材)
ISBN 978-7-301-23475-4

Ⅰ.①旅… Ⅱ.①杨…②刘… Ⅲ.①旅游心理学—高等学校—教材 Ⅳ.①F590

中国版本图书馆 CIP 数据核字(2013)第 273416 号

书　　　　名:	旅游心理学
著作责任者:	杨　娇　刘丽梅　主编
策 划 编 辑:	刘　嵩
责 任 编 辑:	刘　嵩
标 准 书 号:	ISBN 978-7-301-23475-4/C · 0961
出 版 发 行:	北京大学出版社
地　　　　址:	北京市海淀区成府路 205 号　100871
网　　　　址:	http://www.pup.cn　新浪官方微博:@北京大学出版社
电 子 信 箱:	pup_6@163.com
电　　　　话:	邮购部 62752015　发行部 62750672　编辑部 62750667　出版部 62754962
印　刷　者:	北京虎彩文化传播有限公司
经　销　者:	新华书店
	787 毫米×1092 毫米　16 开本　20.5 印张　489 千字
	2014 年 1 月第 1 版　2019 年 12 月第 5 次印刷
定　　　　价:	41.00 元

未经许可,不得以任何方式复制或抄袭本书之部分或全部内容。
版权所有,侵权必究
举报电话:010-62752024　电子信箱:fd@pup.pku.edu.cn

编写人员名单

主　编　杨　娇　刘丽梅

副主编　关海波

参　编（按照编写章节先后顺序排名）

　　　　周春生　哈斯巴根　张　薇
　　　　徐　杰　杨存栋　崔秀萍

前　言

随着我国市场经济体制的逐步完善和对外开放程度的不断扩大，我国经济将完全融入世界经济体系之中，而教育水平的高低又与经济的发展密切相关，因此我国教育体制变革也在不断深入。作为旅游业重要支撑基础的旅游教育事业也得到了空前发展，现已形成研究生、本科、专科(含高职)和中等职业教育4个培养层次。旅游心理学自旅游学科建立伊始，就被列为旅游管理专业的主干课程之一，在旅游教育中占据重要地位，在旅游活动中的作用也已被人们所认可。

由于国内旅游业的快速发展和国外旅游企业的不断进入，企业之间的竞争越来越激烈。旅游者队伍的不断扩大和旅游者审美水平的不断提高，对旅游企业及其从业人员提出了更高的要求。只有深入了解和准确把握旅游者的心理，有针对性地提供产品和服务，才能最终赢得旅游者的青睐。如何围绕旅游者消费心理，结合旅游从业人员服务心理，进行旅游企业管理和提供旅游产品与服务，成为当前亟待解决的问题。

本书编者在编写过程中充分考虑我国旅游业及教育的现状，广泛征集了高等院校专业师生的建议，在内容编排上设有导入案例、知识链接，力求使学生能有效理解和把握相应章节内容，增强本书的实用性。同时，本书设置了类型丰富的复习思考题，方便师生检测教学效果和知识掌握程度。

本书共分为4篇15章。第1篇(第1章、第2章)为导论，主要对心理学及相关心理学学科内容进行了介绍；第2篇(第3~9章)为消费篇——旅游者消费心理，分别从旅游知觉、旅游学习、旅游者动机、旅游者态度、旅游者情绪、旅游者人格和社会因素等不同角度阐述了各自与旅游消费之间的关系；第3篇(第10章、第11章)为服务篇——从业服务心理，主要分析了酒店服务心理和导游服务心理两方面内容；第4篇(第12~15章)为管理篇——企业管理心理，主要分析了旅游企业员工激励、旅游企业团体心理、旅游企业领导心理和旅游企业员工心理保健4个方面的内容。

本书具体编写分工如下：杨娇撰写第1章、第2章，刘丽梅撰写第3章，周春生撰写第4章及第5章的5.1、5.2节，哈斯巴根撰写第6章及第9章的9.1~9.3节，张薇撰写第7章、第8章，徐杰撰写第10章、第11章，杨存栋撰写第12章、第13章，崔秀萍撰写第14章、第15章，关海波撰写第5章的5.3节、第9章的9.4节，全书由杨娇总纂定稿。

编者在编写本书的过程中参考了国内外诸多学者的成果，在此对这些学者和专家深表谢意。同时，由于编者水平有限，如有不足和遗漏之处，敬请广大读者谅解并批评指正。

编　者
2013年6月于呼和浩特

目 录

第1篇 导论

第1章 心理学概述 …………… 3
- 1.1 心理学是一门交叉科学 …… 4
- 1.2 心理学的研究内容 ………… 4
  - 1.2.1 心理过程 …………… 4
  - 1.2.2 心理状态 …………… 6
  - 1.2.3 个性心理 …………… 6
  - 1.2.4 心理现象 …………… 7
- 1.3 当前心理学学科发展概况 … 8
  - 1.3.1 当前心理学学科的研究重点 ………………… 8
  - 1.3.2 当前心理学学科的发展特点 ………………… 9
- 1.4 旅游心理学概述 …………… 10
  - 1.4.1 旅游心理学的研究内容 … 10
  - 1.4.2 旅游心理学的研究方法 … 11
  - 1.4.3 旅游心理学的研究意义 … 14

第2章 相关心理学学科 ………… 20
- 2.1 普通心理学 ………………… 21
  - 2.1.1 西方现代心理学的三大流派 ………………… 21
  - 2.1.2 普通心理学的研究范畴 … 27
  - 2.1.3 普通心理学的研究方法 … 27
- 2.2 社会心理学 ………………… 27
  - 2.2.1 社会心理学的研究对象 … 27
  - 2.2.2 社会心理学的研究方法 … 28
- 2.3 管理心理学 ………………… 30
  - 2.3.1 管理心理学的研究对象 … 30
  - 2.3.2 管理心理学的研究内容 … 30
  - 2.3.3 管理心理学的研究方法 … 31
- 2.4 消费心理学 ………………… 32
  - 2.4.1 消费心理学的研究对象 … 32
  - 2.4.2 消费心理学的研究内容 … 33
  - 2.4.3 消费心理学的研究方法 … 34
- 2.5 服务心理学 ………………… 36
  - 2.5.1 服务心理学的研究对象 … 36
  - 2.5.2 服务心理学的研究内容 … 36
  - 2.5.3 服务心理学的研究意义 … 37
  - 2.5.4 服务心理学的研究方法 … 37

第2篇 消费篇——旅游者消费心理

第3章 旅游者知觉与旅游消费 …… 43
- 3.1 感觉与知觉 ………………… 43
  - 3.1.1 感觉 …………………… 44
  - 3.1.2 知觉 …………………… 46
- 3.2 旅游活动中的感知觉 ……… 51
  - 3.2.1 影响旅游知觉的因素 … 51
  - 3.2.2 旅游者的风险知觉 …… 53
  - 3.2.3 旅游中的社会知觉 …… 55
- 3.3 旅游感知与旅游消费 ……… 58
  - 3.3.1 感觉与旅游消费 ……… 58
  - 3.3.2 知觉与旅游消费 ……… 59

第4章 旅游者学习与旅游消费 …… 65
- 4.1 学习心理学 ………………… 66
  - 4.1.1 学习使旅游者从不成熟走向成熟 ……………… 67
  - 4.1.2 成熟旅游者的表现 …… 67
  - 4.1.3 减少旅游者购买后疑惑的学习 ………………… 68
- 4.2 旅游者学习的作用及途径 … 69
  - 4.2.1 学习对旅游者的作用 … 69
  - 4.2.2 旅游者的学习途径 …… 70
- 4.3 旅游者的学习规律 ………… 72
  - 4.3.1 行为学习理论 ………… 72
  - 4.3.2 认知学习理论 ………… 73
- 4.4 旅游者学习规律的运用 …… 74
  - 4.4.1 学习理论的基本应用 … 74
  - 4.4.2 行为学习理论的应用 … 75
  - 4.4.3 认知学习理论的运用 … 76

第5章 旅游者动机与旅游消费 …… 80

5.1 需要与动机 …… 81
- 5.1.1 旅游需要 …… 81
- 5.1.2 旅游者的需要 …… 87

5.2 旅游动机 …… 93
- 5.2.1 动机概述 …… 93
- 5.2.2 动机的功能 …… 94
- 5.2.3 动机的种类 …… 94
- 5.2.4 旅游动机的产生条件 …… 96
- 5.2.5 各国学者对旅游动机的分类 …… 98

5.3 旅游动机的激发 …… 101
- 5.3.1 不断开发有特色的旅游产品 …… 101
- 5.3.2 旅游设施必须具有供应能力 …… 102
- 5.3.3 旅游业必须具备强大的组织接待能力 …… 102
- 5.3.4 加大宣传力度，更新促销手段 …… 103

第6章 旅游者态度与旅游行为 …… 107

6.1 态度概述 …… 107
- 6.1.1 态度及其组成部分 …… 107
- 6.1.2 态度的特征 …… 109
- 6.1.3 态度的作用 …… 110
- 6.1.4 态度的形成与转变 …… 111
- 6.1.5 态度与旅游行为的关系 …… 114

6.2 态度与旅游决策 …… 116
- 6.2.1 态度与旅游决策过程 …… 116
- 6.2.2 旅游偏爱的形成 …… 116
- 6.2.3 旅游促销 …… 118

第7章 旅游者情绪与旅游消费 …… 122

7.1 情绪、情感概述 …… 122
- 7.1.1 情绪、情感的内涵 …… 122
- 7.1.2 情绪、情感的分类 …… 124
- 7.1.3 情绪的特征 …… 129
- 7.1.4 情绪、情感的作用 …… 132

7.2 旅游者的情绪、情感与旅游消费 …… 135
- 7.2.1 旅游者的情感体验 …… 135
- 7.2.2 旅游者情绪、情感的特征 …… 136
- 7.2.3 影响旅游者情绪、情感体验的主要因素 …… 137
- 7.2.4 情绪、情感对旅游者其他心理及行为的影响 …… 139
- 7.2.5 旅游者情绪、情感的调控与激发 …… 141

第8章 旅游者人格与旅游消费 …… 144

8.1 人格概述 …… 144
- 8.1.1 人格的概念及特征 …… 144
- 8.1.2 气质概述 …… 146
- 8.1.3 性格概述 …… 151

8.2 旅游者人格与旅游消费 …… 152
- 8.2.1 不同气质类型旅游者的旅游活动特点 …… 152
- 8.2.2 不同性格类型旅游者的旅游消费特点 …… 157
- 8.2.3 人格结构理论与旅游消费 …… 158

第9章 社会因素与旅游消费 …… 166

9.1 社会文化与旅游消费 …… 167
- 9.1.1 社会文化的一般概念 …… 167
- 9.1.2 社会文化对旅游消费的影响 …… 167
- 9.1.3 亚文化对旅游消费的影响 …… 169

9.2 家庭对旅游消费的影响 …… 170
- 9.2.1 家庭生命周期对旅游消费行为的影响 …… 170
- 9.2.2 家庭变化对旅游消费行为的影响 …… 172
- 9.2.3 家庭决策对旅游行为的影响 …… 172

9.3 社会阶层与旅游消费 …… 177
- 9.3.1 社会阶层 …… 177
- 9.3.2 社会阶层对旅游消费的影响 …… 178

9.4 社会群体与旅游消费 …… 179
- 9.4.1 社会群体 …… 179
- 9.4.2 社会群体的形成 …… 180
- 9.4.3 社会群体对旅游消费的影响 …… 181

第3篇 服务篇——从业服务心理

第10章 酒店服务心理 187
10.1 客房服务心理 187
10.1.1 宾客对客房服务的心理需求 187
10.1.2 客房服务心理策略 188
10.2 餐厅服务心理 190
10.2.1 宾客对餐厅服务的心理需求 190
10.2.2 餐厅服务策略 192
10.3 前厅客房服务心理 196
10.3.1 宾客对前厅服务的心理需求 196
10.3.2 前厅服务策略 199

第11章 导游服务心理 203
11.1 旅游者心理 203
11.1.1 旅游者的一般心理 203
11.1.2 不同特征的旅游者的心理 206
11.1.3 不同游览阶段旅游者的心理 208
11.2 导游员的心理素质和职业要求 209
11.2.1 导游员应具备的心理素质 209
11.2.2 导游员职业要求 212
11.3 导游服务心理策略 218
11.3.1 迎客服务心理 218
11.3.2 游览服务心理 220

第4篇 管理篇——企业管理心理

第12章 旅游企业员工激励 231
12.1 激励理论概述 232
12.1.1 激励 232
12.1.2 典型的激励理论 233
12.2 旅游企业员工激励 242
12.2.1 中国旅游企业发展概况 243
12.2.2 我国旅游企业员工激励中存在的问题 244
12.2.3 旅游企业员工激励的影响因素 247
12.2.4 旅游企业员工激励的基本原则 248
12.2.5 旅游企业员工激励体系构建方法 250

第13章 旅游企业团体心理 254
13.1 群体心理与个体行为 254
13.1.1 群体与群体心理 254
13.1.2 个体与个体心理 258
13.2 团队建设 267
13.2.1 团队概述 267
13.2.2 团队发展阶段 269

第14章 旅游企业领导心理 273
14.1 领导概述 273
14.1.1 领导的概念 273
14.1.2 领导的功能 274
14.1.3 领导者的根本任务 275
14.1.4 领导的方式 275
14.2 旅游企业领导者概述 276
14.2.1 旅游企业领导者 277
14.2.2 旅游企业领导者的素质 277
14.2.3 旅游企业领导者的影响力 278
14.3 旅游企业领导者的领导风格与领导艺术 279
14.3.1 旅游企业领导者的领导风格 280
14.3.2 旅游企业领导者的领导艺术 280
14.4 旅游企业领导者的心理素质与心理调整 284
14.4.1 旅游企业领导者的心理素质 284
14.4.2 旅游企业领导者的心理调整 288
14.5 旅游企业领导者群体的心理结构 291
14.5.1 领导者群体的心理结构的效能 291
14.5.2 领导者群体的心理结构 292
14.5.3 领导者群体心理的优化 293

第15章 旅游企业员工心理保健 297
15.1 旅游企业员工的心理健康 297
15.1.1 健康的含义 297

15.1.2 心理健康的标准 …… 298
15.1.3 旅游企业员工心理健康的标准 …… 298
15.2 旅游企业员工的挫折心理和心理自助 …… 299
　15.2.1 挫折的概念 …… 299
　15.2.2 挫折产生的原因 …… 299
　15.2.3 心理挫折的容忍力 …… 300
　15.2.4 挫折后的行为表现 …… 301
　15.2.5 进行积极的心理自助的方式 …… 302
15.3 旅游企业员工的心理疲劳与调节 …… 303
　15.3.1 心理疲劳 …… 303
　15.3.2 旅游企业员工心理疲劳的调节 …… 306
15.4 旅游企业员工情绪状态的自我调节 …… 308
　15.4.1 对情绪状态进行自我调节的必要性和可能性 …… 308
　15.4.2 情绪状态自我调节的方法 …… 309
15.5 旅游企业员工心理健康维护 …… 311
　15.5.1 对心理疾病应有的认识 …… 311
　15.5.2 提高心理健康水平的途径 …… 312

参考文献 …… 316

第1篇 导论

1

学习目标

1. 掌握心理学的基本概念。
2. 了解心理学研究任务及发展历史。
3. 掌握旅游心理学的概念及基本内容。
4. 熟悉旅游心理学的研究方法。
5. 熟悉旅游心理学的研究意义。

导入案例

错失时机，寡不敌众[①]

按计划，小林的团队应该是晚上7点整在某市游湖赏月，但路上遇到交通事故，他们到达该市的时候，已经是晚上8点半了，原来计划要坐的那班游船早就开走了。小林和地陪先把客人带到餐厅去用餐，然后把情况通知了地接社。

正当小林一边吃饭一边等着地接社的决定时，他听到客人在餐桌上就不能进行游湖的事议论开了。小林觉得客人有些议论也是正常的，就没有在意。吃完饭，小林刚刚走出餐厅，鲁太太就冲着他喊："全陪，全陪！你过来一下。我们有话要正式地对你说。"鲁太太十分严肃地对小林说："你知道，今天是中秋节。团圆之夜，我们不在家里待着，不远万里来到这里，为的就是游湖赏月。报名的时候，旅行社保证我们今天晚上一定能够游湖赏月。你今天必须给我们安排这个节目！"

小林刚想解释，另一个客人接着说："你想说堵车吧？车是你们旅行社的车，走哪条路是你们定的。游船也是你们安排的，全都是你们的事！可能会遇到什么样的事，你们应该事先做好准备的。难道你们收了钱就不管了吗？凭什么要我们来承担这个后果！"

小林耐心地对客人解释："我理解各位的心情，现在地接社也正在想办法。我们在这里要住两个晚上，今天不能游湖赏月，明天还可以去，俗话说，十五的月亮十六圆……"

"你说些什么呀！告诉你，再敢乱说，那就别怪我骂人！"说话的是团队的"头"鲁太太，"八月十五中秋节游湖赏月，过了十五，谁还去赏月？你觉得再包租一条游船费用太高，是不是？费用太高，就不让我们今天去游湖赏月，是不是？告诉你，如果今天晚上不带我们游湖赏月，我这里有全团的签名，我要去告你，告你们旅行社，我还要在香港报纸上把这件事登出来。你好好想想吧！你就把我的话告诉你们单位领导。"

小林还想解释，鲁太太把手一挥，说："别说了！这是我们大家一致的意见，对不对呀？"其他客人立即附和："对！"接着，还响起一阵掌声。

【问题】

1. 小林对于旅途出现的问题，在处理时机和方式上应如何把握比较恰当？
2. 在游览过程中，影响游览效果的因素有哪些？

[①] 资料来源：阎纲. 导游实操多维心理分析案例100[M]. 广州：广东旅游出版社，2003.

旅游心理学是心理学中一门新兴的应用性学科,是将心理学原理、相关研究成果及研究方法运用到旅游业中而产生的。本章首先概括介绍了心理学的基本概念和理论框架,并在此基础上对旅游心理学的基本问题进行了分析和阐述,主要涉及旅游心理学的研究对象、研究方法和研究意义。

1.1 心理学是一门交叉科学

心理学是一门既古老又年轻的学科。从科学史的角度看,人类自从有文字记载起(约5 000年前),几乎所有的古老文明,就开始讨论与心理有关的问题,甚至与身心关系有关的问题。但与现代其他科学相比,只有100多年历史的心理学是很年轻的。现在国际心理学界公认科学的心理学于1879年诞生于德国的莱比锡。由于心理学科学目标的艰难和研究手段的限制,这100多年来,心理学在相当长的时间内还停留在初步的数据积累和理论探索阶段。最近20年来,随着脑成像和基因技术的发展,大批相关学科的科学家进入心理学领域。而综合方法的应用,也使得心理学又进入了一个突飞猛进的阶段。

心理学研究的目标是人类意识的本质及其生物基础、机制和起源。心理学是研究意识问题的最主要的学科,即研究意识(灵魂)的科学。心理学研究的意识是相对于肉体的意识,而不是哲学意义的意识,它试图不关注意识的内容和哲学性。为强调心理学的科学性,国际心理学界又引入了一个新的词组——心理科学。

由于心理学的研究对象是人,而人必定受到环境的影响而千差万别,人类对于自身行为的理解和改善的渴望,加之行为主义,使得心理学又担负起了理解人类行为的任务。对具体的人而言,意识是由存在决定的,存在就是环境和社会,这就不可避免地要涉及人的社会属性因素。由此一来,现实中的心理学又引进了很多社会科学的内容和方法,使得心理学具有了一些社会科学的特性。因此,心理学成为一门横跨自然科学与社会科学的交叉科学。无论是从知识探究的角度,还是从社会需要的角度来看,心理学都是一门不可或缺的学科。

1.2 心理学的研究内容

心理学是研究人的心理活动及其规律的科学,它的基本任务是揭示心理活动的本质和发生、发展的规律。心理学的研究对象是人的心理现象,如感觉、知觉、记忆、思维、想象、情感、意志、气质、性格等。它们是一个多层次相互关联的复杂系统,大体包括心理过程、心理状态和个性心理3个子系统。

1.2.1 心理过程

心理过程就是心理现象的动态变化过程。心理过程按性质和功能的不同,可分为认知过程、情感过程和意志过程。

1. 认知过程

认知过程又称认识过程,指人们获得知识信息与应用知识信息的过程,也称信息加工过程。这是人的最基本的心理过程,是为了弄清客观事物的性质和规律而产生的心理活动。人脑接受外界输入的信息,信息经过头脑的加工处理,转换成内隐的心理活动,再进而支配、影响人的行为,这个过程就是认知过程。认知过程包括感觉、知觉、记忆、思维、想象等心理现象。

感觉是人脑对直接作用于感觉器官的客观事物的个别属性的反映。任何客观事物都有许多个别属性,如颜色、声音、气味、味道、温度等。当这些个别属性直接作用于人的眼、耳、鼻、舌、皮肤等感觉器官时,就在大脑中引起相应的视觉、听觉、嗅觉、味觉、触觉等感觉。用信息加工的观点解释感觉,感觉就是信息向人脑的传递或人脑接受信息的过程。

知觉是人脑对直接作用于感觉器官的客观事物的整体的反映。在知觉过程中,人脑总是在已有经验的参与下对各种感觉信息进行加工,对事物作出解释。从信息加工的角度考察知觉,知觉是人脑对感觉信息的组织和解释过程。

记忆是人脑对经历过的事物的反映。按照信息加工理论,记忆就是人脑对所得到的信息进行编码、储存和提取的过程。人脑对经历过的事物的识记、保持、再现的过程就是记忆。记忆的主要内容是表象,表象是过去感知过的事物不在面前时在头脑中重现出来的形象。

思维是人脑对客观事物本质属性和规律性联系的概括后的间接反映。思维具有间接性和概括性两个最基本的特征。间接性是指凭借一定媒介来反映客观事物,能对没有直接作用于感觉器官的事物及其属性加以反映。概括性思维是指通过抽取同一类事物的共同特征和事物间的必然联系来反映事物。在认识过程的初级阶段,感知觉能对客观事物直接反映,反映其外部特征和外在联系。而在认识过程的高级阶段,思维则是对客观事物的间接、概括的反映,反映的是客观事物的本质特征和规律性联系。

想象是人脑对已有表象进行加工改造而形成新形象的过程,是由头脑中已有的一些表象黏合、重组而成的。

以上所描述的感觉、知觉、记忆、思维、想象等心理活动是人们用来获得知识信息与应用知识信息的过程,是人们为弄清事物性质和规律的活动,因此被称为认知过程或信息加工过程。

2. 情感过程

人在认识客观事物时,常常会伴随产生满意或不满意、喜欢或厌恶、热情或冷淡、欢欣或忧虑、高兴或烦恼、赞赏或鄙视、沉静或激动等感受和体验,这在心理学上称为情感或情绪。它是人们在认识活动中产生的各种各样的态度体验。情感在认知的基础上产生,又会对认知活动产生巨大的影响。积极的情感具有增力性,能够激发人们认识事物的积极性,使人乐观向上、锐意进取;消极的情感具有减力性,使人意志消沉,削弱人们认知和创造的热情。

3. 意志过程

人不仅能认识客观事物并产生一定的感受,而且还能根据对客观事物及其规律的认识自觉地改造世界。人能够根据自己的认识确定行动目的,拟订计划和步骤,克服困难,最终将计划付诸行动,这种自觉地确定目标并努力加以实现的心理过程就是意志过程。

意志是个体自觉地确定目标，并根据目标调节自身行动、克服困难的心理过程。它是人类特有的心理活动，是人类意识能动性的集中表现。意志对行为执行着两种功能，即激励功能和抑制功能。前者推动人去从事达到预定目的所必需的行动，后者抑制与目的不符的愿望和行动。意志的这两项功能在实际活动中是统一的。例如，利用业余时间学好外语的决心一方面推动人进行外语学习活动，另一方面又抑制那些可能干扰他学好外语的其他活动。

认知、情感、意志过程统称为心理过程，三者并不是彼此孤立的，而是相互联系、彼此制约的有机整体，是互相联系、互相促进、统一在一起的。认知、情感、意志这3方面处于动态变化中，有其发生、发展、升华的过程。情感的发生与深化、意志行动的确立与执行都以认知为基础；情感和意志又反过来影响认知活动的进行和发展。同样，情感可以激励或弱化意志行动；意志又有利于情感的丰富与升华。总之，心理过程是人的心理现象最重要的一个方面，是心理学研究对象的一个重要组成成分。

1.2.2 心理状态

心理状态是介于动态的心理过程和静态的个性心理之间的相对持续状态。其持续时间可以是几小时、几天或几个星期，它既不像心理过程那样动态、变化，也不像个性心理那样持久、稳定。它是人在一定时间内各种心理活动的综合表现。俗话说"人逢喜事精神爽"，就是指人在一段时间里，感知敏锐、记忆清晰、思维活跃、精神开朗、做事果断等表现出的各种心理振奋状态。

注意是心理活动对一定对象的指向和集中。指向性和集中性是注意的两个基本特征。指向性是在某一瞬间，人们的心理活动有选择性地朝向一定对象。集中性是心理活动停留在一定对象上的强度或紧张度。注意集中时心理活动会屏蔽一切无关事物，抑制多余活动，保证注意的清晰、完整和深刻。一方面注意总是伴随着心理活动而产生，离开了心理活动，注意就失去了内容；另一方面注意在整个心理活动中发挥着重要的作用，是整个心理活动的引导者和组织者，是一切心理活动发生的背景，能够使心理活动处于积极状态。

1.2.3 个性心理

由于每个人的先天因素、受教育程度及个人的实践经历各不相同，因此，每个人的心理过程总是带有明显的个人特征，于是就形成了个人不同的个性，并具体表现为每个人具有不同的个性倾向性、动机、兴趣、理想、信念、世界观和个性的心理特征（能力、气质和性格）。例如，个人的兴趣倾向性、兴趣的广度、兴趣的中心、兴趣的稳定性不同；个人的观察力、注意力、记忆力、想象力、思考力不同；个人的能力高低不同；在同一种情境下，个人的反应不同。此外，个人的理想和信念，个人的情感体验的深浅度、情感表现的强弱，以及克服困难的决心和毅力的大小也不相同。所有这些都是个性的不同特点。

在一定的社会历史条件下，人的个性倾向性和个性心理特征的总和统称为个性心理或人格。个性心理是一个人相对稳定、平衡的动态系统。人在认知、情感、意志过程中，会形成各种各样的比较稳定的心理特征，造成人与人之间的种种心理差异，这些比较稳定的心理差异称为个性。个性心理包括个性倾向性和个性心理特征。

1. 个性倾向性

个性倾向性是人对客观事物的稳定的态度,是从事各项活动的基本动力,规定着人的行动方向。

与个性倾向性相关联,在人们的认知、情感、意志过程中,常常表现出许多不同的心理特点,形成人们在能力或智力方面的个别差异。

在情感、情绪等心理活动方面的不同特点,就形成人们在气质方面的个别差异。气质是指心理活动的较稳定的动力特征,主要表现在心理活动的强度、速度和灵活性及指向性等方面。心理活动的强度指情绪的强弱、意志努力的程度、注意集中时间的长短及注意的转移等;心理活动的速度和灵活性指知觉的速度、思维的敏捷性和灵活性等;心理活动的指向性为心理活动是指向外部客观现实还是指向自己的内心世界。

在人们的态度和行为方式上的不同特点,就形成了人们在性格方面的个别差异。性格是人在对现实的态度和行为方式中表现出的较稳定的心理特征的总和。个体在长期的生活实践中逐渐形成对现实的各种稳定态度,并以一定的方式表现于个体的行为之中,构成个体所特有的行为方式时,其性格特征也就形成了。性格在整个个性特征中处于重要地位,具有核心意义。一个人对现实的稳定态度和行为方式总是与他的价值观、人生观、世界观相联系,具有明显的社会评价意义。在对其他个性特征的影响上,性格制约着能力发展的方向与水平,同时也掩盖或改造着人的气质。

2. 个性心理特征

人们在能力、气质和性格等方面所表现出来的这些差异,心理学统称为个性心理特征。个性心理特征是一个人身上经常表现出来的心理状态,是个体从事活动的速度、效率、方式、风格等方面表现出来的特点。

个性倾向性和个性心理特征紧密联系。个性倾向性渗透于个性心理特征中,个性心理特征反映出人的个性倾向性,两者的紧密结合体现着一个人完整的个性。个性心理是人的心理现象的另一个重要方面,也是心理学研究对象的一个重要组成成分。

1.2.4 心理现象

以上描述的人的心理现象系统就是心理学研究对象的主要内容。归纳起来,可以把人的心理现象大致分类,如图1.1所示。

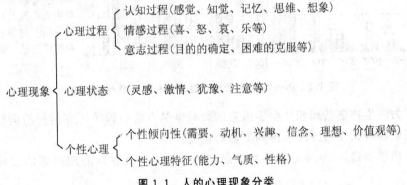

图1.1 人的心理现象分类

心理过程、心理状态和个性心理三者是相互联系、相互影响的有机整体。个性心理是在心理过程的基础上逐渐形成和发展的，而个性心理又总是通过各种心理过程表现出来。相反，已形成的个性心理又积极地影响着心理过程，使人的心理过程打上个性的烙印。不管是心理过程，还是个性心理，它们又都是在心理状态这个背景上发生的。总之，心理过程、心理状态和个性心理的相互关系，从整体上反映着人的心理现象的共同规律和个别规律的统一。心理学就是研究人的这些心理现象，并揭示其规律的科学。

1.3 当前心理学学科发展概况

1.3.1 当前心理学学科的研究重点

意识的本质和其生物学基础仍然是心理学界最感兴趣的问题，与此相应的是，对潜意识和阈下刺激的影响的研究得到更多的重视。心理学早就明确了人的感受器官对外界特定的刺激有所反应，而刺激必须达到一定的强度，才能引起这种特异性的反应，这种刚刚能引起某一感觉器官的感受的刺激的强度，就被认为是在阈限之上，阈限强度以下的刺激是不能引起反应的。然而现在，有越来越多的实验证据表明，阈限下的刺激确实对人的行为有所影响。这个现象与非意识（或者意识下）的状态太接近了，很多人认为这是研究意识的一个重要的途径。

行为（广义的行为，包括记忆、决策等）的脑机制是当前研究的热点。脑是心理的器官这一观点早已为学术界所接受。通过对脑损伤等方法，脑的很多部位的功能定位和脑内的信息传递，也已经有了上百年的研究。现代脑成像技术不仅使得研究者可以研究未受损伤的、正在活动的脑，而且能更精确地定位脑的功能部位和活动过程。各类功能定位的研究方法已经广泛用于心理学各个分支的研究工作，而且仍然处于上升的趋势。PsycINFO 收录的心理学各分支文章数量趋势如图 1.2 所示。

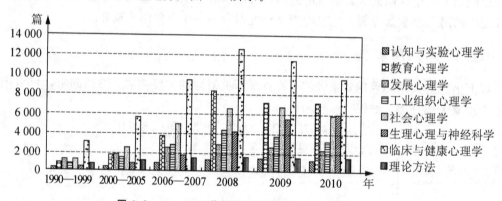

图 1.2 PsycINFO 收录的心理学各分支文章数量趋势

群体行为的生物学基础和社会学因素的影响也是当前心理学研究的前沿问题。人类心理的基因基础在有条件的国家也得到更多的重视。

健康心理学是最近 20 年心理学发展最快的领域之一。它从心理因素的致病性和心理因素对健康的保障性两个大的方面，从生物心理学、认知心理学、异常心理学、社会心理学等方面全面地展开研究，已经获得很多成果，表达了人类对健康和长寿的追求，改变了人类对传统意义的简单的身体健康的观念，是人类对生活意义的认识的一次极大的飞跃。在发达国家，原有的简单的身体导向的医学观念正在快速地提高为身体的、心理的、社会的三维度的全面的医学观念，为其国民的健康和幸福提升了保障水平和理论指导。

心理学虽然仍然在发展之中，很多基础理论问题尚不能达到像其他一些先发学科（如物理学、化学）那样，用几个定理、定律来解释人的心理现象。但是，其既有成果已经能够服务于社会的发展，世界各国对应用心理学和心理学的应用也已经成为一个潮流，并取得了很大的成效。

1.3.2 当前心理学学科的发展特点

1. 多学科交叉研究趋势更加突出

心理学天然具有交叉学科的特点。科学的心理学刚刚诞生的时候，其研究方法就称为生物物理法，意即以物理学的原理来研究生物的问题。在心理学发展的100多年的历史中，始终有各个学科的学者迈入心理学领域。最近20年来，随着认知科学和认知神经科学的兴起，这种现象达到了前所未见的热度，越来越多的原本从事生理学、生物学、物理学、基因组学、生物化学、医学、计算机科学、社会学、语言学、数学、逻辑学的研究人员投入到心理研究中，对心理学的发展起到了极大的推动作用。

2. 多层面方法的系统研究成为主流

只要有技术和研究方法上的可能性，几乎所有心理学相关研究，都在行为研究的基础上，辅以基因、分子、生理生化、脑定位、脑功能、计算机建模和数学建模等科学研究的技术和方法。单一的传统方法获得的结果比较难得到科学共同体的接受。

3. 心-身交互关系的研究再次成为新的热点

大量结果证实了心理因素在各种心身疾患的症状及其治疗和干预中的重要作用，健康心理学成为独立的心理学分支。人的行为的生物学基础方面的发现不断涌现；身心健康促进和新医学正向"生物-心理-社会-工程"模式转化，并开始获得显著的经济效益和社会效益。

4. 跨文化心理研究方兴未艾

文化对人心理的影响已经从过去主要以社会心理和群体行为方面的研究为主，发展到文化对人的更基本的心理过程的研究，如对知觉的影响、对人格结构的影响等。文化对认知加工和行为方式的影响已经得到全世界心理学界的公认，同时涌现出更多的需要从跨文化角度研究的心理学问题，心理学的国际和地区合作不断加强。

5. 学科地位和作用日益凸显

全球化、信息化、老龄化和城市化进程加快，灾害频发，催生了许多心理行为问题或心理疾患，国家、政府和民众都开始期盼心理学发挥更重要的作用，心理学科的地位不断提升。

1.4 旅游心理学概述

旅游是一种社会活动，是一种特定环境中的人际交往活动，而一切人际交往行为皆由意识和心理支配。如何深入地了解旅游者的真实心理，是每一位旅游工作者都必须面对的问题，也是旅游工作者提高自己职业能力所必须突破的问题。旅游心理学是一门新兴的学科，作为心理学家族的一个新成员，尽管才问世20余年，体系也并不十分完善，但随着旅游业的不断发展，却发挥着越来越重要的作用。心理学发展中逐渐形成的具有代表性的理论流派是旅游心理学的理论基础。

1.4.1 旅游心理学的研究内容

旅游心理学是一门新兴的学科，是介于旅游学和心理学之间的，有着自己独立研究内容的边缘学科和应用性很强的学科。旅游心理学是从心理学的角度，运用心理学的研究方法探讨旅游活动中人的心理活动和行为规律的科学，它是在旅游学和心理学这两门学科的理论基础上产生的，既是应用心理学的分支，又是旅游专业中的基础学科。它是以研究旅游活动中人们（包括旅游者、旅游工作者、旅游地居民）的心理活动和旅游过程中的各种心理现象及规律为主的学科。

旅游心理是旅游者、旅游工作者和旅游地居民在旅游活动过程中表现出来的特有的心理活动。旅游活动的主体即旅游者，吸引物是旅游景区景点、旅游酒店、旅游服务等，而使旅游活动得以实现的条件有旅游交通、旅游接待机构等。旅游者活动的外在表现行为是在主体的内部因素和外部条件相互作用下产生和进行的。在两者的相互作用中，心理因素是旅游者的内在因素，旅游者的心理特点、心理状态决定着其感知到了哪些旅游条件，选择什么样的旅游活动内容和方式，同时还影响着旅游者在旅游活动中的感受、体验的性质和程度。旅游吸引物的特点及建设、发展状况，对旅游行为的激发、旅游目的地的选择及旅游心理感受和体验，直接产生积极或消极的作用。因此，旅游心理学就是要对旅游活动中产生的心理现象进行研究，从而发现旅游活动中的心理规律。

旅游心理学作为心理学的一个分支，它的起步与发展，一方面是因为旅游的普及、旅游人数的激增和旅游业的兴旺；另一方面也得益于相关学科的研究成果。旅游活动是一种综合性的活动。它是一种人文现象、一种商业活动，也是一种社会行为、一种人生经历。旅游心理学为解剖这一复杂现象提供了一个重要的视角。狭义的旅游心理学只研究旅游者即旅游行为主体的心理；广义的旅游心理学则不仅研究旅游者的心理，而且还研究旅游业的开发、经营与管理的心理依据。

根据旅游心理学的研究对象，目前认为旅游心理学的具体研究内容应包括旅游消费心理、旅游服务心理和旅游企业管理心理3方面。其中，旅游消费心理具体包括旅游知觉、旅游动机、旅游者的人格、旅游者的态度、旅游者的情绪和情感及旅游审美心理；旅游服务心理具体包括导游与风景区服务心理、酒店服务心理、旅游交通服务心理和旅游商品服务心理；旅游企业管理心理具体包括旅游企业中的人际关系、员工的心理保健、员工劳动心理和旅游企业领导心理。

1.4.2 旅游心理学的研究方法

心理学是一门边缘学科，其研究方法往往兼有自然科学和社会科学两方面的特点，作为心理学的分支学科的旅游心理学的研究方法也具有这种特点。旅游心理学的基本研究方法主要是观察法和实验法，还有心理测量法、调查法等。

1. 观察法

观察法是在自然情况下，有计划、有目的、系统地直接观察被研究者的外部表现，了解其心理活动，进而分析其心理活动规律的一种方法。观察法应在自然条件下进行，研究者不应控制或改变有关条件；否则，被研究者的行为表现的客观性将受到影响。通过观察、记录和分析，可以了解被研究者的行为反应特点，分析被研究者心理活动的规律，还可以直接为刺激被研究者的行为反应提供策略选择的依据。

运用观察法，首先应有明确的目的，要制订研究计划，拟订详细的观察提纲。观察过程中要敏锐捕捉各种现象，并准确、详细地记录下来，及时予以整理和分析，以便形成科学的研究结论。由于观察法很少干扰或不干扰被研究者的正常活动，因而得出的结论比较符合实际情况。另外，观察法简便易行，可以涉及相当广泛的内容。但由于研究者往往处于被动地位，只能等待需要观察的现象自然出现，因此，观察所得到的结果往往不足以说明哪些是偶然的，哪些是有规律性的。此外，观察法对研究者要求较高，表面看起来观察法很简单，但实际运用起来难度非常大，因此，只有经过严格训练的人才能有效使用。

在具体实践中，一般有4种方法可供研究者选择。

(1) 直接/间接观察法。直接观察法指观察那些正在发生的行为；间接观察法指对一些隐蔽行为(如过去行为)进行的观察。在采用间接观察法时，研究者注意某一行为造成的影响或结果多于注意行为本身。

(2) 隐蔽/非隐蔽观察法。在隐蔽观察法中，被研究者不知道自己正在被观察。如果无法避免使被研究者意识到自己正被观察的情况，则称为非隐蔽观察法。

(3) 结构/非结构观察法。结构观察法事先确定观察的范围；非结构观察法对观察范围不加任何限制。

(4) 人工/机器观察法。在人工观察法中，观察者是研究者雇用的人员或其本人；用非人工的形式，如自动记录仪器、设备进行观察，就是机器观察法。

2. 实验法

实验法是有目的地严格控制或创造一定的条件，人为地引起某种心理现象产生，从而对其进行分析研究的方法。它主要有两种形式，即人工实验法和自然实验法。

(1) 人工实验法。通常是经过人工设计，在专门的实验室内借助各种仪器来进行的。在设备完善的实验室里研究心理现象，从呈现刺激到记录被研究者反应、数据的计算和统计处理，都采用电子计算机、录音、录像等现代化手段，实行自动控制，因而对心理现象的产生原因、大脑生理变化及被研究者行为表现的记录和分析都是比较精确的。这种方法较多地运用于对心理过程的研究和对心理现象的生理机制的研究。例如，在实验室中模拟各种自然环境条件和各种工作环境条件，然后研究人在这些条件下与技术条件相互作用过程中的心理活动的各种成分(运动的、感觉的、知觉的、记忆的、智力的、意志的和性格的成分)。人工实验法在旅游研究中使用难度较大，一般较少使用。

(2) 自然实验法。是由研究者有目的地创造一些条件，在比较自然的条件下进行的。它既可以用于研究旅游者一些简单的心理活动，又可用于研究较复杂的心理活动。自然实验法的特点是把科学研究与旅游工作结合起来，其研究结果具有直接的实践指导意义。自然实验法兼有观察法和人工实验法的优点。由于自然实验法是在实际情况下进行的，所得到的结果比较接近实际，又由于自然实验法可由研究者有目的地改变或控制某些条件，因此比较具有主动性和严密性，所得到的结果也比较准确。

使用实验法研究旅游者的心理和行为时，应该注意3个方面的问题。第一，实验必须设立对照组。实验结果如何最终取决于实验组与对照组被试反应的比较。两组被研究者的有关实验条件应完全相同或相似，所不同的是实验组接受了特殊的实验处理，而对照组没有接受。如果两组被研究者的反应出现了差别，就可以归因于特殊的实验处理。第二，需要对被研究者进行精确的事前测验和事后测验。研究者要在对被研究者实施实验处理之前，就研究的指标对被研究者进行测验，在实施实验处理之后再就相同的指标进行测验，比较两次测验的结果，就可以确认研究指标与实验处理之间是否存在因果关系。第三，被研究者取样随机化。研究者不能主观任意地挑选被研究者，而应该使在某个范围内的每个人都具有均等的机会成为被研究者，即被研究者取样随机化。随机取样可以减少实验结果的偶然性和特殊性，增加其可靠性和普遍性。

3. 心理测量法

心理测量法是使用测量工具对具有某一属性的对象给出可供比较的数值的方法。测量时所使用的工具称为测验量表。例如，要想知道某人的智力水平，一般使用智力测验作为测量工具，测出这个人的智商，然后将所得数值与一般人的智商比较，以此判断这个人的智力水平高低。这一方法往往用在对旅游工作者的心理测试上，用以研究员工的心理品质（能力、人格等方面）与服务行为的关系，对研究旅游管理心理具有积极作用。

在旅游心理学中使用心理测量法时，研究者通常以拿来主义的态度，直接使用那些标准化的测验量表来测量旅游者或旅游工作者的心理和行为特征。例如，要了解旅游者的智力，可以使用大卫·韦克斯勒(David Wechsler)的儿童与成人智力量表进行测量；要了解旅游者的各项人格因素，可以使用明尼苏达多项人格调查表，也可以采用雷蒙德·B. 卡特尔(Raymond B. Cattell)16项人格因素问卷。除此之外，还有许多其他的人格测验量表可供使用；如果想了解旅游者的价值观，可使用 M. 莫里斯(M. Morris)13种生活方式量表，也可以使用 G. W. 奥尔波特(G. W. Allport)等人的价值研究量表。在心理测量领域，用来测量人的心理现象的量表越来越多，在态度、兴趣、偏好、需要、动机、能力、情绪、记忆、气质、性格等方面，都有相应的测验量表，有时还不止一个。

心理测量法的优点：能够把定性变量进行定量处理，使研究结果更加科学、直观、实用；可以进行团体测验，提高了研究工作的效率；测量的结果既可以描述现象，又可以对现象的发展进行预测。它的缺点：理论基础不够坚实，如人们对人格的定义还在争论，因而人格测验量表的效度就令人怀疑；对测量结果进行统计的方法尚不完善，可能存在因为统计处理的问题而导致错误结论的现象；对测量环境和实施测量的人员提出了很高要求，在实施测量过程中难以保证满足那些要求；任何测量表都有其适用的人群，对其他人群使用时必须进行修订，如果没有修订就直接使用，测量结果可能不真实、不可靠。

4. 调查法

对不能直接观察到的心理现象，需要收集有关的侧面资料，以间接了解有关人员的心理状况,这种研究方法称为调查法。调查法的基本做法是研究者拟订一系列问题,向被研究者提问,要求被研究者作出回答,然后整理所得的资料,从中得出结论。调查法包括问卷法、访谈法等。

(1) 问卷法。指通过对一组具有代表性的样本采取问卷调查的方式收集研究所需的资料。根据调查所需资料和条件的不同,可以分为人工操作调查(由研究者提出问题并记录答案)、计算机操作调查(计算机技术在整个调查中发挥重要作用)和自我管理调查(由被研究者阅读问卷并直接将答案写在问卷上)3种基本的调查法。

在实际调查时,研究者还可以采用拦截访问、办公室访问、传统意义上的电话访问、集中电话访问、计算机辅助电话访问、全电脑化访问、小组自我管理调查、留置问卷调查、邮寄问卷调查等具体调查技术来获得第一手资料。问卷法的优点是可以同时进行大规模的调查;缺点是问卷回收率低,对所回收的问卷答案的真伪判断较难,因为有些问卷的回答者可能并不认真对待。

(2) 访谈法。指研究者通过同被研究者谈话,针对某一论点以一对一的方式提出一系列探究性问题,深入了解被研究者对某事的看法或作出某种行为的心理特点。访谈法在理解个人是如何作出决定的、对旅游产品的评价,以及旅游者生活中的情绪和个人倾向时尤为有用。新的概念、新的产品设计、广告和促销信息往往以这种方法形成。进行访谈时,一般由训练有素的研究者提出一些开放式的问题,如"你能详细阐述你对生态的观点吗"、"为什么是那样呢"等。通过这些问题研究者可以了解被研究者的真实想法。访谈法的缺点在于被研究者的心理特点的结论是由被研究者口头回答作出的,往往不可靠,因而此法常不单独使用,而是与其他方法结合使用。

知识链接 1-1

旅游心理学研究的方法论及具体方法[①]

旅游心理学研究的方法论及具体方法见表 1-1。

表 1-1 旅游心理学研究的方法论及具体方法

研究方法论	主要观点假设	旅游业实践	研究方法
实证主义	强调人类的理性至高无上,认为存在单一的客观真理,可以用科学来发现。鼓励人关注客体的功能、运用技术,把世界看成理性的、有秩序的场所,具有可清晰界定的过去、现在和未来	旅游者被视为问题的解决者或决策者。旅游者购买行为被看做理性问题的解决过程,并将该过程分为收集信息、评估筛选、购买和购买后行为等几个阶段。其重点在于如何形成购买决策、在不同产品和品牌之间作出选择的过程。因此,旅游者购买行为又被称为信息处理范式	大量汲取认知心理学的研究成果并依赖实验心理学的研究成果。研究方法主要来自自然科学领域,包括实验法、调查法和观察法。其研究结论是描述性和经验性的,并被推广应用于较大规模的群体

---

① 资料来源:舒伯阳.旅游心理学[M].北京:清华大学出版社,2008.

续表

研究方法论	主要观点假设	旅游业实践	研究方法
阐释主义	认为现代社会中的科学过度了,传统的实证主义假设忽视了现实社会和文化的复杂性。强调消费者心理的主观性和象征性,其研究重点在于产品所提供的情感利益或体验上	旅游者有时并不一定经过理性的购买决策过程而购买产品;相反,他们经常为了获得情绪或情感上的某种体验而购买产品。例如,旅游者为消除厌恶感或得到新鲜感而转移品牌的购买行为就是寻求多样性的购买决策	主要是人类学方法、符号学方法和深度访谈法。由于研究人员在访谈过程中扮演着积极的角色,因此其研究结论往往取决于特定研究人员与旅游者之间的互动过程
行为主义	否定了对人类意识、情绪或情感等心理过程和状态的研究,坚持只有能被观察到的、可以客观记录和量化的行为才是心理学的研究对象	旅游者在外部环境因素的刺激下直接产生购买行为的反应,不一定在经过了情感、认知和态度等理性的决策过程之后才采取购买行为。研究人员在分析旅游者行为时更强调通过营销工具或刺激手段直接影响旅游者的行为	主要采用观察法、实验法

1.4.3 旅游心理学的研究意义

研究旅游心理学对于旅游学科的建设和发展及旅游业的发展具有十分重要的意义,因而必须对旅游学科中的一些本质问题从心理层面进行深入研究,以构建和完善旅游学科大厦的理论基础。例如,人们为什么外出旅游?对旅游学科中这一根本性问题,至今仍未得到很好的解答。传统的教科书中通常列举了许多种原因,如旅游是为了扩大视野、增长见识,是为了接触和了解异国他乡的人们,是为了探亲访友,是为了放松、娱乐、游玩,是为了身体健康,是为了寻访故土,是为了得到一份好心情。但这些回答并不能令人满意,它仅仅罗列了问题的一些表象,却并未揭示出"人们为什么要见识这个世界"、"为什么要了解异国他乡的人们"等更深层次的心理原因。

旅游心理学虽然从产生到现在只有几十年的历史,但它已扮演着为旅游企业提高旅游服务质量、设计新的旅游产品、旅游资源开发与规划、旅游市场营销等提供心理依据和理论决策的重要角色。旅游心理学的研究意义主要包括以下几个方面。

1. 有助于开发能真正满足旅游者需求的旅游产品

同大多数产业的有形产品相比,旅游产品作为一种服务产品,具有无形性、生产与消费的同时性、不可储存性、季节性、雷同性、独特性和互补性等特点。另外,由于旅游产品主要满足旅游者的精神需要,所以它还具有心理性。

(1) 研究旅游心理学有助于深入了解旅游者现实和潜在的需求。

旅游者现实的需求是旅游者能意识到的现实的旅游需求。例如,根据现代旅游者返璞归真的旅游需求,旅游企业大力开发了乡村旅游、生态旅游、民族风情旅游,这些符合旅游者心理需求的产品必然会有市场，受到旅游者的青睐。但这一切还远远不够，旅游企业不能只把握当前的旅游市场需求，还要把握潜在的需求，进而引导人们的旅游需求。旅游心理学能提供把握旅游需求的理论依据，为旅游企业打开旅游产品创新思路。

（2）研究旅游心理学有助于为旅游者提供丰富多彩的旅游体验。

由于旅游产品在时间上不能储存、在空间上不能转移、所有权不能转让、生产与消费同步进行，所以旅游者无法真正获得有形实物的所有权，也不可能把旅游产品从生产和消费的现场带走。旅游产品的使用价值是满足旅游者审美与愉悦的体验需要。例如，在旅游企业为旅游者提供服务的过程中，看得见的是一张飞机票、一顿佳肴、一间酒店客房、一张景区门票……而背后的本质其实是一次航行、一次美味品尝、一晚舒适的睡眠、一次赏心悦目的游览……旅游产品的核心在于旅游者的无形体验。体验是每个人以个性化的方式参与其中的事件，是一个人达到情绪、体力、智力甚至是精神的某一特定水平时意识中产生的难忘感觉。在旅游活动中，旅游者总是不断地以虚拟、仿真的方式构建自己的心灵世界，消解现实世界与表象之间的差别，热情地投身那些具有直接性、强烈感受性的感官体验和情感体验之中，以把握每一个旅游机会的时间片段。

旅游业从诞生的那一刻起就注定了与心理学存在千丝万缕的联系。体验经济时代正在来临，旅游心理学能为旅游体验提供理论依据。旅游体验项目可以从旅游者知觉、旅游动机、旅游态度、旅游者人格、旅游学习、旅游活动中的情绪或情感、旅游活动中的人际关系的理论和知识中获得理论上的指导和启迪。旅游产品的设计必须对旅游体验给予更多的关注，应充分调动人们的情趣，有效刺激旅游者的味觉、嗅觉、视觉、听觉、肤觉中的一种或几种，使人们的体验更加深刻，难以忘记。

2. 有助于旅游业寻找提高旅游服务质量的关键

旅游业的宗旨是"顾客至上，宾至如归"，就是根据旅游者的心理和行为特点，为旅游者提供能够满足其心愿的最佳服务。

首先，旅游服务人员要对服务对象有深刻的认识，并在工作实践中不断发现和了解旅游者潜在的、真实的心理需求，从而迎合和满足旅游者的心理，这样才能保证应有的服务质量。旅游企业对旅游者的服务不是抽象的，而是通过导游、前厅、客房、餐厅、交通、商场等具体环节实现的，因此，必须研究旅游者在旅游活动的各具体过程和场景中的消费心理特点，以及所应采取的相应的心理服务措施。旅游服务心理通过分析存在于旅游服务过程中的旅游者的心理因素，揭示并遵循旅游者的心理和行为规律，使旅游企业采取相应的积极服务措施，从而不断改进和提高服务质量。

其次，旅游业要真正提升服务质量，还要实现从"顾客第一"向"员工第一"的转化。在现代旅游管理实践中，管理者已经逐渐认识到"快乐的员工才是真正具有生产效率的员工"。因为如果员工心存不满和怨恨，是不可能为旅游者提供尽善尽美的服务的。因此，要使旅游者得到最佳服务，关键在于拥有一支高水准、高素质的员工队伍。这就需要管理者将员工的利益放在首位，关爱下属、尊重下属，充分调动其积极性。只有深入了解员工的思想、感受和需要，才能使员工获得全身心投入工作、提供优质服务的饱满精神动力。旅游心理学正是从旅游管理心理、员工心理的角度，研究如何调动员工工作的积极性、如何引导员工培养良好的心态、克服挫折感、与旅游者建立良好的关系等，这可以使旅游管理工作更加科学化、人性化，还可为旅游企业有效激励和培训员工提供理论原则与方法指导。

3. 有助于旅游企业有效提升市场竞争力

随着现代经济的发展和人们收入水平的提高，旅游者的需求日趋复杂多样。他们不仅要求旅游产品丰富多样，而且还希望享受周到完善的优质服务；不仅要满足生理和物质层面的需要，而且还希望得到心理和精神层面的满足。另外，随着旅游业的迅速发展，几乎所有的旅游企业都无一例外地被卷入市场竞争的激流之中，而旅游市场需求状况的变化和买方市场的形成，使旅游企业间竞争的焦点集中到争夺旅游者上。谁的旅游产品和服务能够赢得更多的旅游者，谁就能在竞争中处于优势地位，就能获得较大的市场份额；反之，失去旅游者，就会丧失竞争力，进而危及企业的生存。为在激烈的竞争中求得生存和发展，每家旅游企业都必须千方百计地开拓市场，借助各种营销手段争取旅游者，满足其多样化的旅游需要，不断巩固和扩大市场占有率。

旅游市场营销的实质就是将各种营销手段或诱因作用于旅游者，以引起其心理反应，激发购买欲望，促进购买行为的实现。旅游企业要使营销活动取得最佳效果，必须加强旅游者心理与行为的研究，了解和掌握旅游者心理与行为活动的特点及规律，为制定营销战略和策略组合提供准确依据。例如，在开发新的旅游项目时，可以根据目标市场的旅游者的心理欲求和消费偏好设计产品的功能、款式、使用方式和期限等，针对旅游者对产品需求的心理周期及时改进或淘汰旧产品，推出新产品；在广告宣传方面，可以根据旅游者在知觉、注意、记忆、学习等方面的心理活动规律，选择适宜的广告媒体和传播方式，提高商品信息的传递与接收效果。实践证明，只有加强对旅游者心理与行为的研究，根据旅游者心理活动的特点与规律制定和调整营销策略，企业才能不断满足旅游者的需要，在瞬息万变的市场环境中应付自如，具备较强的应变能力和竞争力。

4. 有助于旅游资源的合理开发与规划

旅游资源的开发与规划应该以满足旅游者需求为导向，为旅游者创造独特的经历和体验。其原则为差异性、参与性、真实性、挑战性。

（1）差异性要求景区在设计项目时应力求独特，人无我有，人有我优，时刻保持项目与众不同的个性，并通过创新不断为旅游者提供新鲜的旅游感受，满足人性化需求。景区可通过多种途径、方式实现项目的差异化，具体做法：①率先进入某一产品市场，即以市场先行者的身份出现，推出新产品、新项目，最大程度地满足旅游者的个性需求；②对旅游项目或产品不断更新，不断为旅游者带来耳目一新的感觉，这是一些景区保持独有特色的法宝。

（2）参与性是指旅游者主要通过两种途径参与旅游活动，即精神参与和身体参与。旅游者的精神参与是指旅游者通过各种途径获取旅游吸引物的信息，增强旅游者对旅游吸引物的感知和理解，从而在旅游活动中得到更丰富的知识、美感和情感交流。这种精神参与要求旅游者事先具备关于景区或景点的相关背景知识，在景区或景点又能获得新的他以前不了解的、有助于丰富其旅游体验的信息。这样，旅游者才能真正地深入地进入角色，获得深刻的旅游体验。如果旅游者事先不了解任何关于景物的知识，则要求景区应更加周到、细致地向旅游者传递信息。例如，对于古建筑、博物馆类旅游吸引物的游览，如果不了解它们的历史、用途、特色、价值，仅仅是游览一遍，旅游者很难体会这些旅游吸引物的真正价值，从而得不到应有的旅游体验，还使整个旅游经历失去了激情和值得回忆的东西，旅游吸引物也因信息不对称而降低了其在旅游者心中的地位或形象。旅游者的身体参与是指旅游者参与到景区组织的旅游活动中，用自身行为获取所需信息，体验旅游活动的真谛。身体参与容易调动旅游者的各种感觉器官，从而使旅游者对活动的感受更加丰富，印象也更加深刻。

（3）真实性是指旅游资源的开发与规划应有助于增强旅游者的真实感，应用感知觉等旅游心理学的相关理论与原则，为旅游者创造真实的氛围。景区环境中旅游吸引物内涵的体现及有效传递，才能让旅游者获得最真切的体验。因此，有必要通过基础设施和接待设施等有形载体，共同构建和提升旅游项目所要塑造的主题。如生态旅游资源进行规划时要尽量保持其原始性和真实性，既要保护自然的原始韵味，也要注意对当地传统文化的传承与保护，从而避免旅游带来的文化冲突和文化污染。在生态旅游项目设计上应体现原汁原味，避免与生态旅游方向不一致的旅游活动，尽量减少人造景观，对于必要的设施和景观建设必须做到与环境相和谐。从旅游者行为的角度出发，就是让旅游者能够通过这些活动来寻求真实的自我。

（4）挑战性是指旅游资源的开发与规划要关注旅游者不断挑战自我、最大限度地发挥自己潜能的项目设计。不断增加的工作压力、不断缩小的生活空间、不断加快的生活节奏使现代人的感觉渐趋麻木，他们需要更加强烈的刺激来激发休眠的感觉细胞，通过不断挑战自我最大限度地发挥自己的潜能，追求在超越心理障碍时的成就感和舒畅感。这也是近几年极限运动不断升温的原因。极限运动多在野外进行，旅游者在自然环境中体味天人合一的感觉，在不断挑战自我、不断突破生理极限中感受自我突破、自我实现的快乐。蹦极、漂流、滑翔等极限运动使旅游者在惊险中体味由恐惧到舒畅，感觉灵魂出窍、心灵飞翔的极度舒畅和挑战成功后的极度自豪。

5. 有助于构建旅游者、旅游地居民、旅游开发商和当地政府的和谐关系

在旅游项目的开发过程中，常常会涉及旅游者、旅游地居民、旅游开发商和当地政府等多个利益相关者。由于各自的利益出发点不同，他们之间的矛盾冲突在所难免。"低流量、高质量、高附加值"的旅游是未来旅游目的地的发展目标，但是旅游目的地通常是由旅游者和其他使用者共同占用的。例如，海岸线一带既有旅游价值，又有渔业价值，这就需要旅游规划加以有效协调，针对其中的冲突提出解决办法。在旅游者涌入旅游目的地的市场推动作用下，当地政府或旅游开发商加大了在旅游目的地的旅游设施和接待业的投入，以满足旅游者的消费要求，并通过旅游业获得利益。但随着旅游目的地设施的增加及服务接待能力的提高，有可能接纳更多的旅游者，这时需要对外界目标市场进行旅游目的地营销活动，以赢得更多的旅游者前来。在旅游业经济利益机制的驱动下，旅游开发商和当地政府进一步投资于基础设施、旅游设施和接待业。较长时间的旅游业市场氛围的熏陶和推动，使旅游目的地的社会结构、经济格局、景观环境乃至文化品质都发生了一系列变化，一部分旅游者甚至迁移进入旅游开发区，原有居民的性质也有了一定程度的改变，形成了一批所谓的新居民。过度的社会文化和环境改变，削弱了旅游目的地对外界的吸引力，可能导致旅游目的地造访人数下降、出现衰退迹象。

在这一过程中，旅游地居民的心理会发生很大变化，他们从开始积极地支持旅游开发，热情地欢迎旅游者的到来，到后来反对旅游开发，形成与旅游者抵触的敌对心理。旅游心理学应对这一心理发展历程关注、研究，找出其发生、发展、变化的规律，为政府制定旅游政策、旅游开发商决策、旅游目的地构建和和谐稳定的社会秩序等提供理论依据。

本章小结

旅游心理学是心理学中一门新兴的应用性学科，是将心理学原理、相关研究成果及研究方法运用到旅游业中而产生的。本章首先介绍了心理学的基本概念和理论框架，并在此基础上对旅游心理学的基本问题进行了分析和阐述，主要涉及旅游心理学的研究对象、研究方法和研究旅游心理学的意义。

旅游心理学的研究对象包括旅游消费心理、旅游服务心理、旅游企业管理心理。旅游心理学的研究要遵循客观性与主观性原则、共同性与差异性原则、稳定性与变化性原则。旅游心理学分析中常用的4种研究方法包括观察法、实验法、心理测量法、调查法。

学习旅游心理学的意义包括：①有助于开发能真正满足旅游者需求的旅游产品；②有助于旅游业寻找提高旅游服务质量的关键；③有助于旅游企业有效提升市场竞争力；④有助于旅游资源的合理开发与规划；⑤有助于构建旅游者、旅游地居民、旅游开发商和当地政府的和谐关系。

章前案例解析

对于原计划7点整游湖赏月的安排，当到达某市途中遇到交通事故时，导游就应该及时向客人说明可能错过游船的情况，并及时与地接社联系进行相应的调整，随时将调整的情况汇报给团友。小林既没有在遇到交通事故时做出相应汇报，也错过了到达餐厅第一时间的补救，错过了解决问题的最佳时机，激化了客人们的不满情绪。同时，应该注意处理方式，先让客人们情绪平稳再来逐步沟通，避免双方对峙的情形。

在游览过程中，影响游览效果的因素较多也比较复杂，主要涉及到游览景区级别高低、游览时间安排的合理与否，但也受到旅游交通顺畅与否、用餐符合口味与否、住宿条件满意与否等其他方面的影响。因此，对于旅游者或导游而言，都有必要在出行前考虑周全，作必要的旅游心理准备。

复习思考题

一、名词解释

心理过程　心理状态　个性心理　旅游心理学

二、选择题

1. 心理过程按性质和功能的不同，可划分为（　　）。
A. 认知过程　　　　B. 情感过程　　　　C. 意志过程　　　　D. 心理状态
2. （　　）是人对客观事物的稳定的态度，是从事各项活动的基本动力，规定着人的行动方向。

A. 心理过程　　　　B. 个性心理　　　　C. 个性倾向性　　　D. 个性心理特征
3. 下列属于旅游企业管理心理研究范畴的是（　　）。
A. 旅游知觉　　　　　　　　　　　　B. 旅游交通服务心理
C. 员工劳动心理　　　　　　　　　　D. 旅游企业领导心理

三、判断题

1. 心理学是研究人的心理活动及其规律的科学，它的基本任务是揭示心理活动的本质和发生、发展的规律。（　　）
2. 在认识过程的初级阶段，感知觉能对客观事物直接反映，反映其外部特征和外在联系。而作为认识过程的高级阶段，思维则是对客观事物的间接、概括的反映，反映的是客观事物的本质特征和规律性联系。（　　）
3. 个性倾向性渗透于个性心理特征中，个性心理特征反映出人的个性倾向性，两者的紧密结合体现着一个人完整的个性。（　　）
4. 俗话说"人逢喜事精神爽"，就是指人在一段时间里，感知敏锐、记忆清晰、思维活跃、精神开朗、做事果断等表现出的各种心理振奋状态。（　　）

四、简答题

1. 简述心理学的主要研究内容。
2. 简述当前心理学学科发展特点。
3. 简述旅游心理学的主要研究内容。

五、论述题

1. 结合所学知识，阐述心理过程、心理状态和个性心理三者间的关系。
2. 如何理解旅游心理学能够为旅游企业提高旅游服务质量、设计新的旅游产品、规划与开发旅游资源、促进旅游市场营销等诸多方面提供心理依据和理论决策？

六、案例分析

参与式观察[①]

美国学者福塞斯（Forsyth）曾描述了参与式观察的一个案例。其中，调查者为了研究旅游对农业生产和土壤环境所产生的影响，参与到泰国山民的乡村生活中。调查者在去当地之前学习了一年的泰语，而且还得到了会泰语和瑶语的当地翻译的帮助。通过当地一个开发组织，调查者能够确定关键的被调查者，并有机会住进村长家里。调查者去过当地几次，共用了半年时间，每次访谈调查逗留的时间都长达一个月。

问题：分析参与式观察方式的优缺点。

[①] 资料来源：[美]亚伯拉罕·匹赞姆，[以]优尔·曼斯菲尔德. 旅游消费者行为研究[M]. 舒伯阳，冯玮译. 大连：东北财经大学出版社，2005.

2

学习目标

1. 了解各相关心理学学科的研究对象。
2. 掌握各相关心理学学科的研究内容。
3. 熟悉各相关心理学学科的研究方法。

导入案例

旅游团队不合①

旅游团队内的矛盾和冲突是让导游员"伤脑筋"的问题。有一天，经理让大家说说究竟是什么原因。

小张说："依我看，是现实与计划不符，团队出事多半都和它有关。"

小刘说："现实与计划不符恐怕不可能完全避免。事实上，它也不一定就会产生大的矛盾。依我看，服务方面是主要原因。你们说，哪一件投诉不是和服务水平低有关？"

经理说："小刘说对了一半。你们几位很少有游客的投诉。可是团队里的矛盾还是不少吧？"

小洪说："有许多问题出在得不到有关方面的配合上，如民航、车站、车队、酒店、餐厅，还有交警……你们说，游客意见最大的旺季，是不是相关单位最不信守合同的时候？"

小何说："我想，你们说的都有道理，但是，有了这些问题是不是就一定会引起轩然大波？我看还不能这样说。不是说外因通过内因起作用吗？我想，可能还要从旅游团的内部找原因。我也没有想清楚。但是我感觉团队里的游客谁都不服谁，这就特别容易引起矛盾，就好像是一堆干柴，点火就着"

小洪说："小何，游客原来都是不认识的，凭什么谁服谁呀，你说偏了吧！"

"一堆干柴，点火就着，这个比方打得不错。"赵先生说，"假如这一堆柴不是干的，而是湿的，那就是有几个火星落在上面，也不至于一下子就成了熊熊烈火。那么，这堆干柴是什么呢？我看，这堆干柴就是'谁都不服谁'。在社会心理学中这种现象称为'社会尊重不足'，在旅游团队里这种现象特别普遍，也特别严重。游客都觉得自己没有得到应有的尊重，所以，遇到什么事就都不肯让步，要在事情的争执上争一口气。这样一来，彼此之间有一点差异，本来可以相容的也不能相容；有了一点小的矛盾，本来可以化解的也偏要放大。刚才提到的计划与实际的差异、服务水平低、有关方面不配合，这些问题不是没有办法解决的，但是，客人要争一口气，就会引起轩然大波。"

【问题】

1. "社会尊重不足"这种现象为什么在旅游团队里相当普遍也特别严重？
2. 旅游者评价每一次旅游经历时，在旅游感受的综合形成中，会与哪些学科有关联？

---

① 资料来源：阎纲. 导游实操多维心理分析案例100[M]. 广州：广东旅游出版社，2003.

旅游心理学是心理学的应用学科，其理论基础是来自心理学的，它借鉴了普通心理学和社会心理学的一些基本概念和思想，借用了管理心理学、消费心理学、服务心理学的研究成果、研究方法及其理论，探索旅游业中人的行为和心理现象及其规律。

普通心理学和社会心理学是旅游心理学的基础学科，旅游心理学的理论基础和研究方法都来自普通心理学和社会心理学。普通心理学是对个体心理的研究，包括人的感觉和知觉、情绪和情感、需要和动机、个性与态度等，所有这些对研究旅游者的心理和行为都是很重要的；社会心理学是研究个体在社会环境中成长、发展的社会化过程，人们在社会环境中共同活动的规律，各种社会关系、社会群体对个人行为的影响，以及个体对群体的影响，这些对于研究旅游动机和旅游决策是不可忽视的因素。

旅游心理学中关于旅游企业管理心理的研究，是从管理角度出发对组织中人的心理规律的探索，旨在充分调动组织中人的积极性。它与旅游心理学的研究对象有共通之处；消费心理学为研究旅游者消费习惯等消费心理活动，征服旅游者，最大限度地获取市场，对旅游企业在市场竞争中取胜起到了重要作用；服务心理学则为旅游企业经营管理中如何处理服务员、宾客两者之间的关系，满足旅游者需求最大化、提供优质服务，提供了依据。

2.1 普通心理学

普通心理学是心理学的基础学科，研究的是心理学的基本原理和心理现象的一般规律。

2.1.1 西方现代心理学的三大流派

现代心理学的诞生是以1879年德国心理学家威廉·冯特（Wilhelm Wundt）在莱比锡大学建立的世界上第一个心理学实验室为标志的。在迄今100多年的现代心理学发展历史中，产生了众多的心理学流派，出现过各种各样的心理学思潮，从早期的构造主义心理学和机能主义心理学、策动心理学到精神分析及新精神分析心理学、行为主义及新行为主义心理学、格式塔心理学、拓扑心理学、认知心理学、人本主义心理学等，它们都对心理学的基本原理各有不同的阐述，对心理学的发展产生了重大的影响。其中最著名的是西方现代心理学的三大流派——精神分析心理学、行为主义心理学和人本主义心理学。

1. 精神分析心理学

精神分析心理学是由奥地利心理学家西格蒙德·弗洛伊德（Sigmund Freud）在心理治疗实践中创立的一种心理学流派，也称为弗洛伊德主义心理学，它被看做现代心理学的第一种势力。弗氏的两位最得意门生，卡尔·G. 荣格（Garl G. Jung）与阿尔弗雷德·阿德勒（Alfred Adler）后来由于学术观点的分歧都与弗洛伊德分道扬镳，各自创立了自己的体系。荣格创立了分析心理学，阿德勒创立了个体心理学，它们都是精神分析心理学的组成部分。20世纪80年代以后，一批德国心理学家移居美国，他们对精神分析心理学进行了发展和修正，形成了新精神分析心理学。新精神分析学派的心理学家着重用社会和文化方面的因素来解释人们的内心冲突，其代表人物主要有哈里·S. 沙利文（Harry S. Sullivan）、卡伦·D. 霍妮(Karen D. Horney)、维克托·H. 弗鲁姆(Victor H. Vroom)、阿布拉姆·卡丁纳(Abram Kardiner)、埃里克·H. 埃里克森(Erik H. Erikson)等。

弗洛伊德心理学说[①]

弗洛伊德心理学说也称精神分析学说,被称为现代西方心理学的第一种势力。弗洛伊德心理学说是在心理治疗实践中产生的,其创始人是奥地利医生、心理学家弗洛伊德(1856—1939)。作为一名治疗精神疾病的医生,弗洛伊德创立了一种涉及人类心理结构和功能的精神分析学说。弗洛伊德的观点不仅在精神病学,也在艺术创造、社会教育及政治活动等方面得到了广泛运用,并产生了广泛而深远的影响,而且以其卓绝的理论学说、高超的治疗技术,以及对潜藏在人类内心深处的潜意识的深刻理解,开创了一个全新的心理学研究领域。由弗洛伊德所创扩的学说,从根本上改变了人类对自身本性认识的传统观点,把对心理现象的研究推到一个前所未有的高度和深度,在人类心理学史上留下了极其光辉灿烂的篇章。

作为人类20世纪最主要的社会思潮和学术流派之一,弗洛伊德的精神分析学说对心理学、教育学、哲学、人类学、伦理学、文学艺术、宗教等领域都产生了重大而深远的影响,留下了不可磨灭的痕迹。弗洛伊德的学说博大精深,著述恢弘壮阔,涉及范围十分广泛,其主要著作有《梦的解析》(1900)、《日常生活的心理病理学》(1901)、《性学三论》(1905)、《图腾与禁忌》(1913)、《精神分析引论》(1910)、《超越唯乐原则》(1920)、《群体心理学与自我的分析》(1921)、《自我与本我》(1923)、《文明及其不满》(1930)、《精神分析引论新编》(1933)等。

根据弗洛伊德的精神分析理论,可以把旅游者出外旅游的心理分为有意识的旅游心理与行为和无意识的旅游心理与行为两种类型。

1) 有意识的旅游心理与行为

有意识的旅游心理与行为主要是指人们希望通过旅游活动得到什么样的满足,也就是人们出外旅游的心理动因。主要包括4个方面。

(1) 满足好奇心。人们外出旅游是为了寻求不断扩展、不断更新、不断刺激的,能够给人带来新鲜感的生活,猎奇求新是人们外出旅游的最为普遍的心理动因。

(2) 缓解压力。外出旅游也是为了寻找一方"世外桃源"以求得到暂时的解脱,消除由于种种原因造成的精神紧张,恢复脑力与体力的平衡,旅游正日益由以前的"奢侈品"逐渐变为生活中不可或缺的"必需品"。

(3) 梳理情感。日趋发展的人际关系让现代人焦头烂额、疲于应付;理智与情感、道德与法律、利益与友情、理想与现实等这些复杂的关系无时无刻不困扰和纠缠着人们;暂时摆脱错综复杂的关系网络,过上一种简单快乐的生活成为很多现代都市人的最佳选择,

---

① 资料来源:周义龙,龚芸. 旅游心理学[M]. 武汉:武汉理工大学出版社,2010.

于是很多人踏上出外旅游的道路，到一个陌生的环境中过上一段没有干扰、没有纠葛、没有困惑的生活，梳理一下困扰已久的情感，理清各种纠缠不清的头绪，重新审视自己以往的工作和生活、关系与情感，认真思索人生的真谛和未来的发展。

(4) 开阔视野。俗话说："读万卷书不如行万里路"，孔子周游列国饱经磨难，退而著书立说写成千古经典；司马迁踏遍千山万水，遗世"史家之绝唱，无韵之《离骚》"的辉煌篇章，李白行游四海饱览万里江山，留下不朽诗篇；徐霞客走遍五湖四海、三山五岳，终成游记绝唱。出外旅游，广闻博见，纵情于山水之间，流连于亭楼之际，徜徉于森林之中，饱览秀美河山，惊叹异域风光，领略民族风情，追思岁月沧桑，感悟人生真谛，确实可以从中增长见识，开阔视野，从而为成长增加一些阅历，为社交丰富一下谈资，为人生收获一些启迪，为未来播种一些希望。弗朗西斯·培根（Francis Bacon）说的"旅行，对年少者来说，是一种教育；对年长者来说，是一种经验"就是很好的概括。

(5) 陶冶情操。旅游是一种享受，是身体的放松、精神的洗礼、情操的陶冶、心灵的释放、思绪的腾飞。通过旅游，人们徜徉在山水松石之间、流连于亭台楼阁之际，旅游者很容易产生对大好河山的热爱之情，对生命如此美好的体验和感慨，人的精神面貌往往焕然一新，人的心理状态很容易积极转变，人的心胸气度很容易变得开阔。

2) 无意识的旅游心理与行为

旅游一方面是人们自发、主动地追求消遣、休闲，另一方面也是因为现实而迫不得已的一种必要逃避，这种逃避很多时候是人们的一种无意识行为，人们在逃避之前或之后，也许根本就没有意识到或者思考过，纯粹出于内心深处的冲动和本能的真实欲望。无意识的旅游心理与行为主要包括3个方面。

(1) 逃避现实。现代生活的高度紧张和竞争的异常激烈，快节奏和高强度的生活和工作，使人们疲于应付繁忙的日常事务、复杂的人际关系、沉重的精神负担，当不堪忍受的时候，逃避现实就成为人们潜意识中的一种选择。旅游正是想通过寻找一方"世外桃源"来安顿困苦不堪的内心、来消除种种原因造成的精神紧张、来麻醉紧绷已久的神经、来恢复脑力与体力的平衡、来逃避枯燥乏味的现实。

精神分析学派学者荣格把旅游当做回归人类祖先的自由迁徙状态，重温祖先的梦境，是集体潜意识的一种原型，具有超越解脱的功能，认为旅游是人性回归的途径。

(2) 回归自然。现代文明的日益发展，在给人类带来经济社会的飞速发展和人民生活水平的不断提高的同时，也越来越使人感到人与人、人与自然的距离变得更远，关系变得更为疏离，这产生了越来越多的弊病，某种程度上呈现一定的病态。人类最深切的需要就是克服分离，找回和谐。尤其是在城市生活的人们，长期待在钢筋混凝土垒成的都市森林中，会有一种难以抑制的逃离渴望。人毕竟脱胎于动物，来自自然，人的内心深处都有一种渴望回归自然的天性欲望。人们外出旅游，其实就是一种象征意义的自然回归，过一种接近自然的、合乎自然规律的生活，就是人的本性的返璞归真。

(3) 寻求尊严。现代社会并不是每个人都能出类拔萃，都能养尊处优。在旅游过程中人们可以获取服务人员和其他人的尊重和关心，满足内心潜藏的寻求尊严的本能冲动，不可否认的是，寻求尊严的本能欲望是他们行为的最原始的动力。

2. 行为主义心理学

行为主义心理学是现代心理学中最有影响的流派之一，被称为现代心理学的第二种势力。行为主义流派的学者试图使心理学像自然科学一样客观，他们尝试以可观察到的刺激、反应、行为的后果等术语来解释人的行为，回避对个体具有主动的意识心灵的研究。在研究中强调概念的操作性、实验操纵和变量控制。行为主义心理学的创始人是约翰·B. 华生(John B. Watson)，他强调研究可观察行为，而不强调研究心理状态。他把引发有机体活动的外部和内部的变化称为刺激；又把有机体应付环境的一切活动称为行为，把其中作为行为最基本成分的肌肉收缩和腺体分泌称为反应。把人的行为看做一个"刺激—反应"的过程，着眼于某一个特别刺激(如打雷)与一个可观察的行为(如惊吓反应)之间的关系。把人视为环境中种种刺激(颜色、声音、气味、人物、事件等)的反应者，心灵所包括的只是一些唯有刺激才能引发的反应倾向。研究人的行为就是要弄清楚来自环境的种种"刺激"与人的种种"反应"之间的规律性的联系。环境决定论是华生的行为主义心理学的基本观点。行为主义心理学中对世界影响最大的是伯尔赫斯·F. 斯金纳(Burrhus F. Skinner)的新行为主义理论。

知识链接 2-2

行为公式①

库尔特·勒温(Kurt Lewin，1890—1947)，德国人，格式塔心理学派的心理学家，拓扑心理学的创始人，社会心理学的先驱，以研究人类动机和团体动力学而著名。勒温试图用团体动力学的理论来解决社会实际问题，这一理论对以后的社会心理学发展产生了很大的影响。勒温对行为主义"刺激—反应"的公式持否定的立场。他认为，人是一个场(F)，人的心理活动是在一种心理场或生活空间里发生的。一个人的行为(B)取决于个人(P)和他的环境(E)的相互作用，由此提出著名公式 $B=f(P·E)$。这个公式的意思是一个人的行为是其人格或个性与其当时所处情景或环境的函数。因此，对人的行为寻找原因，应该从两个方面入手：从行为者所处的环境着手和从行为者自身着手。不同的人在同样的环境下，行为也会有所不同；同一个人在不同环境下，行为也会随着环境的改变而改变。也就是说，行为会随着人的变化而变化，也会随着环境的变化而变化。

行为主义心理学的研究对于旅游心理学研究的启示在于以下几个方面。

(1) 人们选择去某一旅游目的地，首先是在有关旅游目的地的信息刺激影响下所作的行为反应，因此，要促使旅游者选择某旅游目的地，需要将有效信息及时地通过各种途径和渠道传达给消费者，通过这种信息刺激旅游者产生选择某一旅游目的地的行为反应，这也就要求旅游目的地的经营管理者要树立良好的服务形象，提供优质的旅游产品，高度重视旅游目的地的宣传和营销。

---

① 资料来源：周义龙，龚芸. 旅游心理学[M]. 武汉：武汉理工大学出版社，2010.

（2）受到强化的行为会重复出现，而没有被强化的行为则容易消退。但这种强化也不是没有止境的，需要掌握一个合适的"度"，超过了这个"度"，很有可能引起他人的逆反心理，过犹不及。因此，旅游目的地和旅游企业为吸引客源，必须持续不断地进行宣传营销，千方百计地扩大影响。但要注意，对其他旅游企业和旅游者进行行为"强化"时，应当尽量坚持适度原则，注意分寸、掌握火候、适可而止，避免出现吃力不讨好的负面状况。同样的情形也适合旅游服务人员，在为旅游者服务的时候，需要把握适度原则，既不能过于热情，也不能过于冷淡，防止出现过犹不及的现象，应该有所为有所不为，一切以旅游者满意为出发点和归宿，提供适当的服务。

（3）行为受行动结果的影响，如果结果是肯定的，行为就会得到巩固，行为才会重复。对于旅游目的地或旅游企业来说，要使得旅游者故地重游，除了需要合适的刺激吸引旅游者到来以外，还必须在服务过程中让旅游者感到满意，包括优秀的产品质量、实惠的价格、高水平的服务、良好的人际氛围及愉快的旅游经历等。只有在这种情况下，旅游者才会对旅游目的地依恋和不舍，并把这次消费当成人生中的美好回忆和愉快经历。只要具备一定的机会，旅游者选择重复消费的可能性非常大，而且在以后的日常生活中，会在无形之中扮演旅游目的地或旅游企业的"义务推销员"，从而能够有效地增强旅游目的地的影响力和吸引力。

（4）人的行为反应是因为一定的刺激而产生的，在不同的刺激下，人的行为会有所变化和不同。透过人的行为可以推知人的心理。旅游服务过程中，服务人员要善于通过人的行为去推知人的心理，然后有针对性地加以解决。有些旅游者在旅游过程中好像"换了个人"一样，旅游者之所以有这么大的改变，不是真的"换了个人"，而是恢复了他的本来面目。日常生活中的人们由于生活在人群之中，要顾及社会舆论、道德、法律等的约束，所以大多带上"面具"生活，一旦到了一个陌生的环境，很多人脱离了约束，就会把平时压抑已久的本性暴露出来，环境变化的刺激会直接导致人们行为变化的反应。

3. 人本主义心理学

人本主义心理学是西方现代心理学的第三种势力，它的渊源是存在主义哲学，鲁德维格·宾斯万格(Ludwig Binswanger)、梅达尔·博斯(Medard Boss)、维克多·埃米尔·弗兰克尔(Viktor Emil Frankl)、罗纳德·戴维·劳恩(Ronald David Laing)和罗洛·梅(Rollo May)等心理学家以存在主义哲学家弗里德里希·W. 尼采(Friedrich W. Nietzsche)、索伦·A. 克尔凯郭尔(Soren A. Kierkegaard)和让·保罗·萨特(Jean Paul Sartre)的学说为基础，提出了存在主义心理学的思想。他们是人本主义心理学的先驱。人本主义心理学的真正创始人是卡尔·R. 罗杰斯(Carl R. Rogers)和亚伯拉罕·哈罗德·马斯洛(Abraham Harold Maslow)。人本主义心理学家把自我看做一个自主的行动者，关心自我的价值，认为价值是人类动机的主要方面，相信人类有巨大的潜能来满足生活的需求。人本主义的核心内容有强调人的责任、强调"此时此地"、从现象学角度看个体和强调人的成长等方面。

在解释人的行为时，行为主义心理学用环境因素来解释人的行为，从环境对人的影响中找原因，华生强调的是作为前因的环境因素，斯金纳强调的是作为后果的环境因素；精神分析心理学和人本主义心理学都是用心理因素来解释人的行为，从人本身来找原因；但弗洛伊德强调人的所作所为都是为了满足本能欲望的冲动,而马斯洛等强调人的所作所为是为了发挥人的潜能、实现人的价值的冲动。

知识链接 2-3

认知需要与审美需要[①]

1954年,马斯洛在《激励与个性》一书中探讨了他早期著作中提及的另外两种需要:认知需要和审美需要。这两种需要未被列入他的需求层次排列中。他认为这二者应居于尊重需要与自我实现需要之间,但是他也同时说明,这些需要不能放在基本需要层次之中。马斯洛的需要层次理论为人们研究人的动机和行为提供了重要的理论基础,它说明了人的需要发展变化的一般规律,从而也使人们可以更好地把握人的行为的规律性。

认知需要:出于对各种事物的好奇的冲动和尝试的欲望,促使人们去学习、探索事物的真相,洞悉事物的奥秘,还原事物的真相。

审美需要:爱美之心,人皆有之,审美需要也是人类的一种基本需要。审美需要体现了人所特有的某种本质,审美需要的发展也就是人的某种潜能的实现。审美需要产生于审美活动。审美需要的满足是审美活动的自身目的,人们在审美体验中获得审美享受。

马斯洛把生理需要、安全需要、社交需要、尊重需要称为"缺失性需要",主要通过"索取"来满足,把自我实现需要称为"成长性需要",要通过"奉献"来满足。在现实生活中,人们普遍缺少新鲜感、亲切感和自豪感,却多了精神紧张;少了就要补偿,就要索取,而多了就要解脱,就要逃避。因此,很多人选择通过旅游来寻求补偿和解脱,在已有的方便和安全的基础上,充分体现自己的生活品位和个性特征,暂时摆脱日常生活中的束缚和烦恼,充分享受短暂的自由和放松,不断地充实和提高自己。

心理学家弗鲁姆曾在《逃避自我》一书中写道:"也许我们已经注意到,也许我们还没有注意到:世界上最使我们感到羞耻的莫过于不能表现我们自己;最使我们感到骄傲和幸福的也莫过于想、说和做我们自己要想、要说、要做的事。"

人们在旅途中,吃、喝、住、行等生理需要依然是人们旅游消费的重要组成部分和主要目的,而卫生、安全、干净、整洁、舒适的旅游服务和产品是人们旅游消费需求的重要组成部分。对于安全需要的满足期望比较强烈,主要包括生命安全和财产安全,具体来说主要有旅游交通安全、旅游饮食安全、旅游住宿安全、旅游游览安全、旅游购物安全等。对于社交需要,则一方面通过旅游团队其他成员的相互关心和相互帮助获取集体温暖和团队归属的感受,另一方面通过旅游服务人员的真诚友好、热情周到的服务来获取受人尊重和关注的感受。

通过旅游,人们在锻炼身体、陶冶情操、增长见识、开阔视野、放松心情的同时,也能收获尊重,重新审视以往的生活,对人生的真谛有了新的体悟,对未来有了新的期盼等,这一切对人们未来的工作和生活都大有裨益,从而有助于满足人们自我实现需要,为未来发展插上腾飞的翅膀。

[①] 资料来源:周义龙,龚芸. 旅游心理学[M]. 武汉:武汉理工大学出版社,2010.

2.1.2 普通心理学的研究范畴

普通心理学是关于心理现象的一般规律研究，主要范畴包括认知过程、情感过程、意志过程与个性心理特征。认知过程包括注意、感觉、知觉、记忆、表象与想象、思维与言语等方面。个性心理特征包括技能、能力、气质、性格等方面。长期以来，普通心理学侧重于认知过程的研究，对于情感、意志、动机、人格及意识状态等方面的研究相对欠缺。近年来，这些方面的研究都有了长足的进展，普通心理学的研究领域渗透到情感、意志、动机、人格及自我调节等各个方面。

2.1.3 普通心理学的研究方法

普通心理学的研究方法主要包括观察法、问卷法、访谈法和个案法。其中，观察法是在自然条件下，有目的、有计划、有系统地对被研究对象所表现出的外部行为进行观察，以发现和了解其内部的心理活动规律的一种研究方法；问卷法是通过向被研究对象发送和回收问卷而研究资料和数据并进行分析的一种研究方法；访谈法是通过直接访问被研究对象，记录谈话资料，以了解和分析其心理特点的一种研究方法；个案法是对某个个体进行长期深入而细致的观察和研究，以发现其心理活动状况和发展变化过程及影响原因，找出心理活动规律的一种研究方法。

2.2 社会心理学

社会心理学是心理学和社会学的交叉学科，所以受到两个学科的影响，分别形成了社会学取向的社会心理学和心理学取向的社会心理学。西方社会心理学研究有两条思路：一方面认为社会心理学是研究人的行为或由相互影响所产生的行为的科学；另一方面所强调的是社会心理学应该研究人与人之间的关系或人与人之间的相互影响，即研究人际关系、人际互动。这两种思路对旅游心理学的研究产生了深刻的影响，可以说是旅游心理学研究的两条思路的思想基础。

2.2.1 社会心理学的研究对象

社会心理学是从社会与个体相互作用的观点出发，研究特定社会生活条件下个体心理活动发生发展及其变化的规律的学科。社会是由单个的个体所组成的，社会中的每个个体一方面受该社会的影响，另一方面又对这个社会发生着作用。社会心理学既研究个体心理活动如何在特定的社会生活条件下受其他人或团体的影响，同时也研究个体心理活动如何影响社会中的其他人或团体。

社会心理学是研究个体心理、群体和社会心理现象、社会行为、交往和社会交互作用的心理学基础学科。其中，个体心理指受他人和群体制约的个人的思想、感情和行为，包括社会化、自我概念、态度、归因和人际知觉等方面；群体和社会心理现象指群体本身特有的心理特征，如群体凝聚力、社会心理气氛、群体决策等方面；社会行为包括攻击性行为和亲社会行为等；交往和社会交互作用包括人际沟通与吸引，人际关系、从众、服从、依从、影响力，群体中的合作与竞争等方面。

普通心理学侧重于研究个体本身及个体与物之间的关系，而社会心理学侧重于研究群体中的个体、群体、人与人、人与群体之间的关系。社会心理学着重探讨社会与个体的相互作用；强调探讨情境，最关心个体所处的社会环境，特别重视个体与社会环境之间的关系；注重个体内在的心理因素，主要指个性的性格、气质、能力、兴趣、需要等各种心理特征对其心理活动产生的影响，信念、理想、世界观等个性倾向性对一个人的社会心理活动产生的最深刻影响。

2.2.2 社会心理学的研究方法

社会心理学的研究，必须贯彻辩证唯物主义与历史唯物主义的原则，采用多种多样的具体的方法进行研究。

1. 实验室实验法

实验室实验法是社会心理学最早采用的研究方法，是在实验室条件下，控制一切可能会干扰实验结果的其他因素，有目的、有组织地操纵某个因素，查明被实验者心理效果和影响。

在实验操作时，实验者不能主观地任意挑选被实验者，应该使某一范围里的每个人都有机会作为被实验者，这称为实验取样的随机化，以使实验结果减少特殊性与偶然性，增加可靠性。

实验室实验必须设立对照组。实验结果如何，必须将实验组与对照组加以比较，对照组人员的条件应与实验组完全相等或尽量相仿，所不同的只是实验组接受特殊的实验措施，对照组不接受特殊的实验措施。如果两组之间发生了差别，就可以归结为是由实验组接受了特殊的实验的影响所致。例如，要查明表扬对人们行为的影响，可以设立一表扬组（实验组），对被实验者工作加以表扬；再设立一对照组，即不对该组成员的工作加以表扬。一段时间之后，比较两组后继工作的成绩，若表扬组优于对照组，其原因可视为由于表扬所致。

实验室实验方法的优点是控制条件严格，可以避免许多其他因素的干扰，所以实验结果的说服力较强。但是由于实验室实验是关在实验室内进行的，脱离了社会生活，增添了人为因素，故其真实性较差。因此，对于实验室实验的结果不能迷信，对其实验结果的推广与应用，必须持慎重态度。

2. 现场研究法

现场研究法是结合社会生活的实际情况进行研究的方法，有以下3种形式。

1）现场实验

现场实验是利用现存的团体，企图验证某项措施或检验某项改革管理办法所产生的效果而采用的方法。主要是在自然情况下控制条件进行实验，对于由此发生的相应的心理变化进行分析研究，作出结论。例如，工厂比较计时工资与计件工资对工人生产积极性的影响，可以把条件相仿的两组工人施以两种不同的工资制，然后比较双方劳动的热情与生产率，以判断两种工资制孰优孰劣。

现场实验在很大程度上可以推断出因果关系，但运用这种研究方法必须与有关方面建立协作关系。它与实验室实验法相比,控制条件与施加实验措施不如后者方便,但它更接近生活的真实情况,故其实验结果较易于推广。

2) 现场调查

现场调查是结合社会生活中发生的问题而进行的调查研究方法。调查者可以针对人们的情绪、动机、需要等心理状态,运用问卷、谈话等方式,进行广泛的调查,以收集材料并加以分析归纳。例如,可以通过大量问卷进行民意测验,以测定人们对于物价的看法、对于住房分配的意见等。

现场调查比较简便且切实可行,调查所得的情况可提交有关部门参考。调查前必须精心设计调查问卷,调查问卷可以采用无记名方式。面对面谈话必须在融洽的气氛中,使人们的心理状态能真实地反映出来。

3) 现场观察研究

现场观察研究是围绕团体生活的正常活动进行的系统观察,以获得数据作出结论。例如,有心理学家以大学生价值观的变化为研究课题,对某大学的一个班级学生进行了为期4年的系统观察,获得了大量丰富而又真实的材料。

现场观察研究的最大优点在于,现实意义和资料的可靠性较强,研究中对被试者没有施以任何外在的影响,能够掌握研究对象的许多生动活泼的实际材料。缺点在于,任何团体都有其特殊性,即使对团体成员心理活动的变化看得很清楚,但要作为一般的推论来推广也几乎是不可能的,只能作为研究中可采用的一种十分重要的手段。

运用现场观察研究时,应注意:①进行连续性观察,即对同一对象的同一问题要进行多次观察,可以发现研究对象的心理活动的稳定性,才能获得具有重要价值的材料;②进行轮换性观察,即对同一课题变换几次对象进行重复观察,以验证同一类研究对象的心理活动是否有同样的变化;③进行隐蔽性观察,即研究者的观察活动力求不使被研究者觉察到,这样才能使被研究者的心理活动自然流露出真实的变化,否则容易出现种种假象——"迎合"心理或"逆反"心理。若隐蔽性观察在室内进行,可装置里明外暗的观察室,研究者通过"观察窗"可以任意地对研究对象的一言一行进行详细观察而不被其觉察;如果研究对象在室外活动,研究者可扮演该团体中的一个普通成员,以掩盖其真实身份,从而获得可靠资料。

4) 模拟研究

模拟研究是研究者设计的一种人为情境,是对真实社会情境的模拟,以期探求人们在特定的社会情境下的心理活动的发生与变化。例如,研究人们在什么样的社会情境下容易发生助人行为,研究者可设计不同情境,请工作人员扮演醉汉、病人或残疾人员,在公共场合下故意摔倒,观察周围的过路人是否进行帮助,对哪些困难者帮助得最多。许多社会心理学的研究课题都能采用模拟研究。

模拟研究虽然是人为地创造情境以模拟社会,但被研究者若未觉察到人为因素,则其反应是真实的,也是可信的。因此,要使模拟生活情境尽量逼真,不被人识破。

此外,还有历史档案分析法可以采用,它是收集历史所记载的某个团体或个人的心理活动的资料,加以分析,从中寻找社会心理活动的规律。例如,对历史上的杰出人物的研究应采用此分析法,收集该人的传记、自传、日记、信件、讲演等材料,以总结他的心理活动的发生、发展及其变化的规律。

上述各种研究方法都各有利弊,研究者需要根据研究课题的性质,拥有的人力、物力与条件,有选择地采用。

2.3 管理心理学[①]

管理心理学在国外心理学界被称为组织心理学,在工商管理界称为"组织行为学",是心理学领域的一个新兴的重要分支。20世纪初,弗雷德里克·W.泰勒(Frederick W. Taylor)倡导的"科学管理"运动和雨果·闵斯特伯格(Hugo Munsterberg)开创的工业心理学是管理心理学形成的先驱,而真正推动管理心理学产生的是1927年由乔治·埃尔顿·梅奥(George Elton Mayo)领导的"霍桑实验"。直至20世纪60年代,管理心理学才真正成为一门独立的学科分支并被人们广泛地应用。

2.3.1 管理心理学的研究对象

管理心理学是研究组织管理过程中人们的心理现象、心理过程及其规律的科学。通过协调人际关系满足员工需要,充分调动员工的积极性、主动性和创造性,来提高组织工作效率,从而完成组织的总目标。人是最重要的资源,是管理的核心。管理心理学研究组织管理活动中人的心理行为规律,有助于采用科学的管理方法,提高组织管理效能和管理业绩。

研究管理心理学的目的在于探讨、揭示人在管理活动中的心理活动规律,找出激励人的行为动机的各种途径与方法,以最大限度地发挥人的潜能。以社会心理学家梅奥为首的一批专家进行了"霍桑实验",提出了"社会人"的思想,是管理心理的雏形。他们认为单靠物质刺激不能保证调动员工的积极性,良好的人际关系、有利的社会条件与工作效率有更密切的关系,并提出了非正式组织在群体中的作用。1959年,美国心理学家M.海尔(M. Haire)发表的一篇论文被认为是管理心理学正式成为一门独立学科的标志。海尔在论文中把工业心理学分为人事心理学、人类工程学(即工效心理学)和工业社会心理学。1964年,美国心理学家H.J.黎维特(H.J. Leavite)等人又在《美国心理学家年鉴》上发表综述,用"组织心理学"的名称代替了"工业社会心理学",也就是现在的"管理心理学"。管理心理学主要研究工作环境中个体、群体和组织等层面的人的心理、行为及其影响因素。

2.3.2 管理心理学的研究内容

管理心理学的研究对象主要包括个体心理、群体心理、组织心理和领导心理。具体研究内容如下。

1. 个体心理

个体心理是指在组织管理活动中个人的心理、行为等,如个体的知觉、个体的需要动

---

① 资料来源:廉茵.管理心理学[M].北京:对外经济贸易大学出版社,2007.

机、个体的价值观、个体的态度及个体的个性心理特征等。个人的主动性、积极性和创造性的发挥如何，直接关系到劳动生产率的高低和组织目标能否实现。个体心理、行为研究的核心问题是激励问题，同时还涉及如何运用个体在能力、气质、性格等方面存在的诸多差异施以有效管理的问题。所以一直以来有关个体心理与行为的研究都是管理心理学研究的重点课题。

2. 群体心理

群体心理是个体的心理和行为在群体活动中的体现。群体成员之间的相互作用、相互影响等群体活动构成了群体研究的主要课题，如群体动力（包括群体压力与顺从、群体的凝聚力、群体的冲突等）、群体的沟通与群体的人际关系等。群体行为及其效率往往取决于群体人际交往、人际关系的状况与性质。群体心理研究的核心问题是人际关系问题，其中心课题是有关人际关系的测评、人际关系的障碍与改善等问题。

3. 组织心理

组织心理是指组织整体动态变化过程中所表现出来的心理现象。组织是一个较大的系统，组织是个体与群体实现某种目标的工具，组织状况影响着个体与群体的工作效率，如组织结构、组织设计、组织文化、组织变革与发展等都是组织心理研究的重要课题。

4. 领导心理

领导心理是影响组织、群体及个体心理，进而影响劳动生产率及组织发展的一个重要因素。由于领导者的特殊地位、特殊的角色身份及职责与功能等，决定了他们的特殊性和重要性，如领导理论、领导影响力、领导者素质、领导者的选择、考核与培训等都是领导心理研究的重点课题。

2.3.3 管理心理学的研究方法

管理心理学的具体研究方法多种多样。目前，主要采用的方法有两大类：一为个案研究，二为实证研究。实证研究又分为现场调查、实验室实验和现场实验。具体有观察法、实验法、调查法、测验法、个案法等。鉴于观察法、实验法和调查法在第一章心理学的研究方法中有详细的介绍，此处只着重介绍测验法和个案法。

1. 测验法

采用标准化的心理测验量表或精密的测量仪器来测量被试者的有关心理品质的研究方法称为测验法，如能力测验、人格测验、机械能力测验、驾驶员反应测验等。在管理心理学的研究中，测验法常常作为职工选择、人员安置的一种工具。

采用标准化的测验工具，应该特别重视信度和效度这两个基本因素。现在许多国家已经明确规定，用于人员选择的测验量表，信度系数必须达到或超过 0.8，效度系数必须达到或超过 0.6。

2. 个案法

对某一个体、某一群体或某一组织在较长的时间里连续进行调查和了解，从而研究其心理发展变化的全过程，这种研究方法称为个案法。例如，对某一先进班组经过较长时间的了解，对其人员状况、生产状况、人员的智力结构及领导特性等主要因素进行深入细致的分析，整理出能反映该先进班组特性的详细材料，这份材料称为个案。个案法的优点是可以使所获材料全面细致。但因其只适合个别情况，其结果难以得到推广。

总之，包括观察法、实验法、调查法在内的各种管理心理学研究方法，各自都有一定的应用价值，也都有一定的局限性。在许多情况下，进行管理心理学研究并不是只采用一种方法，而是同时兼用几种方法，以达到取长补短、相得益彰的效果。具体采用哪种方法，要根据所研究的具体课题和研究时所处的具体情境来确定。

2.4 消费心理学

消费心理学作为心理学的一个分支学科，拥有不同于其他学科的研究对象，是一门研究消费活动中消费者的心理活动发生、发展规律的学科。消费者的心理与行为是客观存在的社会现象，是商品经济条件下影响市场运行的基本因素。企业作为市场的主体，如果要在市场竞争中取胜，就必须研究市场活动中消费者的心理，从而征服消费者，最大限度地获取市场。

2.4.1 消费心理学的研究对象

1. 消费者在购买行为中产生的各种心理现象

消费者在购买行为中产生的心理现象是推动消费者行为的最根本因素，它包括心理活动过程和个性心理特征两方面。通过对消费者的心理活动过程中的认知过程、情感过程、意志过程等具体过程的分析和研究，揭示消费者心理现象产生和发展的一般规律，把握消费者行为活动中的共性。在研究不同消费者的能力、气质、性格等个性心理特征的基础上，了解消费心理现象的个别性和差异性，解释不同消费者在行为表现上存在的种种差异。同时，对影响消费者行为的需要和动机这两个最直接的因素进行研究，帮助理解消费者的购买行为。

2. 因消费者的心理变化而产生的市场行为的变化规律

人类社会进入到一个以经济全球化、信息化、网络化等为标志的历史发展时期，现代消费者面临的消费市场及环境也发生了一系列极其深刻的变化，在消费观念和消费方式方面产生了深层次的影响，使消费者的心理发生显著的变化。

作为现代市场活动中的活跃因素，消费者的心理状态和需求在很大程度上受到市场规律的制约，它会根据市场、环境等诸多因素的发展与变化而发生改变。同时，消费者的各种心理现象也是影响市场发展趋势和走向的重要因素。消费者在市场活动中产生的各种心理活动及自身的个性心理特征会影响消费者对商品产生不同的认知、喜好及购买行为；同时，市场也会根据消费者的兴趣、需要、偏好等制定不同的产品策略和市场策略。例如，对同种类型的商品，不同的消费者会因自身的经济状况、文化观念、社会地位等诸多因素而产生不同的需求，市场也只有了解消费者的这些心理需求才能采取正确的应对策略。

2.4.2 消费心理学的研究内容

1. 消费者购买行为中的心理活动过程

消费者购买行为中的心理活动过程包括认知过程、情感过程和意志过程。这是一个发生—发展—完成的过程，是每个消费者都具有的。消费者购买活动的认知过程、情感过程和意志过程是通过人脑的生理作用，而产生对客观事物（即商品）的评价和是否购买的行为。例如，消费者看到一件质地考究、样式新潮的服装，而产生喜欢的情感，即使这件衣服很贵，朋友或家人不同意，也要克服这些困难，坚持购买自己喜欢的服装。在整个购买行为中，消费者的心理活动过程及其变化规律是消费心理学研究的一项重要内容。

2. 消费者个性心理特征对购买行为的影响和制约作用

消费者的心理活动过程是消费者心理共性的一部分，但通过每个人的行为表现出来又不一样，这主要是因为每个人的气质、性格不同，也就是个性心理特征的差异。消费者的个性将直接影响消费者对商品认知的效率和深度，对购买行为的影响极大，是形成各种不同购买行为的原因和基础。研究和掌握这些拥有相似气质、性格特点的消费者对商品及市场要求的特点，以及表现在不同类型消费者身上的个性心理特征对购买行为所产生的影响和制约作用，就可以很好地预见消费者的行为，并及时采取各种应对措施。

3. 消费者群体的心理与行为

消费在直接形态上表现为消费者个人的行为活动。但从社会总体角度看，消费者行为又带有明显的群体性。现实生活中，某些消费者由于年龄、性别、职业、收入水平、社会地位、宗教信仰相同或接近，在消费要求、消费观念、消费习惯及消费能力等方面表现出很大的相似性或一致性。具有上述相同消费特征的若干消费者即构成一定的消费者群体。

消费者群体是社会消费活动的客观存在。研究不同消费者群体在消费心理和消费行为方式上的特点与差异，有助于从宏观角度把握社会总体消费的运动规律，同时对商品生产者和经营者准确地细分消费者市场，制定最佳营销策略，具有重要的指导意义。

4. 消费者心理与社会环境

现实生活中，消费者及其所从事的消费活动都是置于一定的社会环境中，并在某些特定的环境条件下进行的。一方面，无论消费者个人或消费者群体，其心理活动的倾向及行为表现，在很大程度上要受到社会环境因素的影响和制约；另一方面，消费者在适应环境的同时，也在以不同方式影响和作用于环境。具体分析各种社会环境因素，如文化背景、相关群体、社会阶层、家庭、舆论导向等与消费者心理及行为的相互影响和作用方式，对于了解消费者心理与行为活动的成因，掌握其运动规律具有重要意义。

5. 消费者心理与市场营销的关系

现代市场经济条件下，消费者在消费过程中受到企业市场营销活动的影响直接而深刻。市场营销是商品生产者和经营者围绕市场销售所从事的产品设计、制造、包装装潢、命名、定价、广告宣传、分销渠道、购物环境布置、销售方式、服务等一系列活动，其目

的在于通过满足消费者的需要，激发其购买动机，促成购买行为，实现商品的最终销售。因此，市场营销的一切活动都是直接围绕消费者进行的。例如，改善商品包装以引起消费者的注意，通过广告宣传向消费者传递有关信息，提供良好服务以赢得消费者的好感等，这一系列的营销活动会对消费者心理及购买行为产生直接影响。同时，企业所采取的全部营销策略、手段又必须以消费者的心理与行为为基础，最大限度地迎合消费者的需求、欲望、消费习惯、购买能力等。

市场营销活动的效果大小、成功与否，主要取决于其与消费者心理及行为的适应程度。消费者的心理和行为与市场营销之间有着极为密切的内在联系，二者相互影响、相互作用。市场营销是适应消费者心理的过程，对消费心理加以诱导，促成其行为实现的过程。探讨这一过程中，消费者如何对各种营销活动作出反应，以及针对消费者的心理特点怎样改进营销方式，提高营销效果，是消费者心理与行为研究的主要对象和内容之一，也是其研究目的和任务所在。

2.4.3 消费心理学的研究方法

方法是人们研究解决问题，实现预期目标的途径和手段。研究消费心理，在思维方式上，要摆脱传统、狭隘的眼界的束缚，采取以面向现在、面向未来为主要特征的适应现代信息社会要求的思维方式。对消费心理的研究，不仅要对过去已经发生的消费心理现象进行描述，更要能预测消费者潜在的心理趋向。

消费心理学的心理学理论基础是普通心理学，因此在研究方法上，普通心理学的一些方法可以借鉴和采纳。常用的方法主要有观察法、实验法、调查法和测验法 4 种。

1. 观察法

观察法一般运用在研究产品广告、商标、产品包装和柜台设计的效果，产品价格对购买行为的影响及企业的营销状况方面。运用该方法不需要直接询问消费者想要什么、喜欢什么，或者他们打算买些什么，而是观察他们实际上做了些什么。在商店里观察实际的购买行为，可以发现各类消费者买些什么商品，人们怎样比较商品的价格和议论商品的特性，以及广告手段的影响等，并通过所获得的研究资料，分析消费者的心理特点和活动规律。

在现代科学技术发展的条件下，观察者通过采用先进的技术和设备，如使用视听器材，包括摄像机、录像机、录音机、闭路电视等，作为观察者视听器官的延伸，从而大大地增强了观察效果。例如，为了了解商店橱窗设计的效果，可以在布置好的橱窗前观察注意橱窗或停下来观看橱窗的人数，以及观看橱窗人数在路过行人中所占的比例，还可以通过重新设计和布置橱窗，然后再进行观察统计，从而比较两种设计和布置效果的优劣。

观察法在消费心理学研究中的应用优势在于，在消费者不知情的情况下进行观察，消费者没有心理负担，他们的心理表现比较自然，通过观察所获得的资料比较客观、真实和可靠。特别是在研究对象不配合的情况下，更显示出观察法的价值，简便易行，费用也比较低廉。

观察法在消费心理学研究中应用的不足在于，进行观察时，观察者只能被动地等待所要观察的事件出现;在事件出现时,所能观察到的只是消费者如何从事活动,并不能得到消费者为什么从事这项活动及当时其内心想法的资料;观察资料的质量在很大程度上也受到观察者本人的能力水平、心理因素的影响;为了使观察得来的资料全面、真实、可靠,被观察的人和事件的数量要多、面要广,而且为了取得大量的资料,所需的人力和时间投入也大。鉴于此,只有当研究的问题能够从消费者外部行动得到说明时,才适宜应用该方法。

2. 实验法

实验法研究的基本目的在于揭示变量间的因果关系。例如,研究者通过控制某一个或几个自变量(如价格、包装或广告),研究其对因变量(如销售量、品牌态度等)的影响。利用实验法可以调查范围广泛的题材。例如,报刊广告是采用黑白还是彩色更为有效;在一定时间内推销员访问客户的次数与客户提出的订单多少是否有关;在推销某种产品时,哪种促销方式最佳;某种产品的广告是否需要先改变消费者的观念,然后再做直接促销才能促使消费者增加购买量等。

对于商标识别和爱好的研究经常是在实验室进行的。例如,让消费者观看若干不同的标记、符号,要求他们说出哪个或哪些最容易识别,或者观看相同容器的商标,说出哪个更好些。

有些则适宜在现实的生活环境中进行。例如,要测定广告效果的促销作用,就可以选择两个适当的商场或商店,一个施以广告的作用,另一个则不做广告,通过记录各自的销售量,进行比较和统计检验。

3. 调查法

调查的方式与手段可以根据调查的目的灵活选用。例如,研究消费者购买动机的心理活动,可以抽取一定比例和数量的消费者,进行问卷调查;了解消费者消费时尚的心理活动,可以在城市街道、繁华地区采用现场观察、数据分析的方法;了解消费者对商品设计的心理反应和要求,可以通过公告征询、设置意见簿、留言本的形式调查。

在消费心理研究中,应用最广泛的调查法是问卷法,根据调查的需要和可能,向选定的一定数量的消费者发出问卷(意见征询表格),由被调查者填写,问卷回收后进行统计汇总以分析了解消费者的心理。为了提高问卷的回收率,可向答卷者赠送小礼物。问卷法调查的不足在于,答卷者可能由于种种原因,不能如实、准确地填写问卷。因此,在采用问卷法调查时要注意与其他方法结合,共同分析,以便验证调查结果。

4. 测验法

测验法是通过运用标准化的心理测量表对某些心理品质进行测定来研究心理的一种方法。测验法经常被用来研究个体之间心理品质的差异,以及个体行为各个方面的关系。例如,研究消费者的个性特征与评判商品、采取购买行为的能力的关系,还可以根据测验结果对有关行为作出预测。

从测验内容上,可将测验法分为智能测验、成就测验、人格测验等。所有的测验都是由一些要求作出回答反应的问题构成的。这些问题是在大量的预备实验的基础上,按一定

的方法、步骤编制而成的。心理测验的最大优点是能数量化地反映人的心理发展水平和特点，但测验的有效性在很大程度上取决于测验量表的可靠性，而各种测验量表尚在完善中。

2.5 服务心理学

2.5.1 服务心理学的研究对象

服务心理学是研究在酒店进行消费的消费者和酒店从业人员的心理活动及其规律的科学，是心理学在酒店服务工作中的具体应用。

在服务工作过程中，宾客的需要、宾客的动机、宾客的个性心理，以及宾客的心理活动变化规律是服务心理学研究的主要对象。同时，服务从业人员的心理品质及心理活动、服务从业人员与宾客之间相互作用关系中的心理活动变化规律和特点，也是服务心理学研究的对象。服务质量的高低与服务从业人员有着极大的关系，服务过程是通过服务从业人员与宾客共同的积极活动而实现的。

2.5.2 服务心理学的研究内容

服务心理学的研究内容在于探讨酒店服务过程中人们的心理活动规律，正确认识宾客和服务员自身的心理活动特点，从而提高服务质量。具体研究内容有以下几个方面。

1. 宾客的心理研究

酒店服务的宗旨是要做好优质服务。优质服务的含义就是要满足宾客的最大需求。了解宾客的心理活动，才能采取恰当的措施，才能使宾客感到宾至如归，满足宾客的最大需求。因此，宾客的心理研究是服务心理学研究的首要任务。

2. 酒店从业人员的心理研究

服务工作是靠人来完成的。人的心理品质将直接影响服务工作的好坏，特别是在当前酒店业激烈竞争的情况下，提高服务人员的心理品质，是服务心理学中一项重要的任务。

3. 酒店企业组织管理心理研究

酒店企业要想在激烈的市场竞争中立于不败之地，提高企业的效益，树立良好的企业形象，组织内部的管理是很重要的。研究酒店员工个性心理差异、群体心理、心理挫折、调动员工的积极性等问题也是十分重要的任务。

4. 酒店经营活动与酒店宾客心理的关系

酒店经营活动是以宾客为中心的。在策划酒店经营活动中，要充分考虑到酒店经营活动与宾客心理现象的相互关系。如何健全服务项目、完善服务设施、满足不同宾客的心理特点，尽可能为宾客提供一个舒适、满意的环境，同样是服务心理学研究的任务之一。

2.5.3 服务心理学的研究意义

1. 推动我国旅游服务事业的发展

我国旅游事业的发展，需要从各个方面对服务工作开展科学研究。服务质量的水平是旅游业的工作标志。服务实质上是一种人际交往的方式，它发生在服务员与宾客之间。在服务交往中，如果不进行深入的有关心理因素的研究，就会使服务工作缺少针对性。因此，为了发展我国的旅游服务事业，为了提高服务质量，必须开展服务心理学的研究。

2. 掌握宾客心理，提高服务质量

宾客本身具有流动性、享受性、差异性等特点，如他们的国籍、民族、职业、年龄、性别、性格都可能不同。服务人员只有在掌握宾客心理特点的基础上进行服务，才能采取差异化的服务方法，使宾客对服务人员的服务工作感到满意，产生"宾至如归"的感受。

3. 帮助服务从业人员提高心理素质

学习服务心理学，使服务从业人员正确地了解自己，懂得一个优秀的服务人员应当具备的心理素质和服务艺术，从而在实践中知道如何与宾客交往，如何与自己周围的同事相处，保持良好的心理状态去面对工作和生活。

2.5.4 服务心理学的研究方法

1. 实验法

实验法在服务心理学的研究中，一般采用自然实验法。它在服务工作的实践中有目的、有计划地创造某些条件或变更某些条件，给宾客的心理活动以一定的刺激或诱导，从而进行心理研究的方法。例如，在客房服务中，可选择宾客人数和基本情况大致相同的两个楼层，采用不同的服务进行观察并记录，一定时期后进行分析比较，作出心理实验总结。

2. 调查法

调查法在酒店企业中常用的是谈话法与问卷法。谈话法是运用谈话方式来了解对方的心理特点和需求情况。在谈话前，研究者要根据研究目的和谈话对象的特点，拟定谈话要点，通过交谈从中分析被试对象的心理活动。谈话过程要详细记录，以便日后分析、整理。问卷法在酒店企业广泛应用。例如，一般放在客房的服务夹内，让宾客填写对服务方面满意度的"服务质量评价表"，然后收集起来，归纳分析宾客的心理需求。

3. 经验总结法

经验总结法是从心理学角度，科学地、有目的地分折服务工作的经验，从中抽取和提炼出所包含的心理规律的一种方法。经过总结的规律可以促进酒店服务改革的深化，丰富与发展服务心理学的内容。

4. 统计学研究法

统计学的研究方法是通过搜集、整理和分析大量的统计资料，从心理学的角度进行推论，进行量化研究的方法。例如，餐饮需求在量上表现为座位周转率的提高，它的变化是由宾客意愿及价格变化等因素决定的。研究这些因素的数量变化，有助于掌握宾客心理需求的变化趋势，从而确定服务措施与之相适应。

上述4种服务心理学的研究方法，通常是相互联系、相互结合进行的。具体采用哪种方法，要根据研究目的和具体条件而定。总之，只有坚持理论联系实际的原则，采用科学的态度，才能更充分、更准确地掌握酒店经营活动中人的心理现象的一般规律。

本章小结

本章主要对旅游心理学各相关心理学科的研究对象、研究内容和研究方法等进行了较为详细的介绍，力求为理解和掌握旅游心理学的基础理论和支撑学科发挥积极作用。

章前案例解析

旅游团队尤其是散客拼团里"社会尊重不足"这种现象较为普遍也较为严重。旅游者外出旅游是为了放松身心，并建立在一定的"闲"与"钱"的基础之上的。但是由于旅游者的性格、出游意愿、出游目的等的差异，导致在同一旅游城市相同游览时间内，对于固定旅游景点的具体日程安排上会出现分歧，当导游的安排更倾向于其中一部分的意愿时，其他旅游者会感到自己没有受到重视和尊重，甚至会出现格格不入的感觉，由此而引发旅游团队内的严重不合。这就需要导游人员在问题处理上，拿捏适度、方法恰当，尤其是要照顾到那些日程安排与其意愿相左的旅游者，以避免矛盾的产生。

旅游者评价每一次旅游经历时，在旅游感受的综合形成中，不仅与游览的核心——景区（点）的安排有关，更与出行过程中的心理感受有很大关系。作为一个消费者，自己的正当权益要得到保障；作为团队成员，自己的出行意愿要得到尊重；作为一个旅游者，自己的出游目的要达到。这就使得他对旅游经历作出评价时，会与消费心理学、社会心理学、普通心理学等相关学科发生联系。

复习思考题

一、名词解释

普通心理学　社会心理学　管理心理学　消费心理学　服务心理学

二、选择题

1. 西方现代心理学的三大流派是指（　　）。

A. 精神分析心理学　　　　　　　　B. 行为主义心理学

C. 人本主义心理学　　　　　　　　D. 弗洛伊德心理学说

2. 行为主义心理学的创始人是（　　）。

A. 弗洛伊德　　　　　　　　　　　B. 华生

C. 弗里德里希·尼采　　　　　　　D. 马斯洛

3. 管理心理学的研究对象主要包括（　　）。

A. 个体心理　　　B. 群体心理　　　C. 组织心理　　　D. 领导心理

三、判断题

1. 现代心理学的诞生是以 1879 年德国心理学家冯特在莱比锡大学建立的世界上第一个心理学实验室为标志的。（　　）

2. 普通心理学侧重于研究个体本身及个体与物之间的关系，而社会心理学侧重于研究群体中的个体、群体、人与人、人与群体之间的关系。（　　）

3. 根据弗洛伊德的精神分析理论，可以把旅游者出外旅游的心理分为有意识的旅游心理与行为和无意识的旅游心理与行为两种类型。（　　）

4. 消费心理学为研究旅游者消费习惯等消费心理活动，征服旅游者，最大限度地获取市场，对旅游企业在市场竞争中取胜起到了重要作用。（　　）

四、简答题

1. 简述消费心理学的主要研究内容。
2. 简述服务心理学的主要研究内容。
3. 简述行为主义心理学对旅游心理学研究的启示。

五、论述题

1. 谈谈普通心理学和社会心理学对旅游心理学研究的启示和指导意义。
2. 结合所学知识，谈谈管理心理学、消费心理学和服务心理学三大学科对旅游心理学研究的核心价值体现。

六、案例分析

郑先生的赞扬

在一次宴会结束以后，客人当中的一位郑先生特地留下来对餐饮部经理说："你们的服务员小叶，可真是好样的，好！真好！"说完就走了。餐饮部经理也不知道这位郑先生到底认为小叶好在哪里，于是就把小叶叫过来，问她为客人做了什么好事。

听了小叶的叙述，餐饮部经理才知道原来是这么回事。

小叶托着一个盘子去给客人上饮料，走到郑先生旁边，问他要什么饮料的时候，郑先生漫不经心地指了一下盘子里的可乐，于是小叶给郑先生倒了一杯可乐。后来，当小叶问坐在郑先生对面的万先生要什么饮料的时候，万先生很仔细地看了看盘子里的几种饮料，指着其中一种问小叶："这是什么？"小叶说："这是我们酒店自制的酸梅汤。"万先生露出惊喜的神色说："还有酸梅汤？太好了，我就爱喝酸梅汤！"于是小叶给万先生倒了一杯酸梅汤。

小叶注意到：郑先生看了看万先生的酸梅汤，又看了看自己的可乐，什么也没说。但是，从郑先生的表情看，好像是在说"早知道有酸梅汤，我也要酸梅汤了，已经要了可乐，算了，就喝可乐吧。"

等郑先生的可乐喝得差不多了，本该给他再续上一杯可乐的时候，小叶凑到郑先生的耳边说："我们酒店自制的酸梅汤味道挺好的，您要不要尝尝？"郑先生连连点头说："好，好，那就尝尝吧。"

郑先生一连喝了好几杯酸梅汤，一再地称赞："好，好，味道真不错！"

问题：

1. 小叶的服务究竟好在哪里而受到郑先生的赞扬？
2. 如何用行为主义心理学的有关原理对小叶的行为进行行为分析？

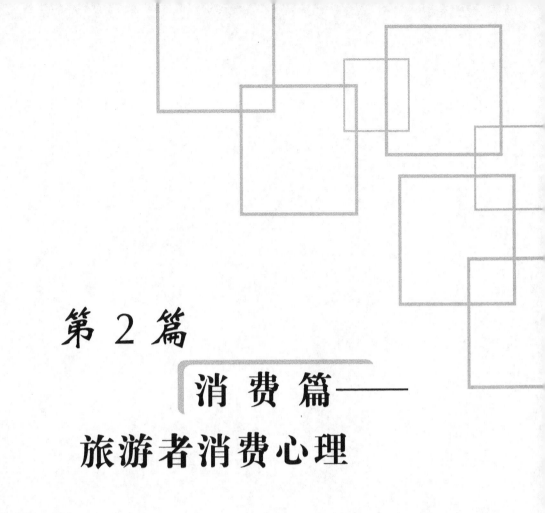

第 2 篇

消费篇——
旅游者消费心理

3

学习目标

1. 了解掌握感觉、知觉的基本概念。
2. 掌握感觉的基本规律。
3. 掌握知觉的特性。
4. 熟悉影响旅游者知觉的因素。
5. 熟悉感知觉与旅游消费的关系。

导入案例

同是游西湖，效果却相反

杭州某旅行社导游员小梁前后带了两个团，回来后向社内其他同事讲述他的经历。

小梁讲到："前些天我带团去游西湖，从杭州香格里拉酒店出发，绕湖一周，大家有说有笑，还拍了不少照片，走到苏堤一端的时候，有位客人突发奇想，提议大家沿着苏堤走回酒店。我当时赶快告诉客人路途太远，走回酒店需要一个多小时，连午饭都要耽误，但客人情绪非常高，说没关系。结果是，全团老老少少一路说笑着走回香格里拉的。"

接着小梁又讲了他带的另外一个团的情景。"还是没几天的事情，同样游西湖，只是带的是另外一个团，那天天气阴沉沉的，还有大雾，船到了'柳浪闻莺'的时候才看到一点山的影子，客人情绪就非常低落。本来游湖后有丝绸表演的，那是客人早就盼望的节目，结果是上岸后客人兴致全无，我怎么劝说都没用，客人情绪根本调动不起来，最后只好回酒店了。"

【问题】

同样是游览西湖，两个团的反映截然不同，结合案例分析其原因。

3.1 感觉与知觉

感觉与知觉是人类认识活动的初级阶段。旅游者的感觉与知觉是旅游者其他复杂心理活动的基础。旅游者从旅游过程中的食、住、行、游、购、娱等活动中获得的满足感，都要通过感觉与知觉来进行。旅游过程实际上就是旅游者对旅游目的地的社会环境、自然环境和人文景观等的认识、审美过程。旅游者首先是通过不同的感觉器官来感受旅游活动，从而形成完整的、全面的感官形象，所以很有必要对旅游者感知觉进行研究。

3.1.1 感觉

1. 感觉的概念

所谓感觉,是指人脑对直接作用于感觉器官的客观事物的个别属性的反映。要正确理解感觉的概念,需把握以下几点。①感觉反映的是当前直接接触到的客观事物,而不是过去的或间接的事物。②感觉反映的是客观事物的个别属性,而不是事物的整体。通过感觉只能知道事物的声、形、色等个别属性,而不能把这些属性整体地客观反映出来。③感觉是客观内容和主观形式的统一。从感觉的对象和内容来看,它是客观的,即反映着不依赖于人的意识而独立存在的客观事物;从感觉的形式和表现来看,它又是主观的,即在一定的主体身上形成、表现和存在着。人的任何感觉,都受到个性、经验、知识及身体状况等主体因素的影响。由此可见,感觉是以客观事物为源泉,以主观解释为方式和结果的,是主观、客观联系的重要渠道,是客观事物的主观映像。

感觉可分为外部感觉和内部感觉两大类。外部感觉主要接受来自体外的适宜刺激,反映体外事物的个别属性,主要有视觉、听觉、嗅觉、味觉、肤觉等,外部器官主要是眼、耳、鼻、舌和皮肤;内部感觉主要接受肌体内部的适宜刺激,反映自身的位置、运动和内脏器官的不同状态,包括运动觉、平衡觉和肌体觉,内部感觉器官存在于人体内部,如肌肉、胃、肠、呼吸道等。

感觉虽然是一种最简单、最普遍的心理现象,但它在人的心理活动中起着极其重要的作用,是一切较高的、较复杂的心理活动的基础,是意识和心理活动的重要依据,也是人脑与外部世界的直接联系,割断了这种联系,大脑就无法反映客观存在,意识也就无从产生。人需要借助于感觉提供的原材料,进行知觉、记忆、思维等复杂的认识活动,依靠人对环境和身体内部状况的感觉,才有情绪的体验。一切较高级、较复杂的心理现象都必须在感觉的基础上产生,感觉是人认识客观世界的开端。

知识链接 3-1

感觉剥夺实验[①]

感觉是意识和心理活动的重要依据,人们理解周围的事物的过程,首先是从视觉、听觉、触觉等感觉开始的。那么一旦人失去感觉,他会变得怎样?

1954 年,心理学家 W. H. 贝克斯顿(W. H. Bexton)等人在加拿大的麦克吉尔大学进行了首例感觉剥夺实验研究。他们在付给大学生每天 20 美元的报酬后,让他们呆在缺乏刺激的环境中。具体地说,就是在没有图形知觉(让被试者戴上特制的半透明的塑料眼镜)、限制触觉(手和胳膊上都套有纸板做的手套和袖子)和听觉(实验在隔音室里进行,用空气调节器的单调嗡嗡声代替其听觉)的环境中,静静地躺在舒适的帆布床上。当时大学生打工 1 小时大约只能挣 50 美分,这让很多大学生都跃跃欲试,认为利用这个机会可以

---

① 资料来源:郭德俊,雷雳. 教育心理学[M]. 北京:警官教育出版社,1998.

好好睡一觉，或者考虑论文、课程计划。但结果却令很多人大跌眼镜。没过几天，大学生就纷纷退出。他们说感到非常难受，根本不能进行清晰的思考，哪怕是在很短的时间内注意力都无法集中，思维活动似乎总是"跳来跳去"。更为可怕的是，50%的人出现了幻觉，包括视幻觉、听幻觉和触幻觉。视幻觉，如眼前出现光的闪烁；听幻觉，如似乎听到狗叫声、打字声、滴水声等；肤幻觉则如感到有冰冷的钢板压在前额和面颊，或感到有人从身体下面把床垫抽走。在过后的几天里，被试者出现了注意力涣散，不能进行明晰的思考，智力测试的成绩不理想等情况。通过对脑电波的分析，证明被试者的全部活动严重失调，有时甚至出现了幻觉（白日做梦）现象。这就是心理学上著名的感觉剥夺实验。

2. 感觉的规律

1）感觉阈限

每一种感觉都是在适宜刺激作用于特定的感受器时所产生的，也就是说，使感觉得以产生的刺激强度有一定范围，太强、太弱的刺激都不能引起感觉。肌体对刺激强度及其变化的感受能力称为感受性。人的感受性是用感觉阈限的大小度量的。感觉阈限是能够引起感觉持续到一定时间的刺激量。感觉阈限又分为绝对感觉阈限和差别感觉阈限。

（1）绝对感觉阈限。是指刚刚能够引起感觉的最小刺激强度，又分为感觉的下绝对阈限和上绝对阈限。例如，用某一极轻微的刺激物刺激被试者的皮肤，他不会有感觉，但是如果逐渐增加这个刺激量就会引起被试者的感觉反应。这个刚能引起感觉的最小刺激量被称为感觉的下绝对阈限。如果引起感觉的刺激量继续不断地增加而超过一定限度时，就会引起痛觉。这个能够引起感觉的最大刺激量被称为上绝对阈限。从下绝对阈限到上绝对阈限之间的距离，即是人的有关感受性的整个范围。绝对感觉阈限与绝对感受性之间成反比关系。绝对感觉阈限越低，即能引起感觉所需的刺激量越小，绝对感受性就越高，对刺激越敏感。绝对感觉阈限可因刺激物的性质和有机体的状况而有所不同。例如，活动性质、刺激强度、刺激持续时间、个体的自身状态等都会影响绝对感觉阈限。

（2）差别感觉阈限。指的是在可感觉的刺激范围内，刚刚能够觉察的刺激物的最小变化量。与之相应的感受性被称为差别感受性。刺激物引起感觉后，刺激数量的变化并不一定都能引起感觉上的变化。例如，100克的重量，再加上1克，人并不感觉到重量有所增加，但增加3克以上时，就能感觉到重量的变化。差别感受性的大小是用差别感觉阈限的大小来度量的，两者成反比关系。差别感觉阈限越小，则差别感受性越大，反之，差别感觉阈限越大，差别感受性越小。

善于利用旅游者的感觉阈限，并恰当运用在定价、促销、旅游商品的包装及旅游线路的设计中，可以起到较好的作用。例如，在旅游景点的安排上，如果安排的风格相近的旅游景点过多，大大超过旅游者的感觉阈限，会让旅游者在游览时感到厌烦。因此，在设计旅游线路时，要避免在同一条线路上安排风格相近或相同的旅游景点和旅游项目，要避免重复，以免影响游览效果。

2）感觉适应

从感觉本身的性质看，绝对感觉阈限与差别感觉阈限反映的是感觉器官对刺激的敏锐程度。不过某一感官对某种刺激的敏锐程度并非是一成不变的。当某种刺激持续时间越久，感官的敏锐程度越随之降低。这种由于相同刺激物持续地作用于感觉器官而引起感受性变化的现象，心理学称之为感觉适应。古人所说的"入芝兰之室，久而不闻其香，入鲍鱼之肆，久而不闻其臭"就是对嗅觉适应的描述。人的每一种感觉器官都有适应现象，不过有些较典型，有些不是那么明显。感觉适应是感受性的暂时性变化，它不仅有重要的生物学意义，而且能使人更好地适应周围环境的变化，保持与周围环境的平衡，维持正常的生活。

3）感觉对比

感觉对比是指同一感觉器官在不同刺激物的作用下，感受性发生变化的现象。感觉对比分为同时对比和继时对比两种。几种刺激物同时作用于同一感觉器官，发生同时对比现象。例如，白色对象在黑色或灰色背景下，人的感觉不同，前者明亮，后者暗淡；白昼不见繁星，闹市听不清人语等，均属于同时对比现象。不同刺激物先后作用于同一感觉器官，产生继时对比现象，又称先后对比。例如，先吃糖，后吃苹果，感觉苹果是酸的；先吃杨梅，再吃苹果则感觉是甜的，这些都是感觉的继时对比现象。

在旅游活动中，根据感觉对比的特点，把对比鲜明的旅游景点穿插在同一个旅游线路中，可以满足旅游者在旅游过程中追求新奇和刺激的审美需求。

4）联觉

联觉是一种感觉引起另一种感觉的心理现象。最典型的联觉是由颜色引起的联觉，红、橙、黄等色彩，可引起暖的感觉；蓝、白等颜色，可引起冷的感觉。所以在提供旅游服务过程中，客房的布置应根据季节变化进行调整；在安排餐厅熟食陈列及烧烤柜时，柜子的颜色要注意，灯光的使用应特别注意，要考虑到不同灯光照射食品时所产生的效果。例如，红色灯光照射，肉看上去显得很嫩，但有些菜，如菠菜就显得发黑；用蓝色灯光照射，肉看起来有点腐烂，土豆显得发污；用黄色灯光照射，葡萄酒就变成了蓖麻油；用白色灯光照射，则一切正常。研究证明，各种颜色都能引起人们一定的味道感觉，红色使人联想到番茄、苹果、山楂、切片的火腿和腊肠、蒸熟的螃蟹和对虾等美味食品；茶色能让人想到巧克力、咖啡、油炸食品等；黄色会使人想起香蕉、蜜橘、炒鸡蛋等有着淡淡清香味的食物；绿色使人容易想到杨梅、葡萄等酸味水果。此外，颜色还能起到调节人的情绪的作用。例如，橙、黄等暖色调使人振奋、提神；绿色、蓝色、白色等冷色调则使人心平气和。在旅游活动中，善于利用联觉，常常可以起到意想不到的效果。

3.1.2 知觉

知觉不仅包括对物的知觉，而且还包括对人、社会团体、事件及自我特性的知觉。

1. 知觉的概念

知觉是在感觉信息的基础上，人脑对直接作用于感觉器官的客观事物的各种属性的整体反映。知觉并不是感觉的简单相加，而是把由感觉器官得来的信息进行选择、组织、解释，获得一个完整的、有意义的、连贯的认识。例如，旅游者的不同感官分别对菜肴的颜色、造型、味道等各种属性产生个别感觉，知觉对感觉信息进行综合，加上经验的参与，就形成了菜肴的完整形象。

2. 知觉的种类

根据不同的标准，可以对知觉进行不同的分类。根据知觉过程中起主导作用的感官的特性，可将知觉分为视知觉、听知觉、嗅知觉、味知觉和触摸知觉等；根据知觉是否正确，可将其分为正确的知觉和错误的知觉；根据知觉对象的不同，可将其分为物体知觉和社会知觉。而与旅游活动联系紧密的有空间知觉、时间知觉、运动知觉、错觉、社会知觉等。

1) 空间知觉

空间知觉是个体对客观世界三维特性的知觉，具体指物体大小、距离、形状和方位等在头脑中的反映。空间知觉是一种较复杂的知觉，需要人的视觉、听觉、运动觉等多种分析器的联合活动来实现。在旅游活动中，空间知觉具有重要的作用。下台阶时，没有形成准确的空间知觉，不知道有几个台阶、每个台阶有多高，就容易摔倒。没有良好的空间知觉，旅游者在游览时就很容易迷路。

空间知觉包括形状知觉、大小知觉、深度与距离知觉、方位知觉等。

(1) 形状知觉。形状知觉指对物体的轮廓和边界的整体知觉。形状知觉是人类和动物共同具有的知觉能力，但人类的形状知觉能力比动物的更高级，因为人类能识别文字和符号。形状知觉是靠视觉、触觉、运动觉来实现的。旅游者通过物体在视网膜上的投影、视线沿物体轮廓移动时的眼球运动、手指触摸物体边沿等，产生形状知觉。

(2) 大小知觉。大小知觉指对物体长短、面积和体积大小的知觉。依靠视觉获得的大小知觉，决定于物体在视网膜上投影的大小和观察者与物体之间的距离。在距离相等的条件下，投影越大，则物体越大；投影越小，则物体越小。在投影不变的情况下，距离越远，则物体越大；距离越近，则物体越小。大小知觉还受个体对物体的熟悉程度、周围物体的参照的影响。由于存在知觉的恒常性，对熟悉物体的大小知觉不随观察距离、视网膜投影的改变而改变。对某个物体的大小知觉也会因该周围参照物的不同而改变。

(3) 深度与距离知觉。深度与距离知觉是对物体离知觉者远近的知觉。对物体距离和深度的判断可以依据的线索很多，通过视知觉观察，看起来小的物体似乎远些，大的物体似乎近些；被遮挡的物体远些，没有被遮挡的物体近些；远处的物体看起来模糊，近处的物体看起来清晰；远的物体显得灰暗，近的物体色彩鲜明，看近物时，双眼视线向正中聚合，看远物时，双眼视线近似平行等。同时可以通过双眼的共济运动形成深度知觉。

(4) 方位知觉。方位知觉是对物体在空间所处的方向和位置的知觉。方位知觉能力是后天形成的，个体依靠视觉、听觉、运动觉等来判断方位，形成对东西南北、前后左右、上下等的知觉。依靠视觉进行方位判断必须借助参照物。参照物可以是自己的身体、太阳的位置、地理事物、地平线等。不同方位辨别由易到难的次序分别是上与下、后与前、左与右。由于人的两只耳朵分别在头部的左右两侧，因此同一声源到达两耳的距离不同，两耳所感知的声音在时间上、强度上存在差别，据此个体也能依靠听觉进行方向定位。

2) 时间知觉

时间知觉是对事物发展的延续性和顺序性的知觉，具体表现为对时间的分辨、对时间的确认、对持续时间的估量、对时间的预测。时间既没有开始也没有结束。生活中对时间的知觉，既可以借助于太阳的东升西落、月的圆缺、四季变化等自然界的变化，也可以借助于生活中的数数字、打拍子、节假日、上下班、睡眠和觉醒等具体事件或自身的生理变化，还可以借助于时钟、日历等计时工具。

时间知觉是人对客观世界的主观印象，也必然受到主客观因素的影响。受主观因素影响，在不同的心理状态下，人对时间的估计有很大差别。研究表明，在悲伤的情绪下，人们在时间估计方面会出现高估现象，"度日如年"；在欢快的情绪下，在时间估计方面会出现低估现象，"山中方一日，世上已千年"。受客观因素影响，旅游活动内容不同会影响旅游者对时间的知觉，在一段时间里，旅游活动内容充实有趣，旅游者会觉得时间过得快，倾向于把这段时间估计得短些；而旅游活动内容单一无趣，旅游者就会觉得时间过得慢，对这段时间估计得就要过长些。

旅游工作者了解旅游者在旅游过程中的时间知觉规律是非常重要的，在安排旅游活动时应注意旅行时间要短，游览时间要长，即"游长行短"原则。贯彻"游长行短"原则，也就是安排旅游者的游览过程要尽可能放慢速度，而花费在旅途的时间要尽可能短。通过旅游工作者的巧妙安排，使旅游者得到良好的旅游效果。

"游长"即要求旅游工作者在安排游览内容时，参观过程时间要尽可能长些。旅游者外出旅游的真正目的就是为了游览风景名胜、历史古迹等，实现"饱眼福"的期望。安排足够的游览时间，才能保证旅游者的游览质量。游览内容越丰富，旅游活动对于游览者来讲就越具魅力，就越能使人们忘却时间的流逝，达到"流连忘返"的境地，这也正是旅游的价值所在。

"行短"即旅游工作者在安排游览路线时应尽可能缩短时空距离，并在旅途中安排一些有趣的活动，因为旅途这段时间对于旅游者来讲是最没意义的，在途时间越长旅游者的疲劳感也越强，直接影响到旅游活动的质量。同时由于在途时间长必然减少游览时间长度，导致"拉练式"、"走马观花"的旅游效果，大大降低旅游的乐趣和享受水平。

另外，旅游工作者提供交通工具要准时。旅游者在搭乘交通工具过程中最担心的问题就是安全和准时两个问题。而在确保安全的情况下，交通工具能否准时就显得尤为重要了。因为准时能保证旅游者按照计划去安排时间和活动，否则就会认为原定计划被打乱，而产生烦躁乃至恼怒，直接影响着旅游的效果，容易导致投诉，严重者会引起与相关部门的纠纷。

3）运动知觉

运动知觉是指物体在空间的位移特性在人脑中的反映。物体的运动和静止是相对而言的，物体运动速度太慢或太快都不能使人产生运动知觉。人不具备专门感知物体运动的器官，对物体运动的知觉是通过多种感官的协同活动实现的。当人观察运动的物体的时候，如果眼睛和头部不动，通过视觉物体在视网膜上成像的连续移动，从而产生运动知觉；如果用眼睛和头部追随运动的物体，这时视像虽然保持基本不动，通过眼睛和头部运动线索的动觉信息也可以产生运动知觉；如果所观察的是固定不动的物体，即使转动眼睛和头部，也不会产生运动知觉，因为眼睛和头部的动觉抵消了视网膜上视像的位移知觉。

4）错觉

顾名思义，错觉就是对客观事物不正确的知觉。错觉是一种特殊的知觉，其产生的原因是由于外界的客观刺激，因而不是通过主观努力就可以纠正的。错觉不存在个体差异。

发生在同一感觉通道的错觉有视错觉、听错觉、嗅错觉等，发生在不同感觉通道间的错觉有形重错觉、视听错觉、运动错觉等。

最常见的错觉是视错觉。主观轮廓如图 3.1 所示，中间部分根据人的经验通过完形作用倾向于看成一个三角形，其实并没有出现三角图形；赫尔曼·艾宾浩斯（Hermann Ebbinghaus）错觉如图 3.2 所示，看起来周围由多个小圆围绕的中间的圆比周围由多个大圆围绕的中间的圆大一些，但实际上这两个圆的大小相同；冯德错觉如图 3.3 所示，中间两条线是平行的，但看起来是弯曲的。

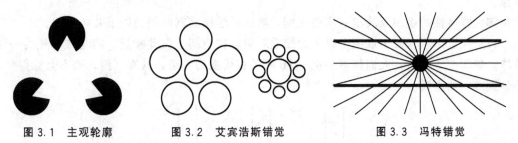

图 3.1　主观轮廓　　　　图 3.2　艾宾浩斯错觉　　　　图 3.3　冯特错觉

听错觉的出现与刺激和人的自身状况有关，利用仪器使左边来的声波先进入右耳，会使人觉得声音是从右边来的。当人一侧的耳重听时，对从正后方声源发出的声波会被由不重听的一侧感知，而误认为声源在不重听一侧，导致对声源方位的判断失误，遇到突发情况时，会产生错误的避险行为。

嗅错觉是把一种气味知觉为另一种气味。例如，把松节油的气味闻成油漆味误认为房间刚刚装修完，把化工产品的乙烯的气味误认为是苹果的果香味而去寻找真实的苹果，在客房里喷洒空气清新剂使人觉得有如身临草原产生愉快的感觉等。

形重错觉是指对形状大小与重量之间关系的错误知觉。例如，1 000 克铁和 1 000 克棉花的物理重量相同，但人用手提起进行比较时，会觉得 1 000 克铁比 1 000 克棉花重得多。

视听错觉是指对视听觉得到的信息的错误知觉。例如，看着台上作报告的人时会觉得声音是从前边传过来的，闭上眼睛听时发现声音是从旁边的音箱中传来的，雷鸣电闪同时发生，但由于光声的传播速度不同，人会先看到闪电后听到雷声而误认为先打闪后打雷。

运动错觉是指由于感觉的波动性导致的似动效应。例如，在桥上俯视桥下的流水，久而久之就好像身体和桥在摇动等。

中国的园林景观常常利用人的错觉增加审美效果，旅游中会发现很多园林，在构造园林景观时常常利用人的错觉，起到渲染风光和突出景致的作用。园林布局中的假山和流水都是通过缩短视觉距离的办法，将观览者的视线限制在很近的距离之内，视野只有假山和流水景观，没有其他参照物存在，于是，山就显得高了，水就显得长了。现在的许多现代化游乐设施也常常利用人的错觉提供丰富多样的娱乐项目，给旅游者带来或神奇或惊心动魄的娱乐效果。

5）社会知觉

社会知觉是指个人在社会环境中对他人（某个个体或某个群体）的心理状态、行为动机和意向（社会特征和社会现象）作出推测与判断的过程。

3. 知觉的特性

1）整体性

知觉的整体性是指人在过去经验的基础上把由多种属性构成的事物知觉为一个统一整体的特性。旅游知觉的对象是由旅游刺激物的部分特征或属性组成的，但人们并不把它感知为个别的孤立的部分，而总是把它知觉为一个统一的旅游刺激情境。甚至当旅游刺激物的个别属性或个别部分直接作用于人的时候，也会产生这一旅游刺激物的整体映像。

知觉整体性的组织反映出一定的规则，格式塔学派将其归纳为以下几条规律。

（1）接近原理。两个或两个以上的知觉对象若在空间上彼此接近，容易被知觉为一个整体。如图3.4所示，人们很容易把a、b两条直线视为一组，共有3组，而不会觉得是6条分别散立的直线。

图3.4　接近原理分析

（2）相似原理。两种或两种以上的旅游知觉对象若性质相似，容易被人们知觉为一个整体。图3.5就表明了相似原理是如何起作用的：图中的几个点虽然各点之间的距离相等，但相似的邻近两点各被知觉为一组，共有8组。

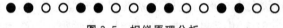

图3.5　相似原理分析

（3）闭合原理。几个知觉对象若包围一个知觉空间，则这几个知觉对象容易构成一个知觉整体，如图3.6，人们容易将其感知为一个五角星的图案。

图3.6　闭合原理分析

（4）连续原理。几个对象在空间和时间上有连续性，就容易被人们知觉为一个整体。例如，在图3.7中，AB、CD分别为许多点组成，但人们并不是把它们知觉为单独的零散点，而是知觉为一条直线和弧线相交。

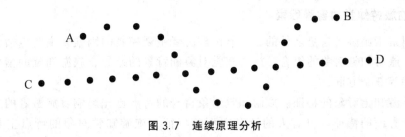

图 3.7　连续原理分析

2）选择性

人们每时每刻所接触的外部事物多不胜数，它们不可能同时都成为人们的知觉对象，人们总是根据当前的需要有选择地把其中一部分作为知觉对象，使之得到清晰的知觉，这就叫做知觉的选择性。被选择出来的部分叫做知觉的对象，其他部分便叫做背景。

3）理解性

人们在感知当前的事物时，总是借助于以往的知识经验来理解它们，对感知到的刺激物进行加工、取舍，并用词句将它们表达出来，即知觉的理解性。受知觉者的知识经验、实践经历、接受到的言语指导及个人的兴趣爱好等影响，对同一事物可以表现出不同的知觉结果。例如，同样是到原始森林旅游，普通旅游者看到的是迷人的自然风光，地理学家看到的是地质地貌条件、气候状况、动植物的种类及生长情况。在知觉信息不足或复杂的情况下，知觉的理解性差异更大，需要语言的提示和思维的帮助。

4）恒常性

在不同的角度、不同的距离、不同的照明度下观察所熟知的物体时，虽然观察物的大小、形状、亮度、颜色等物理特征会因环境的变化而不同，但人们对物体的知觉却常常倾向于保持稳定不变，即知觉的恒常性。例如，当导游员向旅游者挥手告别时，随着旅游者的身影越来越远，导游员不会感到旅游者的身体在变小。

3.2　旅游活动中的感知觉

旅游活动中的感知觉过程十分重要，旅游者的感知觉水平影响到旅游活动的效果。旅游者对外界的认识和对自身心理变化的了解，通过人的感知觉通道实现。感知觉是认知过程的一个重要阶段，它与注意、记忆等形成了人类其他心理活动的基础。旅游心理学的研究成果表明，旅游者在旅游决策阶段形成对旅游目的地的想象，而且旅游需求和旅游动机的形成，都与旅游者感知觉过程中接收的信息及感知觉者自身的心理特点密切相关。旅游过程中的消费行为及旅游效果评价等的完成，都是在感知觉过程作用下发生的。总之，研究感知觉可以准确地理解旅游活动的参与者的心理和行为。

3.2.1　影响旅游知觉的因素

知觉是主体对客体的感知过程，而旅游者的旅游活动在某种程度上就是为了获得非日常性的体验，旅游活动过程也就是对各种旅游环境的感知过程。影响旅游者知觉的因素主要包括客观因素和主观因素两个方面。

1. 影响旅游知觉的客观因素

客观因素指旅游者自身之外的、不能由旅游者主观控制的因素。主要包括旅游知觉对象的特征、旅游知觉对象的组合、旅游知觉对象和背景的差异、旅游知觉的情境、旅游者的生理条件等5个方面。

（1）旅游知觉对象的特征。旅游知觉对象自身的特点首先影响着旅游者的感知，它既有物的自然方面的特征，也有人的社会方面的特征。旅游知觉对象的特点主要包括新异性、刺激强度、运动变化等。在旅游过程中，在"探新求异"心理的支配下，越是新异的事物，越吸引旅游者的注意并被感知；在旅游活动中，那些奇峰异石、寂静的森林、宁静的田园风光、独特的异族风情等，都具有较大的刺激强度，能吸引旅游者的注意并被知觉；处于变化和动态的事物比处于静态的事物更容易成为知觉对象。例如，张艺谋导演的《印象刘三姐》，将演出置放在山水实景之中，以两千米的漓江水域为舞台，以12座阳朔山峰和广袤天穹为舞台布景。在寂静的夜晚，在纯自然的水光山色的映衬下，红色的拦网、万家的渔火、白色的纱巾、渔民的吆喝声、变幻的舞台等都强烈地吸引着旅游者，给旅游者留下深刻的知觉印象。

（2）旅游知觉对象的组合。旅游者对旅游刺激物的感知并不是杂乱无章、无系统的，而是把有关的刺激整合、知觉为一个统一的整体特征。

（3）旅游知觉对象和背景的差异。旅游者在旅游过程中总是有选择地把一些旅游刺激物作为知觉对象，使之突现在眼前，获得其清晰深刻的知觉印象，而另外一些旅游刺激物则缩小或隐去，旅游者对此印象模糊。被选择的旅游刺激物就是旅游者的感知对象，和感知对象相关联的其他事物则处于感知的范围以外，成为感知对象的背景。通常情况下，知觉对象是主体，背景是衬托。

（4）旅游知觉的情境。它主要指旅游者在感知时的人际氛围，即由旅游者和旅游服务人员共同的人际交往与人际支持构成的知觉和态度体系。旅游者在对所接受的旅游服务进行评价时，往往由于没有意识到自己也是服务产品生产的参与者，习惯用"服务好与不好"等客观性很强的表述。当旅游者感知到自己的看法与周围人的看法不一致时，会不自觉地甚至是无奈地接受周围人的看法，以使自己与周围人的看法相一致，从而克服不一致带来的不良情绪。社会心理学家将这种现象称为从众。与从众相对应的是反从众，它反映的是个体克服群体一致态度和看法的压力，而保持自己独立见解的现象。从众行为的产生与否，取决于旅游者对群体看法正确与否的判断。旅游知觉的情境对旅游知觉的影响力度主要取决于旅游者自身的主观因素。

（5）旅游者的生理条件。旅游者的生理条件对旅游知觉对象的选择也有很大影响。旅游知觉的信息接收必须以个体感知器官的完好和功能正常为基础。为了让高龄者和身体残疾的旅游者获得较高的旅游知觉印象或体验，很多地区在旅游区的设计和规划时都奉行"无障碍设计"这一旅游开发与运营理念。还有些地方提出了旅游目的地开发的"通用设计"方案，目的是让所有的旅游者都能方便地进行旅游活动，最大限度地减小知觉障碍，轻松地感知旅游刺激，获得最好的旅游体验。

2. 影响旅游知觉的主观因素

旅游者的知觉不仅受客观因素的影响，也受自身主观因素的影响。主观因素主要指旅游者的心理因素，主要包括以下 4 个方面。

（1）旅游者的经验是旅游知觉的基础。旅游者总是凭借以往的个体经验加工，从知觉对象中获得直接信息并对其进行理解，以纳入自己的经验体系。在旅游活动中，经验丰富的旅游者所获得的知觉印象可能更全面、更深刻，旅游效果也会更好；经验少的旅游者的知觉可能是简单的、表面的、笼统的。

（2）旅游者的需要决定着旅游者的旅游行为和旅游中的知觉活动。具有不同需要的旅游者会主动选择不同的知觉对象，即使选择同一知觉对象，他们也会对其进行不同的观察和思考，得出不同的感知印象。例如，同是到美国亚特兰大市的旅游者，渴望显示自己社会地位寻求受尊重体验的人，和旨在海滨休闲度假、消除压力实现身心恢复的旅游者的旅游行为和所关注的对象肯定不同，因而其最终得到的知觉印象也不同。

（3）旅游知觉中，兴趣首先引起旅游者对旅游信息的关注。例如，对旅游感兴趣的人对旅游广告非常敏感，使旅游广告从众多信息广告中突现出来，成为知觉对象，而把那些自己不感兴趣的信息广告作为背景，或排除在知觉之外。其次，兴趣会使旅游者的旅游知觉更深入。例如，对传统文化感兴趣的旅游者不会单纯地把对人文景观的观赏看成放松娱乐，而是当成一次学习的好机会，对知觉对象的印象也更深刻。

（4）在旅游活动中，如果旅游需要得到满足，就会引起旅游者的积极情绪，其知觉主动性会提高，会积极主动地去感知旅游活动中的大量景物，知觉范围就会扩大，给旅游者带来愉悦、松弛、振奋的感受。当旅游者处于消极情绪状态时，其知觉主动性就会降低，知觉范围也会缩小。作为优秀导游员的标准之一，就是能很好地调动旅游者的积极情绪，使旅游者乘兴而来，满意而归。另外，情绪也影响着人们对时间的知觉，人们常说的"欢乐良宵短，愁苦暗夜长"，就是这个道理。

3.2.2 旅游者的风险知觉

在知觉研究中，一个比较有代表性的理论就是减少风险理论。风险就是由于对行为后果无法作出正确的判断而存在于人们行动决策及行动过程中的一种主观体验。由于旅游及旅游产品的特殊性，在旅游活动中，旅游者会经常遇到各种风险，使旅游者的旅游活动不如预期得那么完美，产生很多令旅游者不愉快的体验和感受。因此，旅游者必须采取各种措施，来消除或减少所遇到的风险。

1. 风险知觉的种类

实践证明，任何旅游决策都包含着风险和不可知因素，这些风险和不可知因素常常会带来预料不到的后果。旅游者经常遇到的风险有以下几种。

（1）功能风险。功能风险涉及旅游产品的质量和服务优劣问题，一般情况下，当购买的旅游产品和享受的各种服务不能像预期那样令人满意时，就存在着功能风险。例如，电机出了故障不能在预定的时间起飞或不能在预定的目的地降落，旅游大巴半路抛锚，酒店房间空调失灵，电话不通等。

（2）资金风险。资金风险是指花费较多的金钱是否买到较好的产品和享受优质的服务。资金风险主要来自 3 个方面：一是在旅游途中，旅游者花费了较多的金钱，却得不到

等值的产品和服务,如住宿标准、餐饮标准、交通工具标准与所承诺不符,游览线路、景点、导游服务没有达到承诺的标准等;二是旅行社之间为了争夺客源,压低报价或报价含糊,在旅途中不断向旅游者索要金钱,使旅游费用大大超过旅行社承诺的标准;三是旅游团中途反复购物,使旅游者非常不情愿地购买一些质价不相当的商品。

(3) 社会风险。社会风险是指购买某种旅游产品或享受某种旅游服务是否会降低旅游者的自身形象。例如,购买名牌旅游产品或住高级饭店的旅游者很可能看重的是名牌产品或高级饭店所具有的较高的社会价值。

(4) 心理风险。心理风险是指旅游产品或服务能否增强个人的幸福感和自尊心,或者反过来说,能否引起个人的不满意或失望的情绪。人们外出旅游的主要原因之一是提高自我价值,放松自己。因此,对旅游者来说旅游活动中提供的产品或服务能否最大限度地满足自己的心理需求是十分重要的。

(5) 安全风险。安全风险是指旅游者所购买的产品或服务是否会危害旅游者的健康和安全,旅游者在整个旅游活动中常常会非常在意是否存在这种风险。例如,就餐的食品是否卫生;乘坐的飞机会不会出事;某个旅游景点的设施是否安全牢固等。

(6) 时间风险。时间风险是指在旅游活动中能否在预定时间内完成旅游活动。时间是旅游活动的一个重要因素,如何保证在计划时间内完成旅游活动是衡量旅游成败的标准之一。如果在计划时间内未完成旅游活动,或者全部活动完成了却超过了预定时间,不但会引起旅游者的不满,甚至会引发纠纷,给旅行社造成名誉上或经济上的损失。因此,时间上的保证无论对旅游者还是旅行社都是非常重要的。

2. 风险知觉产生的原因

旅游者在购买旅游产品时,常常会遇到各种风险。但旅游者对风险的知觉各不相同,这取决于很多因素。首先是旅游者个人的特点。例如,文化层次、智力水平、经济水平的人,在同一情况下会知觉到不同的风险水平。其次是旅游者购买的旅游产品或服务的种类。例如,旅游者远距离旅游要比近距离旅游知觉到的风险高些,购买高档的旅游纪念品要比购买街头小贩出售的小纪念品知觉到的风险大些。

对旅游风险的知觉会影响人们的旅游决策。但旅游者知觉到的风险并不等于实际存在的风险。实际风险再大,如果旅游者觉察不到,也不会影响他们的旅游决策,旅游者通常在下列情况下感知到风险。

(1) 目标不明确。有的人已经打算去旅游,但是到什么地方去,乘坐什么样的交通工具,是跟团去还是单独行动等,很难作出决定。在这种情况下,旅游者实际上已经感知到风险的存在了。

(2) 缺乏经验。一个从来没有外出旅游的人,面对众多的选择常常会感到无所适从。例如,去海边度假,选择大连还是去海南呢?如果登山,是去泰山还是去华山呢?出门经验的缺乏,也常使旅游者感知到风险的存在。

(3) 信息不充分。缺少信息或相互矛盾的信息来源也能使旅游者知觉到风险。例如,对某一旅游景点的住宿、交通、安全等情况一无所知,旅游者在决策时就会犹豫不决。另外,对于同一旅游景点,不同的人作出不同的评价甚至互相矛盾的评价,会使将要出去旅游的人感到无所适从,因而不可避免地知觉到风险。

(4) 相关群体的影响。每个人都是生活在一定的群体中,其言行会受到同事、朋友、家人等相关群体的影响,个体的行为一旦与相关群体中其他成员的行为不一致时,便会感到来自相关群体的压力,这种压力常会影响到旅游者的决策。

3. 消除风险的方法

既然旅游者在决策过程中会知觉到各种风险,为保证旅游活动更好地进行,旅游者会千方百计地采取措施来消除风险。常见的消除风险的方法如下。

(1) 广泛搜集信息。旅游者搜集到的有关信息越多,选择决策方案的自信心就越强,风险水平就越低。有关专家的调查报告表明,知觉到高风险或中等程度风险的旅游者比知觉到低风险水平的人寻求信息的时间多1~15倍。与此相适应,知觉到高风险水平的人比知觉到低风险水平的人更喜欢接受他人的劝告或广告信息。另外,如果人们感到有很大的功能风险,如旅游产品或服务不能像他们想象的那样理想时,他们就会寻找功能方面的信息,(通过旅游业的推销部门所提供的宣传材料)获取与性能有关的事实信息来减少或消除风险。

(2) 认真比较衡量。在旅游决策中,旅游者往往要根据自己的选择标准对各种备选方案进行认真的比较衡量。旅游者知觉到的风险越大,比较衡量所花费的时间越多;旅游者知觉到的风险越小,比较衡量所花费的时间越少。

(3) 寻求高价格。在日常消费中,许多人都相信"一分价钱一分货"这个道理,在旅游活动中也是一样。由于旅游者缺乏对旅游商品和服务的了解,一些旅游者便倾向于用价格高低来衡量旅游产品质量的好坏和服务的优劣。因此,对于大部分旅游者来说,价格便代表了质量,价格高,质量好;价格低,质量差。当旅游者知觉到某些旅游产品或服务的风险较高而又无法消除时,就会采用高价格这种简便易行的方法。

(4) 购买名牌旅游产品。节省时间和精力并消除知觉风险的一种普通策略就是购买名牌旅游产品或享受优质服务。旅游者购买旅游产品或享受到某种服务后,如果感到满意,不仅可以产生重复购买的行为,而且可能把这种满意感传递给他人,这样就可能建立对品牌的信赖。一旦旅游者依赖或忠实于声誉高的或满意的品牌时,他们知觉到的风险就大大减小。在现实生活中,人们就是依据对品牌的声誉和对名牌产品的认可来作出购买决策的,而不轻易购买自己不熟悉的或从没听说过的产品,以便回避风险。

了解这一点,对旅游从业人员来说十分重要。只有向旅游者提供优质的产品或服务,才能提高企业竞争力,稳定现有的客人,并吸引更多的潜在客人。

3.2.3 旅游中的社会知觉

1. 旅游活动中社会知觉的重要性

在旅游活动中,社会知觉占信息知觉总量的绝大部分。旅游业是服务行业,属于第三产业,在旅游活动中存在大量的服务类产品,旅游服务工作者和旅游者之间的人际交往的社会知觉占据了旅游服务活动的中心。

旅游服务工作者和旅游者之间保持良好的人际关系,能实现准确的社会知觉促进旅游服务质量的提高。旅游服务工作者和旅游者之间社会知觉的结果决定了双方是否相互喜欢与喜欢程度，决定了双方的交往行为模式，也决定了双方彼此间当时和未来的关系，最终决定了旅游活动的效果。

2. 社会知觉的种类

在旅游活动中，社会知觉主要包括对他人的知觉、对人际关系的知觉、对社会角色的知觉及对自我的知觉。

1）对他人的知觉

对他人的知觉包括对他人仪表的知觉、对他人表情的知觉和对他人性格的知觉方面。

（1）对他人仪表的知觉。

旅游工作者在接待旅游者的过程中，最容易捕捉到的知觉信息就是旅游者的高矮、胖瘦、相貌、风度、举止、服饰等仪表特征，而且根据自己的有关经验赋予仪表一定的社会意义，推测出旅游者的另外一些社会性信息。社会知觉活动是要通过对他人的言谈举止、仪表神情及其行为习惯等的观察，构成社会知觉的内容。通过形成关于旅游者的印象作出判断评价，并进一步解释和推测旅游者的行为。

穿着颜色鲜艳、款式新颖服装的旅游者更有可能性格外向，热情直爽；而衣着颜色素淡、款式简单的旅游者更有可能性格内向，保守拘谨。衣着舒适随意的旅游者多为观光型旅游者，而西服革履的旅游者多为商务型旅游者。社会知觉过程从视觉感知开始，经过运用逻辑思维进行推理和判断，从而形成对他人完整的印象。

（2）对他人表情的知觉。

对他人表情的知觉又分为对面部表情的知觉、对声音表情的知觉和对体态表情的知觉。

面部表情是一个人情绪状态的晴雨表，是人真实情绪的标志。愁眉苦脸、眉开眼笑、横眉立目、咬牙切齿等面部表情分别表达了哀、乐、怒、恨的情绪状态，传达表情的重要部位是眼睛和面部肌肉。眉梢上扬表示喜悦，眉梢下垂表示忧伤，双眉紧蹙表示不满等。旅游服务工作者通过"察言观色"理解旅游者传达出的需求信息，提供有针对性的服务。

旅游服务工作者还可以通过声音来了解旅游者的情绪。旅游者情绪激昂时，语音高亢嘹亮；情绪愉快时，语音轻快流利；情绪紧张时，语音嘶哑迟滞；悲观失望时，叹息不断等。旅游者的发音方式、音量大小、说话内容、讲话速度、表达方式及"行话"和"乡音"等，常常可以提供其需求水平、文化修养、职业背景、籍贯身份等信息。"三句不离本行"，旅游者在交谈中围绕某一行业内容话题，据此可判断其职业类型。旅游者的吴侬软语、京腔京韵反映出其所居地域，据此可简单地判断出其行为方式的特点。

通过观察一个人的体态表情可以了解旅游者的情绪和情感。体态表情主要包括手势、体势和动作等。体态表情又被称为身体语言，是无声的和非语言的，"此处无声胜有声"，在传达社会信息方面有时更胜于有声语言表达。同一种手势在不同国家所表达的意思有所不同。当用拇指和食指组合成的圆圈时，即"O"形手势，在美国表示"不同意"，在法国表示"零"或"没有价值"，在日本表示"钱"，而在巴西、希腊则表示"诅咒"。通常旅游者点头表示同意，摇头表示不同意。不同体态表情显示不同旅游者的性格特征。两人相见，主动握手的一方常常是性格外向、信心十足的人，而处于被动状态的往往是性格内向、缺乏信心的人。

(3) 对他人性格的知觉。

在旅游服务工作中，旅游工作者如果能准确了解旅游者的性格特征，会对开展旅游服务工作获得良好的工作效果具有重要作用。旅游服务工作者要善于利用旅游者的仪表、表情、语言等信息来推测其性格特征，来调整服务策略。性格倔强的旅游者，一般对旅游过程比较挑剔不易合作，严格执行合同内容约定避免出现难以解决的问题；性格温和的旅游者，在旅游过程中较易合作，往往兼顾合同双方的利益注重旅游的趣味性。

2) 对人际关系的知觉

人际关系是社会关系的一种，从旅游心理学角度讲，人际关系的知觉主要是旅游活动的参与者之间的关系的知觉。在旅游活动过程中，旅游工作者与旅游者的社会地位是不同的，体现了服务与被服务的关系。在人际关系的知觉过程中，旅游工作者满足旅游者的需要，在使旅游者形成良好的情绪情感方面起着很重要的作用。情绪情感反映了旅游工作者与旅游者之间需要的满足水平，而情绪情感的好恶常常决定着双方关系的远近亲疏。良好的人际关系有利于双方相互沟通、相互理解，形成良性的行为互动，能取得双方都满意的社会知觉和社会交往的结果。

通常在社会人际关系形成过程中，血缘、业缘、地缘的作用十分重要。人的血缘关系来自婚姻和生育，形成家庭血缘和亲戚关系，由血缘决定的家族的人员地位关系在社会交往中影响到利益的分配。业缘多指在求学和工作中形成的人际关系，师生关系和师徒关系是其主要代表。地缘关系的确立以人的出生和生活的地域为基础，这种社会人际关系在人际交往中影响对人的特点和个性的判断。

在旅游服务工作中，旅游工作者根据自己和旅游者的感受和看法来认识评价双方的人际关系状况，及时调整行动方案，尽力与旅游者保持良好的人际关系。当旅游工作者有条件和有能力时要尽可能地为旅游者提供满意服务，而一旦旅游工作者在工作中有一些小的失误时，应及时向旅游者说明情况和采取补救措施，促使旅游者给予谅解和支持。

3) 对社会角色的知觉

社会角色是指人在社会上所处的地位、从事的职业、承担的责任，以及与此有关的一套行为模式。导游员、旅游者、教师、医生、警察、官员等，都是不同的社会角色。在社会人际交往中，人们总是扮演着不同的社会角色。在旅游活动过程中，旅游工作者扮演"提供服务者"的社会角色，旅游者扮演"接受服务者"的社会角色，因而旅游工作者作为"提供服务者"既要有自我角色认知的能力，又要有他人角色认知的能力。

自我角色认知要求旅游工作者对自己所充当角色的职责、义务和应有形象有明确的认识。人都是有个性的，但在扮演某个社会角色时，必须先符合社会角色规范，在工作中表现为敬业乐群的工作态度、娴熟合格的服务技能，在旅游服务的过程中充分发挥旅游工作者自己的个性，使旅游工作者自己成为有特色的提供服务者。

他人角色认知是旅游工作者根据社会既有标准对服务对象的角色认知。在旅游活动过程中，对旅游者社会角色的知觉通常包括根据旅游者的社会地位和职业特点，推断其旅游行为和心理特征，或者根据旅游者的行为和心理特征，判断其所从事的职业和担当的角色。例如，可以根据社会生活中教师这一角色特征，推断其旅游偏好和关注焦点，或者根据旅游者谈吐文雅、见识渊博，推断其职业可能属于教师一类。

旅游工作者对社会角色的知觉水平、对旅游者社会角色的认知，在判断旅游者的行为、预测旅游者的行为、引导旅游者的行为、做好旅游产品推销和服务工作、保证旅游工作者和旅游者的利益、顺利完成旅游活动等方面具有重要意义。

4）对自我的知觉

自我知觉是指一个人对自身状况的认识，包括对自己的心理、行为、地位等的认识。旅游者活动的参与者通过自我认知形成的自我知觉直接影响旅游活动过程中的人的行为，旅游工作者建立正确的自我认识，形成良好的职业道德和极强的职业责任心，公正客观地处理旅游工作者和旅游者之间的关系，有利于旅游工作者与旅游者之间建立良好的人际关系，并及时发现问题、解决问题，提供优质的旅游服务。

3.3 旅游感知与旅游消费

旅游是一种消费行为，消费的目的是为了获得某种程度的满足。整个旅游过程其实就是旅客不断购买和消耗食、住、行、游、购、娱六大方面产品的过程。与一般消费行为相比，旅游行为又有其自身的特殊性：在旅游过程中，只能是消费者流向产品，而不能是产品流向消费者。旅游行为的特殊性意味着旅游行为受消费心理的作用更深重，唯有强烈的购买欲望，才能驱动消费者冲破时空阻隔，实现异地旅游。旅游消费心理与旅游环境是旅游行为发生的必要条件，前者是旅游行为发生的根本动因，后者为旅游行为发生提供了现实基础。

3.3.1 感觉与旅游消费

旅游活动首先是视觉的活动，游遍天下美景就等于看尽天下美景，所以旅游景点的开发与设计首先必须注意赏心悦目，满足人们视觉上的需要。旅游者在视觉上要求新奇、有趣、美丽、难忘，要有别于日常生活中看到的一切。人们总是乐于看到异国他乡的文化习俗、风景名胜。

在体验经济来临的时代，旅游者已经不再满足于被动地"听、看"型旅游项目，而是要求更高的参与性、体验性。这种要求不仅仅体现在旅游消费过程中，在旅游行动付诸实施之前，旅游者对旅游企业各类产品的感觉就希望能够"摸得到未来产品，感觉得到产品的功能"。因此，旅游企业要树立旅游消费，即体验消费的意识，切实重视旅游产品前期的对外宣传，从"视、听、嗅、触"各个方面打动消费者，充分调动旅游者的各类感觉器官，利用高科技，设计"虚拟现实"，在三维空间的立体模拟中激发旅游者的购买欲，这样才能使旅游者深深融入到旅游活动中。旅游信息的提供，要充分发挥"口碑"的作用，因为它比从各种媒体上所得到的信息更让旅游者信任，对旅游者的决策起着决定性的作用。

在旅游设施的设计与建造过程中，要切实注意旅游者的味觉、触觉、嗅觉等诸方面的心理感受。一般地，旅游者觉得最舒适的温度是在20℃左右，这就要求各种旅游设施应处理好门、窗、天窗的设置，房间的日照阳光的辐射，以设备、空调来创造舒适的温度条件。对客用毛巾、浴巾、床垫、毛毯等，要求柔软舒适。整个旅游设施不能有异味，特别是卫生间，要注意通风设施的性能，在清洗打扫时，经常喷洒空气清新剂等。

3.3.2 知觉与旅游消费

1. 旅游者对旅游条件的知觉

旅游者的旅游消费行为由行、游、住、食、购、娱等 6 个部分构成,与这些行为有关的事物就是最基本的旅游条件,包括居住地与旅游区之间的空间距离、时间、交通、旅游景观、旅游服务、旅游环境等。旅游者形成的诸多旅游条件的知觉印象,对他们的旅游动机、旅游决策、旅游行为及对旅游收获评价等都有显著的影响。

1) 旅游者对旅游地或旅游景观的知觉

旅游者对旅游地或景区的知觉印象主要受旅游景观的吸引力、旅游地的可进入性、旅游设施齐备等因素的影响。

在旅游决策阶段,人们对旅游地的知觉印象以间接信息为主,主要来自他人的经验或各种信息媒介,知觉印象会影响旅游者对旅游地的选择,也使得旅游者承担一定的感知风险;在旅游消费行为实施阶段,知觉印象来自自身的亲身旅游经历和体验,会影响旅游者对旅游行为的满足感的获得与效果评价。

旅游企业与从业人员应该根据旅游者对旅游目的地或景观知觉的特点,应加大宣传的力度,提高旅游宣传促销的质量,努力推出一个良好的景区景点形象;准确、翔实、及时地将旅游地的信息传递给旅游者,减小旅游者在旅游决策时的感知风险;以高质量的产品和服务为旅游者提供美好的旅游体验;继续为已完成旅程的旅游者提供当地旅游产品延伸部分的"超常服务",如新年派对、意见征询、馈赠纪念品等,满足旅游者寻求归属和尊重的需要,从而对整个旅游活动作出积极评价,对旅游地留下深刻而美好的知觉印象。

2) 旅游者对时间的知觉

旅游时间是影响旅游效果的重要因素之一,旅游者对时间的知觉很敏感。国内很多学者都倾向于用"一快、二慢、三准时"来描述旅游者对时间的知觉,即旅途要快、游览过程要慢、旅游活动安排要准时。

3) 旅游者对旅游距离的知觉

影响人们作出旅游决策的另一个重要因素是居住地到旅游目的地之间的空间距离的远近。旅游者在知觉距离时,使用的标准有两种——空间和时间,即旅游者计算距离可能使用空间距离的远近作为尺度,也可能用时间长短作为尺度。例如,从上海到杭州,使用空间远近计算时,旅游者会说大约 165 千米;而使用时间长短计算时,旅游者一般要在某种交通方式的基础上进行计算。

通常,旅游距离越远,旅游者的顾虑就越多,承担的各种感知风险也就越大,阻止外出旅游的"摩擦力"也就越大。但同时对旅游者而言,旅行距离遥远的旅游目的地通常带有神秘感,当这种由神秘、陌生和美等因素构成的吸引力超过距离"摩擦力"的阻止作用时,就会有人舍近求远,宁愿到陌生、遥远的地方去旅游。

根据旅游距离的知觉原理,旅游企业要双管齐下,既要抓住邻近地区的客源,也要吸引远距离的旅游者。要塑造良好的旅游目的地形象,强化旅游产品和服务的吸引力,使旅游者对距离知觉的激励作用最大化、阻止作用最小化,引导人们作出旅游决策。

4) 旅游者对旅游交通的知觉

进行一定距离的空间位移是旅游活动得以进行的前提条件,选择何种交通工具是旅游者极为关心的问题之一。旅游者选择何种交通工具,与他们对这些交通工具的知觉印象密切相关。

通常情况下,旅游者对各种客运班机的知觉与飞机的起降时间、中途停降的次数、安全性和舒适性、机组人员的服务水平等因素有关;旅游者对火车的知觉取决于速度、发车及抵达时间和舒适程度;旅游者对旅游巴士的知觉印象,主要受车窗和车体的宽敞程度、座椅的舒适性、减震装置的性能、空调性能、视听系统的效果、驾驶员和导游服务等因素影响;旅游者对游轮的知觉对象,主要与游轮能够到达的港口城市或旅游景点的旅游价值和数量、航程的远近、停靠地观光娱乐项目的吸引力、游轮的舒适豪华程度、游轮上的娱乐活动是否丰富有趣等要素密切相关。

知识链接 3-2

旅游的知觉时间[①]

英国一家机场的设计是这样的:旅客下飞机后只需走两分钟的路就能到取行李的地方,但在那里等5分钟以上才能拿到行李。旅客纷纷投诉,说机场工作效率太低,耽误了旅客的时间。机场方面在增加雇员和设施都有困难的情况下,采取了将行李处迁移的措施,使旅客走5分钟才能到达行李领取处,等候时间缩短到了3分钟。机场方面的工作效率并没有提高,旅客仍需要七八分钟时间方可取到行李,但由于知觉时间被缩短,旅客不满意的现象大大减少。

还有人利用同样的原理,在需要排队等候的地方把线路设计成"S"形,使人总感到是在走动的,不致因感觉等候时间过长而产生不满。

2. 旅游知觉的心理定势

心理定势指人在认识特定对象时的心理准备状态,即心理上的特定趋势。这种准备状态容易使人根据以往的经验所形成的习惯方式来感知事物,人们的心境往往使人的知觉带上某种特定的色彩。因此,心理定势是导致知觉歪曲的重要因素。在旅游活动中,对旅游者的知觉产生影响的心理定势主要有以下几种。

1) 首因效应

首因效应即人们常说的"第一印象",是指人在第一次接触某事物时产生的印象,以及这种印象对以后进一步认识事物所产生的积极的和消极的作用。第一印象会给知觉者留下鲜明、深刻、牢固的印象,形成一种很难改变的心理定势,具有继续发挥作用的特点,对以后的知觉也会起指导性作用。人们在接下来的活动中,通常会下意识地在"先入为主"观念的影响下,戴上"有色眼镜",把当前的知觉印象同"第一印象"联系在一起,根据"第一印象"对当前的知觉对象进行归类并作出判断。因此,"第一印象"直接影响

[①] 资料来源:薛群慧.现代旅游心理学[M].北京:科学出版社,2005.

知觉者的后续知觉。

知觉者获得良好的"第一印象"之后，会淡化后续知觉中的不良印象，如果"第一印象"很糟糕，以后的良好印象也会罩上阴影。在旅游景区的视觉识别形象策划中，特别重视第一印象区的设计。

2）晕轮效应

晕轮效应是从对象的某种特征推及对象的整体特征，就像月晕一样，由于光环的虚幻作用，使人看不清其真实面貌。晕轮效应往往在悄悄地影响着人们对事物的知觉，是一种以偏概全的主观心理臆测，它容易以点代面、以主观推断代替客观现实。

首因效应容易使知觉者对前面的感知印象深刻，而晕轮效应则经常使人对知觉对象的部分特征印象深刻，并由此泛化为对象的整体印象。在旅游服务中，应巧妙利用二者的心理暗示，使旅游者对整个服务产生良好的知觉印象。当然，晕轮效应也有过分丑化对象的作用，因此在旅游服务中要注重各环节的协调，即使是一次小的失误也可能导致旅游者对整个服务的全盘否定。

3）经验效应

经验效应是指个体凭借以往的经验进行认识、判断、决策、行动的心理活动方式。经验效应的产生与知觉的理解性有关。在知觉当前事物时，人们总是根据以往的经验来理解它，并为随后要知觉的对象做好准备。经验效应体现了经验在人们接受信息、处理信息方面的优势，俗语中"姜是老的辣"、"老将出马，一个顶俩"都有此意。

经验往往是人们在个人生活、工作经历中形成的应付某类问题情境屡次成功或失败的结果。因此，经验可以说是一种财富。例如，有经验的服务员都知道"客人永远是对的"，无论客人对错都不应与客人激烈争辩。在绝大多数情况下，当服务员争辩赢了的时候，往往意味着服务的失败，而且客人为了自尊心，将不再光临。

此外，经验还有助于服务员了解不同旅游者群体的消费特征，从而提供优质服务。例如，美国旅游者一日三餐总要喝些饮料（果汁类），就餐时喝牛奶、汽水、啤酒、葡萄酒，一般不多喝烈性酒，饭后喝咖啡或茶；而韩国旅游者一般爱喝浓汤不爱喝清汤，熟菜中不喜欢放醋，而且偏爱白色，因为他们崇拜太阳神，而白色表示太阳光。

但是，经验又有局限性的一面，不考虑时间、地点照搬套用，往往导致人们在认知过程中出现知觉偏差。经验效应还导致人们在认知、处理问题的过程中，不做经验以外的尝试，所以，在特殊情况下它就变成人们正确有效解决问题的障碍。国外某些大型饭店在招聘员工时，不喜欢雇用那些有经验、从事过饭店工作的人，原因就在于，这些人带有过去的经验和习惯的工作方式，办事机械盲目而不自知。这样，在适应新的环境和工作方式时，他们遇到的困难较大，改变起来也比较困难。

4）刻板印象

刻板印象是指人们对某一类人或事物产生的比较固定、概括而笼统的看法和印象。例如，谈到商人，就和"唯利是图"联系起来；谈到军人，就认为威武、刚强、守纪律，这是在职业上的刻板印象。谈到青年就认为单纯幼稚、容易冲动；老年人经验丰富、保守、稳重，这是在年龄上的刻板印象。谈到上海人，就认为比较灵活、善于应酬；谈到北方人，就认为比较粗犷直爽，这是对不同地域的人的刻板印象。看到胖人，就认为性格比较

乐观开朗；看到瘦人，就认为比较小心眼，这是关于外貌的刻板印象等。

刻板印象的主要特点是对知觉对象的群体特征进行概括。俗话说："一方水土养育一方人"、"物以类聚，人以群分"，居住在同一个地区、从事同一种职业、属于同一个种族的人，总会有一些共同的特征。在旅游实践中，它可以帮助旅游企业和旅游从业人员了解其潜在客源国家、地区及群体的基本情况，有助于确定和设计针对某一目标市场的旅游产品和提供适当的服务。例如，导游员在秦始皇兵马俑对法国旅游者进行讲解时，若能针对法国人厌恶浪费、对本国文化持有极强的自豪感、认为法国是世界文化的中心、最为推崇"个人主义"和"个人节奏"等特点，在称赞"世界第八大奇迹"的壮观宏伟与我国华夏文明的博大精深的同时，盛赞这一美誉的始倡者——法国前总统密特朗（Mitterrand）、西洋文化的主体——法兰西文化等，并适当地根据旅游者的需求灵活地调整游览节奏，就会得到较好的导游效果。

但是，"人心不同，各如其面"，刻板印象毕竟只是一种概括而笼统的看法，具有一定的局限性，具体落实到某一个体上，有时会有很大的出入或差别。因此，刻板印象也经常阻碍人们的正确知觉。如果没认识到这一点，像"削足适履"的郑人，宁可相信作为"尺寸"的刻板印象，也不相信自己的切身经验，就会出现错误。

综上所述，旅游服务人员在接待不同国家、地区的旅游者时，除了解他们的共同属性外，还应当注意不受刻板印象的影响，去观察他们各自的消费特征，从而提供及时周到的旅游服务。

本章小结

本章主要介绍了旅游者感觉、知觉的相关基础知识，旅游者对各旅游条件的知觉及旅游活动中的社会知觉。通过感觉与知觉概念的引入，分析了感觉、知觉的分类及特性、规律。影响旅游者的知觉的因素既有客观的也有主观的，其中旅游知觉对象的特征、旅游知觉对象的组合、旅游知觉对象和背景的差异、旅游知觉的情境和旅游者的生理条件是客观方面的影响因素，旅游者的经验、需要、兴趣、情绪是主观因素。

章前案例解析

结合案例来看，对于同一景点——西湖，两个团队产生了截然不同的反映，与出游的天气有很大的关系。第二个团队由于天气的原因，根本不能欣赏到西湖的景致，从而使期待已久的西湖之行大打折扣，情绪十分低落，非常不满。其实，对于每一次出游，游客满意度会受到很多因素的影响。就景点游览而言，需要调动游客自身的各种感觉器官来捕捉和获取尽可能多的信息，并将其以往对该景点的认识相结合，从而形成自己的评价。

复习思考题

一、名词解释

感觉 知觉 知觉特性 首因效应 晕轮效应 刻板印象 社会知觉

二、选择题

1. 古人所说的"入芝兰之室，久而不闻其香，入鲍鱼之肆，久而不闻其臭"是对（　　）感觉规律的描述。
   A. 感觉阈限　　B. 感觉适应　　C. 感觉对比　　D. 联觉
2. 与旅游活动联系紧密的知觉类型包括（　　）
   A. 空间知觉　　B. 时间知觉　　C. 运动知觉
   D. 错觉　　　　E. 社会知觉
3. 下列属于知觉特性的是（　　）
   A. 整体性　　　B. 选择性　　　C. 理解性　　　D. 恒常性
4. 个体凭借以往的经验进行认识、判断、决策、行动的心理活动方式是指（　　）
   A. 首因效应　　B. 晕轮效应　　C. 经验效应　　D. 刻板印象

三、判断题

1. 绝对感觉阈限是指刚刚能够引起感觉的最小刺激强度，又分为感觉的下绝对阈限和上绝对阈限。（　　）
2. 旅游服务工作者和旅游者之间社会知觉的结果决定了双方是否相互喜欢与喜欢程度，决定了双方的交往行为模式，也决定了双方彼此间当时和未来的关系，最终决定了旅游活动的效果。（　　）
3. 旅游消费心理与旅游环境是旅游行为发生的必要条件，前者为旅游行为发生提供了现实基础，后者是旅游行为发生的根本动因。（　　）
4. 心理定势容易使人根据以往的经验所形成的习惯方式来感知事物，人们的心境往往使人的知觉带上某种特定的色彩。（　　）

四、简答题

1. 简述旅游知觉的特性。
2. 简述影响旅游知觉的因素。
3. 简述旅游知觉的心理定势。

五、论述题

1. 结合旅游经历和感受，谈谈旅游者对哪些旅游条件的知觉敏感度高。
2. 结合所学知识，谈谈你对旅游中社会知觉规律的认识。

六、案例分析

秦皇岛旅游者知觉分析

李耀珍（2007）对到秦皇岛海关景区与北戴河景区的旅游者进行问卷调查，详细考察了旅游者到秦皇岛旅游结束后对秦皇岛的环境景观、旅游设施和旅游服务的感知结果，并对其综合的心理体验进行了分析，见表3－1。

表3-1 旅游者对秦皇岛旅游知觉分析项目

层面	项目	平均分	层面平均分
环境景观	秦皇岛的景观确实很美	3.82	3.57
	秦皇岛的自然景观没有想象得好	3.74	
	旅游景点有脏污的环境	3.14	
旅游设施	秦皇岛旅游景区娱乐项目少	2.98	3.10
	秦皇岛旅游景区娱乐项目太多	2.97	
	秦皇岛旅游景点的旅馆或饭店内各项住宿设施完善	3.05	
	秦皇岛旅游景点的餐厅能够提供可口美味的饭菜	3.40	
旅游服务	秦皇岛旅游区服务人员服务态度良好	3.57	3.52
	旅游团的领队、导游员服务态度良好	3.68	
	旅游行程安排合理	3.38	
	秦皇岛旅游交通便利	3.45	
心理体验	到秦皇岛旅游,使我心情舒畅	3.69	3.60
	到秦皇岛旅游,可以增加我的生活情趣	3.71	
	到秦皇岛旅游,花钱不是很多	3.41	

注:所列各项目在调查中都分为非常同意、同意、无法确定、不同意、非常不同意五个等级供旅游者选择,分别赋予1、2、3、4、5共五个级别的分值。

问题:

1. 结合案例分析旅游者对秦皇岛旅游的总体知觉水平。
2. 结合所学知识,分析提升秦皇岛旅游者总体知觉水平的具体举措。

4

学习目标

1. 掌握学习的过程。
2. 掌握成熟旅游者的主要表现。
3. 掌握旅游消费中风险的学习。
4. 熟悉旅游者如何学习。
5. 掌握旅游者的学习规律。
6. 掌握行为学习理论。
7. 掌握认知学习理论。
8. 熟悉旅游者学习规律的运用。
9. 熟悉旅游者的态度。
10. 熟悉态度与旅游行为的关系。

导入案例

斯金纳及其操作性条件反射理论[①]

斯金纳用其著名的实验装置——斯金纳箱来研究动物(白鼠、鸽子等)的学习现象,从而形成其用以解释学习现象的理论——操作性条件反射理论。

斯金纳箱是一个大约0.3米见方的箱子,斯金纳在箱内装一个小杠杆,与传递食物的机械装置相勾连。小白鼠被引进箱内,自由活动,压动杠杆时,会有一粒食物放出,它一旦再次压动杠杆,就会有第二粒食物放出,反复几次,小白鼠就取得了获得食物的经验,即建立了条件反射。它在箱内持续不断地按压杠杆,取得食物,直到吃饱。斯金纳还用鸽子作了类似的实验。通过进行动物实验,斯金纳对学习现象作出了这样的解释:学习过程是学会一种操作的过程,操作行为就是那种作用于环境从而产生结果的行为。在这个过程中,行为是自然现象,是获得刺激的手段。反射学习是一个"刺激—反应"过程,即从刺激到反应的过程,而操作学习却是一个"反应—刺激"的过程,即从反应到刺激的过程,因而能较好发挥个体的主观能动作用。他把人的大多数行为都看做操作,指出操作行为更能代表实际生活中人的学习情境。操作反射的规律是如果一个操作发生后,接着呈现一个强化刺激,那么,这个操作的强度(即概率)就会增加,所增加的不是刺激反应的联结,而是使反应发生的一般倾向性,即发生的概率。

斯金纳认为强化很重要。他指出,行为之所以发生变化,是由于强化作用,因而直接控制强化物就是控制行为。在他看来,"只要我们安排好一种被称为强化的特殊形式的后果,我们的技术就会容许我们几乎随意地塑造一个有机体的行为。"

---

① 资料来源:吕勤.旅游心理学导论[M].重庆:重庆大学出版社,2006.

【问题】

1. 根据斯金纳的实验分析什么是学习？学习的过程是什么？
2. 影响学习的因素有哪些？

4.1 学习心理学

  学习是人生中最普遍、最重要的一种活动。人们为了幸福生活和积极适应环境变化，终身都要学习，特别是在科技文化和经济社会快速发展的今天，学习已成为现代人生存与发展的必要手段或生活方式，是当代社会发展中的重要主题。中国是目前世界上人口最多的国家，若要把丰富的人口资源转化为人力资源，进而转化为人才资本，以增强国家创新能力和国际竞争力，就必须确立并实践建设学习型社会的科学发展观。学习型社会，即参与社会运行的各类主体，要始终保持不断学习的状态，始终以学习促进创新，不断淘汰滞后的社会功能，保持开放进取的社会动力，实现社会持续发展与进步。建设学习型社会，普遍提高国民教育水平，已成为开发人力资源、增强综合国力的大趋势。对构成社会一分子的个人来说，尽管难以预测自己的未来，但要生存与发展、要进步和成功就必须不断学习，否则将会失去发展源泉，乃至被淘汰。因此，学习是个体和社会持续发展与创新的必要途径。

  什么是学习？如何学习？制约学习效果的因素有哪些？这些问题一直被心理学、教育学、生物学乃至哲学所讨论，但对其研究较多且较为系统的是心理学。心理学对学习问题的研究已有100多年的历史，在心理学发展史中，多数早期心理学家都比较偏爱对学习的本质、学习的过程进行探讨，而晚期心理学家则着重研究学习的条件、动力和策略等影响学习的基本因素。虽然研究者的立场、观点、视野和方法不同，提出的理论各异，但都对理解学习这一现象有很大促进作用。随着研究的不断深入，研究成果的不断积累、扩大与成熟，也由于社会实践和社会发展的需求，作为一门学科的学习心理学的结构体系也逐步形成。

  学习心理学以学习的本质和学习过程中的心理活动及其规律为研究内容，是心理学的重要分支学科。

  学习是影响人们行为变化的重要心理因素之一，学习的过程就是人们适应个体和环境变化的过程。人类的全部行为都包含着某种形式的学习。旅游活动中也不例外，学习对人们的旅游行为也产生很重要的影响。在旅游实践中，旅游者作为消费者会遇到各种各样的问题，如旅游目的地的选择、旅游方式的选择、住宿条件的选择、旅游日程的安排等，如何解决这些问题，满足人们的旅游需要，从而获得最大限度的满足和享受，都受到学习因素的制约和影响。人们对旅游产品的知觉是建立在学习的基础上的，通过不断地学习，掌握新知识和信息，积累经验，人们可以更有把握地作出旅游决策，成为更成熟的旅游者。旅游工作者通过分析旅游者的学习行为，可以有针对性地完善其旅游产品，满足旅游者的需要，适应日益激烈的旅游市场竞争。

  学习分为广义的学习和狭义的学习。广义的学习是指人及动物在生活过程中获得个体行为经验的过程。学习是动物生活所必需的重要条件，动物和周围的环境处于不断的相互作用中，动物要维持其生存，就要根据个体的经验去适应周围不断变化的环境。没有个体的习得行为，动物就不能与其生活的环境取得平衡，就难以继续生存。学习对高等动物尤其是对人的作用尤为重要。可以说，没有学习，人就无法求得正常的生存发展。

人和动物是如何取得后天经验的呢？这就是关于学习的生理机制问题。一般认为，学习最基本的生理机制就是条件反射的形成。用条件反射学说的创始人 I. P. 巴甫洛夫(I. P. Pavlov)的话说就是："显然，我们的一切培育、学习和训练，一切可能的习惯，都是很长系列的条件反射。"与动物相比，人的高级名誉就在于人具有第二信号系统，即人类大脑的复杂性可以使人对语言作出反应，而这为人类的学习提供了最重要的先天基础。人类的学习突出表现为以语言为中介的学习。

狭义的学习指学生在学校中的学习。它是在教师的组织引导下，有目的、有计划、有组织地进行的，以掌握系统的科学知识和技能，形成社会所要求的以世界观和道德品质为主要任务的学习。学生的学习是人类学习的一种特殊形式。显然，本章所探讨的旅游者的学习是指广义上的学习。

学习的过程就是人们适应自身和环境变化，而改变自己原有行为，形成新的习惯的过程。旅游行为本身就是一种习惯，通过学习，人们认识到旅游活动可以减少由于长期不断的紧张工作所带来的心理紧张，能通过旅游获得心理上的满足和享受，因此，人们就会继续进行旅游活动，从而成为习惯。

人的旅游行为是在生活水平达到了一定程度的情况下为满足较高层次的需要而产生的。比起人类的其他行为，旅游更具有后天习得性的特点，而态度是影响旅游行为的重要心理因素。因此，对有关学习和态度的研究，有助于深入认识旅游者的心理和行为规律，并为做好旅游服务工作带来有益的启示。

4.1.1 学习使旅游者从不成熟走向成熟

学习是社会心理学和教育心理学研究的主要课题。通过对学习现象的研究，可以揭示人的行为规律，从而为进一步引导人类行为提供理论依据。旅游活动相对于具体的人而言，是一种不断认识、参与，不断取得经验的活动，因而研究旅游者的学习对旅游营销者更具有实践意义。

4.1.2 成熟旅游者的表现

旅游业在过去 150 多年中得到了异常迅速的发展，越来越多的普通民众参与了旅游活动，成为旅游者和潜在旅游者。和其他社会角色一样，旅游者也要经历一个从不成熟走向成熟的过程。随着旅游业的日益发达和旅游者本身经验的积累，世界上的旅游者通过学习，获得越来越丰富的间接旅游经验和直接旅游经验，变得越来越成熟。成熟的旅游者通过旅游行为，可以获得更多、更好、更高层次的满足和享受，提高自己的生活质量，让自己生活得更美好、更潇洒。

旅游界的专家通过研究，认为旅游者从不成熟走向成熟主要表现在以下几个方面。

（1）从茫然胆怯到老练自信。不成熟的旅游者，由于缺少旅游经验，既希望到陌生的异地去旅游又有一种茫然胆怯的感觉，不敢贸然出游。这些人通常都希望加入旅行社组织的旅游团，以这种方式进行旅游。因为有组织的旅游团给人以安全感和保障感，旅游者交了钱后，一切活动都由旅游团来安排，旅游者不必为旅游活动的细节操心，个人的风险很小。随着人们更多地参加旅游活动，不断积累经验、增加见识，旅游者会逐渐变得老练和自信，越来越多的旅游者已不再满足于由旅行社安排的那种固定的、事先安排好的旅游，他们逐渐倾向于那种按个人意念和兴趣去探索的个性化的旅游活动。因此，成熟的旅游者出游，往往倾向于选择不加入旅游团，而选择自助形式的旅游，宁愿做"散客"。

（2）从购买标准化产品到选购个性化产品。成熟的旅游者已不满足于那些无个性的、标准化的、大众化的旅游产品，如××五日游、××假日之旅、××精彩五日游等。成熟的旅游者希望购买个性化的旅游产品或者购买整体"标准化"旅游产品中的部分片段，然后按自己的意愿进行组合，形成个性化的旅游产品。

（3）从以前众所周知的旅游胜地到自己去发现新的旅游目的地。成熟的旅游者往往不满足于循规蹈矩地跟前人的足迹前往那些已知的著名旅游胜地，他们更希望到一般旅游者很难到达的地方去进行探险式和探索式旅游，以发现新的旅游去处。

（4）从走马观花式的巡游到滞留型的细游。不成熟的旅游者通常希望在有限的时间里尽可能多看一些景区景点，因此，整个旅游过程匆匆忙忙，东奔西跑，以能到此一游为乐，成熟的旅游者更重视旅游目的地的内涵和深层次的内容，走马观花式的到此一游已不能满足其需要了。成熟的旅游者倾向于选定若干个旅游目的地，并滞留一段时间仔细游览，细细品味其内涵，以获得更深层次的精神享受和满足。

（5）从旁观者到参与者。旅游常常被说成是观光，但事实上，旅游决不仅仅是观光。成熟的旅游者已不再满足于在旅游活动中以旁观者的身份进行观光，他们要做参与者，要亲身进行体验。成熟的旅游者愿意购买"参与性旅游产品"或"体验性旅游产品"，旅游者能从参与性旅游中获得更多的新鲜感和自豪感，得到更高层次的享受和满足。例如，"丰收的草莓园"、"做一天农民"、"啤酒厂开放日"等参与性的旅游产品都很受旅游者的欢迎。

（6）成熟的旅游者更重视旅游过程，更具自主性。不成熟的旅游者只重视旅游的"结果"；而成熟的旅游者既重视旅游的"结果"，也重视旅游的"过程"。他们希望整个旅游过程丰富多彩，希望自己来安排和组织活动。他们不希望旅游经营管理人员和服务人员包办一切，而希望给自己留有一定的自由度，以发挥自己的个性，因此，自助旅游日益受到越来越多的旅游者的青睐。

旅游者通过不断学习变得越来越成熟，越来越精明。随着旅游者的成熟，旅游者对旅游业的要求必然会发生变化。但我国的旅游业还处在初级发展阶段，所以旅游者不可能立刻都变得成熟起来，总是会有成熟旅游者和不成熟旅游者之分。成熟的旅游者和不成熟的旅游者对旅游产品的需求是有很大差异的，旅游业必须有针对性地分别为成熟和不成熟的旅游者提供不同的旅游产品和服务，以满足他们的不同需要，使其都能通过旅游活动得到最大限度的享受。

4.1.3 减少旅游者购买后疑惑的学习

觉察风险产生于旅游者做决策时，而旅游消费者在作出购买决策之后，仍然可能存在

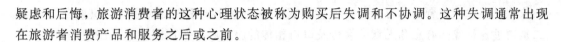

疑虑和后悔,旅游消费者的这种心理状态被称为购买后失调和不协调。这种失调通常出现在旅游者消费产品和服务之后或之前。

1. 产生购买后疑虑的原因

旅游消费者在心理上产生这种失调的原因主要如下。

(1) 做旅游决策时,可供选择的对象多。旅游者做决策时,呈现在面前的各种可供选择的对象不止一个,旅游者在购买产品之前必须要在多个可供选择的对象中选择一个,这对旅游者来说是很困难的,因为可供选择的对象太多,虽然努力筛选,但由于个人的经验、知觉水平等因素所限,很难作出最佳选择。因而在作出决定之后,很可能又发现了更为理想的对象。在这种情况下,自然会产生疑虑或后悔的感觉。

(2) 作出决策后出现了意想不到的新情况。旅游者在作出消费决策后,也可能由于意外情况的出现,在心理上产生了不适的感觉。例如,购买了某一旅游产品后,自己的经济状况发生了变化,产生了不应购买这么昂贵的产品的感觉;旅游目的地的情况突然发生变化,不能提供预期的服务;其他信息突然闯入,显示自己原来所作出的决策不是最佳选择;朋友或熟人对自己所做的决策进行负面评论等。

2. 减少或消除购买后疑虑的方法

旅游者作出购买决策后,一旦出现心理上的不适,就会产生后悔、遗憾等疑虑现象。疑虑出现在消费行为发生之前,可能导致旅游者改变主意或取消预定的行动计划。疑虑如果出现在消费行为发生之后,会使旅游者对本次旅游产生极大的失望感和后悔感,导致旅游者永远不再购买该旅游产品。可见,减少或消除旅游者购买后疑虑是十分必要的。

(1) 有选择地接受信息。旅游者可以选择接受那些支持自己旅游购买决策的信息,以巩固自己的信念,达到心理上的平衡。同时还要避开或放弃其他对购买决策可能产生负面影响的信息,尽量遗忘掉已放弃的对象中的优点,记住其缺点,这样就可以巩固已作出的决策的正确性。简单地说,就是选择有利信息,放弃不利信息。例如,如果旅游者作出了参加国内某地 7 日游的决策后,就应故意忘掉去新加坡、马来西亚、泰国旅游的新奇性和刺激性,而有意识地想到新加坡、马来西亚、泰国旅游价格很昂贵、所耗费的时间很长等证明自己决策正确性的因素。

(2) 坚信自己的选择是正确的。旅游消费者如果断定,假定作出别的旅游选择,其结果也一定与现在的选择结果大致一样,就会减少后悔感。因此,用这种方式为自己的旅游决策辩护,可以减少或消除购买后疑虑,维护自己的心理平衡。

4.2 旅游者学习的作用及途径

4.2.1 学习对旅游者的作用

人类的学习具体来讲就是人类在社会实践活动中不断积累经验,求得知识和技能,用来调整、改变、加强自己的行为的过程。学习对于旅游者可以起到以下 4 个方面的作用。

(1) 获得信息。旅游者在出游以前,需要掌握大量的信息,以此作为旅游选择的参考

和依据。因此旅游者的学习必然有两种方式：一是通过亲身参加旅游活动积累直接经验；二是通过各种媒体有意和无意的宣传及口口相传的旅游心得等而间接学习旅游经验。在学习过程中，旅游者需要对所有的旅游信息进行加工整理，吸收其中有用的信息，指导自身的行为。

（2）激发动机。旅游是一项与人的高层次需要相联系的活动，因而，旅游者不可能从自身的生理反应上产生旅游动机。也就是说，旅游动机的产生必然是旅游者学习的结果。旅游者在自身的旅游实践活动中或从他人的旅游经验中逐渐认识到：旅游可以增进人与人之间的交往，改善人际关系，满足个人社交需要；通过旅游可以获得大量的、多方面的知识和经验，丰富自己的头脑；可以享受到旅行社、宾馆、饭店、旅游交通部门、景点等所提供的各项服务，从中获得尊严感；一些特殊形式的旅游，如商务游、出国游、太空游等还是个人身份地位的象征。旅游者从中发现旅游是满足人高层次需要的一个良好途径，因而对旅游产生浓厚的兴趣，在学习中激发起自身参与旅游的强烈动机。

（3）产生态度。人对事物的态度包含认识、情感和行为倾向两种成分。不论从认识的角度，还是从情感的角度或行为的角度来看，态度都与学习密切相关。人的学习过程本身就是对事物的认识过程。如果一个人不学习与旅游相关的知识，那么他就谈不上对旅游有什么态度；而一旦他学习了有关旅游的知识，则不可避免地对旅游产生与其所学知识相比的态度。例如，在我国，长期以来生产力水平低下，收入较低，平时以养家糊口为生活的主题，不可能关注旅游的问题，很多人认为旅游与平民百姓无缘，从而对旅游的普遍态度是不欣赏、不介入的；改革开放后，随着人们收入水平的提高，物质生活水平的不断改善，特别是20世纪90年代以来国家把旅游作为支柱产业予以大力倡导，人们逐渐改变了对旅游的态度。认识到旅游是开阔视野、增长知识、满足精神享受的一个良好途径，人们的生活内容不能仅局限于每日的吃穿住行，从而对旅游产生了新的态度，并由长期以来的不欣赏、看不惯等态度而逐渐演化为感兴趣、希望参与并多次旅游等。从行为倾向上也自然有所反映，即随着人们生活水平的提高及对旅游认识的不断深入，人们对旅游的参与程度越来越高，旅游过的人更想旅游，没有旅游过的人也想尝试，使得我国节假日期间旅游的热潮一浪高过一浪。

（4）积累经验。学习本身就是吸收借鉴自身和外界经验的过程，而这些经验，经过旅游者自身的加工改造，必然会有所取舍，取舍的结果就转化为旅游者自身的经验，对旅游者的行为产生指导作用。对旅游的学习越是深入和广泛，旅游者的经验就越丰富，越能起到指导行为的作用。

4.2.2 旅游者的学习途径

旅游行为的变化是通过学习获得的，学习旅游行为的途径包括获取经验和获取信息两个重要方面。

1. 获取经验

旅游者从日常积累的经验中学习，一旦需要作出旅游决策时，平时积累的经验就成为重要的决策依据。旅游消费者往往希望把做决策所需的时间和精力降低到最低程度，要做到这一点就必须对经验加以概括。但概括的结论并不一定正确，表现出片面性，因此，概括可能产生积极作用，也可能产生消极作用。但无论是积极作用还是消极作用，概括都会影响旅游消费者的后续决策和行为。例如，一个外地旅游者在大连旅游时，享受了市内几家酒店和景点的优质服务后，他头脑中可能会概括总结出，大连市的旅游服务是一流的，是信得过的；同样，一个外国旅游者在入境的口岸城市经历了不愉快，如服务水平低下、卫生状况差、管理混乱等，这位旅游者就会推断出，中国的旅游服务是不会令人满意的。

旅游企业应该利用旅游消费者的这种概括倾向，有针对性地引导旅游者做消费决策，采取措施将自己的各种产品和服务联系起来，或采取措施避免或割断这种联系。引导旅游者通过概括把对某些高水平的产品和服务的经验推及到其他产品和服务上，用这种手段创造系列品牌和名牌旅游产品，以吸引更多的旅游者，扩大旅游产品的销售量。同时，设法使某些不合格产品和劣质服务与其他旅游产品和服务区分开，以免影响旅游企业的形象。

2. 获取信息

当旅游者接触与旅游相关的信息，并对其进行归纳总结，用来解决旅游所涉及的问题时，学习旅游的过程就开始了。当今是信息时代，每时每刻都会有大量的新信息出现。但旅游者所关心的只是与旅游相关的这部分信息，旅游者通常从两个主要渠道获取这些信息，商业环境和社交环境。

1）商业环境

旅游商业环境通常包括旅游企业本身制作或在传播媒体上发布的旅游广告或宣传品，以及旅游促销人员的推销行为。传播信息的手段既包括传统的图片和语言文字，也包括目前广为流行的数字多媒体。旅游信息既可以出现在传统的报刊、杂志、无线电广播、电视上，也可以出现在机场、车站、公路、街道等处的广告牌上，还可以出现在互联网或其他无线寻呼网上。由于制作技术和手段的不断提高，旅游信息的制作越来越精美，图文、声像并茂，创意越来越新颖，因此，丰富多彩的旅游信息可以激励和强化旅游者的旅游动机和兴趣。旅游信息的传播符合西方商业界进行市场促销的 AIDA 原则，即吸引力（attraction）、产生兴趣（interest）、激起购买欲望（desire）、付诸购买行动（action），因而对旅游者可以产生深刻的影响。旅游企业正是利用这一原则向人们提供旅游信息，有目的、有针对性地利用旅游者或潜在旅游者兴趣能动性的特点，引导旅游者对旅游产品产生兴趣，激起购买欲望，使其作出购买决策。

对缺乏旅游经验的人，旅游商业信息更具影响力。这些信息可以帮助没有经验的旅游者消除疑虑，学会如何作出重大旅游决策。但成熟的旅游者往往对旅游企业提供的商业信息持批判分析的态度。这些旅游者因为有丰富的旅游经验，能从信息中找寻没有提及的另一方面，即消极的一面。在现实中，有些信息在过分强调产品的某些特色时，也不自觉地向旅游者暗示了其产品消极的一面。例如，航空公司若过分强调飞机的安全措施，无意中就提醒人们乘飞机旅行有风险。旅游促销人员应充分认识到商业信息的这一特点：商业信息不仅是旅游消费者学习旅游的重要来源，还可能给旅游消费者带来消极的负面影响。成熟的旅游者并不满足于被动地接受信息，他们往往倾向于主动搜寻信息，辨别信息内容的准确性，不盲目相信那些夸张和含糊其辞的广告宣传。旅游企业应着力营造值得信赖的商业环境，树立良好的企业形象，实事求是地向旅游者提供真实可靠的信息，绝不能用虚假的或夸大其词的信息误导欺骗旅游消费者。

2）社交环境

旅游消费者的社交环境主要包括家人、亲友、同事、熟人等。社交环境是旅游者获取信息的主要来源。社交环境所提供的信息不同于商业环境的信息。旅游者往往更乐于接受和相信从社交环境中获得的信息，因为亲友、熟人等提供的信息通常被认为是第一手资料，是这些人的亲身经历和体验。这些信息不附带商业目的，没有出于商业利益考虑的掩饰和夸张。研究表明，来自社交环境的信息对旅游者和潜在旅游者动机的影响最大。例如，日本交通公社的一项调查显示，在影响旅游者决策的各种信息中，有69%的信息来自朋友和熟人的介绍，远远高于商业环境提供的信息的比例。社交环境提供的信息还具沟通性，信息的提供者和信息的接受者可以双向沟通，相互交流。在社交环境中，旅游者可以随意地向信息提供者提出问题，询问各种细节，这就使信息的理解过程加快、通畅，从而有助于减少风险和消除疑虑。

4.3 旅游者的学习规律

关于学习现象，很多心理学家从不同角度作出了多种解释，形成了多个流派的学习理论。这些理论可以帮助人们从不同角度了解、认识学习现象，从而进一步发现和掌握旅游者的学习规律。一般把学习理论分为两大体系，即行为学习理论和认知学习理论。

4.3.1 行为学习理论

行为学习理论认为学习是对外界事物做出反应的结果，强调通过"刺激—反应"模式来看待和解释学习现象。此理论不关注学习者的内在心理过程，只强调可观察的外部行为表现。其主要代表人物有爱德华·李·桑代克（Edward Lee Thorndike）、巴甫洛夫和斯金纳。

1. 桑代克的学习理论

桑代克是心理学史上第一个用实验的方法来研究动物学习心理的心理学家。他用鸡、猫、狗等作为实验对象，来观察动物的学习现象。例如，他设置一种有多个按钮的迷笼，而只有其中的一个按钮可以打开迷笼，他把一只饥饿的猫关进迷笼，在笼外放置食物，使猫在笼内可见可闻，最初猫的动作是杂乱的，偶然踩到机关，门自动开启，从而获得了食物，在以后的实验中，发现猫在笼中的紊乱动作随着练习次数的增加而逐渐减少，最后终于学会一进笼就会打开笼门外出取食。通过对动物的实验，桑代克提出了一系列学习原理，并进一步援引动物实验的资料来说明人的学习，认为人的学习只是量的复杂化，与动物的学习没有根本的区别。

桑代克认为，动物的学习没有任何推理演绎的思想，没有任何观念的作用。动物的基本学习方式是试探式的、尝试与错误式的学习，从而提出了他的"尝试与错误"的学习理论，桑代克的学习理论又被称为"学习的联结说"。他认为神经系统中刺激与反应联结的形成是最基本的，学习就是形成这种联结。"学习即联结，心即人的联结系统"，"学习是结合，人之所以长于学习，即因他形成这许多结合"。

2. 巴甫洛夫及其经典性条件反射理论

俄国生理学家巴甫洛夫是条件反射理论的创始人。他以狗为研究对象，研究动物对外界刺激的反应，创立了著名的条件反射理论。虽然他本人很忌讳他人把他看做心理学家，但他著名的条件反射理论却在心理学界被广泛引用，尤其用于解释人的学习现象。

巴甫洛夫研究发现，铃声本来不会使狗分泌唾液，但是如果在每次给狗喂食以前都先打铃，经过若干次的重复以后，狗一听到铃声就会自动分泌唾液。这种反复以铃声为信号的刺激使狗学会了把铃声和食物联系在一起，狗一听到铃声就联想到食物，这种现象就是条件反射。这一现象的理论概括就是当一种自身不能引起反应的刺激（非条件刺激）与能够引起反应的一种刺激（条件刺激）同时出现，经过一段时期的强化（即反复），本不能引起反应的刺激因为与后者在一起而使个体产生了与后者相似的反应。

条件反射理论揭示了学习的生理基础是条件反射，即大脑对外界刺激进行综合分析而作出反应的结果。这是巴甫洛夫对学习理论，也是对心理学的一大贡献。

4.3.2 认知学习理论

认知学习理论认为，学习是一种主动思考的过程，人们积极地利用从周围世界得到的信息来适应他们所处的环境。相对于行为学习理论，认知学习理论强调主体内部思考过程的重要性。认知学习理论主要有格式塔学习理论、观察学习理论。

1. 格式塔学习理论

"格式塔"是德文的音译，意思是"完形"、"整体"。格式塔学派又称完形心理学。于20世纪初产生于德国，是西方现代心理学的主要流派之一。

格式塔学派从研究似动现象的知觉实验开始，逐渐形成了包括学习在内的一系列认知学习理论。根据格式塔学派的解释，有机体与环境之间不断地处在互动之中，与环境相适应，机体不断发生对环境的组织和再组织，在头脑中出现一个又一个图形，这种图形作用就是学习，即学习的实质在于组织行成图形作用。该学派反对桑代克的理论，认为动物及人对问题的解决不是盲目的，不是出于各个部分的偶然巧合，而是一种智慧行为，是一种"顿悟"过程。它需要有理解、领会与思维等认识活动的参与，并且是一种突现、速变、飞跃的过程。

格式塔学派也提出了学习迁移的理论，认为由顿悟而获得的方法既能长久保持，又利于适应新情境、解决新问题。这种影响是通过记忆痕迹实现的。他们指出："遗迹对新情况的效应与移转问题有很密切的关系。

沃尔夫冈·苛勒（Wolfgang Kohler）为了研究黑猩猩的顿悟式学习，曾设计了很多不同的实验，其中最著名的是"接杆问题"。他将饥饿的黑猩猩关在笼中，笼外远处放置食物，并在笼与食物之间放置多条长短不同的木棍，每条木棍的长度均不能单独碰到食物。实验者发现，黑猩猩面对问题情景，并未表现出紊乱的动作，在几次尝试用短棍获取食物失败后，突然显露出顿悟的样子，将两条短棍接在一起，结果达到了目的。苛勒对顿悟学习的解释是，顿悟式学习是不必靠练习或经验的，只要个体理解到整个情景中各个要素之间的关系，顿悟就会自然发生。

2. 观察学习理论

观察学习也称替代学习，指个体通过观察他人的行为表现及其强化结果而获得该行为反应的学习过程。美国心理学家阿尔伯特·班杜拉（Albert Bandura）最早对这种学习模式进行了系统的理论研究，并构成他的社会学习理论体系的有机组成部分之一。班杜拉从人、环境和行为三元互动作用论的观点出发，认为个体不必靠直接经验，不应过于强调外在强化作用的控制。只要发挥个体的认知功能、自我效能、社会互动作用，通过有意识地自动观察学习（或模仿学习）就可建立新行为或改变旧行为。他指出，一个完整的观察学习过程由注意、保持、产出和动机等4个子过程所组成，其中每个子过程又各自受到多种不同因素的影响或制约。

观察学习被认为是现实社会生活中一种最为普遍而有效的学习模式，具有重要的理论和现实意义。

班杜拉让3组幼儿分别观看同一题材的电影故事，开头都一样，但结局不同。每个故事的前半段都是看到一个成年人对一个充满空气的橡皮人拳打脚踢，后半段另有3种结局，分别让3组幼儿观看：一种是成年人受到惩罚，被人用卷起来的杂志打了一下；一种是成年人受到奖赏，对橡皮人施暴后得到了饮料和糖果的奖励；第3种是没有结局，施暴者既没受到表扬，也没受到责备。然后让3组幼儿自由活动10分钟，在自由活动的房间里有许多玩具，还有一个充气娃娃及攻击武器，结果发现，3组幼儿都表现出了一定的攻击行为，不过，看到成年人受到惩罚的一组幼儿的粗暴行为最少，看到成年人受到奖赏的那一组的粗暴行为最多。

4.4 旅游者学习规律的运用

下面关于学习理论的介绍，再一次反映出心理学研究领域百家争鸣、各持己见的特点。每一位心理学家都在探讨学习的规律，都在解释学习现象，但其观点是各不相同的。心理学派别之间虽然充满矛盾和斗争，但这并不影响学习者对它们的兼收并蓄，或者说，它们都能从不同侧面给后人以有益的启示。

4.4.1 学习理论的基本应用

1. 旅游行为的学习观

人类的旅游行为是学习的结果，这是通过认识学习现象给人们带来的第一点启示。学习的基本理论告诉人们，除了人的本能行为，人类的绝大多数行为都是后天学习的结果，旅游活动本身不居于人的本能行为，因而也是后天学习的结果。个人旅游动机的产生、对旅游所持的态度、关于旅游的知识经验等都是在后天环境作用下习得的。观察发现，儿童在两岁以前对旅游一般没有真正的理解和认识，不会产生旅游动机，也不会向家庭提出旅游的要求，一旦到了3岁左右，城市儿童由于受外界环境气氛的影响，包括电视广告刺

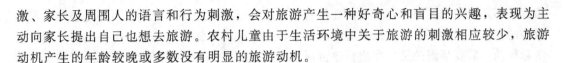

激、家长及周围人的语言和行为刺激，会对旅游产生一种好奇心和盲目的兴趣，表现为主动向家长提出自己也想去旅游。农村儿童由于生活环境中关于旅游的刺激相应较少，旅游动机产生的年龄较晚或多数没有明显的旅游动机。

2. 旅游行为的教育观

人类的学习，一方面体现为个体主动接受来自外界的刺激，即自觉学习；另一方面体现为外界对个体有意识的引导，即教育或社会教化。既然旅游行为是学习的结果，为了促进旅游业的发展，鼓励人们积极投身旅游活动，则有必要对旅游者（当然主要是潜在旅游者）实施主动的教育引导。事实证明，积极的、有目的的教育引导，能对旅游者动机的产生、态度的转变及经验技能的提高等起到非常明显的效果。

4.4.2 行为学习理论的应用

1. 树立名牌意识

一旦有了一定的消费经验就会发现，人们虽然消费的是产品，但却非常重视产品的品牌，这就是条件反射理论给人们的启示。品牌成了产品的信号。人们会依据对品牌的认识来选择产品，这就是为什么企业尤其注重品牌效应的原因。

品牌是如何树立起来的？这从企业的角度来看有主观、客观两个条件。主观上，企业需要塑造自身的产品及企业形象；客观上，社会和消费者要通过一定的途径予以认可品牌。目前，我国先后实施了对旅游饭店进行星级评审、对旅游景区进行等级评定，以及优秀旅游城市的评选和导游等级评定制度等，再加上已有的，如国家级重点风景名胜区、重点文物保护单位、世界自然和文化遗产名录等各种可作为"头衔"的指标体系，这些自然成了旅游景区和旅游服务的品牌标志。但这只能作为创立品牌的第一步，还不足以使旅游管理部门和服务部门真正在旅游者心目中创下名牌。谁的产品能赢得消费者的好评，那就是名牌。这为旅游服务行业提供了非常有益的启示：企业要把创立名牌工作做到消费者的心窝里。而要做到这一点，靠的不是外因，而主要是内因，即过硬的产品和优质的服务。旅游者心目中的品牌主要的不是景区、宾馆、旅行社的"头衔"，而是其本来面貌给旅游者留下的印象。

2. 运用宣传技巧

经典性条件反射理论中的泛化现象给企业的广告宣传工作带来了很重要的启示。这就是把要宣传的内容与旅游者以往所熟悉并且印象良好的内容结合起来，这样有助于旅游者对宣传内容的理解并留下良好印象。这一点已被不少企业所运用。例如，人们经常见到一些宣传中带有这样的字眼，称某地的山有"黄山之奇"、"峨眉之秀"、"华山之险"、"青城之幽"；称某地的水有"三峡之险"、"黄河之雄"、"九寨之美"、"漓江之秀"等。

3. 加强旅游促销

行为理论认为，人们的行为都是由刺激引起的，没有刺激就没有反应。这一点也让人们深受启示。再好的产品如果不被人们所认知，就不会被人们购买。旅游产品不像其他产品客观地存在于人们的感觉范围之内，使人们时刻能感觉到，甚至可以亲自尝试，旅游产品其实都是以信息的形式存在的。在没有到达旅游目的地之前，这些东西都是空的，所以旅游的宣传促销特别重要，只有通过旅游宣传，使人们对旅游目的地产生兴趣，进而付诸实际行动。需要强调的是，在进行旅游促销时，要从多角度、多方位对信息进行重复，信息的反复刺激的确可以使人们产生偏好、兴趣。

4. 合理运用强化

在斯金纳的实验中，他认为强化很重要。例如，老鼠压杠杆后得到了食物，这让它尝到了甜头，就会更加频繁地去压杠杆，这种过程就是强化，食物即强化物。这一规律在商业经营活动中经常被采用，各种有奖销售（如买一送一、有奖包装、价格优惠等）可促使人们大量购买，连续购买。旅行社、宾馆饭店也可采用强化策略，对于多次选择同一旅行社出游的旅游者，实现价格优惠，奖励旅游或给予其他形式的奖励；对于多次入住的客人给予价格优惠或其他优惠，对人们的行为都会起到一种强化作用，促使客人连续选择或优先选择。例如，著名的北京王府饭店规定在该店入住20次以上的客人就列入"王府常客"名单，并可享受特殊待遇：拥有一套烫金名字的个人信封、信纸、火柴，一件合身定制的浴衣，浴衣上用金线绣着客人的名字，客人离店时收起来，下次来店时再取出，并且饭店会尽量安排客人住同一客房。如果入住期间刚好是客人的生日，便会在客人不知情的情况下，出其不意地为客人过一个别具一格的生日，让客人感受到家外之家的温暖，这样的举动会让客人既感动又兴奋，这也是一种强化。但一定要注意合理运用强化，过多、过滥或不适当的强化往往会适得其反。

5. 重视游后服务

一些旅行社、宾馆、饭店等旅游服务部门往往认为旅游者到某地旅游多是一次性行为，很少重复光顾，因此认为与旅游者之间多是一次性交易，忽视了对旅游者的游后服务工作。操作性条件反射关于强化的理论告诉企业，对旅游者实行良好的游后服务有着非常独特的意义，它能在很大程度上增加旅游者的好感，即使旅游者自己不重复光顾，也会向外人提供良好的口传信息。

美国某保险公司通过实验发现，把一组每次支付保费后收到一封感谢信的顾客群与一组没有得到任何强化的参照群相比较，保险公司从前者获得了高得多的续订保险单。某市一家旅行社的外联部经理也曾不无感慨地说：自从他们对参加老年旅游团的旅游者建立了游后回馈制度以后，来该旅行社的老年回头客明显增多了。一个电话，询问旅游者的游后感受，鼓励旅游者提提意见和建议，这对旅游者来说就是一种强化，一种奖励性的刺激。因为这能使旅游者感到旅行社对自己格外重视和负责任，尤其对于老年人，一分关注就是一种无价的馈赠。

4.4.3 认知学习理论的运用

认知学习理论告诉人们，人类的学习主要是通过主动观察、思考而对外界事物进行认识、领悟的过程。观察学习理论更是明确指出，人类可以通过观察他人的行为如何被强化而间接地获得经验。这本身已经使人们认识到：一个人会从他人那里学习旅游。而日本的一项调查就更使人们对观察学习现象倍加重视。日本交通公社调查了来自不同途径的信息对旅游动机的影响，结果表明，"朋友和熟人的介绍"在其中占有最大的比重。

由此可见，每一位旅游者都是一则免费广告。因此，没有理由不对旅游者提供称心如意的服务，绝不能把与旅游者打交道看做"一锤子买卖"。按照世界旅游组织的统计，一个旅游者的影响面是 20～30 人，随着信息化程度的提高，影响面还会扩大。现在中国 70%的入境旅游者不是通过宣传促销带进来的，而是通过旅游者对旅游者的宣传带进来的。

本章小结

旅游者的旅游行为是后天学习的结果。旅游者通过学习，可以获得旅游信息，产生旅游动机，形成和改变对旅游的态度，积累旅游经验，因此，学习对旅游者有特别重要的意义。

对于学习现象，许多心理学家从不同角度作出了多种解释，形成了多个派别的学习理论。行为学习理论包括 3 种；认知学习理论包括格式塔学派的学习理论和班杜拉的观察学习理论等。这些理论可以帮助人们从不同角度认识学习现象，从而进一步掌握旅游者的学习规律。

章前案例解析

通过进行动物实验，斯金纳认为学习过程是学会一种操作的过程，操作行为就是那种作用于环境从而产生结果的行为。反射学习是一个"刺激—反应"的过程，即从刺激到反应的过程，而操作学习却是一个"反应—刺激"的过程，即从反应到刺激的过程。他把人的大多数行为都看做是操作，指出操作行为更能代表实际生活中人的学习情境。操作反射的规律是：如果一个操作发生后，接着呈现一个强化刺激，那么，这个操作的强度（即概率）就会增加。所增加的不是刺激反应的联结，而是使反应发生的一般倾向性，即发生的概率。

影响学习的因素中强化尤为重要。行为之所以发生变化，是由于强化作用，因而直接控制强化物就是控制行为。斯金纳认为"只要我们安排好一种被称为强化的特殊形式的后果，我们的技术就会容许我们几乎随意地塑造一个有机体的行为。"

复习思考题

一、名词解释

行为学习理论　认知学习理论

二、选择题

1. 以下不属于行为学习理论的代表人物的是（　　）。
   A. 桑代克　　　　B. 巴甫洛夫　　　　C. 斯金纳　　　　D. 苛勒
2. 学习对旅游者的作用包括（　　）。
   A. 获得信息　　　B. 激发动机　　　　C. 产生态度　　　D. 积累经验

三、判断题

1. 广义的学习是指人及动物在生活过程中获得个体行为经验的过程。（　）
2. 学习的过程就是人们适应自身和环境变化，而改变自己原有行为，形成新的习惯的过程。（　）
3. 不成熟的旅游者更重视旅游过程，更具自主性。（　）
4. 认知学习理论认为，学习是一种被动思考的过程，人们积极地利用从周围世界得到的信息来适应他们所处的环境。（　）

四、简答题

1. 什么是学习？
2. 简述从不成熟旅游者到成熟旅游者的主要表现。
3. 简述旅游者减少觉察风险的方法。

五、论述题

1. 根据成熟旅游者和不成熟旅游者的特点，讨论旅游企业应如何有针对性地开发产品和提供服务。
2. 结合自己或他人的旅游经历，讨论购买后疑虑产生的原因和减少购买后疑虑的方法。
3. 论述旅游企业在提供信息、发布旅游促销广告时应做些什么。

六、案例分析

培训出一帮"旅游迷"

某省教育委员会组织全省各地中专学校的骨干教师到省城参加为期半年的专业培训。鉴于以后发展旅游专业的需要，一些学校的老师选择参加了旅游专业课的培训。一开始，这些老师大都对旅游知之甚少，也没有多大外出旅游的兴趣，有的人只不过是迫于无奈才参加旅游专业培训的。正如一位教师所说："我是信阳市的，却从来没去过鸡公山。"可随着对旅游知识的学习，这些教师对旅游的兴趣日益浓厚。到后来，每个人心目中都积聚起了满腔的渴望要外出旅游。他们感慨："不学不知道，外界真奇妙，不出去游一游真是天大的遗憾。"以致发展到一下课就跑到培训部办公室要求组织他们外出旅游，甚至表示愿意增缴学费进行"旅游实习"。

小阿尔波特的故事

行为主义创始人华生拓展了巴甫洛夫的工作，证明了经典性条件反射原理同样适用于人。华生和其助手罗莎莉·雷纳（Rosalie Rayner）在一个几个月大的小男孩阿尔波特身上建立了对白色皮毛动物的条件反射恐惧，即著名的小阿尔波特的故事。这个小孩起初并不怕白色（中性刺激），华生就在他身后靠近头的地方敲击一块金属发出很大的响声，每次敲击发出的声响（无条件刺激）都能把小孩吓哭，敲击和白色多次同时出现后，后来不管什么时候只要白色一接近他，阿尔波特也会被吓得哇哇大哭。他对白色已建立了条件反射。经过几个月后，小阿尔波特的条件恐惧已经泛化到兔子、狗、皮大衣、圣诞老人面具。

问题：

1. 分析讨论旅游行为的学习观。
2. 分析人和动物如何取得后天的经验。

5

学习目标

1. 掌握旅游者的需要。
2. 掌握旅游动机。
3. 掌握动机的种类和功能。
4. 掌握旅游动机产生的条件和分类。
5. 熟悉旅游动机的激发。

导入案例

旅游者的需要[①]

李先生是一家企业的营销人员,因为业务的关系经常到某市出差。这一次,因为手头有许多工作需要现场处理,他就带着手提电脑住了该市一家三星级的酒店。一天晚餐前,李先生处理完一个文件后,没有关闭手提电脑便去餐厅用餐。当他用餐完毕返回房间后发现夜床已经做好,他在取电处插入的替代房卡的梳子仍在原处。在他的床头柜上有一张留言单,上面写着:"尊敬的先生,请您将电脑里的文件及时存盘,以免我们做夜床时切断电源给您带来不便。"下面的落款是客房服务员小韩。原来小韩在整理房间时发现客人的手提电脑没有关闭,他知道客人可能有文件没有存盘,便没有按常规拿掉梳子,切断电源,同时还给李先生留言给予提醒。李先生看完留言后心里很感动,认为饭店的服务人员能考虑到客人的这些特殊需要,处处从客人的角度考虑问题,让客人心里感到十分地放心,在酒店有一种家的感觉。在离店时,李先生特意找到客房服务员小韩,向她表示谢意,也特地向大堂副经理致谢,感谢饭店为其提供了优质服务,并表示下次再来该市时一定还入住该酒店。

旅游者的动机[②]

老张是上海优秀的导游员,在旅游界小有名气。一天晚上,他在机场迎来了一个29人的美国旅行团。按计划该团要在上海停留一天半,由于天气原因飞机延误,现在只能停留一夜,第二天早上要飞往下一站。

计划突然改变,客人的情绪一落千丈,各个面容沮丧。老张知道这些外宾千里迢迢来到中国是何等不易。与全陪商量后,他立即带团去参观外滩、南京路夜景,又顺路去游了豫园,这使客人非常满意。途中,老张发现一对老年夫妇下飞机时情绪异常激动,一路上又紧随在他身边,几次欲言又止。主动与他们交谈后,老张才知道这对老夫妇此次来沪是希望寻觅年轻时曾居住过的旧居。

[①] 刘纯.旅游心理学[M].北京:科学出版社,2004.
[②] 刘纯.旅游心理学[M].北京:科学出版社,2004.

把客人送到下榻的宾馆时，已是深夜11点。尽管老张已经十分疲劳，次日清早6点还要送这批外宾，但他还是决定帮助老人了却多年的心愿。他叫了一辆出租车，沿路慢慢行驶。老夫妇怎么也记不清当年的路名，依稀记得弄堂对面是电话公司。老张借助平时积累的知识，仔细分析辨别，居然在南京路摩士达商厦对面的弄堂内，找到了他们当年居住过的小楼。老人深情地一遍一遍抚摸那木质扶梯的把手、大门、信箱，那激动、沉醉的神情使老张心头也充溢着一种满足感。

【问题】
1. 什么是旅游者的需要和旅游者的动机？
2. 旅游者的动机有何意义？

5.1 需要与动机

人类的行为是复杂的、难以琢磨的，但是这些行为产生的原因却是单一的、稳定的。也就是说，行为背后的动机和需要是可以认识和把握的。旅游行为是人类复杂行为的一部分，它的产生同样是由人们的旅游需要和旅游动机导致的结果。研究旅游者的需要和动机，揭示人们旅游的内在动力，有助于深刻理解人们的旅游行为，把握旅游决策的本质与规律，这对旅游资源的开发、旅游产品的设计、开拓旅游市场和做好旅游服务工作有着十分重要的意义。

5.1.1 旅游需要

旅游者是旅游活动的主体，旅游者之所以进行旅游活动，首先是为了满足自身的旅游需要，并在旅游需要的基础上产生旅游动机，而旅游动机是激发旅游行为及其心理效果的重要心理因素之一。所以旅游心理学研究旅游者的需要是为了更好地研究旅游者的旅游行为，以及旅游企业怎样通过自己的努力来满足旅游者的旅游需要，从而更好地调动旅游者的旅游积极性。那么，要研究旅游需要就必须先从需要谈起。

1. 需要的概念

心理学研究表明，需要是激发人们行为普遍而又深刻的原因，人们的需要越迫切，其行为就越积极。需要是心理学上一个经典的命题，是指由未满足的欲望所引起的自身内部的一种紧张状态，是有机体为了与外界保持联系而对一定客观对象的需求。它表现在有机体对内部环境或外部生活条件的一种稳定的要求，并且成为有机体活动的源泉。这种不平衡状态包括生理和心理两个方面的不平衡。例如，血液中缺乏水分，人就会产生喝水的需要；血糖成分下降，人就自然产生饿的感觉进而去寻找食物；失去亲人，人们就会产生爱的需要；社会秩序不好，人们就会产生安全的需要等。在需要得到满足后，这种不平衡状态会暂时得到消除。但是当新的不平衡出现时，新的需要就又会产生。正是这些需要的产生推动着个体去从事某种活动满足自身需要，从而弥补个体生理和心理上的某种缺乏或不平衡状态，进而推动人类社会不断向前发展，可以说"正是需要的无限发展性，决定了人类活动的长久性和永恒性。"

根据需要的概念诠释可以得知：当人产生某种需要时，心理就会滋生出一种紧张与不安的状态,而这种紧张与不安会变成一种内在的驱动力,促使人们通过行动去满足这种需要,并随着需要的满足,人的紧张与不安心理也随之消除。因此可以说,人的行为实质上就是满足需要的活动。需要与行为的关系如图5.1所示。

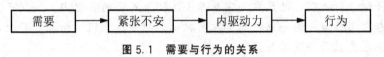

图5.1 需要与行为的关系

对需要概念的理解,应从以下几个方面来把握。

(1) 需要是由个体对某种事物的要求引起的。它是个体自身和外部生活条件的要求在头脑中的反映,通常以意向、愿望等形式表现出来。而这种要求可能来自有机体的内部,也可能来自个体周围的环境。例如,人饥饿时会有进食的需要,这种需要是由机体内部的要求引起的;长时间独处会产生交往、娱乐活动的需要,这些需要是由外部需要引起的。当人们感受到这些要求,并且引起某种内在的不平衡时,就转化为某种需要。需要总是指向能满足某种需要的客体或事件,也就是追求某种客体,并且从客体中得到满足。没有客体、没有对象的需要,或不指向任何事物的需要是不存在的。

(2) 需要是个体活动的基本动力,是个体行为动力的重要源泉。人们的各种活动或行为,从饥择食、渴择饮,到物质资料的生产、文学艺术作品的创作、科学技术的发明和创造,都是在需要的推动下进行的。人的各种旅游活动也都是在需要的推动下进行的。需要是动机产生的基础。当某种需要没有得到满足时,它就会推动人们去寻找满足需要的对象,从而产生活动的动机。

(3) 人类的需要和动物的需要是有着本质的区别的。人的需要主要是由人的社会性决定的,具有社会的性质,而动物的需要则是出于一种本能;人的需要会受到意识的调节和控制。应该注意的是,需要产生于缺乏和欲望两个方面。

2. 需要的特征

尽管需要是一种复杂的心理状态,但经过长期的研究,人们仍然可以得出它的一些特点。

(1) 指向性。人们的需要总是与客观事物联系在一起,指向一定的对象的,如渴了需要喝水、冷了需要添加衣服。需要是人们对客观事物的欲望或追求,没有对象的需要是不存在的。满足需要,也就是满足对具体事物的需要。所以,对于旅游消费者来说,需要总是指向某种旅游产品或服务的。

(2) 重复性。人的需要不会因得到满足就会终止,相反,人的某些需要具有重复性。需要是一个不断满足和重复的过程。无论任何人在某些需要上都不会因一次需要的满足从而结束他的心理缺乏状态。需要一般都具有周而复始的重复性和周期性等特点。研究表明,需要的不断重复出现是需要形成和发展的重要条件,而且有的需要在重复中呈不断发展的趋势。例如,人们旅游的普遍规律是先国内旅游,后国外旅游。

(3) 社会性。需要的社会性是指人们对需要层次的提高和需要的满足都要受到社会经济发展水平的影响和制约。人们的需要是随着社会的发展而不断变化的,需要的满足是以社会物质资料的富有为前提的。另外,需要也受到个人生活实践的制约,个人的经济收入、社会地位等直接影响其需要的满足程度。例如，一般工薪阶层坐飞机时经济舱已经足够，而富裕阶层则会选择乘坐头等舱。这是需要的社会性。

（4）发展性。社会经济的发展促使人们对需要的层次和水平不断提高，不断赋予人们新的需要。随着生活水平的提高，人们的食物支出在生活总支出中的比例正在逐年下降，而教育和休闲娱乐的支出在上升。也就是说，人们对食物这一物质需要在降低，人们更加希望得到精神上的满足。需要的发展性特征充分体现了人类永不满足、永远进取的精神。

（5）差异性。正如人与人是有差异的一样，个体与个体的需要也会不同。人的需要由于受到职业、年龄、文化、道德、个性等因素的影响表现出差异性。这种差异性要求旅游企业有针对性地开展市场营销活动，对于商务型旅游者在宣传产品时要注意产品的舒适和方便；而对于消费型旅游者则要注意旅游产品的货真价实。

3. 需要的类型

需要是心理学等学科中最基本的概念，很多学者都试图从不同的角度对其进行分类，下面介绍几种具有代表性的分类。

1）按照需要的起源分类

按照需要的起源分为自然需要和社会需要。人既是自然人又是社会人，这决定了人的发展需要从两个方面进行，既要满足自然人的生命机体的生存需要，也要满足社会人的社会需要。

自然需要也称生物学需要或生理需要，它起源于生命现象本身，是维持自己生命和延续后代的必要条件，如对食物和睡眠、防寒和避暑等方面的需要。这些需要对维持有机体的生命、延续后代有重要的意义。

社会需要是人特有的需要，如交往的需要、成就的需要、求知的需要等。这些需要反映了人类社会的要求，对维系人类社会生活、推动社会进步有重要的作用。

2）按照需要的指向对象分类

按照需要的指向对象分为物质需要和精神需要。需要的指向对象也就是人们需要得以满足的客观存在物。物质需要指的是满足人们需要的对象是一定的物质或物质产品，人们占有这些物品而获得满足。如满足人们衣食住行需要的生活物资。精神需要是对精神生活和精神产品的需要，如对知识和知识产品、对美和艺术等方面的需要。

需要注意的是人们的物质需要和精神需要不是完全分开的，两者关系密切。精神需要以物质需要为基础，对物质的追求中也包含一定的精神要求。人们在追求美好的物质产品时，同样表现了某种精神的需要。例如，人们对衣物的要求不仅要防寒保暖还要款式新颖漂亮。同样精神需要也离不开物质。例如，满足阅读的需要不能没有报纸、杂志、书籍等物质条件。

4. 马斯洛的需要层次理论

美国人本主义心理学家马斯洛的需要层次理论是心理学界关于需要的结构研究的比较有代表性的研究成果，它对社会学的许多领域都有较深刻的影响，是当前最有影响力的需要理论。

知识链接 5-1

亚伯拉罕·哈罗德·马斯洛[①]

亚伯拉罕·哈罗德·马斯洛(1908—1970),美国心理学家,是人本主义心理学的主要奠基人。马斯洛(图 5.2)和罗杰斯都是创建人本主义心理的领导者,人本主义心理学与精神分析学说、行为主义并称为美国心理学派三大学派。需要层次论是研究人的需要结构的一种理论,是马斯洛首创的一种理论。主要代表著作有《动机与人格》、《存在心理学探索》。

图 5.2 马斯洛

马斯洛是一位美国人本主义心理学家,在 1943 年发表的《人类动机的理论》一书中提出了需要层次理论。他把人类的需要分成生理需要、安全需要、社交需要、尊重需要和自我实现需要 5 类,依次由较低层次到较高层次发展。到 1954 年,他又将其修改为 7 个层次,即在尊重需要和自我实现需要之间加了认知需要和审美需要。在目前的研究领域中,学者比较认可的还是他的 5 种需要层次理论(图 5.3)。

马斯洛需要层次理论的主要内容包括以下几个。

1)生理需要

生理需要是指维持生存及延续种族的需要。例如,对食物、饮水、氧气、性、排泄和睡眠的需要,这是人类保存个体生命和种族延续的基本需要。它们在人的所有需要中是最重要的,也是最有力量的。如果没有这些需要,人的生命就无法存在,更无法去谈论其他需要。人的需要中最基本、最强烈、最明显的就是生理的需要,这是其他需要产生的基础。

同样,旅游者需要也反映了生理需要的心理需求,这主要是人们在辛勤劳动或工作后,就需要休养生息,而旅游能满足这种需要。旅游者需要在春暖花开时,去早春的苏杭,领略"天堂"的意境;炎炎盛夏,需要去气候宜人的高山或海滨避暑;秋高气爽则去观赏丹枫绚丽的山林景色;寒冬腊月,则对葱郁依旧的南国风光情有独钟。可见旅游也是人们满足生理需要的一种方式。

---

① 资料来源:http://wiki.mbalib.com/wiki/%E4%BA%9A%E4%BC%AF%E6%8B%89%E7%BD%95%C2%B7%E9%A9%AC%E6%96%AF%E6%B4%9B。

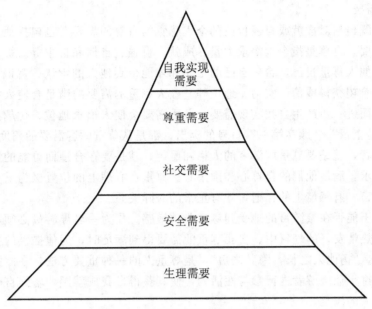

图 5.3 马斯洛需要层次理论结构

2）安全需要

安全需要是指希望受到保护和免遭威胁从而获得安全感的需要。引申的含义包括职业的稳定、一定的积蓄、社会的安定和国际的和平等。它表现为人们要求稳定、安全、受到保护、有秩序、能免除恐惧和焦虑等。典型的安全需要包括：一是生命安全，每个人都希望自己的生命不受到内外环境的威胁，即使那些喜爱探险的旅游者也会采取各种措施保证自己的生命安全；二是财产安全，每个人都不希望自己的财产受到他人的侵害，一旦遭到他人的侵害就会寻求保护；三是职业安全，人们希望自己的职业有安全感，不固定的职业往往使人焦虑不安。

与生理需要一样，在安全需要没有得到满足之前，人们唯一关心的就是这种需要。旅游者需要保障人身安全，在旅途中不发生交通事故等意外；他门不希望得病，有病则希望尽快治好；旅游者需要在旅游活动中保障自己携带的财物安全，不遭抢劫，不被盗窃或遗失等。

3）社交需要

社交需要就是归属与爱的需要。它是指每个人都有被他人或群体接纳、爱护、关注、鼓励和支持的需要。这种需要是人类社会交往需要的表现。人是社会性的动物，因而都具有团体归属感。处于这一需求阶段的人，把友爱看得非常可贵，希望能拥有幸福美满的家庭，渴望得到一定社会团体的认同、接受，并与同事建立和谐的人际关系。如果这一需要得不到满足，个体就会产生强烈的孤独感、异化感、疏离感，产生极其痛苦的体验。人类的社交需要既包括被他人爱，也包括接受他人的爱。

当生理需要和安全需要得到满足后，社交需要就会凸显出来，进而产生激励作用。在马斯洛需要层次理论中，这一层次是与前两层次截然不同的另一层次。在旅游活动中，旅游者希望结交新朋友或探亲访友，或与当地人们接触，交流感情，交流友谊，开展社交活动。

4) 尊重需要

尊重需要既包括对成就或自我价值的个人感觉的自尊的需要，也包括他人对自己的认可与尊重的需要。自尊是指个人渴求力量、成就、自强、自信和自主等。被人尊重的需要是指个人希望他人尊重自己，希望自己的工作和才能得到他人的承认、赏识、重视或高度评价，也就是希望获得威信、实力、地位等。被人尊重的需要的满足会使人相信自己的潜能与价值，从而进一步产生自我实现需要。尊重需要会使人追求地位、优越感、声望和成就感。"顾客是上帝"、"顾客第一"口号的提出，都是从尊重顾客需要的角度提出的。

尊重旅游者，就是要尊重旅游者的人格和愿望，就是要在合理而可能的情况下努力满足旅游者的需求，满足他们的自尊心和虚荣心。尊重在心理上的位置极为重要，有了尊重才有共同的语言，有感情上的相通，才有正常的人际关系。

旅游者对于能否在旅游目的地受到尊重非常敏感。作为一名导游员必须明白，只有当旅游者生活在热情友好的气氛中、自我尊重的需要得到满足时，为他提供的各种服务才有可能发挥作用。"扬他人之长，隐其之短"，是尊重人的一种重要方法，在旅游活动时，导游员要妥善安排，让旅游者进行参与性活动，使其获得自我成就感，增强自豪感，从而在心理上获得最大的满足。

5) 自我实现需要

人类最高层次的需要就是自我实现需要。它是指个人渴望自己的潜能能够得到充分的发挥，希望逐渐成长为自己所希望的人物，完成与自己能力相称的一切活动。自我实现需要具有复杂性和多样性。每个人自我实现的需要和满足的方式不太一样。有的人是在体育方面一显身手，有的人却在艺术方面获得成功。

此外，自我实现需要具有阶段性，可分为阶段性目标的自我实现和终极目标的自我实现。阶段性目标的自我实现，如一名高中生升入了自己最理想的大学，学习自己最喜欢的专业。终极目标的自我实现是一个人一生所追求的目标的实现。需要注意的是，要满足这种尽量发挥自己潜能的需求，他应该已在某个时刻部分地满足了其他的需要。当然自我实现的人不能过分关注这种最高层次的需要的满足，以至于不自觉地放弃满足较低层次的需要。

5. 马斯洛需要层次理论之间的关系

1) 需要出现的顺序是由低到高的

马斯洛认为，5个层次的需要是由低到高依次出现的。只有较低一级的需要得到基本满足后，高一层次的需要才会产生。也就是说，只有生理需要得到基本满足之后，才会产生安全需要；只有安全需要得到基本满足之后，才会产生社交需要。依次类推，一直到自我实现需要产生和被满足。这与中国古代的"衣食足而知荣辱，仓廪实而知礼节"讲的是一个道理。当然，在具体的旅游消费活动中也有例外。例如，在探险旅游中，旅游者可能在安全需要充分满足前已产生了高层次的需要。不过，这是较特殊的现象。

2) 各层次需要的满足在全世界的人中所占比例由大到小

马斯洛认为，在需要层次理论的金字塔中，越向下的需要层次得到满足的人口比例越大，越向上的需要层次得到满足的人口比例越小。马斯洛认为，真正达到自我实现的人在全世界的人口中只占很少的一部分，绝大部分人都停留在中间的某一层次。这就是他要用一个金字塔的图形来描述5个层次公共关系的原因所在。

3) 5个需要层次可以概况括为两种水平

马斯洛认为，生理需要和安全需要属于低级需要，社交需要、尊重需要、自我实现需要属于高级需要。

马斯洛认为，低级需要直接关系到个体的生存，因而也称缺失性需要。当低级需要得不到满足时，将直接危及到个体的生命，高级需要不是维持个体生存所绝对必需的，高级需要也称生长需要。与低级需要不同的是，高级需要不但不随其满足而减弱，反而因获得满足而增强，在高级需要下，个体所追求的目的物是无限的。

需要层次理论的构成假设。

马斯洛在1943年发表的《人类激励理论》（A Theory of Human Motivation Psychological Review）一书中提出了需要层次论。

这种理论的构成根据3个基本假设。

（1）人要生存，他的需要能够影响他的行为。只有未满足的需要能够影响行为，满足了的需要不能充当激励工具。

（2）人的需要按重要性和层次性排成一定的次序，从基本的（如食物和住房）到复杂的（如自我实现）。

（3）当人的某一级的需要得到最低限度满足后，才会追求高一级的需要，如此逐级上升，成为推动继续努力的内在动力。

动机是在需要的基础上产生的。当某种需要没有得到满足时，它就会推动人们去寻找满足需要的对象，从而产生活动的动机。此时，当需要推动人们去活动，并且把活动引向某一个目标时，需要就成为了人的动机。例如，人热时就会寻找比较凉爽的地方；饿时就会寻找食物并奔向食物的场所等。这时，需要就成为人的活动的动机了。需要作为人的积极性的重要源泉，是激发人们进行各种活动的内部动力。

5.1.2 旅游者的需要

旅游需要是旅游者对旅游产品的欲望和要求。旅游是高层次生活标准和高质量生活水平的象征和体现，随着社会的进步和生活水平的提高，人们产生了对旅游的需要。世界旅游组织在《马尼拉宣言》中提出，旅游是人类的基本社会需要之一。虽然旅游需要是旅游行为的基本动力，但不是所有旅游者的旅游行为都来自于同样的需要要求，旅游者的心理需要是复杂多变的。它既包括旅游者的一般需要，也包括各种类型旅游者的不同需要，以及旅游者在不同的旅游过程中的心理需要。

1. 旅游者的一般需要及特点

1) 旅游者的一般需要

虽然个体的人在对需要的追求上因各自的具体情况而各不相同，但作为旅游者这一社会角色而言，在旅游消费过程中的需要总是呈现一些共性的内容。这些共同的需要主要包括以下几个方面。

（1）追求健康舒适的需要。现实的旅游生活中，人们参加泥疗、沙疗或者到海滨消除疲劳、到餐厅品尝美味佳肴等。这种追求健康舒适的需要主要是一种生理需要。这种生理需要在一次得到满足之后，对人的行为的推动作用会降低，但是过一段时间又会增强。

（2）重视安全需要。人的安全需要在旅游过程中经常体现出来。例如，旅游者要求旅行社选派经验丰富的司机和导游员，以防止意外伤亡事故的发生；如果参加一些特殊的旅游项目还希望有人身保险等。

（3）渴望社交需要。渴望社交需要就是旅游者对于归属与爱的需要。旅游者如果随团进行旅游活动，在几天的共处中一般能与其他团员建立良好的人际关系，团内形成融洽的气氛，满足其归属于某一团体的心理需要。因为共同的兴趣爱好而走到一起的旅游者之间的关系，与生活或工作中的家人、同事不同，不存在利益的冲突；另外，大家外出旅游心情都比较愉快，彼此相处会比较容易，因此旅游者也更容易在旅游团内结交新朋友，满足社交需要。另外，为了探亲访友、寻根问祖而进行的旅游活动也是出于社交需要。

（4）满足尊重需要。当个人觉得自己对这个世界有用，个人能力、成就得到社会的承认时，尊重需要便得到满足。一个人到旅游地旅游的动机可能很多，但其中之一可能是为了满足尚未满足的尊重需要。另外，旅游者受到旅游从业人员的热情接待，也有助于他们满足尊重需要。

（5）体验自我实现需要。每个人都想成为积极的行动者来满足自我实现需要，但真正能达到自我实现需要层次的人很少。有些人能够充分开拓和利用自己的天赋、才能、潜力等因素，从而实现自己的愿望，使自己不断趋于完美。旅游富于象征意义，旅游者通过探险旅游、极限旅游来考验自己的生存能力，实现自身价值，满足自我实现的愿望。随着社会的发展，物质要求逐渐得到满足，人们对自我实现的要求会越来越多。

2）旅游者一般需要的特点

旅游者的一般需要除了具有一般需要的特点之外，还有一些与旅游结合的特点。

（1）旅游需要的多样性。旅游需要的多样性是指人们旅游过程中需要的广泛性和多面性。广泛性是指需求的范围较广，多面性是指需求的内容在性质上的不同。从性质上来说，旅游需要包括物质需要和精神需要。其中，物质需要包括食物、客房、交通工具、旅游景观、购物、娱乐设施等，分别满足旅游者的吃、住、行、游、购、娱的需要；精神需要包括发展需要和享受需要。它们虽然难以再进行细分，但它们贯穿于旅游活动的各个方面。旅游需要的多样性表现为旅游消费的综合性。

（2）旅游需要的差异性。旅游需要的差异性是指在旅游需要共性的前提下不同旅游者存在着不同的具体要求。一般来说，各种类型的旅游者在旅游过程中既有物质的需要，也有精神的需要。但是不同的旅游者除了需要的程度有差别外，还存在着对这些需要的具体要求上的差别。不同旅游者由于经济文化基础不同，需要也有层次的差异，有的旅游者看重生理享受，有的看重人身安全，有的看重友谊和人际关系等。

（3）旅游需要的动态性。旅游需要的动态性是指人们的旅游需要和目标总是在不断地增加和变化。人类社会在进步，旅游需要也在不断发展，传统的观光旅游产品已经不能满足现代旅游者探索求知的需要了。为了适应旅游者需要的变化，旅游经营者应该不断地开发新的旅游资源，完善旅游接待设施，更新旅游产品。这一动态性的特点来源于旅游者主观条件和旅游环境客观条件的变化。

3）旅游者的单一性需要和复杂性需要的统一

旅游者在旅游过程中所表现的不同特点，是心理学中单一性需要和复杂性需要的典型反映。在旅游过程中，是满足旅游者心理的单一性需要还是复杂性需要，这个问题有助于深刻理解人们旅游的基本原因。

（1）单一性需要理论。单一性需要也称一致性需要，是指人们在期望进行的活动中或做某一件事情的过程中，不要出现意料之外的事情，即人们期望在其生活领域中能保持平衡、和谐、相同，而不发生冲突并能预知未来。

按照单一性需要理论，旅游情境中，个体表现出尽量寻找可提供标准化的旅游设施和服务。它认为那些众所周知的名胜古迹、高速公路、餐馆、饭店、商店为旅游者提供了一致性，会给旅游带来和谐和舒适感，使旅游者几乎不会因为离家外出而遇到意想不到的麻烦。显然，单一性需要理论可以解释许多在旅游情境中出现的情况，特别是从众行为。

（2）复杂性需要理论。复杂性需要也称多样性需要，是指人们对新奇、出乎意料、变化和不可预见性事物的向往和追求。单纯依靠单一性需要是无法很好地享受生活和理解生活的，不能给人们带来生活上的满足和乐趣，因此，人们会产生对多样性生活需要的需求。

与其他形式的消遣和娱乐活动相比较，旅游能给人们不变的生活带来新奇和刺激，使人们解除由于单调而引起的心理紧张。如果旅游者认为日常的生活比较平淡，那么他们就希望在旅游环境里追求较剧烈的、多变的活动。

根据复杂性需要理论，旅游者愿意去从未到过的地方，去接触他从未接触过的人和事情，做一些他过去未曾有过的举动。他们对旅游活动和旅游生活环境极力追求新、奇、异，希望距离自己习惯了的生活越远越好，这样，他们才能得到从自己在家时的惯常节奏或上一次旅游经历中寻求一种变化的需要。

（3）单一性需要和复杂性需要的平衡。看似矛盾的单一性需要和复杂性需要，实际上是旅游者需要的两个方面。也就是说，旅游者在旅游过程中既希望有妥善的安排、标准化的服务，也有追求新奇的欲望，任何一方面缺失都会使人心理紧张。一般来说，在涉及日常旅行生活方面，如食宿服务等，旅游者更多的是希望得到与他们的生活水准相似或更高的东西，这也是各大饭店推出"宾至如归"口号的原因所在；而在游览活动中，旅游者更多地表现出对自己不熟悉的事物的强烈兴趣和满足感。因此，应该认为单一性需要和复杂性需要的平衡之间是一个连续的谱系，人们应该在中间寻找一个最佳平衡点。虽然这两种理论看起来前后矛盾，但如果把二者结合起来，就可以帮助人们进一步理解旅游的动机和行为。

总之，人们应该在生活中力求保持单一性需要和复杂性需要处于最佳的平衡状态。可以在一个小幅度内摇摆，保持动态的平衡状态，但不能使单一性过多或复杂性太多，否则就会使人产生过分紧张的心情。

应当指出，旅游是满足人们寻找单一性需要和复杂性需要之间的平衡的理想方式。

2. 各种类型旅游者的不同需要

前面讨论的是把旅游者看成一个无差异的整体对他们在旅游中所具有的共同需要的研究。实际上，"人上一百，形形色色"，作为具体的旅游者个体而言其构成是很复杂的，为了研究可以根据不同的标准对其分类，分成若干类别。每种类型的旅游者在内部存在共同点，与其他类型之间则存在差异性。通过对不同类型的旅游者心理需要的探讨，有助于旅游企业更好地为旅游者提供服务。一般来说，按照来源和目的的不同，通常把旅游者分成4种类型：外国旅游者，华侨、港澳台同胞和外籍华人旅游者，国内旅游者，公务和商务旅游者。

1) 外国旅游者

外国旅游者是指拥有他国国籍的旅游者。在改革开放政策的推动下，中国入境旅游业迅猛发展。根据我国政府所制定的远景目标，到2020年，中国入境旅游人数将达到2.1亿人次；国际旅游外汇收入580亿美元，国内旅游收入2 500亿美元，总收入将超过3 000亿美元。旅游业加速增长的趋势非常明显。

初次入境的外国旅游者通常采取参团旅游的方式，停留时间比较长。近年来，随着我国旅游设施的逐渐完善和旅游影响力的增加，外国散客旅游者的数量增长很快。相比较而言，参加旅游团的外国旅游者在我国境内停留的时间短于散客。他们对旅游资源的兴趣比较广泛，除了对我国的山水风光和文物古迹有较浓厚的兴趣之外，对我国的民俗风情、饮食烹饪、文化艺术和旅游商品也有较大的兴趣。导游员在给这些旅游者进行讲解的时候要多介绍一些我国的历史文化、社会发展和经济建设的成就以满足他们的好奇心，要为他们介绍优质的旅游商品。

以散客的形式到我国的旅游者有一部分是收入较高、有一定社会地位的上层人士。他们要住豪华旅馆，要单独请导游员陪同。他们收入较高、生活考究、外出旅行更要面子，惯于购买等级较高的旅游消费项目，以示阔绰。他们与一般带薪度假、手头并不十分宽裕的劳动者形成鲜明对比。所以旅游经营者注意到了这类人的心理需求，在进行心理推销或在服务中体现对他们的关心和尊重，满足其自我实现中的自豪感和优越感，使其产生愿意购买和消费的愿望。

2) 华侨、港澳台同胞和外籍华人旅游者

华侨是指持有中国护照，但侨居外国的中国同胞；港澳台同胞是指居住在我国香港特别行政区、澳门特别行政区和台湾地区的中国同胞；外籍华人是指拥有外国国籍、具有中国血统的人。华侨、港澳台同胞旅游者是进入中国内地的旅游者的主体。这一部分旅游者与祖国有着千丝万缕的联系，对于中国传统文化有较强的认同感，他们对祖国的山水风光和文物古迹也很感兴趣，在感情上还有一种寻根问祖的需要。由于长期侨居外国，华侨、华人的生活习惯既有家乡的特点，又有居住国的特点。来自发达国家，如美国、日本、英国等国的华侨，对生活条件要求比较高，饭店的设备要求现代化，喜欢吃西餐，也喜欢吃家乡菜。

华侨、港澳台同胞和外籍华人等回祖国内地旅游，有些是参加旅行团，但更多的是自选办理旅行事务，以散客的形式回来探亲访友、观光旅游。他们回中国内地观光旅游、探亲访友、洽谈贸易，还有的是回中国内地治病。他们一般都有强烈的民族自尊心和乡土观念，希望祖国的每一个人都能像亲人一样对待他们。因为不少华侨在国外被人看不起、饱受凌辱，所以他们的自尊心特别强。他们会对服务员的言行十分敏感，旅游业的一些工作人员对外国人热情、对华侨冷淡的态度常常令他们极为反感。

华侨、港澳台同胞、外籍华人旅游者喜欢购买一些特色产品，如杭州西湖龙井、北京景泰蓝、云南白药和其他一些土特产带回去送亲友。他们因多年没回家乡，一般都希望见到阔别多年的亲友。他们在旅馆住下后，会有许多访客。

港澳台同胞中多次来祖国内地的旅游者所占的比重远远高于首次旅游者，其中香港同胞最多，但是平均停留时间最长的是台湾同胞。台湾同胞对祖国大陆的山水风光情有独钟，港澳同胞则对节庆活动等旅游项目兴趣浓厚。

3）国内旅游者

我国的国内旅游是近二十几年来兴起的，目前已经成为我国旅游业最重要的组成部分。随着我国经济的快速发展，国内旅游人次在逐年攀升。但由于我国人均 GDP 不高，所以旅游者的平均消费比较低。此外，由于国内旅游发展时间比较短，很多国内旅游者的要求还停留在"走马观花"的水平上，只要求以较少的花费游览尽可能多的景点，安全、经济、方便是他们的要求。近几年来，有一些积累了一定旅游经验的国内旅游者提出了"下马观花"的旅游要求，同时，文化旅游、体育旅游、度假旅游、探险旅游的要求也纷纷出现。旅游逐渐从身份、地位的象征转变为满足旅游者审美、自我实现需要的一种方式。

总结改革开放以来的旅游业发展，可以看出国内旅游业的发展趋势有以下 4 个特点：一是旅游人数持续增长；二是有组织的团体旅游不断增加；三是旅游线路的选择全面开花，人们根据自己的时间安排和可支配的金钱来选择出游的线路，而且跨省跨区旅游、出境旅游的人越来越多；四是活动内容由单一向多样发展，消费档次明显提高，要求乘飞机、坐软卧、住高级宾馆的旅游者日益增多。

正是由于目前人们的收入水平逐步提高，国内旅游者的主要需求已经从能到风景名胜游览点游玩、参观为满足，逐渐转移到行、住舒适，玩得高兴，消费档次提高。所以许多城市的旅游企业也把目光瞄准这一变化，逐步开发推出层次高、多样化的旅游服务，以满足人们日益增长的消费需要。

4）公务和商务旅游者

公务和商务旅游者的需要和单纯观光的旅游者有所不同。这些旅游者主要由政府代表团，友好访问团，体育、文艺、军事代表团，政府公务员，记者，科研人员，学者，商人及国内的销售人员组成。这一类旅游者外出旅游并非出于消遣的目的，而多以经商为目的，或为了营销和交流业务，或参观大型交易会，或考察当地商业环境和商情，或与客商交往、订立商务合同等，也有部分旅游者利用空余时间观光、购物、旅游。

在此类旅行的旅游者中，商人占的比例最大。商人的特点是爱面子，喜欢住高级套房。他们就餐时喜欢根据自己的口味点菜，经常为业务交往在餐厅宴请宾客，他们来去匆匆。一般除了商人之外，公务和商务旅游者都有相关单位组织接待。随着我国与外国经济联系的加强，外国商务旅游者的数量会越来越多。我国内地和港澳地区出现经济一体化的趋势，港澳地区的商人在中国大陆的投资增多，商务往来更加频繁。公务和商务旅游者对交通工具的要求是安全、快速、舒适、方便，一般要求住高级商务饭店，对价格不敏感。如果在办完公事之余还有空闲时间，他们也很乐意去附近的知名景点参观游览。通常他们在旅游目的地逗留的时间比观光型旅游者逗留的时间短。

随着此类旅游的不断发展，我国的旅游企业者开始把目光投向这一市场，各种形式的会展旅游开始蓬勃发展，与此相对的会展旅游专业也开始在国内的许多高校相继开设。

3. 旅游者在不同旅游过程中的心理需要

旅游过程大致分为准备阶段、途中阶段、游览活动阶段和结束阶段，了解旅游者在不同阶段需求的特点，对做好旅游服务工作有很大帮助。

1) 旅游准备阶段

在准备阶段，旅游者的心理活动是十分复杂的。在旅游者决定外出旅游，但还没有出发的时候，由于要接受新的经验，在心理上会有紧张感高涨的表现。另外，由于旅游者立即可以从日常生活中暂时脱离开来，在心理上又会有轻松感高涨的表现。总之，准备阶段的旅游者心理特点既是旅游行为的动力，也是旅游行为的阻力，在这个阶段，旅游者主要是确定旅游目的地和选择旅游方式两项工作。

（1）旅游目的地的选择。首先，根据群体理论，一般情况下，人们会对自己的亲戚、朋友、同学、同事等比较熟悉和信任，如果这些人当中有刚刚外出旅游归来，向其他人绘声绘色地讲述旅游的愉快经历和享受，向大家展示他在旅游期间所拍摄的旅游地风景优美的彩色照片或放映令人神往的录像带，那么这就等于做了一次很有效的旅游宣传。据专家测算，每位旅游者的身后大约有250名亲朋好友，而这些人又有同样多的各种关系。旅游经营者得罪一名旅游者，将会失去几十名、几百名，甚至更多的潜在旅游者。这就是管理学的"250效应"理论。一个满意的旅游者就是一个最好的宣传者。所以要十分重视这种旅游者"口碑"效应的重要作用。

其次，权威的暗示作用也对人们旅游地的选择有着重要的影响。社会心理学家认为权威的言行对他人的心理有暗示作用。人们通常都直接或间接地、自觉或不自觉地认为权威的言行是可信的，并模仿、追随权威的行为。这就是所谓的"名人"效应。

最后，中立舆论对旅游目的地的选择也有很大影响。日常生活中，人们往往更相信第三者，也就是持中立的所谓"民间舆论"、"客观报道"。我国的一些旅游者、记者被外国旅游部门邀请访问后，以第三者的身份报道该地，往往使人们容易产生信任感，其宣传效果比这些旅游企业自己出钱做广告宣传好得多，对旅游者的影响也更大。所以，旅游企业往往会邀请一些媒体记者到景区或自己的企业参观，以期另辟蹊径进行广告促销。

（2）旅游方式的选择。旅游者在选好旅游目的地后，旅游方式的选择就列上日程。不少人喜欢参加旅行社组织的旅行团外出旅游，这是因为参加旅行团具有多方面的优越性，包括旅途有安全感、省时方便、价格便宜。

2) 旅游途中阶段

途中阶段主要包括旅途的交通和食宿。当今社会，旅游交通便利快捷，飞机、火车、轮船、汽车是旅游者到达旅游目的地的主要工具。旅游者对旅游交通的心理需求可以概括为安全、快捷、方便、舒适8个字。当然，具体到每个旅游者，出于旅行目的、旅行距离、经济条件、旅游偏好、天气、旅伴等原因的考虑会选择不同的交通工具。

旅游者选择其他交通工具时，也会对交通安全非常关注，尤其对于探险旅游，如航海、漂流等，旅游者更要求交通工具安全。除了安全，旅游者对于交通工具舒适的要求也比较高，如要求车窗宽敞明净、座椅舒适、干净整洁、乘务人员服务周到等。

3) 游览活动阶段

旅游者到达目的地后，都有一种先睹为快的急迫心理。导游员一定要抓住旅游者的心理特点，先用干练的语言、生动的描述，保持旅游者的游兴，满足旅游者追求美好事物的愿望。所有的导游员都应该力图从言行举止上给旅游者留下个良好的"第一印象"，使旅游者对导游员产生依赖和放心的感觉，从而保证后续的旅游工作顺利开展。

旅游者在游览过程中，大都对购物怀有极大的兴趣。主要是在旅游地购买一些有纪念意义和地方特色的旅游纪念品、土特产，留做纪念或馈赠亲友，并以此来显示自己的经历，提高自己的声望和地位。尤其旅游快临近结束时购物的心情更加迫切，一般具有地方特色、便于携带的旅游商品最受欢迎。因此，大力开发这样的旅游商品，既可满足旅游者的需求，又可增加旅游地区的财政收入，是一举两得的好事。导游员要掌握旅游者的心理特点，适时、主动地向旅游者介绍有特色的旅游纪念品，会博得旅游者的认可和感激，增加旅游者的愉快情感。

4) 旅游结束阶段

当旅游者结束游览快要返回客源地的时候，心理又会产生紧张感，如担心自己没有给家人、朋友带合适礼物，担心行李会超重，开始想家等。旅游者一般会很自然地对旅游的全过程进行分析和总结，并对此次旅行作出判断。所以，在该阶段旅行社和导游员应主动通过各种方式与旅游者沟通，了解旅游者的真实感受，求得旅游者的谅解，以便改进自己的工作，尽量杜绝不良服务所产生的隐患。

5.2 旅游动机

旅游者的需要产生旅游动机。旅游动机是激发旅游行为及其心理效果的重要心理因素之一。在旅游行为和旅游动机之间，旅游动机推动旅游行为，并将旅游行为导向旅游目标。由此可见，旅游行为与旅游动机之间的关系不仅密切，而且复杂。旅游者的旅游行为很少出于单一的旅游动机，总是要受多种旅游需要和多种旅游动机的驱使。所以一种旅游行为中往往包含多种旅游动机。因此，在研究旅游者的旅游行为时，要特别注意分析旅游者的旅游动机，只有这样才能对旅游者的旅游行为作出正确的评价，以便更好地引导旅游者的行为。

5.2.1 动机概述

什么是动机？在心理学中，对动机的概念有各种不同的看法。"动机"一词来源于拉丁文，原意为移动、推动或引起活动的意思。但心理学家一般认为，动机是由一种目标或对象所引导、激发和维持的个体活动的内在心理过程或内部动力。对于这种内部过程，人们不能直接观察。但是，可以通过任务选择、努力程度、对活动的坚持性和语言表达等外部行为间接地推断出来。通过任务选择可以判断个体行为动机的方向、对象或目标；通过努力程度和坚持性可以判断个体动机强度的大小。各种动机理论都认为，动机是构成人类大部分行为的基础。它解释了人们做出各种行为的原因，并排除了其他因素，是唯一的动力。但动机不能说明活动本身的性质。例如，见义勇为和违法犯罪都是在动机的推动下进行的，它只能说明个体为什么要从事某一活动，不管什么性质的活动。

动机在需要的基础上产生，但需要并不等于动机。需要在没有目标诱因出现之前是静止的、潜在的，表现为一种愿望、意向。一旦目标诱因出现，需要被激活，成为内驱力驱使个体趋向或接近目标，这时需要就转化成了动机。有的时候，目标诱因并没有真正出现，因过去的经验而产生的期待也能使人的需要转化为动机。所以只有需要达到一定的强度，处于被激发的状态，有了明确的目标并且有了满足需要的对象和条件才能形成动机。

在朱智贤先生主编的《心理学大辞典》中对动机做了这样的界定，动机是"能引起、维持个人的活动，并将该活动导向某一目标，以满足个体某种需要的念头、愿望、理想等"。可见引发动机有两方面的条件：一方面是内在条件，另一方面是外在条件。内在条件是指需要，即因个体对某些东西的缺乏而引起的内部紧张状态和不舒服感。需要侵入产生欲望和驱力，引起活动。外在条件包括个体之外的各种刺激，即物质环境的刺激因素和社会环境的刺激因素，它们也能够引起动机。

5.2.2 动机的功能

从动机行为的关系来分析，动机具有以下几种功能。

1. 激活功能

动机是个体能动性的一个主要方面，它只有发动行为的作用，能推动个体产生活动，使个体由静止状态转向活动状态。例如，为了消除饥饿而引起择食活动，为了获得优秀成绩而努力学习，为了取得他人赞扬而勤奋工作，为了摆脱孤独而结交朋友等。动机激活力量的大小是由动机的性质和强度决定的。一般认为，中等强度的动机有利于任务的完成。

2. 指向功能

动机不仅能激发行为，而且能将行为指向一定的对象或目标。动机能引导行为活动的发展方向。动机种类不同，行为活动的方向也不同。例如，在想爬山动机的支配下，人们可能去泰山或华山；在娱乐动机的支配下，人们可能去电影院、公园或其他娱乐场所；在成就动机的驱使下，人们会主动选择具有挑战性的旅游项目。可见，动机不一样，个体活动的方向所追求的目标是不一样的。

3. 维持和调整功能

动机具有维持功能，表现为行为的坚持性。当动机激发个体的某种活动后，这种活动能否坚持下去，同样要受动机的调节和支配。动机的维持作用是由个体的活动与其所预期的目标的一致程度来决定的。如果达到目标，动机就会促使个体停止这种活动；如果尚未达到目标，动机将驱使个体维持或加强这种活动以达到目标。例如，饥饿的动机驱使人们吃饭，如果吃了一碗就饱了，人们就会停止；如果没有吃饱，就会继续吃饭直到吃饱为止。

5.2.3 动机的种类

1. 根据动机的性质划分

根据动机的性质，动机可以分为生理性动机和社会性动机。

生理性动机也称驱力，它以有机体自身的生物学需要为基础，如对食物、水、解除疲劳和痛苦等的需要。当生物学的需要满足后，生理性动机就会下降。由于人是社会的实体，人的生物学需要及满足这些需要的手段，都将受到人类社会生活的影响。例如，吃饭是人的生理性动机，但是人们吃饭的时候会考虑就餐的环境、氛围及一起就餐的其他人员等因素。在人类的个体上，纯粹的生理性动机是很少的。

社会性动机有时候简称动机，它以人的社会文化需要为基础。人有权利需要、社会交往需要、成就需要等，这些都会产生相应的动机。这些动机推动人们与其他人交往，希望获得社会和他人的赞许，希望参与某种社会团体，并能在其中获得某种地位等，当这些社会性的需要获得满足时，社会性的动机才会缓解下来。在旅游活动中，人们的社会性动机比生理性动机更为强烈。

2. 根据学习在动机形成和发展中的作用划分

根据学习在动机形成和发展中的作用，动机可以分为原始动机和习得动机。

原始动机是与生俱来的动机，它们是以人的本能的需要为基础的，如饥、渴、性欲等都属于原始动机。这些动机推动而产生的各种活动是不需要经过学习的。但是需要指出的是，人对事物或活动的兴趣和爱好，大多是在原始动机的基础上发展起来的。

习得动机是指后天获得的各种动机，或者经过学习产生和发展起来的各种动机。例如，初生的婴儿不知道什么是好和坏，因而他们不具有追求好和躲避坏的动机，但是在以后的生活中他们就会获得这些动机并产生相应的行为。人们要求参加一定的社会团体，与周围的人进行交流，并获得一定的成就，这些都是通过学习形成和发展起来的。

3. 根据动机的意识水平划分

根据动机的意识水平，动机可以分为有意识的动机和无意识的动机。

人的动机有一部分发生在意识的水平上，即人能意识到自己的行为动机是什么，也能意识到自己的行为在追求什么样的目标。但是，在自我意识没有发展起来的婴幼儿身上，他们的行为动机是无意识的；在成人身上，也有无意识的或没有清楚意识到的动机。例如，客房部经理对某个服务员的印象好，认为其聪明、踏实、勤奋，因而在年终评定时不自觉地降低了评分的要求，并忽略测评中存在的某些错误；反之，对服务员的印象较差，不相信他在测评中会得到好成绩，因而评分时不自觉地提高了评分的要求，对测评中的某些项目也比较敏感。在人们的日常生活中，人的无意识的动机往往会起到一定的作用。

4. 根据动机的来源划分

根据动机的来源，动机可分为外在动机和内在动机。

外在动机是指人在外界的要求与外力的作用下所产生的行为动机。例如，有些旅游企业的员工可能会为了得到年终的一次出国旅游嘉奖或者为了避免受到扣除奖金的惩罚而努力工作。内在动机是指由个体内在需要引起的动机。例如，有些人去从事导游员的工作纯粹是因为自己喜欢、感兴趣而做的，并不会因为导游员很辛苦、赚钱很少而放弃它。

外在动机和内在动机的划分不是绝对的。由于动机是推动人的活动的内部心理过程，因此，任何外界的要求、力量都必须转化为人的内在需要，才能成为活动的推动力量。在

外在动机发生作用时，人的活动较多地依赖于责任感、义务感，或有希望得到赏罚的意念，这些心理过程同样属于需要的范畴。在这个意义上，外在动机的实质仍然是一种内部动力。

在现实生活中，人们常常习惯于第一种分类方法，把动机分为生理性动机和社会性动机两种。

5.2.4 旅游动机的产生条件

旅游是人的一种外在行动，按照动机的作用原理，旅游行为也是在旅游者内部力量的激发和推动下进行的，这种力量就是旅游动机。

1. 旅游动机的概念

旅游动机是引发、维持个体的旅游行为，并将行为导向某一个旅游目标的内部心理过程和心理动力。个体的旅游行为是在旅游动机的推动下产生并维持的。旅游动机是人们进行旅游活动的内部发动力量，通常以愿望、意图、兴趣等形式表现出来。人们要旅游的动机对人们的旅游行为具有明显的预示作用。可以说，旅游动机的产生和其他人类行为动机一样，都来自于人的需要。例如，为了增长见闻的需要而游览名胜古迹。旅游动机会推动旅游者选择旅游目的地，决定旅游预算，决定旅游活动计划，引发旅游行为并一直维持到旅游活动结束。

旅游动机一旦产生就会推动个体创造必要的旅游条件，如调整工作时间以安排闲暇时间。为了进行旅游活动，旅游者会收集、分析和评价各类旅游信息，选择理想的旅游目的地，制订令自己满意的旅游计划。在活动过程中，旅游动机不断指导旅游活动排除困难朝着预定目标前进，并在活动结束之后对其进行评价。

2. 旅游动机产生的条件

旅游动机来源于旅游需要，但有了旅游需要不一定会产生旅游动机。旅游动机的产生必须同时具备两个条件：主观条件和客观条件。主观条件是旅游者个体的内在条件，即旅游需要，也称心理类旅游动机，前面已经论述过。客观条件是旅游者产生旅游动机的外在条件，也就是外在刺激，即目标类旅游动机。

旅游动机产生的外在条件是指能够满足旅游者旅游需要的对象及相关的便利条件。人的旅游需要在没有合适的外在条件时，需要只是以潜在的形式存在，直到与社会性外在条件结合之后才能产生旅游动机，进行旅游活动。外在社会条件很多，其中最主要的有以下几种。

1) 经济条件

只有有了坚实的"经济基础"，才会有"上层建筑"的稳固。当人们还没有解决温饱问题时，是不会考虑出门旅游的。旅游是一种消费行为，因而要求旅游者必须具有一定的经济基础，当一个人的经济收入仅够维持其基本生活需要时，他不会有多余的财力去支付旅游的花销，也不可能会产生旅游的动机。旅游业在世界各国的发展历程也证明了这一点。经济越发达、国民收入越高的国家和地区，外出旅游的人数就越多，反之就越少。可以用恩格尔系数的大小来表示人们的出游能力情况，一般认为，恩格尔系数越高的地区或国家，人们出游的能力越低，反之就越高。按照国际惯例，当一国或地区的人均国民生产总值达到 800～1 000 美元时，居民普遍会产生国内旅游动机；当人均国民生产总值达到 4 000～10 000 美元时，居民会产生国际旅游动机。所以就实际情况来看，旅游行为的产生，足够的可供旅游消费自由支配的金钱应该是首要的因素，也是一个重要的决定因素。

2）时间条件

旅游的时间条件指旅游者拥有的闲暇时间，即在日常工作、学习、生活及其他必需时间之外，可以自由支配，从事消遣娱乐或自己乐于从事任何其他事情的时间。人们总是利用自己的闲暇时间外出旅游，所以闲暇时间的多少也影响人们的旅游活动。一个人在经济有所保障的前提下，如果没有闲暇时间和属于自己休养的假期，不能摆脱繁重的公务或家务劳动，也不可能会外出旅游。

旅游者需要根据自己的实际情况安排外出游玩。闲暇时间受很多因素的影响，如工作性质、家庭其他成员的时间预算、节假日数目和假期长度。我国从 1995 年 5 月开始实行每周 5 天工作制之后，1999 年"十一"又推出了黄金周休假制度，使我国每年的法定休息日达到了 114 天。2008 年中国政府取消黄金周，把清明节、端午节、中秋节等民族传统节日定为国家法定节假日，农历除夕也为法定节假日。这样旅游者显然失去了集中的闲暇时间，但是国家法定节假日的总天数却有所增加，人们可自由支配的时间更多了，这对旅游动机的产生将起着更重要的推动作用，外出旅游的人数也将会越来越多。另外，随着一些有条件单位的带薪假期制度的完善，我国的国内旅游市场还会变得更大。

3）社会条件

一个国家或地区的经济状况、团体或社会是否鼓励旅游和社会上旅游是否形成时尚这些社会性因素，也会影响旅游者的旅游动机。社会条件主要指一个国家或地区的经济状况、文化因素和社会风气等方面。它们是人们生活的社会环境和背景，旅游作为现代人的一种生活方式，不可能脱离社会环境和背景而独立存在。

从世界范围来看，一个国家的旅游发达程度同这个国家的经济发达状况成正比。现在随着经济的不断发展，我国人民大多数经济收入增加，产生旅游的动机越来越强。另外，人们生活的周围环境对旅游动机也有一定影响。单位、企事业或社会团体组织旅游活动，或鼓励旅游行为，会使个体参与旅游活动的动机不自觉地产生，因而很乐意投入到集体的旅游活动中去，单位奖励性的、由单位出钱的旅游活动更是如此。

这些外在社会条件同旅游者内在的需要相结合就会产生旅游动机，直接导致旅游活动的产生。但是，这些外在社会条件必须是被旅游者所感知的。例如，罗马尼亚有一种特色旅游，即泥疗，在罗马尼亚的北埃福利亚西南 4 千米处有一个湖名为泰基尔格奥尔湖，面积 1 000 公顷以上，湖水含盐量比海水高出 6 倍，水中有动植物 150 多种，它们在水中生长、繁殖、死亡、腐烂，最后沉淀。人们将这种灰黑的淤泥加温到 40～50℃，将它涂在患者身上 20 分钟，或加水拌成泥浆，让患者浸泡 20 分钟。然后按不同病情辅之以水疗、电疗、气疗、按摩和放射性治疗。泥疗每天一次，十几天一个疗程。这种疗法对关节炎、妇女病、皮肤病、神经末梢炎有较显著的疗效。旅游者如果被关节炎所困，他既有时间又有金钱，但不知道这里的泥疗对关节炎颇具疗效，所以他也不会产生去那里旅游的动机。一旦他通过某种途径知道了这个信息，他很可能为治疗关节炎而去旅游。由此可知，旅游目的地一定要采取各种有效的方法宣传自己,让潜在的旅游者尽可能多地感知旅游目的地的信息。

5.2.5 各国学者对旅游动机的分类

随着人们生活的日益多样化和复杂化,人们出游的动机也丰富多样。旅游专家对旅游动机的分类也不完全一致。

1. 美国学者的分类

美国学者罗伯特·麦金托什(Robert McIntosh)和沙西肯特·格普特(Suskent Gupta)在其合著的《旅游的原理、体制和哲学》一书中认为,人们出游有4种基本的动机。

(1) 生理动机。包括休息、参加体育运动、海滨休养、娱乐、治疗等。这一类动机是从维护身体健康出发的。

(2) 文化动机。即了解和欣赏异地的文化、艺术、风俗、语言、宗教等。这一类动机表现的是人们的求知欲望。

(3) 地位和声望动机。包括考察、交流、参加会议、探险和个人研究等,以达到被人承认、引人注目、施展才能、受人赏识和博得良好的声誉的目的。

(4) 交际动机。包括在异地结交新朋友,探亲访友,避开单调的日常生活和家庭邻里环境等。这类动机表现的是人们对熟悉的东西的一种厌倦和反感,为暂时避开现实的压力,借助旅游来调节生活和变换环境的愿望。

美国学者L.E.奥德曼(L.E.Audman)把旅游动机分为8个方面。

(1) 健康。它使身心得到调剂和保养。

(2) 好奇。对文化、政治、社会风貌和自然景色等的观赏或考察。

(3) 体育。一种是亲自参与的,如狩猎、球类、集体比赛和滑雪等;一种是观看的,如田径赛、各种球赛和马赛等。

(4) 寻找乐趣。游玩、文艺、娱乐、度蜜月和赌博等。

(5) 精神寄托和宗教信仰。朝圣、宗教集会、参观宗教圣地、历史遗迹,以及欣赏戏剧和音乐等。

(6) 专业或商业。科学探险和集会、公务或商务旅行、教育活动等。

(7) 探亲访友。寻根、回国及家庭联系等。

(8) 自我尊重。受邀请或寻访名胜等。

2. 澳大利亚学者的分类

澳大利亚旅游学家P.波乃克(P.Berneker)把旅游动机分为以下6种。

(1) 修养动机。包括异地疗养。

(2) 文化动机。修行旅行、参观、参加宗教仪式等。

(3) 体育动机。包括观摩比赛、参加运动会等。

(4) 社会动机。蜜月旅行、亲友旅行等。

(5) 政治动机。包括政治性庆典活动的观瞻。

(6) 经济动机。包括参加订货会、展销会等。

3. 日本学者的分类

日本学者田中喜一在其所著的《旅游事业论》一书中，将人们的出游动机归纳为如下4类。

（1）心情的动机。即思乡心、文游心、信仰心。

（2）精神的动机。即知识的需要、见闻的需要、欢乐的需要。

（3）身体的动机。即治疗的需要、保养的需要、运动的需要。

（4）经济的动机。即购物的需要、商业的需要。

4. 我国旅游学者的一些分类

随着我国旅游事业的发展，国内对旅游动机的研究也越来越重视，并且提出了一些分类方法。《旅游学概论》中把旅游动机分为以下4种。

（1）社会动机。包括探亲访友、旧地重游、从事公务活动、出席会议、参加社团交流活动、考察别国的社会制度和人民生活方式等。不少旅游者为了探亲访友、寻根问祖、结识新朋友而进行旅游。这包括个人、团体以至政府间的访问，人员间进行的公事往来、文化、技术、科研交流活动，而这类活动都要接触新的人际环境，发生人际交往，并且依靠这种新的人际交往实现旅游活动。在我国尤其突出的是部门、社团、企业的对口接待和交往。

（2）文化动机。包括观赏风景名胜、文物古迹、外出求学、进行专业考察和学术交流等。这类旅游者具有一定文化修养，注重景点探源，寻觅人文景观的文化遗迹，注重饮食文化，饱览乡土文化。

（3）身心动机。包括度假休息、参加体育活动、其他休闲娱乐活动、到异地治疗疾病或疗养等。

（4）经济动机。这类旅游者外出旅游多数是以经商为目的的，或为了营销和交流业务，或参观大型交易会，或考察当地商业环境和商情，或与客商交往、订立商务合同等。

5. 现代科学合理的动机分类

随着现代社会经济的发展和科学技术手段的现代化，立足当今信息社会，纵观历代社会旅游者的活动表现，横观现代旅游者的各种行为，认为能够引发人们旅游行为的主要旅游动机有以下几种。

（1）身心健康的动机。身心健康是历史最悠久的旅游动机之一。人们自古以来就有健康、长寿的愿望。这种动机的特点在于，它要求的旅游活动项目要轻松畅快、能够愉悦身心，而不需要过于紧张的活动项目。这种动机一般旅游者都会不同程度地具有，因而影响是比较普遍的。比较而言，在动机体系中这种动机占优势地位的人，多是生活条件比较优越的人或中老年人。在这种动机下进行的旅游活动，主要是那些能够调节人们的生活节律、愉悦身心、增进身心健康的活动，要求参加轻松愉快或者休息疗养型的活动。事实上世界上许多矿泉疗养地、海滨浴场都变成了度假地，成了恢复和维持人们心理健康和避开城市喧闹的旅游场所。

（2）追新求异的动机。好奇心可以促使人们不断地去探索外面的世界。所以追新求异

的动机正是为了满足人们的好奇心而产生的动机。它的特点主要在于要求旅游对象和旅游活动具有新鲜和奇异的特点。具有这种动机的旅游者,对获得奇特的心理感受和认识新异事物有强烈的需求,即使旅游活动具有某种程度的冒险性和危险性,他们也不会在危险面前退缩,甚至冒险性和危险性会成为增强这种动机的因素。对旅游者来说,旅游是一个游戏世界,它充满乐趣和神秘色彩,是满足人们好奇心的舞台和乐园。目前,国内旅游者追新求异动机的强度正在逐步上升,旅游经营者要大力开发刺激性和冒险性的旅游产品,以满足旅游者的需要。

(3) 受教育的动机。从历史上看,受教育是人们外出旅游的重要原因之一。我国历史上的郦道元、徐霞客、苏轼、"诗仙"李白、"诗圣"杜甫等这些有成就的文学家、诗人同时又都是旅行家。在当代,修学旅游是社会最突出的时尚。因为教育可以扩大人们的视野,激发人们的好奇心,并且也会很自然地引起人们对旅游的兴趣。所谓"读万卷书不如行万里路",在这种理念的倡导下各国都在大力开发修学旅游产品。事实上人们旅游的倾向也是随着整个社会教育程度的提高而不断增强的。

(4) 闲暇和消遣动机。对于现代社会生活中的人来说,社会的加速度发展使得人们的心理和精神不得不承受越来越大的压力,迫切地需要闲暇和消遣成为了当代人们的一大需要,它促使人们去追求某种可以放松身心、缓解压力的活动。旅游正是一种闲暇活动,可以满足人们净化、自立、了解和合群及健全体魄的需要。旅游也能使人们保持心理平衡,从现代生活的紧张步伐中解脱出来。所以,现在旅游企业开发的各种形式的休闲游正是满足了人们的这一需要。

(5) 社会交往的动机。马斯洛的需要层次理论指出人具有社交需要的满足,交往动机的产生就是基于这个需要之上而产生的。这种动机包括在异地结识新朋友、探亲访友、摆脱日常工作、家庭事务等动机。它常常表现出对熟悉的东西的一种厌倦和反感,逃避现实和免除压力的欲望。在一个激烈竞争的社会中,有社交需要的人总是与有选择的人群交往。因为与有选择的人群交往最容易取得团体成员的资格,并从团体中获得信心、尊重和地位等。可见旅游是实现社会交往的最理想的方式之一。

(6) 宗教朝圣动机。早在中世纪的欧洲,旅游就开始具有严肃的动机了。那就是把旅游同朝圣紧密联系在一起的一种宗教动机。随着时间的推移,朝圣的性质变了,部分旅游者把朝圣旅游作为一种崇高的目标和美好的愿望,或者为了满足自己的精神需要,寻求精神上的寄托而去朝圣。例如,信奉伊斯兰教的教徒去麦加朝圣;我国许多佛教徒去峨眉山、五台山、九华山等佛教名山朝圣或做佛事等。这些都是为了寻求自我精神的寄托而开展的旅游活动。我国许多地方的庆典已经成为民族传统节日,这些活动都会吸引大批旅游者前去旅游朝圣。

(7) 探亲访友和追宗归祖动机。这是种族上的一种动机。自古以来人们都会有认祖归宗的心理文化认同感。在血缘、地缘、业缘、趣缘这四大关系中,只有血缘关系是维系人类自身生存和延续的一种重要关系。没有血缘关系的存在,人类就失去了基本的组合单元。也就是说没有家、家族的存在和发展,也就无社会的存在和发展了。"家"这个词能给人亲切、温馨的感觉,能激发人们回归的强烈愿望。海外华侨、外籍华人、在华居住过或出生的外国朋友到中国旅游,美国人去欧洲旅游,大多数是处于这种动机的。

(8) 地位和自我实现的动机。每个人都有被尊重、被承认、被注意、施展才能、取得成就和为人类做贡献的需要。这种需要往往产生巨大的动力，驱使人们去表现、去实现。旅游正是满足人们这一愿望的理想形式之一。通过旅游能赋予旅游的人以地位、声望和与众不同的感受，也能使其他的人仰望和羡慕。而且在旅游中，人们还可以不受任何的限制和约束，完全按照自己的意愿去行事，去体验人生的价值，去超越自我，实现自己个性的充分发挥。实际上，不少人参加旅游活动就是用体现自我价值来满足自我实现的愿望。所以，为了显示地位和自我实现就成为人们的重要旅游动机。

5.3 旅游动机的激发

分析和研究旅游动机的目的不在于动机本身的内涵和作用，而是要激发人们的旅游动机，使其动机转化为实际的旅游行为。因为对于旅游企业来说，只有了解旅游者的动机，才能源源不断地开发旅游新产品，不断地采取与时俱进的新措施；只有激发旅游动机，才能使旅游企业和旅游产品保持长久的生命力。如果旅游动机的形成是个主观过程，那么旅游动机的激发却依赖于外界客观条件的刺激。要激发人们的旅游动机，就必须提供能够满足他们需要的各种条件。

5.3.1 不断开发有特色的旅游产品

什么是特色？特色就是"人无我有，人有我精，人精我变"，要使旅游产品具有特色应从以下几个方面入手。

1. 旅游资源应富有特色

特色是差异性的表现，也是旅游者离开居住地所追求的内容，旅游资源越具有特色，对旅游者的吸引力就越大。旅游目的地资源是否具有特色是其旅游业能否兴旺的关键。因此在开发旅游资源时，要注意保持原始性，对自然风光和历史遗留物要尽量保持其原有状态，不宜过分修饰，更不能随意毁旧翻新。对于那些只留下史料记载，但是实物遗迹完全不存在的历史人文旅游资源，根据史料恢复重建时也要尽量体现原貌。此外，在突出特色的同时还要注意保持民族性。"越是民族的，越是世界的"。旅游者来访的重要目的之一就是探新求异，体验异域风情，所以在旅游项目设置上应该充分体现当地的民俗文化特色，保持某些旅游景观的传统格调，突出民族性，挖掘地方特色，这样才有助于提高旅游资源的吸引力。我国通过推陈出新，开发了"丝绸之路"、"瓷器之都"等民族特色游，这些地方的民族特色、民族风俗是其他地方难以模仿的特色旅游，吸引了全世界旅游者的眼球。

2. 不断开发新的旅游资源

旅游者的需求总是在发生变化，如果旅游资源一直停留在原来的水平上，一方面不能吸引旅游者再次前来，另一方面也跟不上社会的发展，不符合旅游者的"口味"。例如，众所周知，新加坡并没有出类拔萃的自然或人文旅游资源，但他们的旅游业却非常发达，就是因为注重开发新的旅游项目。他们建造的飞禽公园，不仅拥有全世界最大的露天飞禽场，而且鸟的种类也是世界之最。通过不断增加和改善旅游项目，新加坡吸引了众多旅游

者前去观光，从而成为世界最发达的旅游国之一。"上九天揽月"曾经是人类古老的梦想，如今人类已征服了太空，随着人类航天技术的日益成熟，遨游太空已不再是航天员的专利。美国富翁丹尼斯·安东尼·蒂托（Dennis Anthony Tito）已成为第一个太空旅游的旅游者，当然，他付出了2 000万美元的高昂旅费。世界旅游组织预计，2020年太空旅游将进入寻常百姓家，太空旅游将成为21世纪最具有新奇性的旅游产品。

3. 注重新产品的可体验性

目前社会比较推崇的一种经济形式就是体验经济。所谓体验经济，是指企业以服务为重点，以商品为素材，为消费者创造出值得回忆的感受。体验经济强调亲身体验的旅游特性，使用高科技手段造就的各种主题乐园，新兴的旅游形态，如亲自动手的休闲农场、农家乐、度假村等也应运而生。随着体验经济的到来，开发新产品应该注重以体验为基础，开发新产品、新活动；强调与消费者的沟通，并触动其内在的情感和情绪；以创造体验吸引消费者，并增加产品的附加价值；以建立品牌、商标、标语和整体意象塑造等方式，取得旅游者的认同感并最终使他们产生主观幸福感，达到旅游目的。

5.3.2 旅游设施必须具有供应能力

旅游设施数量的多少、质量的高低对旅游者旅游动机的实现有着直接的影响，因此应重视旅游设施的建设。

1. 旅游设施应有相当的数量和齐全的种类

首先，旅游设施在数量上要保证满足需要，如饭店客房、床位的总数，交通的运营力，餐厅的餐位等。数量的确定要从旅游需求的预测出发，并且考虑旺季可能供不应求、淡季可能出现闲置的问题，在两者之间取一个平衡的数量并有相应的应急措施。

其次，出于旅游者的需要表现为食、住、行、游、购、娱等，因此提供相应服务的企业也要齐全，旅游目的地的餐馆、饭店、交通企业、旅行社、游览娱乐业、商店等要一应俱全。

2. 旅游设施能满足不同层次、不同水平、不同类型旅游者的需要

旅游者类型多种多样，有来自各个阶层的，有不同收入的，也有心理类型各异的人，所以旅游地要为他们准备不同层次或档次的旅游设施以满足不同旅游者的需要。例如，饭店的客房有高、中、低各种档次以满足不同消费能力的旅游者的需要；餐饮既要为旅游者提供当地的风味食品，也要为旅游者提供他们家乡的食品等。

5.3.3 旅游业必须具备强大的组织接待能力

旅游目的地的各个旅游企业面对的是共同客人的不同需要，提供的服务也具有整体性，这就要求彼此之间要相互联系，形成整体的组织接待能力。

1. 要有相当数量和质量的旅游企业

旅游企业要包括旅行社、饭店、交通运营公司等。例如，我国目前接待的入境旅游者有很大部分是由国际旅行社外联的结果，增加国际旅行社的数量并提高国际旅行社的

质量能为我国带来更多的国际客源。当然，饭店也应该有足够的数量，不能再出现20世纪80年代的"住宿瓶颈"现象。当时旅行社外联了很多客源，可是这些客人到了中国后没有地方住。可见，各种类型的旅游企业数量和质量要相当，这样才能充分发挥各企业的作用。

2. 要有相当数量和质量的旅游业从业人员

要提高我国旅游业接待的水平，必须从提高从业人员的素质着手。通过选用更多旅游专业的大中专毕业生进入旅游业，以及对在职工作人员加强培训的方法，可以提高我国旅游业整体的服务和管理水平。旅游地有一支充足、稳定、高质量的从业人员队伍，可以提升旅游地的吸引力。

3. 旅游接待机构形成系统并与相关部门组成网络

各旅游企业之间应加强联系与协作，形成整体接待能力。饭店、旅行社、交通企业可以相互联系起来形成系统，在外发客源和提供服务方面取得优势。旅游业还要与相关政府部门、旅游组织构建网络，借助它们的平台宣传自己。例如，新加坡先后加入了"远东旅游协会"、"东南亚贸易、投资及旅游促进中心"、"太平洋地区旅游协会"（现为"太平洋亚洲旅游协会"）、"东南亚国家联盟旅游协会"等组织，对其在欧洲、美国、日本、澳大利亚及亚洲区市场的开发产生了深远影响。

5.3.4 加大宣传力度，更新促销手段

通过大量的到位的旅游宣传，可以帮助旅游者认识到旅游的价值，或改变他们的旅游态度，使他们消除顾虑，产生旅游行为。

1. 旅游宣传的作用

旅游宣传不仅可以激发旅游者的旅游动机，而且对旅游目标的选择具有导向作用。通过旅游宣传，可以起到以下几个方面的作用。

(1) 传递旅游信息，树立良好旅游形象，提高旅游目的地的知名度。

(2) 引发旅游兴趣，激发和强化旅游动机，促进旅游选择。

(3) 降低旅游风险知觉，增强安全感和依赖感，稳定旅游的决定。

2. 旅游宣传的针对性

旅游宣传的目的在于引起旅游者的注意和兴趣，吸引他们前往旅游。旅游宣传的客观基础是旅游资源、旅游活动和旅游服务的质量，它们是旅游宣传所要传递的信息内容。但要使这些信息的传递获得较好的效果，就必须使旅游宣传具有针对性。为了加强旅游宣传的针对性，具体应注意以下几点。

(1) 针对一般旅游者的心理，宣传旅游资源的丰富多样性。突出宣传自然旅游资源的原始风貌和自然本色，宣传人文旅游资源的民族特色和区域个性。

(2) 针对旅游者的不同需要，宣传旅游活动的奇异性和愉悦性。例如，针对具有访古心理的旅游者，要重点宣传历史文化和名胜古迹；针对具有欣赏心理的旅游者，应突出宣传自然风光和旅游活动的趣味性。

（3）针对客源的不同类型，宣传旅游活动的特点。例如，根据实用型旅游者的心态，突出宣传旅游价格的合理性；针对表现型旅游者的心态，重点宣传旅游活动的体验性和参与性。

旅游宣传可以通过宣传媒介来进行，旅游企业要处理好与各种媒体的关系，并且注意采用新型媒体、新型技术进行宣传以取得良好效果。可以通过广告宣传突出旅游企业的形象，树立企业声誉，争取客源，介绍新的旅游线路和服务项目等，还可以通过广播、电视、报刊、新闻发布会、展览会等对开发的新旅游景点、新旅游线路、新的旅游项目进行连续的宣传和推广，以激发潜在旅游者的旅游兴趣。在宣传过程中，要注意宣传的真实性，不要言过其辞，蓄意夸大，进行虚假的宣传。

本章小结

人类的活动起源于需要。需要是有机体为了与外界保持联系而对一定客观对象的需求。需要有指向性、重复性、社会性、发展性与差异性等特点。

旅游需要是旅游者对旅游产品的欲望和要求。不同类型的旅游者在旅游中有不同的需要，而且在整个旅游过程中，各阶段旅游者的需要的侧重点也是各不相同的。

旅游动机是引发、维持个体的旅游行为，并将行为导向某一个旅游目标的内部心理过程和心理动力，它是在旅游需要的基础上产生的。旅游业可从开发有特色的旅游产品、注重旅游设施的供应能力、加强旅游业的组织接待能力、加大宣传力度和更新促销手段等方面入手激发旅游者的动机。

章前案例解析

旅游需要是旅游者对旅游产品的欲望和要求。虽然个体的人在对需要的追求上因各自的具体情况而各不相同，但在追求健康舒适、重视安全、渴望社交、满足尊重、自我实现的需要等方面是具有共性的。掌握旅游者的一般旅游需求特点，并结合所接待团队的构成（国籍、年龄、职业等），才能更好地满足旅游者需要。

旅游是人的一种外在行动，旅游行为是在旅游者内部力量的激发和推动下进行的，这种力量就是旅游动机。旅游动机的产生需要具备经济、时间和社会三面的条件，旅游动机一旦产生就会推动个体创造必要的旅游条件，如调整工作时间以安排闲暇时间；为顺利进行旅游活动，旅游者会收集、分析和评价各类旅游信息，选择理想的旅游目的地，制订令自己满意的旅游计划等。

旅游者旅游行为很少出于单一的旅游动机，总是要受多种旅游需要和多种旅游动机的驱使。分析旅游者的旅游动机，有助于对旅游者的旅游行为作出正确的评价，以便更好地引导旅游者的行为。对于旅游企业来说，只有了解旅游者的动机，才能源源不断地开发旅游新产品，不断地采取与时俱进的新措施；只有激发旅游动机，才能使旅游企业和旅游产品保持长久的生命力。

复习思考题

一、名词解释

需要　单一性需要　复杂性需要　动机　旅游动机

二、选择题

1. 需要的特征有(　　)。
   A. 指向性　　　B. 重复性　　　C. 社会性　　　D. 发展性
2. 动机的功能有(　　)。
   A. 指向功能　　B. 激活功能　　C. 维持功能　　D. 调整功能
3. 按照需要的指向对象分为(　　)。
   A. 物质需要　　B. 精神需要　　C. 自然需要　　D. 社会需要
4. 按照动机的性质，动机可以分为(　　)。
   A. 生理性动机　B. 原始动机　　C. 社会性动机　D. 习得动机

三、判断题

1. 需要出现的顺序是由低到高的。　　　　　　　　　　　　　　　(　　)
2. 在人们的生活中单一性需要与复杂性需要应交替出现，才能使生活丰富多彩。
   　　　　　　　　　　　　　　　　　　　　　　　　　　　　　(　　)
3. 当潜在的旅游者主观上具备了旅游需要，就会产生旅游动机，旅游者才会采取实际的旅游行为。　　　　　　　　　　　　　　　　　　　　　　(　　)
4. 根据学习在动机形成和发展中的作用，动机可以分为生理性动机和社会性动机。
   　　　　　　　　　　　　　　　　　　　　　　　　　　　　　(　　)

四、简答题

1. 简述马斯洛的需要层次理论的主要内容。
2. 简述单一性需要和复杂性需要理论的关系。
3. 简述旅游动机产生的主要客观条件。
4. 如何激发旅游者的动机？

五、论述题

1. 论述旅游动机产生的条件。
2. 论述旅游者的一般需要及特点。

六、案例分析

特殊客人

正是进晚餐的时间，服务员应主人的要求为餐桌上的客人每人端上了一份鱼翅羹。其中一位客人吃了一口，表示不满："我吃过上百次鱼翅了，你们的鱼翅做得不好，口感不好。去问一问你们的厨师是怎么做的？"见客人心情不好，服务员没话说，答应立即去问。

出去后，悄悄地告诉了餐厅经理。餐厅经理笑容可掬地走了过来，并故意放大音量说："老板真不愧是吃鱼翅的行家。今天的鱼翅在泡发和火候上确实稍缺一点时间，这点小差您一口就能尝出来，不愧为美食行家。"餐厅经理一边说一边招手把服务员叫了过来，站到客人旁边。又接着说："鱼翅不满意，老板您看，是换，还是取消？取消损失当然由我们承担，您不用支付分文。""算了，算了，这次就算了，以后要注意质量。你们蒙混他人可以，骗我是骗不过去的。"客人借机炫耀。餐厅经理进一步地说："老板，感谢您宽宏大量，我看就打八折吧。为了保证质量，我把厨师也叫出来向你们道歉，并扣他当月奖金。"这时正在得意的客人又开始显示他的大度和阔气了："难道我就要省这20%的钱吗？老实告诉你，再多10倍的钱我也不在乎！厨师一个月挣不了多少钱，不能为这一点小事扣他的钱！"

　　餐厅经理用巧妙的语言化解了客人的不满。用餐完毕，服务员递上账单，客人点清钱，爽快地付账离去。从此以后。这位客人还成了该酒店的常客。

　　问题：餐厅经理如此解决问题是抓住了客人的什么心理？

6

学习目标

1. 掌握旅游者态度的构成、特征及其形成和发展的规律。
2. 熟悉旅游者态度的形成与转变影响因素。
3. 熟悉旅游者态度与旅游行为的关系。
4. 掌握旅游者态度与旅游决策过程。
5. 掌握旅游偏爱对旅游决策行为的影响。

导入案例

"看景不如听景"

某家旅行社积极宣传推荐一条新的旅游线路,在旅行社运用多种宣传手段和方法的推动下,终于组团成功。结果旅游者乘兴而来,失望而归,不少人发表了"看景不如听景"的观感,甚至有上当受骗的感觉。

【问题】

1. 谈谈你对这家旅行社的旅游宣传工作的看法。
2. 旅游者乘兴而来,失望而归,不少人发表了"看景不如听景"的观感,这说明了旅游者态度的哪些特点?

6.1 态度概述

态度是个性倾向性中的一个重要成分。人们生活在不同社会环境中,社会经历也不同,不仅在需要、动机、人格特征上有着不同,而且在理想、信念和态度上也有所不同。在旅游者作出旅游决策的过程中,个人的态度对其决策具有很大的影响。同样,在解释旅游行为时,态度也是旅游心理学不可或缺的概念之一。在现实生活中人们经常用到"态度"一词。人们评论某个服务员时往往说其态度好或不好;发生争执时人们又说:"你是什么态度!"那么,态度究竟是什么?它又是如何影响人们的旅游行为的呢?

6.1.1 态度及其组成部分

1. 态度

态度是个体对社会事物(人、事、物等)所持有的稳定的心理倾向。换言之,态度就是个体对某一对象的看法,是喜欢还是厌恶,是接近还是疏远,以及由此所激发的一种特殊的反应倾向。态度作为一种心理现象,是人们的内心体验,并通过人的行为表现出来。态度对人的行为有指导性和动力性影响。

2. 态度的组成部分

态度主要包括 3 个因素，即认知因素、情感因素和意向因素。

（1）认知因素。认知因素是指个人对态度对象带有评价意义的叙述，叙述内容包括个人对态度对象所持的信念或观点。认知因素是态度的基础。人们对事物的认识和理解是建立在事实和客观依据的基础上的。例如，某旅游者认为杭州是个好地方，环境整洁优美，有秀丽的西湖、悠久的历史，气候湿润宜人，这里面的每一个信念，实际上都反映了人们对杭州的印象和看法，代表着人们对杭州所持有的态度的认知成分。

（2）情感因素。情感因素是指个人对态度对象的情感体验，这种体验有好和不好两种，如喜欢与厌恶、亲近与疏远等。情感因素是态度的核心，在态度中起着调节作用。态度的情感成分有强弱之分，有时相当持久，有时非常强烈，有时又很冷淡。与态度的认知成分不同的是，态度的情感成分并不总是以事实为依据的。个体对事物的评价尺度主要以个人对态度对象的情感强度为中心。例如，一位旅游者认为"杭州是个美丽、可爱的城市"，反映的是该旅游者对杭州感情上的评估，有可能他曾经生活在这个城市，对这个城市有特别的感情，虽然这个城市中也有他不喜欢的东西，但一旦要他表示对杭州的态度时，情感的强烈作用就会让他作出对杭州积极的判断。

（3）意向因素。意向因素也称行为倾向，是指个体对某些物体、人或情景作出赞成或者不赞成反应的一种倾向，它包括了表达态度的言语和行动、个人对态度对象的反应倾向，即行为的准备状态。例如，某旅游者对澳门产生了积极肯定的情绪情感，他在心理上就积极地做各种准备，一旦外部条件成熟就可能到澳门旅游。

总的来说，一种态度所包含的 3 种成分大体上是相互一致。例如，某个旅游者到达北京后，在选择酒店的过程中，如果他通过以往的经验和信息得知某个酒店的硬件设施好、服务水平高、交通方便，他就会对这家酒店产生喜欢的情感，从而决定住在那里。从这里可以看出态度的 3 种成分之间的相互一致性。这种一致性对旅游企业的营销来说至关重要，它是制定企业营销策略的基础。如果旅游企业能影响旅游者态度的某一种成分，那么，其余成分也会发生相应的转变，从而达到改变和形成旅游者对本企业的态度。

但是，态度的 3 个组成部分也有不一致的地方。事实上，态度与行为的完全一致是不符合人类的特性的，态度与行为不一致的情况才是普遍存在的。例如，有人想到一个陌生的地方去探险旅游，寻求刺激，但他害怕途中遇到不可预见的事件发生，因此可能不会去探险旅游。从行为倾向来说，他不可能成为探险旅游的潜在的旅游客源。这便是态度 3 种成分不一致的矛盾，其中起主导作用的是态度的情感成分。尽管态度与行为之间存在着不一致性，但了解态度对理解旅游决策依然是必不可少的。

态度的 3 种因素是缺一不可的，三者协调程度越高，则态度越稳定，反之则不稳定。态度这种内在的心理体验不能直接被观察，只能通过人们的语言、表情、动作等进行判断。例如，客人对酒店的服务感到满意，常常表现为温和、友好、礼貌、赞赏等；如果客人不满意就可能表现出烦躁、易怒，容易制造事端。所以在旅游服务中如果发生客人投诉或产生矛盾、冲突，人们在寻找原因时不能仅仅把眼光放在当前具体事件上，很可能这不过是客人不满意态度的一个表现。

总之,旅游态度结构中的认知、情感和意向三层面,是层层紧扣、联系一致、相辅相成的。旅游者在旅游活动的认识过程中,只要发现旅游对象的有益性,就会对这种旅游对象产生感情,发生对这种旅游对象的行为。在三层面中,以独立性为主的是认知因素层面,以调节性为主的是情感因素层面,以倾向性为主的是意向因素层面,如图 6.1 所示。因此,旅游者能够在认知层面、情感层面和意向层面发生矛盾时,进行整体协调。

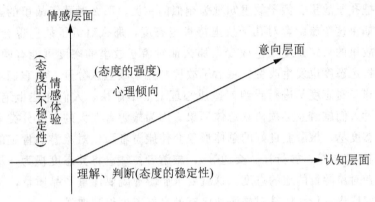

图 6.1 旅游态度结构

6.1.2 态度的特征

旅游态度作为旅游者对旅游对象的一种心理状态和心理倾向,是认知因素层面、情感因素层面和意向因素层面的总和。人们的态度常带有以下几个方面的特征。

1. 态度的社会性

态度不同于本能,它是经过后天学习获得的,是个体在长期生活中通过与他人的相互作用及周围环境的不断影响逐渐形成的。态度一经形成,又会反作用于他人和周围事物。人们对旅游的态度也是在社会生活中形成的。个体通过主动的学习及社会环境的影响就会逐渐形成对旅游的态度,包括是否喜欢旅游、喜欢到什么地方旅游及旅游方式等。

2. 态度的对象性

态度是对某一对象的态度,没有对象的态度是不存在的,如对旅游目的地的态度、对旅游方式的态度等都是有对象的。

3. 态度的间接性

态度是一种内在心理体验,它虽然具有行为倾向,但不等于行为本身。态度的间接性是指态度本身不能被直接观测到,人们只能从言论、表情及行为中进行间接的分析和推理才能了解。在旅游活动中,人们也只有从旅游者的言谈举止中才能了解到其对旅游的态度。

4. 态度的稳定性

态度的稳定性是指态度形成后,将持续一段时间而不轻易改变,成为个性的一部分。在现实生活中,人们的态度并不都能保持稳定,许多态度将随着时间推移而改变。态度稳定性主要受态度丛效应、溯本效应及一致性效应的影响。

1）态度丛效应

人们面对的客观事物很多，每个人的态度也有上千种。对于相似的对象，人们的态度不完全相同，但大部分态度可能相似，形成态度丛。态度丛内的态度彼此之间相互影响，如想改变态度丛中某一态度，就要将态度丛的结构重组，这在心理上常是件极不愉快的事，所以态度往往能保持相对稳定性，这就是态度丛效应。例如，对"孔孟之乡游"的态度，旅游者若把孔子故里、孟子故里知觉为相似的一类，那么对孔孟故里的态度就是在一个态度丛中。如果这个旅游者对孔子故里持肯定态度，那么对孟子故里也会持肯定态度。如果他对孔子故里的肯定态度发生改变，那么他对孟子故里的态度可能有两种方式改变：对孟子故里的肯定态度也发生改变；将孟子故里与孔子故里区分开，使它们不在一类。这两种方式都意味着对态度丛进行重组，造成心理上的不愉快，人们往往拒绝态度的改变。态度丛效应告诉人们旅游业必须树立总体形象。因为旅游者在大的态度分类上把对旅游的态度看成一个态度丛，旅游业良好的总体形象会使旅游者强化对旅游的肯定的态度。对旅游业的分支行业（如旅馆、旅行社、交通等），旅游者往往也将其态度视为一丛。由于总体形象影响旅游者对旅游目的地的态度，这就要求旅游业既要注重产品质量，又要注重企业形象设计，搞好广告宣传，使其对旅游业已有的良好态度得到加强。

2）溯本效应

人们对接触到的甲事物进行追溯，了解到乙事物是造成甲事物的直接原因时，对乙事物的态度也会有所加强和趋于稳定，这称为溯本效应。在旅游活动中，旅游者接触到的是旅游业各部门的服务人员，如果这些服务人员热情、周到、友好，旅游者就会对这一事物进行追溯，会认为这是旅游公司经营管理有方，从而形成对旅游公司肯定的、喜爱的态度。溯本效应告诉人们旅游企业应注重完善员工的服务意识，提高服务水平。因为旅游者直接接触的就是员工，通过同员工的接触，形成对企业的态度，员工形象关系到企业的形象，也关系到企业的生存和发展。

3）一致性效应

当人们发现他人也持有同一态度时，这种态度会得以加强并趋于稳定，这就是一致性效应。当一个旅游者发现他人对某一旅游产品的态度与他的态度完全相同时，他的这种态度就会得以加强并趋于稳定。例如，一个准备暑期到青岛、大连旅游的旅游者发现同事、朋友对青岛、大连也持肯定态度，认为这两地是避暑的好地方，他往往就会加强对两地的肯定态度，做出购买决策。

6.1.3 态度的作用

态度对个体具有重要的影响作用，它影响到人活动的许多方面。

1. 影响人的行为倾向

态度是个体内在的一种心理倾向状态，它影响着人对行为对象的选择和行为表现。例如，受中国传统文化影响，一些人对旅游有一种潜在的抵触情绪，这些人长期拒不参与旅游活动。而随着经济的发展和社会的进步，人们逐渐改变了对旅游活动的传统看法，并逐渐产生了对旅游的兴趣，从而出现了越来越多的人纷纷投身旅游活动的现象。

2. 影响对信息的理解和评价

心理学家 W. 拉姆伯特（W. Lanbert）等人曾在加拿大蒙特利尔做过试验：让 5 个人分别用英语和法语朗读同一篇文章，但告诉被试者这是由两组不同的人分别在用两种语言朗读一篇文章，然后让被试者判断哪一组人的声音最好听。其结果是作为被试者的大学生给予用英文朗读的 5 个人以明显较高的评价。究其原因，原来是这些大学生本身对英裔加拿大人的态度优于对法裔加拿大人的态度。

3. 影响情绪情感体验

态度本身受情绪情感的影响，已形成的态度又反过来对人的情绪情感有支配作用。对待同一事物，由于态度不同，不同的人或同一个人会产生不同的情绪情感体验。在肯定的态度支配下，人容易产生喜欢、愉快、满意等情绪情感体验，而否定态度支配下则容易使人产生消极的情绪情感体验。

4. 影响活动效率

由于态度决定着人的反应模式，并影响到对信息对象的理解与判断，从而也就影响到人们活动的效率。对待工作，只要人们抱有积极正确的态度，就容易提高工作的积极性与主动性；如果没有积极的态度，即使参加，也是不情愿的，在工作中就会缺乏主动性与积极性，工作的效率也会很低。

6.1.4 态度的形成与转变

态度是在社会环境中形成的，是个体社会化的结果；态度是经过学习形成的，一经形成就具有一定的稳定性；但是态度不是一成不变的，在主客观因素的影响下，态度也会发生转变。了解态度的形成与转变有助于人们理解旅游者对旅游的态度，从而采取有力措施去强化人们对旅游及旅游产品肯定的态度，改变人们对旅游及旅游产品的非肯定态度。

1. 态度的形成

态度的形成需要经过一段时间的孕育过程，这个过程中会受到来自社会、家庭各方面的影响而使个体按照一定的规范形成自己对待各种事物的态度。态度形成之后便成为个性心理的一部分并影响行为，已形成的态度还要在社会实践中经历检验，以决定是继续保持还是转变。一般来说，态度的形成受如下因素影响。

（1）需要。态度的形成与个人的需要有密切关系，凡能满足个人需要的对象或能帮助个人达到目的的对象都能使人产生满意的态度，相反则生成厌恶的态度。对旅游的需要是人们对旅游产生肯定态度的基础。如果某个企业能满足旅游者各方面的需要，旅游者就会对该企业产生肯定的态度；如果旅游者各方面都得不到满足，就会对该企业产生否定的、厌恶的态度。

（2）知识。态度的一个重要组成部分是认知，而认知是与一个人的知识分不开的。个体所具有的知识影响着他对某些对象态度的形成。但是，新知识并不单独影响态度，新知识必须与原有的态度相互趋于一致才能发挥作用。例如，一个人对某一旅游景点的态度是通过查阅有关资料或听朋友介绍形成的，但这种知识的影响必须和原有的态度协调。如果这个人原来就对旅游持否定态度，认为旅游是劳神伤财之事，那么他面临着两种选择：要么改造原有的认知体系，即改变对旅游的观点，承认旅游是有益于身心的活动，进而和现有的知识协调一致，对该景点持肯定的态度；要么就对新知识进行歪曲，以其原有的认知体系看待新获得的关于该景点的知识，即所谓的"戴有色眼镜看"，找出他所愿意看到的一面。

（3）个人的团体观念。在现实生活中，每个人都是团体的一分子。团体的规范、团体成员间的影响、团体压力等都对成员态度有很大影响，使同一团体的成员具有类似的态度。同时，个人又往往处于不同的团体之中，由于在各社会团体中的地位不同，对所属各团体的认同感也不同，那么各团体对其态度的影响也不尽相同。

（4）个人人格特征。由于不同人的人格不同，即使属于同一团体的人在态度形成过程中也存在不同，这主要是由于在个性特点，（如需要、兴趣、性格、气质等方面）的不同所致。例如，某些人同是高校的同班同学，但他们对某一旅游景点的态度不一样。

（5）个体的社会实践。社会实践与个体态度的形成关系密切。实践经验的积累是很多态度形成的原因，有时，一个偶然的事件也会促成一种态度的形成。例如，一个人在一次旅游途中所乘的汽车出了事故，险些丧命，从此他就形成了对汽车的不信任的态度，而且很难再改变。

态度不是天生的，而是在后天环境中通过学习逐步获得的。随着环境的变化，个人的态度也会进行出相应的调整，形成适应新环境的新态度，以便更好地适应社会。

2. 态度形成的途径

（1）个体的经验。这是具体态度形成的最重要的途径。经验可分为间接经验和直接经验。例如，人们阅读导游手册以了解旅游地的风土人情，形成对某地居民的态度，这是通过间接经验形成的态度；人们也可以在旅游过程中和旅游地居民接触、交往，形成对他们的态度，这是通过直接经验形成的态度。需要强调的是直接经验对形成旅游者的态度更为重要。旅游者对旅游区的否定态度几乎全来自直接经验。

（2）个体体验深刻的事件。在实际的旅游活动中，旅游者亲自体验到的事例，特别是在旅游的特殊背景下，真诚的人际交流，秀丽山水的体验，对旅游地人文的深刻感悟，会给旅游者带来特殊的情感体验，留下刻骨铭心的印象，使人形成针对特定对象的强烈态度。

（3）群体态度的影响。人是社会人，总是生活在社会群体之中，从心理到行为均会受到群体的影响。群体态度是个人态度的调节器和参照系，参照群体形成个体态度，也是态度形成的途径之一。改革开放以前，由于政治、经济的原因，我国人民根本谈不上对旅游的态度。20世纪40年代以来，随着我国经济的腾飞，人民生活水平的不断提高，旅游已成为现代中国人生活方式的有机组成部分。只要经济条件允许，有闲暇时间，很多人就会选择旅游，尤其近几年来，在全社会肯定旅游的环境下，更加促进了旅游经济的发展，越来越多的中国人对旅游持肯定的态度。

3. 态度形成的过程

态度的形成过程是个体社会化过程的一个重要方面，态度的形成是从模仿到学习，从自发到自觉，从感性到理性，不断深化、不断增强的过程。社会心理学家 H. 凯尔曼（H. KeImen）于 1961 年提出了态度形成或改变的模式，他认为态度的形成或改变经历了顺从、同化和内化 3 个阶段。

（1）顺从阶段。顺从又称服从，是从表面上改变自己的观点与态度，这是态度形成或改变的第一个阶段。在生活中，个体一方面不知不觉地在模仿着他所崇拜的对象，另一方面也受一定外部压力或权威的压力而被迫接受一定观点，但内心并不一定接受该观点，这是形成或改变态度的开端。例如，一个不喜欢也不打算出门旅游的人仅仅是碍于单位组织的集体活动而参与某次旅游。

（2）同化阶段。同化又称认同，是在思想、情感和态度上主动地接受他人的影响。这个阶段比顺从阶段进化了一步，态度不再是表面改变的了，也不是被迫的了，而是自愿接受他人的观点、信念、行为或新的信息，使自己的态度与他人的态度相接近。例如，在一次又一次"黄金周"旅游大潮的冲击下，越来越多的老百姓加入了旅游的行列就属于这种情况。

（3）内化阶段。这一阶段是在思想观点上与他人的思想观点相一致，将自己所认同的新思想与自己原有的观点、信念结合在一起，构成统一的态度体系。这个阶段所形成的态度比较稳固，不易再改变。如今，一些人成了主动外出旅游的"驴族"，一些人已养成了每年必出门旅游的习惯，他们对旅游活动的积极肯定态度已达到了内化的程度。

4. 态度的转变

态度具有稳定性，但这种稳定性是相对的，并不是一成不变的。受主客观因素的影响，态度也会发生转变。态度的转变主要包括两个方面：一是指态度方向的转变；二是指态度强度的转变。所谓方向的转变，是指以一种新的态度取代原有的态度；所谓强度的转变，是指只改变原有态度的强度而方向不改变。例如，某人对旅游的态度原来一直是否定的，后经某些因素的影响，在朋友的盛情邀请下到某地旅游一周，这个经历和收获使他感受到了旅游的乐趣，消除了对旅游的种种偏见，促使其对旅游的态度发生了方向性的转变，由原来的否定变为肯定；而有的人原来对旅游就比较感兴趣，受一些因素的影响，一次旅游所选择的旅行社给了他热情、周到、高质量的服务，那么他由原本对旅游比较喜爱的态度变成强烈喜爱，这就是方向不变但强度发生了变化。

影响态度发生改变的因素很多，一般说来主要有以下几个方面。

1）态度本身的特性

幼年时形成的态度不易改变，一个人的极端态度不易改变。态度中的价值意义越大，原有态度所依赖的事实越多，越不易改变。态度的 3 种成分一致性越强，也越不易改变。人们需要得到较多方面的满足的事物，对其态度也不易改变。

2）个体特征

缺乏判断力、智慧较低、信任权威的人态度容易改变；反之不易改变。自尊心、自信心、自我防卫机能强烈的人的态度不易改变。

3）个人的团体观念

如果个人对所属团体的认同感强烈，要使其采取与团体规范不一致的态度是不容易的；反之，则易改变。

6.1.5 态度与旅游行为的关系

长期以来，态度与旅游行为的关系，一直是心理学界争论的问题之一。态度是行为的心理准备状态，一旦形成就会导致人们愿意以某种方式去行动，即态度与行为是一致的。出于个体和社会的复杂性，态度与行为并不总是表现为简单的一一对应关系，态度与行为也常常表现得不一致。

早期的经典假设观点是态度与行为相互一致，这一传统的心理学观点被大量的人类历史事件所证实，在心理学界也得到了广泛的认同。态度常常可以作为预期个体未来行为的根据。1969年，社会心理学家艾伦·威克（Allen Wicker）对这一结论进行了一项广泛的引证评论工作。威克断定，与态度和行为密切相关相比，态度和公开行为无关或稍有关系的可能性更小。依据这种观点，在旅游的实际工作中，往往将旅游者的态度和行为一致作为对市场预测的根据来开发、推销旅游项目。

尽管许多心理学家和大量的研究均证实态度和行为是一致的，但在现实生活中的确存在不少态度和行为不一致的情况。有些心理学家就此问题进行了深入研究。1934年，R.T.拉皮尔（R. T. Lapiere）做了一项著名的研究。他与一对年轻的中国留学生夫妇一起游历美国，虽然当时美国的排华法案尚未解除，中国人受歧视的情况非常严重，但他们所住宿与就餐的66家旅馆和184家饭店都提供了合乎标准的服务。后来拉皮尔给那些旅馆和饭店寄信，询问他们是否愿意把中国人作为客人接待，有118家企业复信表示不愿意。据此，拉皮尔认为，态度与行为有很大的不一致性。

1. 态度与行为不一致的原因

态度和行为不一致的情况反映出人的心理活动复杂性的一面，认清这一点更具实践意义。因此，有必要着重分析一下态度和行为不一致的原因。

1）态度构成成分之间的矛盾冲突

构成态度的认知、情感、意向3种成分，彼此之间发生矛盾冲突，从而导致态度与行为的不一致，尤其是认知与情感的矛盾冲突更易导致态度与行为的不一致。拉皮尔的研究证明，为了企业的利益，理智会战胜情感。俗话说："美不美，家乡水。亲不亲，故乡人。"海外游子叶落归根的传统心理和行为，则说明情感也会战胜理智。

2）对同一对象的态度冲突

态度的任何对象通常都是由多个部分和多种属性构成的统一体。人对其中的某些属性和部分持肯定的态度，而对另一些属性和部分持否定的态度，导致出现态度与行为时而一致、时而不一致的现象。例如，现实生活中常遇到才华横溢且性格孤傲的人，他们既让人敬佩，又让人厌烦，会让人们产生时而追随、时而远离的行为。

3）特定情境

行为是情境的产物，行为者要受到特定情境的行为规范的约束。行为规范成为行为的决定因素，最终导致行为与态度不致的情况出现。旅游中，旅游团体安排旅游者用两个小时参观水族馆，5点准时集合返回，旅游者无论多么留恋水族馆里的动物，也不得不5点准时集合返回，尽管他觉得安排参观的时间太短，不合理，也只好接受旅游中的行为规范的约束。

4) 直接经验

在直接经验的基础上形成的态度稳固而难以改变，常常可以作为预示人的行为的重要依据，更多地表现为态度与行为的一致。在间接经验的基础上形成的态度较前者而言，则不够稳固，易改变，可能更多地表现出态度与行为的不一致。例如，古城开封文化积淀深厚，人文古迹繁多，是中外游人心向往之的旅游地，但许多人是通过各种文化传媒、戏剧、小说、影视作品了解开封的，对开封形成了肯定的态度，但比较笼统，这种基于间接经验的态度可能永远和旅游行为无关。只有那些亲自到过开封，游览过大相国寺、包公府、清明上河园、龙亭、铁塔等名胜古迹的旅游者，才能形成生动的、直接的、具体的、稳定的和旅游行为一致的态度。

2. 旅游者态度的改变

态度的改变有两种形式，即方向的改变和强度的改变。例如，旅游者 30 年前到开封旅游，看到的是脏、乱、差的市容市貌，旅游景点破旧，缺乏突出特色，导致旅游者对开封形成否定的态度。现在旅游者偶然旧地重游，看到了开封 10 年来的变化，不仅新添了许多颇有吸引力的景点，如清明上河园等，且城市面貌发生了很大的变化，不仅旅游景点集中、设施齐全，服务质量也好。于是他对开封的态度由否定到肯定，这是态度方向的改变。旅游者对新流行的单项旅游项目，如探险游从感兴趣到比较喜欢，进而到酷爱的程度，这是态度强度的改变。

态度的方向和强度有时是同步形成和改变的。例如，旅游者对某项活动的态度从极端肯定到极端否定，这既是强度的巨大改变，又是方向的改变。

要使旅游者改变态度，可采取以下 3 种策略。

（1）传递旅游信息。态度是个体后天习得的行为，与个体的认识、情感和意向密切联系，并且，人对客观事物的认识是其态度产生的基础。据此，可通过帮助旅游者培养和提高认识来改变其对旅游的态度。正如前面所阐述，可以"教"旅游者来学习旅游，告诉他们何地有何美景值得旅游，有什么部门帮助他们进行旅游，有什么人会向他们提供哪些服务，旅游可以使他们达到什么效果（如愉悦心情、增长知识、锻炼身体、改善人际关系等）。通过信息的传递帮助旅游者从对旅游不了解变为了解，从不喜欢变为喜欢，从不打算参与变为乐于参与。具体做法体现为景区、旅行社、饭店、旅游交通等各旅游服务部门的大量广告宣传。

（2）刺激旅游需求。态度与行为之间有着复杂的关系。旅游营销部门通过形式多样的促销手段改变旅游者的态度或使其内在的态度体现为具体的行为。例如，某人从未从事过旅游观光活动，在他身上对旅游的态度可能有 3 种：①喜爱但由于经济能力所限而无法成行；②对是否要外出旅游持无所谓态度；③因为不喜欢所以从不旅游。对于第一种情况，即态度与行为表现不一致，或者说，情感成分与意向成分不一致，尤其适合采用刺激需求诱导行为的方式来改变态度。事实证明，在普通老百姓中，这种情况是普遍存在的。景区和旅行社可采取门票优惠、降价促销，甚至在特殊日子实行免票等方式诱发旅游者的旅游行为。河南省在某年 11 月 26、27 日举办首届文化遗产日，郑州、开封、洛阳等地共 70 处历史文化景点对游人免费开放。其结果是，所有免费开放景点几乎无一例外地出现"井喷"之势，人如潮涌，客流量超出景区容量若干倍，70 处景点两天共接待游人 460 万之多,仅洛阳龙门石窟景区两日接待旅游者就达 50 多万人,而其正常的日容纳量只有 3 万多人。郑州、安阳、洛阳、开封等城市都呈现出市民出游热情空前高涨的局面。

(3) 运用群体力量。个体态度的形成离不开群体的影响力。反过来,营销者可通过影响群体来达到对个体的影响。例如,单位职工某甲对旅游活动持否定态度,表现为不关注旅游信息,不花钱加入旅游活动,但如果单位把某次出游作为工会集体活动,要求职工作为工会成员参加,则其可能出于对集体的热爱或迫于压力而加入此行。参加的结果可能最终促使某甲爱上旅游活动。这是运用了群体压力和榜样力量。营销部门还可以通过运用群体领袖的力量来促使旅游者改变态度。例如,旅行社可抽派人员针对各个单位的工会负责人或单位领导人展开攻势,激发他们本人对旅游的积极态度,从而使其在单位发挥群体领袖的作用,促成单位集体外出旅游。

6.2 态度与旅游决策

态度与行为不是一种对应的关系,但可以通过人的态度推测其偏爱,而偏爱在一定社会因素影响下有可能成为实际行动。这一节将讨论态度与旅游决策的过程、旅游偏爱的形成,以及旅游业如何促成旅游者态度的转变以使其作出购买旅游产品的决策。

6.2.1 态度与旅游决策过程

旅游决策过程是旅游者心理活动的过程。旅游商业环境的信息通过各种渠道作用于旅游者,使旅游者形成了由认知、情感、意向行为 3 种成分组成的态度,这个态度导致了其旅游偏爱或意图。这时,社会因素就会对这种偏爱或意图施加影响,并导致最终的决策行为。这个决策行为又以信息的形式反馈回去,形成新的态度,如图 6.2 所示。

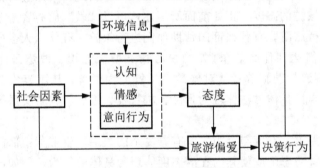

图 6.2 态度与旅游决策过程

例如,一个旅游者从朋友处和旅游宣传资料中得知新加坡的情况,形成了一种喜爱、向往的态度,进而非常渴望有一天能去新加坡一游。可是,这种意图在一定时间内是很难实现的,因为此行要花费的时间和金钱是他所无法承担的,所以只能作为一个愿望保留在心中,并不能导致决策行为。

6.2.2 旅游偏爱的形成

旅游偏爱有可能导致旅游决策行为,所以旅游业有必要研究旅游偏爱是如何形成的,这样就可以对形成旅游偏爱的因素进行改造与控制，以便更多的旅游者对旅游产品形成偏爱。

心理学家经过研究发现，旅游偏爱主要取决于旅游产品属性的突出程度和旅游产品所能提供收获的能力。这两个因素都是旅游者所能知觉到的。

所谓旅游产品属性的突出程度，是指态度对象，即旅游产品各组成部分对每个旅游者的重要性，也是旅游者作决策时所寻求的主要收获。对旅游产品各组成部分属性的突出程度或寻求的收获是因人而异的。有的人看重旅游地的气候、海滩和健身项目，对当地的物价、交通等属性却不十分看重。同一个人在作不同的旅游决策时对某一方面属性的突出程度也会有所不同。例如，同是价格属性，人们在选择交通工具和选择快餐馆方面突出程度就不同；乘飞机和乘火车费用相差悬殊，而去麦当劳和肯德基却相差无几。这里需要强调的是每一旅游产品都是由各个部分组成的（如景观、住宿、餐饮、娱乐、交通、购物等），旅游者感受的是旅游产品各组成部分属性的总和。

有了对旅游产品各部分属性突出程度的感知，还要对旅游产品各部分所能提供收获的能力有所感知，才能形成偏爱。旅游产品各部分所提供收获的能力是指旅游产品各部分为旅游者提供收获的潜力有多大。例如，一个旅游者很看重历史、文化方面的名胜古迹，西安、北京、桂林都有这方面的旅游产品，他就要对这几个地方的旅游产品进行分析，考察旅游产品能否满足其这方面的需要，进而形成偏爱。

美国学者乔纳森·N·古德里奇在《对度假目的地的偏好和知觉之间的关系：对一种选择模型的应用》中，对旅游目的地的各种属性突出程度，以及感知到的提供收获的能力进行了量化，并将各属性的突出程度及提供收获的能力相乘后相加得出的结果作为旅游偏爱数值。用公式表示如下。

$$P = \sum_{i=1}^{n} T_i L_i$$

式中，P——旅游偏爱；

T_i——旅游产品 i 部分属性突出程度；

L_i——人们感知的旅游产品 i 部分提供收获的能力；

n——构成旅游产品的部分数。

用此方法，他比较了加利佛尼亚和佛罗里达两个城市作为旅游目的地对旅游者的吸引程度，亦即旅游者对两市的旅游偏爱。当然，一般旅游者是不会用精确数字去计算的，但大部分人面对供选择的几个旅游产品就这两方面在心里权衡利弊，然后才作出决定。

由此得知：要想使旅游产品成为旅游者的偏爱，应从提高产品属性的突出程度入手，就是给旅游者提供更多的收获，向旅游者提供一些他以前不熟悉的项目，改变其对产品的知觉，使旅游者觉得购买这个产品可以给他带来较大的收获，从而提高对该产品的偏爱程度。所谓增强提供收获的能力，是指在产品的生产和宣传上力图使旅游者相信该产品具有提供旅游者所需要的能力。例如，对"桂林山水游"这个旅游产品，旅游者一方面要考虑到该产品能给自己带来什么收获（这是比较清楚的，因为"桂林山水甲天下"人人皆知），但对该产品在提供观光、住宿、交通、饮食等方面的能力却是心中无数。旅游产品的宣传应在这些方面树立产品的形象，使旅游者对产品提供收获的能力充满信心，从而形成对该产品的偏爱。至于"孔孟之乡游"这个产品，既要在提高产品属性的重要性上下工夫，使旅游者明确该产品能给他带来哪些收获，又要在增强提供收获的能力上下工夫，使旅游者确信购买该产品可在吃、住、行、游、娱、购几方面都能得到满足。只有这样，才能使旅游者形成对该产品的偏爱。

6.2.3 旅游促销

通过上述分析，了解了旅游决策过程中态度的重要作用。要想使旅游者作出购买旅游产品的决策，就必须从改变旅游者原有的对旅游及其产品的无偏爱或偏爱程度低的态度入手，促其形成一种新的对旅游及其产品偏爱较高的态度。为此，旅游业应从以下几方面入手。

1. 更新旅游产品

本书开篇就强调旅游产品包括"硬件"——设施设备与"软件"——服务等方面，更新旅游产品就是要在这两方面做文章。在"硬件"上要适时改进和更新设施、设备，或者对原有的"硬件"进行新的包装，如装饰新的客机、客房、餐厅等。在"软件"上主要是完善员工的服务意识，服务人员只有在心中把旅游者当做"上帝"，才能在实际行动中使旅游者满意。有了高度完善的服务意识才能在服务项目、服务技能、服务态度等方面做到热情、周到，以优质的服务树立一个新的形象。此外，在价格、服务时间和地点、企业的形象设计等方面也要做一些调整和改进，给人一种面目一新的感觉。这些在"软件"、"硬件"上改进的效果往往数倍于广告宣传的努力，但这并不是排斥广告宣传，好产品还要有好的宣传。

2. 加大宣传力度

人们知道，态度一经形成就很难改变，因为人们不愿接受与目前态度结构不一致的信息。这就要求旅游业者通过加大宣传力度，逐渐削弱其知觉防御。广告宣传应以旅游产品的质量为基础，如果宣传言过其实会起到相反的效果。一个好的产品也应有一个好的宣传，宣传的方式多种多样。例如，可以利用媒介做广告，也可以参加交易会、举办展览会，还可以印发一本精致的小册子……总之，要通过一切生动、形象的宣传活动，以"新"和"奇"来吸引旅游者，同时以各种承诺打消旅游者的疑虑。

改变旅游者的知觉还可以通过给企业进行形象设计，在企业的名称、标志等方面精心设计，给人耳目一新的感觉。人们会从这种改变中吸取新的信息，从而改变对旅游产品的知觉，以形成一种新的喜爱和肯定态度，为作出旅游决策打下基础。

3. 逐渐削弱旅游者的防御机制

强硬的态度比软弱的态度不易改变，要改变强硬的态度只有逐步削弱其防御机制，这就要耐心地、不断地向持有强硬态度的人灌输新的信息。要改变对旅游或旅游产品不感兴趣的人的态度，就要向他们宣传旅游及旅游产品，告诉他们参加旅游会得到什么收获，旅游公司又能提供哪些服务。在反复的宣传鼓动下，旅游者就可能作出购买旅游产品的决策，参加旅游活动。旅游本身的独特经验又能够形成一种心理状态，降低阻碍态度的精神障碍。离家在外的旅游者摆脱各种日常事务的约束，往往易于接受新的信息，在活动中转变态度，至少在强度上发生转变。以一对教授夫妇参加"金婚之旅"活动为例，一开始这对教授夫妇对此持强烈的否定态度，后经反复动员、劝说才勉强同意参加。参加活动后，两位老人在活动氛围的影响下，态度逐渐发生转变，最后甚至成了活动的积极分子。这是因为参加活动获得了一份独特的惊喜，体会到与日常生活不同的氛围，影响到其态度在强度以至方向上发生了转变，直接影响到了其行为。

此外，企业还可以在旅游活动中，在旅游者消费旅游产品的过程中，通过作用于态度的3个组成部分促成其作出新的购买决策。企业可以通过提供信息改变旅游者的知觉，以具有吸引力的宣传打动旅游者的情感，以种种利益引诱旅游者作出新的决定，这些都能促使旅游者作出一时冲动性的决定。所谓冲动性决定，是指事先在其计划中未有的、在外界刺激物影响下临时作出的决定。例如，一个到青岛参加会议的人在列车上看到青岛海洋馆的广告并为之所吸引，就可能会临时决定在青岛增加一项看海豚表演的项目。旅游业应重视旅游者的冲动性决定，不失时机地利用各种手段促成旅游者在消费中作出购买决策。

本章小结

态度是个体对社会事物（人、事、物等）所持有的稳定的心理倾向。它是由认知、情感和意向3种成分构成的，认知是态度的基础；情感是态度的核心；意向是态度的外观，对人的行为有指导和推动作用。态度具有社会性、对象性、间接性、稳定性等特点。

态度与旅游行为的关系十分密切，态度和行为并不总是一致的。态度和行为不一致是由态度构成成分之间的矛盾冲突、对同一对象的态度冲突、特定情境的行为规范约束及个体的直接经验等原因造成的。

旅游营销者可通过以下方式帮助旅游者改变态度：更新旅游产品、加大宣传力度、逐渐削弱旅游者的防御机制。

章前案例解析

首先，这家旅行社的旅游宣传工作行之有效，成功地改变了旅游者的态度，使旅游者作出了旅游决策，产生了旅游行为，这是值得肯定的。但是这家旅行社在宣传中，信息可能失实，只片面夸大该旅游线路吸引人的优点的一面，对缺点少提甚至不提。所以旅游者事后会有"看景不如听景"的观感，还有些旅游者会产生上当受骗的感觉。这说明旅游者的态度具有易变性和不稳定性的特点。

复习思考题

一、名词解释

态度 溯本效应

二、选择题

1. 使旅游者形成 3 种成分组成的态度，这个态度导致了其旅游偏爱或意图，具体包括（　　）。
   A. 认知、情感、意向　　　　　　　　B. 认知、情感、行为
   C. 认知、情感、需要　　　　　　　　D. 知识、情感、意向
2. 下列选项中（　　）不是态度的特性。
   A. 稳定性　　　B. 对象性　　　C. 社会性　　　D. 价值型
3. 在态度的 3 个组成部分中，（　　）为态度的核心部分。
   A. 认知部分　　B. 情感部分　　C. 行为部分　　D. 意向部分
4. 态度形成的过程主要分为（　　）阶段。
   A. 产生阶段　　B. 顺从阶段　　C. 同化阶段　　D. 内化阶段
5. 要改变旅游者的态度，可采取的策略有（　　）。
   A. 传递旅游信息　B. 设计旅游线路　C. 刺激旅游需求　D. 运用群体力量

三、判断题

1. 旅游偏爱主要取决于旅游产品属性的突出程度和旅游产品所能提供收获的能力。　　　　　　　　　　　　　　　　　　　　　　　　　　　　　（　　）
2. 在间接经验的基础上形成的态度稳定而难以改变，常常可以作为预示人的行为的重要依据，更多地表现为态度与行为的一致。　　　　　　　　　　　（　　）
3. 俗话说："美不美，家乡水；亲不亲，故乡人。"这句是情感战胜理智的例子。
   　　　　　　　　　　　　　　　　　　　　　　　　　　　　　　　　　（　　）
4. 客人投诉主要是为了求得尊重，因此只要态度好就行了。　　　　　　　（　　）

四、简答题

1. 什么是态度？态度是由哪 3 种成分组成的？
2. 为什么态度和行为会出现不一致的情况？
3. 态度有哪些特性？
4. 态度的稳定性受哪些因素影响？
5. 态度的形成受哪些因素影响？

五、论述题

1. 某人对前往海南旅游持非常喜爱的态度旅游决策，为什么？
2. 收集一些旅游广告，从中选出一幅，你认为该广告能否使人们对其形成偏爱？为什么？如不能，又应如何改进？
3. 选定一个旅游产品，从改变人们态度角度出发，为该产品拟订一个宣传促销计划。

六、案例分析

好朋友间的"争执"

暑假里，小红和小黄决定外出旅游。有几个旅游目的地可供选择：桂林、青岛和南

京。通过对时间、距离和景点特征等因素的比较后，她们选择了去南京。因为南京有小红的妹妹在那里工作，可以节省住宿费用，而且有免费的导游服务。在游玩中，小红对文化遗产景点很感兴趣，而小黄却喜欢自然风光。两个人在出去游玩的景点上出现了分歧，互不相让。最后，只好个人行动，自己选择自己喜欢的景点。

问题：分析小红和小黄对于同一个旅游目的地表现出了完全不同的旅游偏好的具体原因。

7

学习目标

1. 了解情绪与情感的内涵。
2. 理解旅游者情绪与情感的种类、表现、特征、影响因素。
3. 熟悉旅游者情绪与情感体验及其对旅游行为的影响。
4. 掌握旅游者情绪与情感激发与调控的手段。

导入案例

情感营销的春天

近年来，随着人们对人的心理的重视，越来越多的旅游企业在不遗余力地实施着情感营销策略。

内蒙古的西贝莜面集团是一家以经营莜面、海鲜为主的餐饮企业，创立于1988年，目前在全国拥有40余家连锁店，其年营业额超过10亿。该企业十分注重情感营销，该企业一位高层领导就曾说："立足情感营销是公司成功的真正基础，它是价值、宾客忠诚和利润的秘诀。"

同样地，现在一些旅行社会细心记下在旅游期间正好过生日的客人姓名，为他们送蛋糕、送鲜花，让客人感到很贴心。

真情实感让我们的社会更和谐，以情感促动旅游者消费是当今旅游营销的新动向。

【问题】

1. 谈谈你对旅游企业实施情感营销的认识。
2. 旅游者的情感需求有哪些？

7.1 情绪、情感概述

7.1.1 情绪、情感的内涵

情绪和情感是以人的需要是否满足为标准而产生的一种心理活动。当人们的愿望和需要得到满足的时候，会有积极、肯定的情绪，当人们面对失败、失意的时候，会有消极、否定的情绪，所以说情绪是人们心理活动的"晴雨表"，是同生理需要相联系的人与动物都具有的比较不稳定的一种心理现象。在本书中情绪或情感就是人们因对外界客观事物的态度体验而产生的内心状态的表达。

一个有着强烈宗教情感的人在旅游过程中参观庙宇时脸上会流露出欣喜、激动的情绪。这就是说，人的情感有时也能以强烈、鲜明的体验表现在人的情绪上。事实上，情绪长期的积累也会转化为情感。因此人们常将情绪和情感相提并论。人们常说的"感情"就是情绪和情感的统称，但是感情这一概念还比较笼统，因为情绪和情感只表达了感情的不同方面。情感侧重描述感情发生的过程，而情绪侧重描述在这一过程中的体验。情绪反映的是人们所处的环境与自身需要之间的关系，通常指那种由机体的天然需要是否得到满足而产生的心理体验，具有情景性、激动性和暂时性等特点，是随着情景的变化而变化的。情感则经常用来描述那些较为稳定的且深刻的含有一定社会意义的感情，是与人在历史发展中所产生的社会需要相联系的，相对情绪而言较为稳定。虽然情绪和情感各自反映了感情的不同方面，但二者还是相互依存、不可分离的。情感反映的是感情的内容，即感情的体验和感受；情绪代表的是感情的反映过程。这就如写书和出书的关系，写书是过程，出书是反映，它们分别代表科研活动的不同侧面。旅游心理学主要研究感情反映的发生、发展的过程和规律，因此较多地使用情绪这一概念。

　　这里要介绍一下情感成熟这个概念。情感成熟是指个人需要无论是否满足，都能自觉地调节自身情绪以适应外界环境的一种心理状态。人们常见到即将登台表演的一些小孩会紧张得哭了，或是有些旅游者气愤当头，对导游服务人员大打出手的情况，更有因旅游者不愿购物而使导游员愤怒至极以至强迫威胁旅游者购物之事见诸报端，这些都是不善于调节自身情绪、情感不成熟的表现。相反，需要满足时不狂喜、未满足时不气愤，即不喜形于色、不怒形于色是一个人情感成熟、心理健康的标志。

　　情感成熟具有重要的作用。首先，情感成熟是一个人保持身体健康的重要因素。长期良好的情绪是赢得健康的资本。一个人的心理经常处于不平衡状态，会导致其生理指标长期偏离于正常值范围，其内部生理结构也会发生相应病变。所以，"心理健康就是生理健康"是不无道理的。

　　其次，情感成熟对人的认知有积极的促进作用。研究表明，适度的情绪兴奋可以增强人们的生理内驱力，使身心处于最佳状态，而适度的焦虑和紧张也对人们的思考和解决问题有促进作用。一般而言，中等强度的愉快情绪可以提高人们的认知能力，激发人的活力，提高人们的活动效率。但不论是兴奋还是焦虑的，一旦情感体验超过一定的度，就会常常使人的行为偏离常态。

　　再次，情感成熟有化解有害情绪的积极作用，从而有效控制环境。人的情感具有两极性，处在两极的情绪情感不仅会损害健康，还会造成恶化局势的不良后果。例如，愤怒、急躁很可能伤害他人，鲁提辖拳打镇关西就是情感不成熟的例子。导游员由于长期工作压力巨大产生职业倦怠情绪而对旅游者大打出手，这也是情感不成熟的体现。情感一旦占了上风，理性必然出局。此时，如果他们的情感成熟，理性克制情感，就会在一定程度上化解有害情绪，使不良局势得到扭转。

　　最后，情感成熟能使人们更理性地认识环境，促进社会的和谐发展。只有人们在理智中洞察社会的人情世事，智力才能不断增长，经验才能不断积累，社会才能理性、和谐地发展。

　　总之，情感成熟就是要求人们心理成熟。作为一名在服务领域工作的旅游从业人员，情感成熟是必须的，也是必要的。

7.1.2 情绪、情感的分类

人的情感复杂多变,种类很多。下面就从不同的角度给出分类。

1. 从生物进化的角度划分

从生物进化的角度,情感可分为基本情绪和复合情绪。

喜怒哀惧是人和动物共有的四大基本情感,又称原始情绪。喜爱指的是对象满足了自身需要而产生的情绪体验,表现为接近、参与、欣赏或获得。愤怒是指由于妨碍目的达成的客观原因的存在而造成紧张积累所产生的情绪体验。愤怒从弱到强的变化是轻微不满—愠怒—怒—愤怒—暴怒。悲哀是指失去自己心爱的对象或自己所追求的愿望破灭时所产生的情绪体验。悲哀按程度的差异表现为失望—遗憾—难过—悲伤—哀痛。恐惧是指企图摆脱危险情境时产生的一种情绪体验。引起恐惧的原因往往是由于缺乏处理能力或缺乏摆脱可惧事物或情境的能力。复合情绪是由基本情绪的不同排列组合而成的情绪,如由愧疚、愤怒、恐惧、愁苦组合起来的复合情绪称为"焦虑"。

知识链接 7-1

为什么快乐,为什么恐惧①

1. 发现"快乐中枢"

美国心理学家詹姆斯·奥尔兹(James Olds)做了一项有趣的实验,他在老鼠的下丘脑背部埋入电极,并在电极的另一端接上电源开关。他把老鼠放入实验箱,并在箱内放了一个杠杆,如果老鼠压动杠杆,那么电源就会接通,老鼠的脑部就会受到一个微弱的刺激(图 7.1)。

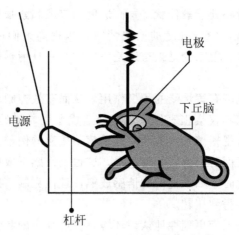

图 7.1 奥尔兹的"快乐中枢"实验示意图

---

① 资料来源:张明.蹚过人生河——社会心理学[M].北京:科学出版社,2009.

(1) 实验过程。当老鼠按压杠杆时,它的下丘脑会不断地受到刺激,而这种微弱的刺激会让老鼠感到非常快乐。于是老鼠会自发地不停地按压杠杆以获得电刺激,频率甚至可以达到每小时5 000次,并能持续15~20小时,直到疲倦为止。如果将电极埋入下丘脑以外的位置,则不会出现疯狂压杠杆的情形。

(2) 实验结论。老鼠的下丘脑中存在一个"快乐中枢",而压杠杆这种"自我刺激"的行为则可以获得快乐的情绪。

2. 情绪来自下丘脑

下丘脑的位置在第三脑室的下部,视交叉后部。它的体积较小,结构却非常复杂,包括前区、外侧区、内侧区和后区4个区域及很多神经和核团,紧密地联系着中枢神经系统。

下丘脑不仅和中枢神经系统有联系,和植物性神经系统也相连,从而直接控制脑垂体和整个内分泌系统。因此下丘脑和情绪、动机密切相关。研究者对动物的实验证明,当微电极刺激动物的下丘脑腹内核时,会引起强烈的情绪反应,并导致情绪性的行为。如果刺激动物下丘脑的不同部位,会观察到不同的情绪行为模式:如果是斗争或发怒,会表现为吼叫、撕咬、露爪和竖毛等;如果是逃避或恐惧的情绪,则表现为瞳孔放大、左右摇头和逃走等;如果只保留下丘脑而把下丘脑以上的全部脑组织都彻底切除,动物的上述反应仍然存在。因此,下丘脑是情绪和动机产生的重要结构。

如果用电极刺激病人的下丘脑的相关部位,即把这种自我刺激的方法用在人的身上,也会使病人感到快乐,表现为微笑或高兴的样子。病人会把这种感觉描述为"良好的感觉"。因此,在人的下丘脑中也存在"快乐中枢"。

3. 发现"恐惧中枢"

图7.2是一位患有癫痫病的女子,她在药物治疗无效情形下接受一系列大脑手术,却导致了杏仁核的损伤。

图7.2 杏仁核受损的女性对表情的识别障碍

杏仁核、丘脑、下丘脑和海马区是大脑结构中边缘系统的组成部分。如果对人的边缘系统进行刺激,会引起不同的情绪。这位杏仁核受损的女子在手术后接受了一项测试。

(1) 测试过程。主试者向她呈现一些表情的图片和描述表情的标签,在匹配任务中,女子不能识别恐惧的表情，其次是厌恶。当她面对一组计算机生成的图片时，不能再认的表情是恐惧、厌恶和愤怒等，但可以再认愉快、悲伤和惊奇等。如果让她听一些没有语调但有意义的句子时，她不能听出愤怒的语调和恐惧的语调。

（2）实验结论。杏仁核是恐惧中枢，杏仁核受损可能会削弱对恐惧和愤怒的再认。

4．积极的左脑和消极的右脑

戴维森（Davizdson）和福克斯（Focus）的研究表明，积极情绪会使大脑的左脑出现较多的电位活动，而消极情绪会使大脑的右脑产生较多的电位活动。例如，福克斯在对婴儿的研究中发现，给婴儿喝甜水会增加左脑的电位活动，而给婴儿喝酸水，会增加右脑的电位活动。

2．从价值的正负方向的角度划分

从价值的正负方向的角度，情感可分为正向情感和负向情感。

正向情感是指由于正向价值的增加或负向价值的减少而使人产生的情感体验，如欣喜、崇拜等；负向情感是指由于正向价值的减少或负向价值的增加而使人产生的情感体验，如烦躁、抑郁等。

3．从价值的强度和持续时间的角度划分

从价值的强度和持续时间的角度，情感可分为心境、热情、激情与应激。

心境是指强度较低但持续时间较长的情感，它是一种微弱、平静而持久的情感，如郁郁寡欢、情绪低落等。热情是指强度较高但持续时间较短的情感，它是一种强有力、稳定而深厚的情感，如孜孜不倦。激情是指强度很高但持续时间很短的情感。与热情不同的是，激情是一种猛烈、迅速爆发、短暂的情感，如狂怒、愤恨等。在激情状态下，人能做出正常状态下做不出来的事情，它可能使个体发挥出自己意想不到的潜能，也可能使人的认知能力变弱。所以说，积极的激情状态使人亢奋，消极的激情状态使人的行为失控，甚至发生破坏性行为。激情的作用见表7-1。

表7-1 激情的作用

	激情的正向作用	激情的负向作用
作用	使人亢奋，增加正向的心理能量，提高工作效率，开发创造思维	使人的行为失控，甚至发生破坏性行为
实例	作家在创作中，尽情泼墨，一吐胸志，浑然忘我； 刘翔在运动场上敢于拼搏，勇夺金牌	鲁提辖拳打镇关西； 问题青年，酒后滋事，一时冲动，对人大打出手

所谓应激或应激反应，是指机体在出乎意料的紧迫与危险情况下引起的高速而高度紧张的情绪状态，是各种内外环境因素及社会、心理因素刺激时所出现的全身非特异性适应反应。例如，洗澡时过冷或过烫的水都会刺激机体的皮肤，皮肤起鸡皮疙瘩就是机体的应激性适应反应。应激的最直接表现即精神紧张，程度重的应激反应还有血压升高、心跳加速、呼吸急促等躯体症状。而上述刺激因素称为应激源。应激源既有环境性的，如高温、

低温、突然的噪声、辐射;也有社会性的,如重大的生活事件、难于适应的社会变革、重大自然灾害(地震、海啸)的突然发生。

4. 从价值主体的类型的角度划分

从价值主体的类型的角度,情感可分为个人情感、集体情感和社会情感。

个人情感是指个人对事物价值的感受而产生的情感体验。集体情感是指集体成员对事物价值的感受所产生的合成情感。阶级情感就是一种集体情感,如无产阶级革命情感。社会情感是指社会成员对事物价值的感受所产生的合成情感,如民族情感就是一种典型的社会情感。

5. 从价值的目标的指向角度划分

从价值的目标的指向角度,情感可分为对物情感、对人情感、对己情感和对特殊事物的情感四大类。

1) 对物情感

一般事物对于人的价值是一个变量,它有两种变化方式:一是价值增加(包括正价值增大或负价值减小);二是价值减少(包括正价值减小或负价值增大)。对应着每个价值变化方式还有4种变化时态:过去、过去完成、现在和将来。根据事物价值的不同变化方式和变化时态,对物情感可分为8种具体形式,见表7-2。

表7-2 对物情感的8种具体形式

时态 \ 价值的变化方式	价值增加	价值减少
过去	留恋	厌倦
过去完成	满意	失望
现在	愉快	痛苦
将来	企盼	焦虑

2) 对人情感

对他人的情感不仅与他人价值的变化方式和变化时态有关,而且还与他人的利益相关性有关。根据他人价值的不同变化方式、变化时态和利益相关性,对人情感可分为16种具体形式,见表7-3。

表7-3 对人情感的16种具体形式

时态 \ 利益相关性	利益正相关		利益反相关	
	增加	减少	增加	减少
过去	怀念	痛惜	怀恨	轻蔑
过去完成	佩服	失望	妒忌	庆幸
现在	称心	痛心	嫉妒	快慰
将来	信任	顾虑	顾忌	嘲笑

3）对己情感

人对自己的情感取决于自身价值的变化方式和变化时态。根据自身价值的不同变化方式、变化时态，对己情感可分为8种具体形式，见表7-4。

表7-4 对己情感的8种具体形式

时态	价值的变化方式	
	价值增加	价值减少
过去	自豪	惭愧
过去完成	得意	自责
现在	开心	难堪
将来	自信	自卑

4）对特殊事物的情感

有些事物具有某种特殊的价值意义，从而引发人的某种特殊情感。例如，对他人评价的情感，有惭愧与委屈、别扭与羞辱等；对交往活动的情感，有施恩与负疚、屈辱与解恨等；对不确定事物的情感，有关注、冷漠与警惕等。

6. 从价值的作用时期的角度划分

从价值的作用时期的角度，情感可分为追溯性情感、现实性情感和期望性情感。

追溯性情感是指人对过去事物的情感，包括留恋、感怀、遗憾等；现实性情感是指人对现实事物的情感，如肯定、乐观；期望性情感是指人对未来事物的情感，包括期待、自信、绝望等。

7. 从价值的动态变化的角度划分

从价值的动态变化的角度，情感可分为确定性情感和概率性情感。

确定性情感是指人对价值确定性事物的情感，如确信、深信无疑；概率性情感是指人对价值不确定性事物的情感，包括迷茫感、神秘感、无助感、不可测感等。

8. 从价值的层次角度划分

从价值的层次角度，情感可分为温饱类、安全与健康类、人尊与自尊类和自我实现类情感四大类。

温饱类情感包括酸、甜、苦、辣、热、冷、饿、渴、疼、痒、闷等；安全与健康类情感包括舒适感、安逸感、快活感、恐惧感、担心感、不安感等；人尊与自尊类情感包括自信感、自爱感、自豪感、尊佩感、友善感、思念感、自责感、孤独感、受骗感和受辱感等；自我实现类情感包括抱负感、使命感、成就感、超越感、失落感、受挫感、沉沦感等。

9. 从事物基本价值类型的角度划分

从事物基本价值类型的角度，高级情感可分为真假感、善恶感和美丑感和宗教感4种。

这是人们通常所说的高级情感。真假感是人对思维性事物（如知识、思维方式等）所产生的情感。通常人们也将真感称为理智感。理智感是在认知活动中产生和发展起来的情感体验，旅游者的理智感是旅游者评价自身或他人的思想、意图和行为时所产生的一种情感体验。理智感并不是单纯的意指理性的判断，更多的是一种综合感悟。例如，一位旅游者攀登黄山，面对仙境般的风光会表现为求知欲、好奇心、进取心、求新欲、自信感、确定感等理智情感，有些旅游者发出"五岳归来不看山 黄山归来不看岳"的感叹，有些旅游者发出"智者乐水，仁者乐山"的感叹，这些都是旅游者面对天造地化、瑰丽无比的景观，情不自禁地为之赞叹、遐想、感叹、比兴，是一种掺和着复杂的情感体验在内的一种高级心理活动。

善恶感是人对行为性事物（如行为、行为规范等）所产生的情感，这是道德感产生的基础。通常人们也将善感称为道德感。道德感是人依据一定的道德需要和规范评价自己和他人的言行时所产生的情感体验。道德感是一种高级情感。同情、反感、眷恋、疏远、尊敬、轻视、感激、爱、憎、背信弃义等属于道德感；同志感、友谊感、爱国主义感、集体主义感，也属于道德感。道德感和道德信念、道德判断密切相关。因而不同的时代有不同的道德标准，道德感具有明显的社会性和阶级性。在社会主义国家，崇尚爱国主义、集体主义、见义勇为和互帮互助等道德情感。

美丑感是人对生理性事物（如生活资料、生产资料等）所产生的情感。美感是指人们通过自身的审美标准对外部的刺激进行对比，从而产生的愉快、满足、爱慕的情感体验。美感是理性的、直觉的，审美意识的不同来源于个人的文化修养和人格区别，也来自外界环境的影响。旅游者的美感是指具有一定审美观点的旅游者对旅游活动中的审美对象（旅游景观或他人、自己）的美进行评价时产生的一种肯定、满意、愉悦、爱慕的情感体验。旅游者美感的形成受多种因素的影响。美感是旅游者的一种主观态度，首先它会受到个人的需要、观点、标准、能力因素的影响。例如，同样是观光西湖，不同的旅游者眼中对其评价和主观体验存在很大差异。另外，美感还受到审美对象的属性的影响。例如，大多数自然风光所展现的自然美，以及优秀的建筑物、工艺品等展现的形式美，就被全人类公认为是美。最后，引起旅游者美感产生的客观刺激也会对旅游者美感的形成产生影响。例如，审美对象西湖对旅游者的感官刺激、文化景观的思想内容，甚至导游员的行为举止、言谈思想和情感等也会对旅游者美感的形成产生影响。

宗教感是人们信仰超自然对象，表现出一种严肃、敬畏、神秘、依赖的特殊感受。因为宗教感是信徒的重要情操之一，他们往往对自己所敬奉的神灵是又爱又怕，所以体现出一种敬畏感。由于这种超越自然的力量似乎不能解释，所以它又是神秘的。某些宗教的信徒非常严肃地祭拜自己的神灵，认为神灵可以解决一些现实中无法解决的问题，从而对其产生依赖感。

7.1.3 情绪的特征

情绪是情感领域中最活跃、也是研究最多的方面。与其他心理现象相比，情绪有一系列的特征。了解情绪的特征，有利于企业在旅游实践活动中更好地认识和把握旅游者及自己的情绪现象。

1. 情绪的生理特征

心理是人脑的机能，各种心理现象的背后都有一定的生理基础，都会在大脑发生一些变化，情绪也不例外。但与其他心理现象不同的是，情绪发生时，个体身体内部会出现一系列明显的生理变化，这是情绪的一个重要特点，人们称之为情绪的生理特征。通过生化仪器等辅助设备，可以观测到由情绪的变化引发的生理指标的变化。

内部情绪变化会导致一个人的内部生理指标和外部表情都发生变化。情绪发生时的生理变化主要是通过人体内自主神经系统中的交感神经和副交感神经的颉颃作用导致的，表现为包括呼吸系统、血液循环系统、消化系统、内外分泌系统，以及脑电、皮肤电反应等在内的一系列变化，如紧张时手心出汗、愤怒时心跳加速。生理心理学家通过皮肤电、心率、血压、呼吸、脑电图等指标来测量情绪的变化程度。例如，强烈的情绪可以引起心率加快、血管收缩或扩张，进而导致血压升高或下降，呼吸变得急促或节律失常，有些人会出现消化系统功能减弱、血糖分泌、肾上腺素分泌、汗腺分泌增加或减弱等变化，产生腹泻、尿频、全身肌肉组织扩张等反应。正因为情绪具有上述生理特征，心理学家威廉·詹姆斯（William James）认为情绪是人对自己身体变化的感知觉，C. G. 兰格（C. G. Lange）则认为情绪是一种内脏反应。情绪的生理特征如图 7.3 所示。

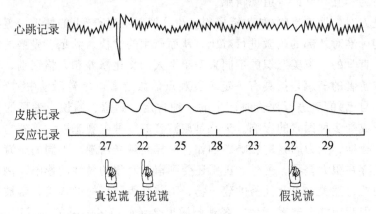

(a) 说谎时人的生理反应

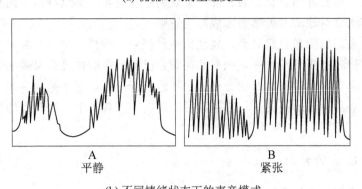

(b) 不同情绪状态下的声音模式

图 7.3　情绪的生理特征

2. 情绪的外显特征

情绪并不像人的认识过程一样发生在人脑内部。例如，人们思考着什么、记忆着什么、想象着什么，旁人仅通过观察是无从得知的。而情绪这种心理现象只能通过一个人的外部表现的变化而得知。情绪和情感的外部表现形式即人的表情。外部表情的变化是人的内部情绪变化的重要表现。人们可以通过一个人的面部表情、言语表情和肢体表情来鉴别、解析一个人的情绪和情感，如喜笑颜开、怒形于色、眉飞色舞。

面部是最有效的表情器官，面部表情主要通过面部肌肉、腺体和面色的变化来反映情绪，以眉、眼、鼻、嘴及面颊肌肉的变化为主，一般来说，面部各个器官是一个有机整体，协调一致地表达出同一种情感。

而语言本身可以直接表达人的复杂情感，如果再配合以恰当的声调（如声音的强度、速度、声调、旋律等），就可以更加丰富、生动、完整、准确地表达人的情感状态，展现人的文化水平、价值取向和性格特征。判断人的说话情绪和意图时，不仅要听他说些什么，还要听他怎样说，即从他说话声音的高低、强弱、起伏、节奏、音域、转折、速度、腔调和口误中领会其言外之意。语言交谈能够沟通思想，促进相互了解，语言的声调使语言本身具有更多的感情色彩，从而揭示出人的思想、感情和意向的精微之处，而这非词汇所能完全表达的。

肢体表情是指人的情感状态、能力特性和性格特征，有时可以通过身体姿态和四肢动作自发地或无意识地表达出来，人的脸就是思维的画板，人的感觉会在一颦一笑中表露无遗，其中的细微差别是无法测量的。

当然，人们从面部表情、言语表情和肢体表情得知的仅仅是一个人的情绪，而无从得知其大脑中的内部认知变化。

3. 情绪的两极性

美国心理学家 R. 普拉切克（R. Plutchik）提出了情绪三维模式，如图 7.4 所示，反映了情绪在强度上的变化及彼此之间的对立性质。人的情绪在极性、性质、强度、紧张度、激动度等各个方面都存在着两极状态，这就是情绪的两极性。从极性上看，有肯定情绪（如快乐、高兴、满意、兴趣等）和否定情绪（如悲伤、烦恼、愤怒、厌恶等）。从性质上看，有积极情绪和消极情绪之分。积极情绪与社会利益相符，有利于个性发展；消极情绪则与社会利益违背，有碍于个性发展。值得一提的是，积极情绪可以是正情绪，也可以是负情绪，消极情绪也同样如此，情绪的性质和情绪的极性不是一回事。例如，愤怒是负情绪，但对敌人愤怒是积极情绪，而教师对学生动辄发怒，则是消极情绪；同样，愉快是正情绪，但出于幸灾乐祸的愉快则是消极情绪。从强度上看，又有强弱不同的情绪之分，从紧张度上看，有紧张和轻松的不同情绪之分。从激动度上看，又有激动与平静的两极性之分等。

4. 情绪的情境性

情绪的情境性，又被称为情绪的波动性。在日常生活中常有这样的情况，某人情绪不好时，家人会劝他出去走走，换一下环境来调节情绪。原因是人的情绪无论是基本情绪还是复杂情绪，都会随所处情境的变化而变化，这就是情绪的情境性特征，并且这种变化总在情绪的两极之间发生（这由前述的情绪两极性决定），所以从另一角度看，情绪也就会出现波动。

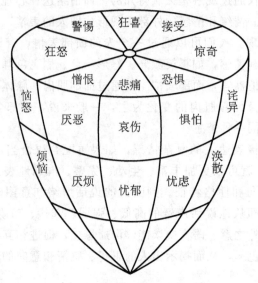

图 7.4　普拉切克的情绪三维模式

7.1.4　情绪、情感的作用

1. 动力功能

情绪、情感对人的行为活动具有促进或阻碍的功能。现代心理学研究表明，情感不只是人类实践活动中所产生的一种态度体验，而且对人类行为的动力施加直接的影响。一项对 11～15 岁青少年的实验研究更以量化手段揭示了正情绪和负情绪对实际活动所产生的增力和减力作用。该实验让男、女青少年进行 400 米短跑，采用鼓励组和挫折组相对照的办法。结果鼓励组情绪高涨，成绩提高，而挫折组情绪低下，成绩降低，两者差异显著。这表明，在同样有目的、有动机的行为活动中，个体情绪的高涨会影响其活动的积极性，在高涨情绪下，个体会全力以赴，努力奋进，克服困难，力达预定目标；在低落情绪下，个体则缺乏冲动和拼劲，稍遇阻力，便畏缩不前，半途而辍。

2. 调节功能

早在 20 世纪 50 年代，心理学家唐纳备·O. 赫布（Donald O. Hebb）就发现，一个人的情绪唤醒水平和认知操作效率之间似乎存在着一种非线性关系。当情绪唤醒水平较低时，有机体得不到足够的情绪激励能量，认知操作效率不高。随着情绪唤醒水平的上升，其效率也相应提高。但唤醒水平上升到一定的高度后，再继续上升，情绪激励的能量过大，使人处于过度兴奋状态，反而影响效率。这样，便存在着情绪唤醒水平的最佳点——中等程度的情绪唤醒水平最有利于认知操作活动。此后，心理学家不仅用实验证实了赫布所指出的那种关系，而且发现情绪唤醒水平的最佳点随智能操作活动的复杂性而变化。在实验中设置 3 种难度的智能操作活动,结果发现,活动越复杂,唤醒水平的最佳点越偏低。这就是反映情绪强度与认知操作活动效率之间关系的耶尔克斯-道森定律,如图 7.5 所示。根据这一定律,人们在进行认知操作活动时,情绪强度不宜过高和过低,应保持中等水平,并且这一适中点还应根据认知操作活动难度作相应调整,难度大的活动,情绪强度的适中点偏低些,难度小的活动,情绪强度的适中点偏高些,这样才能积极发挥情感对认知操作活动的调节功能。

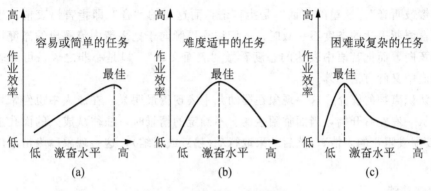

图 7.5　耶尔克斯-道森定律

注：人或动物的神经系统在高度兴奋和高度抑制之间有不同的水平,称为激奋水平。

所以说,情绪、情感对一个人的认知操作活动具有组织或瓦解的功能,情绪的性质会影响人的认知操作活动。一般而言,快乐、兴趣、喜悦之类的积极情绪有助于促进认知操作活动,而恐惧、愤怒、悲哀之类的消极情绪会抑制或干扰认知操作活动。

3. 信号功能

一个人的情绪、情感能通过外显表情而具有信息传递的效能。在人际知觉和沟通过程中,一个人不仅能凭借言语系统传递信息,而且也能凭借非言语系统,如肢体语言传递自己的思想和愿望。人们常常认为人的非言语系统是不重要的,数量较少的,但是事实并非如此。美国传播学家艾伯特·梅拉比安(Albert Mehrabian)通过实验把人的感情表达效果量化成了一个公式：100%的信息传递＝7%的语言＋38%的语音＋55%的肢体态势。从以上公式可以看出,情绪、情感中的一些表现在沟通中具有重要的功能,它能补充、强调、调整或替代言语信息。这就是情绪、情感的信号功能。

研究表明,情感的信号功能在传递信息方面具有一系列独特的作用,主要表现为以下几点。

(1) 加强言语的表达力。在人际交往过程中,表情伴随言语,能对言语进行必要的补充、丰富、修正和完善,从而提高说话者的表达能力,帮助他人更好地理解说话者的言语内容。同时,表情具有一定的直观性、形象性,也有助于说话者借以表达一些较为抽象的言语,使听者较容易接受、领会。

(2) 提高言语的生动性。没有表情的言语,即使是再优美的语言,仍给人以呆板、平淡、缺乏生气和活力的印象。而富有表情的言语,则会使一句极普通的话语顿时被赋予了诱人的魅力。例如,导游词写得十分有文采,如果没有丰富的情绪来传达,也是不会拉近听者的心理距离的。

（3）替代言语。由于表情能传递一个人的思想感情，所以在许多场合，它可以单独承担信息交流职能。表演艺术上的早期无声电影和现代哑剧、课堂教学中师生之间的种种体态语言的运用引起的思维碰撞便是这方面的典型。

（4）超越言语。人类表情发展到今天，已极为丰富，它能比言语更细腻、入微、传神地表达思想感情，甚至比言语更富有真实感。人们在交流时，事实上存在着两个层次上的信息交流，第一个层次是通过言语实现的，第二个层次是通过表情实现的。常言道，"听话听声，锣鼓听音"。这里的"话"是指言语，而这里的"音"即指言语表情。当一个人的表情与言语所表达的态度不一致时，人们往往更倾向于把表情中流露出的态度视为其真正的内心意向，而把言语中表达的态度看做"表面文章"、口是心非之说。可见表情在人际信息交流中又胜言语一筹。

（5）认识事物的媒介。这一现象在婴幼儿中表现得最明显，在成人中也经常发生。例如，婴儿从一岁左右开始，当面临陌生的、不确定的情景时，往往从成人的面孔上寻找表情信息（鼓励或阻止的表情），然后才采取行动（趋近或退缩），这一现象称为情绪的社会性参照作用。

4. 保健功能

情绪、情感对一个人的身心健康有增进或损害的效能。情绪的生理特征已告诉人们，当一个人发生情绪时，其身体内部会出现一系列的生理变化，而这些变化对人的身体影响是不同的。一般说，在愉快时，肾上腺素分泌适量，呼吸平和，血管舒张而使血压偏低，唾液腺和消化腺分泌适中，肠胃蠕动加强等，这些生理反应均有助于身体内部的调和与保养。但焦虑时，肾上腺素分泌过多，肝糖原分解，血压升高，心跳加速，消化腺分泌过量，肠胃蠕动过快，乃至出现腹泻或大小便不自主泄出，这一切又有碍身体内部的调养。倘若一个人经常处于某种不良情绪状态，久而久之便会影响一个人的身体健康。因此，良好的情绪情感对一个人的身体健康具有保健功能。

5. 感染功能

心理学研究表明，一个人的情感会影响他人的情感，而他人的情感也能反过来再影响这个人的原先情感。这就使人与人之间的情感发生相互影响，因此情绪具有感染功能。这种现象也称移情或情感移入。日常生活中还可以看到，当一个人的情绪引起另一个人完全一致、且有相当强度的情绪时，人们称之为情感共鸣。其实，这就是最典型的移情现象。情绪情感的这一功能为情绪情感在人际间的交流、蔓延提供了可能性，使个体的情绪社会化，同时也为通过情感来影响、改变他人情感而开辟了一条"以情育情"的途径。

6. 迁移功能

一个人对他人的情绪情感会迁移到与此人有关的对象上。当一个人对他人有感情，那么对他人所结交的朋友，所经常使用、穿戴的东西，也都会产生好感。这似乎是把对他人的情感迁移到他人所接触的人和物上。这便是情感的迁移现象。"爱屋及乌"即是指这一独特的情感现象。例如，旅游者因喜欢丽江之美进而喜爱云南，就是情绪情感的迁移功能的表现。

知识链接 7-2

情绪智力[①]

情绪智力又称情感智力、情感智慧和情绪智能,由美国耶鲁大学的彼得·萨洛威(Peter Salove)和新罕布什尔大学的梅耶(John Mayer)提出的,含义是个体对自己与他人的情绪和情感掌控、识别和利用,并将获得的有关情绪的信息用于指导自己的思想和行为的能力。

(1) 萨洛威认为,情绪智力主要表现在5个方面。

① 对自身情绪的认识能力。能准确地了解个人的感觉、情绪、情感、动机、性格、欲望和价值取向等,并在作出行为之前以来自个人情绪的信息为行为指向。

② 对自身情绪的管理能力。能够认识自己的快乐、愤怒、恐惧、喜爱、惊讶、厌恶、悲伤和焦虑等多种情绪体验,并可以协调自己的情绪,如自我安慰、自我减压等。

③ 懂得自我激励和自我约束。能够了解自己的需要,可以积极面对自己希望实现的目标,长时间保持对目标和追求的高度热忱、专注,懂得自我勉励、自我说服和自我约束。

④ 能够识别他人的情绪状态。能够了解对他人的各种感受,具有敏锐的直觉,懂得换位思考并快速地判断出他人的情绪,能对他人的情绪、性格、动机、需求等作出适度的反应。

⑤ 善于管理人际关系。善于通过他人的表情来判定其内心感受,能够与任何人愉快相处,具有领导力,可以协调多人之间的关系,并通过合作完成共同的目标。

(2) 正确解读情绪智力。

情绪智力的水平不同于智力水平,与先天遗传没有关系,也不是在儿童早期阶段形成和定型的,而是伴随人们一生的发展而变化的。情绪智力可以通过人们不断地学习得到改善。情绪智力没有性别差异。一般来说,女性较之男性更能清醒地意识到自己的情绪,更富有同情心和擅长人际交往;男性则更为自信、乐观,易于适应环境的变化和应付各种压力。客观地说,男性和女性在情绪智力方面各有优势和不足。

情绪智力与智力和技术因素相比,就企业领导而言,拥有高超的情商能力可以在工作中更胜人一筹。情绪氛围的营造将使个人和企业共同获利。

7.2 旅游者的情绪、情感与旅游消费

7.2.1 旅游者的情感体验

旅游情感体验的内容主要包括两大类,即对他人情感的体验和对自我情感的体验。旅

[①] 资料来源:http://wiki.mbalib.com/wiki/Emotional_intelligence.

游情感体验中,也有对物的情感体验。物本无情,物的情感来自于人的情感投射,对物的情感体验可纳入他人或自我情感体验中。

1. 对他人情感的体验

旅游动机的萌发很大一部分原因来自外部的诱因,即目标吸引的结果。这个目标的吸引就包括他乡情感的吸引。旅游情感体验是旅游者对情感的体验,体验是自己的,所体验的情感却可以是他人的。旅游者在旅游活动中体验到的他人情感主要来自他乡的冷暖,即旅游目的地居民的态度。

人们常能听到电视里的相关广告,如"大连欢迎你!"现代以来,在巨大经济利益推动下,很多地方都张开了热情洋溢的怀抱,以各种手段招徕着远方旅游者的到来。当然旅游者的出游固然不全是他乡热情吸引的结果,但一到目的地,却无论如何也避不开对他乡情感的体验。例如,前人留下的"忽闻歌古调,归思欲沾巾"(杜审言《和晋陵陆丞早春游望》);"古台摇落后,秋日望乡心"(刘长卿《秋日登吴公台上寺远眺》)这些脍炙人口的名句,即便是"××到此一游"的恶劣涂鸦,其深层动因也充满了对他乡情感的体验。当然,并非所有的旅游者都这样幸运。旅游目的地居民情况有时也消极地影响着旅游者的情绪,一些旅游者也体验到了他乡情感的冷漠、愤怒和敌对,甚至有些旅游目的地居民抗议旅游者的到来。这种带给旅游者的消极情感体验是很难磨灭的。

2. 对自我情感的体验

旅游者对他人情感的体验会激起旅游者产生新的情感,这种情感属于旅游者的,当这种情感被旅游者本人认识并引发旅游者产生一系列身心反应时,旅游者对他人情感的体验便转入对自我情感的体验。旅游者对自我情感的体验是多种多样的,从空间的角度看,既有对他乡的向往,也有对故国的眷恋,如归来之后,意犹未尽、故地重游者有之。从时间的角度看,既有对往古的思念,又有对现实的情怀。例如,杜甫的千古绝唱《蜀相》"丞相祠堂何处寻,锦官城外柏森森。映阶碧草自春色,隔叶黄鹂空好音。三顾频烦天下计,两朝开济老臣心。出师未捷身先死,长使英雄泪满襟。"写的就是杜甫游武侯祠时英雄悲愤的心情,也是自己悲愤情绪的宣泄。从人我的角度看,既有对自身的感怀,又有对众生的悲悯。如,"峰峦如聚,波涛如怒,山河表里潼关路,望西都,意踌躇。伤心秦汉经行处,宫阙万间都做了土。兴,百姓苦;亡,百姓苦"(元好问《山坡羊·潼关怀古》)。这是元好问过潼关的自身情感体验。又如"前不见古人,后不见来者。念天地之悠悠,独怆然而涕下"(陈子昂《登幽州古台》)。这是唐初诗人陈子昂登幽州古台的情感体验。

7.2.2 旅游者情绪、情感的特征

由于旅游活动发生在异地,所以旅游者的情绪会表现出一些特别的特征。具体而言,旅游者情绪具有以下特征。

(1)旅游者情绪具有兴奋性高的特征。旅游者初到一个陌生的地方,暂时忘却了原来的烦恼,被压抑的情绪释放了出来,兴奋的情绪洋溢在言谈举止中。优秀的导游员会使用各种手段维持旅游者的这种兴奋情绪。

（2）旅游者情绪具有感染性强的特征。即旅游团队中一部分旅游者的情绪会在不经意间传染给其他旅游者，导游员的良好情绪或不良情绪也会传染给旅游者。由于旅游者处于全新的陌生环境中时，情绪体验一般比较强烈，受暗示性强，如果不良情绪存在，很容易被感染，并极易产生认识偏差，导致行为为情绪所控制的情绪化行为。旅游者的情绪化行为就易造成不良后果。因此，对于旅游团的整体情绪氛围的调控就显得尤为重要。

在有些突发事件发生之后，如飞机晚点、汽车抛锚、突遇暴雨，行程可能会有所改变甚至放弃某些旅游项目。旅游者刚开始的情绪可能还比较稳定，但他们失望和愤怒的情绪会悄悄地在旅游团内扩散，旅游者之间的闲聊和相互报怨、窃窃私语及对旅行社的议论随时有可能发生，这时旅游团内一些旅游者的情绪会受到旅游团内非正式领导人物情绪的感染。导游员一定要意识到旅游者消极情绪的感染性，并采取积极有效的措施来化解旅游者的不满。例如，及早深入到旅游者中间了解民意并开导，及时切断不良情绪的感染路径，否则旅游者的不良情绪不仅会针对事件本身，甚至会对导游员、旅行社的动机产生质疑。

（3）旅游者情绪具有短暂多变性。由于在旅途中旅游者会观光到很多日常生活中不容易看到的事物和人文风情，旅游者对事物的注意往往是短暂的，从而导致旅游者的情绪的多变。旅游者情感情绪的短暂多变性主要体现在以下两个方面：首先，把旅游者作为个体来看，在整个旅游活动中，同一个旅游者，在刚到旅游目的地的时候，更多的是紧张不安、兴奋的情绪体验，在游览参观的途中可能体验到轻松愉快的情绪，旅游快结束的时候，重新体验到紧张和兴奋的情绪，但和初到旅游目的地时体验到的紧张和兴奋又不完全一样。其次，在同一个旅游团中，不同性别、年龄、不同社会阶层旅游者其人格特征千差万别，因此，对于同样的旅游景点或同一名旅游服务人员提供的服务，每个旅游者的情绪体验上也会存在显著的差异，有些旅游者会在整个旅途中体验到兴奋和快乐，而有些旅游者却觉得这次旅游完全是不开心的旅游。这就要求旅游服务人员在对旅游者服务时必须对不同的旅游者的情绪表现加以细心鉴别，这是旅游从业人员提供个性化服务的心理学基础。

（4）旅游者情绪还具有稳定性与波动性并重的特征。旅游者外出游玩，兴奋的心境是基本稳定的，但旅游者的情绪还具有波动性。波动性主要表现为两极化，遇到自己喜欢的景观，有些旅游者可能会情绪高涨，激动不已；如果遇到飞机晚点或宾馆停电等特殊情况，有些旅游者可能会垂头丧气，甚至迁怒于旅游服务人员。

7.2.3　影响旅游者情绪、情感体验的主要因素

旅游就是人们为了满足某种精神和物质需要，离开常住地到异国他乡进行短暂停留，把自己在定居地挣到的钱拿到旅游地去消费，并希望自己在消费的过程中得到心灵的满足。旅游者在旅游消费过程中，有着强烈的情感需求，如安全需求、被尊重的需求、被重视的需求，因此旅游服务人员在接待服务工作中应具备相应的情感素养，通过自己的服务满足旅游者合理需求，使得旅游者能高兴地、自愿地消费，以此来增加企业的效益和甚至是地方的经济效益。所以说，旅游服务是情感服务。

但是，有很多原因影响着旅游者的情绪、情感，在不良情绪状态下，旅游消费的行为意愿会有所降低。例如，旅游景点的服务不周、人多拥挤等候买票、周边人们的不雅行为、住宿条件的不便、饮食的不习惯及服务态度不好、抑或是导游员的讲解或是行为不符合旅游者的想法，都有可能影响到旅游者的情绪情感。此外，气候原因，如阴天下雨，自身健康原因，如头痛生病等，也可能影响到旅游者的情绪情感。

（1）影响旅游者情绪、情感的首要因素是旅游者的需要是否得到满足。可以说，旅游者的需要是否获得满足决定着旅游者的情绪情感的性质是肯定还是否定。因此旅游工作人员要预见凡不能满足旅游者的需要或可能妨碍其需要得到满足的事件并事先准备好应急措施，如路上堵车、饮食不合口味，都会引起旅游者否定的情绪。在此期间的旅游服务工作和服务语言应更人性化。

（2）影响旅游者情绪、情感的另一重要因素是旅游者的认知特点。旅游者的情绪总是伴随着一定的认知过程而产生的，因此，同一事物，由于旅游者个体认知差异的存在，对其评价可能不尽相同，由此产生的情绪情感也有细微差别。

（3）旅游者的情绪情感还受到旅游者归因方式的影响，旅游者不同的归因方式会引发不同的情绪情感。例如，导游员规定一个小时的自由活动时间，一小时后，一位旅游者还没回来。此时，不同的旅游者内心可能会出现不同的归因方式，如"怎么还不回来，是不是发生什么事了！"、"这个人肯定没看表，不知道现在几点了！"、"真倒霉，和这样的人一起游玩，耽误时间！"、"导游员的组织能力可真有问题！"……这样，不同的情绪情感都会出现。在此人们把归因方式简单分为外部归因和内部归因两种类型。在旅游服务中难免出现服务缺陷，如果旅游者将其归因于外部不可控的原因（恶劣的天气，即通常所说的"不可抗力因素"），旅游者相对来说更容易被唤起同情和感激等类似的情感，一般不会产生不满意、不愉快和挫折感；但如果旅游者认为旅游服务缺陷的产生是内部可控的（如旅行社安排的导游员经验不足），将很容易导致旅游者愤怒、生气的情绪体验。因为这种归因牵涉到对旅游服务企业和个人的责任感的推断。当旅游者对旅游服务缺陷进行可控的内部归因时，往往对旅游企业的形象具有很大的破坏性，不仅导致旅游者以后回避该旅行社提供的服务，而且会导致旅游者采取系列手段主动讨回"公道"。例如，饭店的上菜出现了延误，服务人员首先要做的不是找借口，而是立即予以道歉并表示餐费可以适当减少，则旅游者很可能就能原谅该延误，因为这时候旅游者很少会把原因归结为可控的内部原因——责任心和其他稳定的因素，于是愤怒和不满情绪可能随即爆发。

旅游者的归因方式影响旅游者的情绪和情感状态，这提醒旅游企业和旅游服务人员：①在出现旅游服务缺陷以后，一定要做出诚恳的道歉，同时给予赔偿，并及时安抚旅游者的情绪；②旅游服务人员在整个旅游活动过程中要随时敏感把握旅游者的言语表现，并预测可能的情绪状态，当遇到消极的言语表现和情绪状态时，一定要及时应对，有效解决问题，全力挽回局面。对旅游者的言语表现、面部表情、姿态表情的情绪状态观察分析指导分别见表7-5～表7-7。

表7-5 旅游者的言语表现及情绪状态观察分析指导

旅游者的言语表现	旅游者可能的情绪状态或体验
请您……	随和、愉快、理智
您是否……	愉快、高兴
我想要……	清楚、明确的期望,可能是愉快的或要求很高
我说的是……	困难的、要求很高
我听到的不是如此	不耐烦、沮丧、争论、气愤
语调低沉、缓慢	自然、随和或疲倦
语调欢欣	高兴、愉快
语调高低起伏	不耐烦、不高兴、找麻烦的
强烈、大声	愤怒、生气

表7-6 旅游者的面部表情及情绪状态观察分析指导

旅游者的面部表情	旅游者可能的情绪状态或体验
眉眼低垂	不感兴趣、悲伤
眼睛圆睁、牙齿外露	愤怒
眼睛圆睁、眉毛上扬且紧锁	恐惧
嘴角上翘,眉毛微微上扬	舒服、惬意、高兴和愉快

表7-7 旅游者的姿态表情及情绪状态观察分析指导

旅游者的姿态表情	旅游者可能的情绪状态或体验
挺立着	坦率、直爽
弯腰驼背	疲倦、被冒犯、不耐烦、不高兴
膝盖晃动、手指关节作响	不耐烦
走路迅速	热情、要求很高
说话或倾听时扬起眉毛	不喜欢或不相信对方
踱步	闲散、不慌不忙
歪头倾听	注意力集中、感兴趣

7.2.4 情绪、情感对旅游者其他心理及行为的影响

人是情感动物,旅游者更是在旅游过程中追求正面积极情绪体验的人。而旅游者的情绪、情感状态在很大程度上决定着他们的旅游动机、旅游态度和意志力。此外,旅游者的情绪状态对于旅游团队中的人际关系和心理氛围、旅游团的活动效率,甚至对他们的健康都存在着巨大的影响。

1. 情绪、情感影响旅游动机

旅游动机是指发动和维持人们外出旅游的一种心理倾向。旅游者的情绪状态对其旅游动机的影响是加强还是削弱,取决于他们在旅游途中体验到的情绪是正面的还是负面的。

一般说来，某一次旅游的愉快经历会促进他们再次出游的动机，而由不愉快的旅游经历引发的消极情绪可能会削弱他们在后续时间内的外出旅游动机。

2. 情绪、情感影响旅游者态度

旅游者态度是指旅游者以肯定或否定的方式评价某些人、事、物或状况时具有的一种心理倾向。旅游者的情绪体验也会影响他们的旅游态度。生理心理学家研究发现，当一个人心情好的时候，他的好心情会发生连锁作用，使整个神经系统都处于一个兴奋状态。在神经系统这种兴奋反应的作用下，他的外显行为和内心体验都会处于一种愉悦状态。这种愉悦状态会对他的心理变化产生一种"顺风跑步"的作用，旅游者在良好的心境状态下，他们对任何人和任何事都更可能作出肯定性的评价。由此，心理学家指出，在对方心情好的情况下提出请求，获得帮助的几率会更大。这就是心理学上的"好心情效应"。

反之，当旅游者产生了消极负面的情绪体验时，他们对任何人和任何事更容易作出不满意的评价。所以，旅游从业人员要有意识地帮助旅游者形成良好的情绪体验，避免其产生消极负面情绪，这样一来，他们就更容易对旅游从业人员的工作、对整个旅游地都表现出满意的态度。例如，在旅游者枯燥的乘车过程中，导游员一展歌喉唱首旅游目的地的民歌可打破烦闷的情绪，营造快乐心境，使旅游者形成积极的旅游态度。

3. 情绪、情感影响旅游行为的活动效率

心理学研究表明，人的情绪、情感状态会影响人们的活动效率，一般而言，情绪的紧张程度与活动效率之间呈一种倒 U 形曲线关系，即中等强度的情绪最有利于任务的完成。因此，让旅游者体验到适度的紧张最有利于旅游活动的完成。旅游者过于紧张固然有违他们出门旅行的目标，但如果旅游者情绪状态过于放松，容易导致旅游团队纪律差，旅游者时间观念淡漠而影响整个旅游行程的安排。同时，轻松、愉快的团队氛围也是旅游者体验愉悦情绪的重要环境，只有旅游者处于愉快的情绪下，旅游服务活动才能顺利展开。

4. 情绪、情感影响旅游者的意志力

旅游者的意志力是指人们为了完成旅游活动，自觉克服困难，坚持到底的一种心理能量。尽管旅游者出门不仅是为了寻求轻松和自由，也有寻求刺激、挑战自己的想法，如登比较陡峭的华山、爬万里长城就需要旅游者运用自己的意志力来完成旅游活动。如果旅游者的情绪状态良好，就更容易坚持登上山顶，反之因为某些原因，如手机丢失导致他们情绪低落时，爬山观光就要付出很大的心理能量，甚至不能胜任，表现为意志力薄弱。

5. 情绪、情感影响旅游中的心理气氛

人际关系是人们为了满足某种需要，通过交往而形成的彼此间的心理关系。旅游活动中的人际关系一般具有临时性和浅表性特征。在旅途中，导游员和旅游者之间、旅游者和旅游者之间的良好情绪会相互传染、暗示，形成良好的团队人际关系和心理氛围。反之，如果旅游团成员之间经常因为饭菜质量、房间安排而发生冲突，旅游意见无法统一，都可能拉远其心理距离，这会给其他旅游者也带来不愉快的情绪体验。

6. 情绪、情感影响旅游中的人际关系

旅游者不同的情绪、情感体验会在团队内引起不同的人际关系。积极正面的情绪状

态,如旅游者高涨的情绪会形成良好的旅游团内人际关系。如果导游员的情绪是抑郁的、烦躁的或者虚伪的,旅游者多数情况下会敏锐地觉察到,继而其情绪受到压抑,从而影响人际关系。

7. 情绪、情感影响旅游者的身体健康

"智者乐水,仁者乐山"。不同类型的景点对旅游者心理健康状态有不同的影响。心理学研究表明,负面情绪的持续存在和蔓延可能会引发人的心理和生理疾病。而外出旅游在很大程度上能够使人们获得快乐体验,紧张得到松弛,反之,旅游者在旅游活动中遇到突发情况,或处于应激状态时,其体内的与人体免疫能力相关的 T 细胞浓度会发生变化,内分泌失调,导致身体更容易生病。

7.2.5 旅游者情绪、情感的调控与激发

旅游者的情绪调控主要是指旅游从业人员管理和改变旅游者情绪的过程。在这个过程中,旅游服务人员通过一定的心理策略和机制,使旅游者的情绪在生理活动、主观体验、表情行为等方面发生一定的变化。有经验的优秀导游员很善于有效控制整个团队中的消极情绪,激发旅游者的积极情绪和情感,这也从侧面能够反映出其服务水平的高低。

旅游者外出旅游是为了放松身心、追求愉悦体验,因此,调控旅游团内的消极情绪就显得非常必要。旅游从业人员要多花时间和精力去关心和了解旅游者的情绪状态。有些旅游者面对服务缺陷,会马上跳出来扩大事态,并且提出过分的要求和赔偿目标,不达目的誓不罢休。这不仅影响正常的旅游秩序,也会引起全团不稳定的消极情绪状态。当旅游者消极情绪初见端倪,导游员就必须全力以赴地将其消灭在萌芽状态。例如,某导游员在出团的时候,一个客人因小事大声质问导游员:"你到底想怎么样处理这事!"导游员冲动之下同样地大声回应道:"我只想让你们(以下变为女孩特有的温柔语气)不生气,给我时间解决好这事。好吗?"说完并羞涩一笑,客人愣了一下随即大笑,问题顺利解决。又如,某导游员在车上给大家讲解的时候,突然有个两三岁的儿童大叫一声,车上出现了恐慌,以为发生了什么事,该导游员马上说:"谢谢,还是我们比较投缘,一般都是那种超级歌迷、发烧友才这样尖叫呢!谢谢你的支持。"说完后他还特意走过去和那个小客人握了握手,车上的客人不禁都大笑起来,活跃了当时车上的气氛。

本章小结

旅游者是富有感情的人,而旅游活动是一种高频率的人际交往活动。在旅游交往活动中,人与人之间不仅仅时刻进行着言语信息的交流,伴随更多的是情绪、情感的交流与影响,这种情绪、情感的影响不仅体现在旅游者与旅游者之间,也广泛体现在导游员与旅游者之间,因此旅游服务被称为"情绪行业"。

本章运用情绪、情感的原理对旅游者的情绪、情感与旅游消费,以及其对旅游者行为的影响进行了研究,分析了影响旅游者情绪、情感的因素,同时提出了激发与调控旅游者情绪、情感的策略。因而了解并掌握相关知识,可以有效提升旅游从业人员的服务质量。

章前案例解析

情绪和情感是以人的需要是否满足为标准而产生的一种心理活动。当人们的愿望和需要得到满足的时候，会有积极、肯定的情绪，当人们面对失败、失意的时候，会有消极、否定的情绪，所以说情绪是人们心理活动的"晴雨表"，是同生理需要相联系的人与动物都具有的比较不稳定的一种心理现象。对于旅游企业而言，准备掌握不同旅游者的差异化需求，进而调整实施各项策略使其得以满足，将最大化提升旅游满意度，对旅游企业形象的树立、客源市场的稳定等都将起到积极作用。

旅游者的情感体验内容主要包括对他人情感的体验和对自我情感的体验两类：①旅游者对情感的体验，体验是自己的，所体验的情感却可以是他人的。旅游者在旅游活动中体验到的他人情感主要来自他乡的冷暖，即旅游目的地居民的态度。②旅游者对他人情感的体验，会激起旅游者产生新的情感，当这种情感被旅游者本人认识并引发旅游者产生一系列身心反应时，便转入对自我情感的体验。从空间的角度看，既有对他乡的向往，也有对故国的眷恋，如旅游归来之后，意犹未尽、故地重游者有之；从时间的角度看，既有对往古的思念，又有对现实的情怀；从人我的角度看，既有对自身的感怀，又有对众生的悲悯等。

复习思考题

一、名词解释

情绪　情感　心境　热情　激情与应激

二、选择题

1. 下列属于情感的外部表现有（　　）。
   A. 适应性运动　　B. 面部表情　　C. 言语表情
   D. 身体表情　　　E. 无关运动的停止

2. 对于他人和自己的行为举止是否符合社会道德要求而产生的情感体验是指（　　）。
   A. 道德感　　　B. 理智感　　　C. 激情　　　D. 心境

3. 下列属于人的高度紧张的情绪状态的是（　　）。
   A. 美感　　　　B. 应激　　　　C. 道德感　　　D. 理智感

三、判断题

1. 情绪和情感是人对客观现实的一种反映形式。　　　　　　　　　　　（　　）
2. 情绪是即时的，而情感是相对稳定的。　　　　　　　　　　　　　　（　　）

四、简答题

1. 哪些因素会影响旅游者的情绪、情感？
2. 简述情绪、情感的内涵。
3. 情绪、情感有哪些种类？

五、论述题
1. 旅游者的情绪、情感有哪些特征？
2. 情绪、情感对旅游者其他心理及行为有何影响？

六、案例分析

服务质量

前台登记员（当时柜台旁边没有别的客人）正在填写一张卡片，客人提着旅游包走了过来。"小姐，我要登记。"客人说。"稍等一会。"前台登记员回答道。大约过了两三分钟左右，她才抬起头来，拖长声调问道："什么事？"只见客人已是满脸阴云。

问题：
1. 前台登记员应如何提升自己的服务质量？
2. 在服务过程中，服务人员应注意客人的哪些心理现象？

8

学习目标

1. 掌握旅游消费者人格的概念与特征。
2. 了解人格怎样影响人们的消费行为。
3. 能够理解和掌握人格结构的基本理论。
4. 能运用基本理论分析和影响旅游消费决策。

导入案例

与"活人塑"的亲密接触

在北京大观园内,每逢旅游旺季都会有"活人塑"坐在"潇湘馆"门前,或在园内其他地方摆出相对固定的造型。如果你仔细观察过,应该会发现那些想和"活人塑"拍照的旅游者大致有四种不同的表现。第一类旅游者行动最迅速,一下子就从长廊的一边跳过去,跑到"人塑"前面去拍照,甚至搂住他们照相;第二类旅游者不那么冲动、冒失,但是他们很灵活,跨过长凳,走到"人塑"前面去拍照;第三类旅游者做事求稳妥,他们站在人塑的背后拍照;第四类旅游者也不跳,也不跨,也不绕,留在原地,与人塑保持一定的距离,远距离拍照,或者干脆不照。

【问题】

1. 结合与"活人塑"拍照旅游者的4类不同表现,分析其对应的气质类型。
2. 不同气质类型旅游者的旅游需求会有哪些差异?

8.1 人格概述

8.1.1 人格的概念及特征

前几章探讨的都是旅游者所共有的心理现象,如感觉、知识、动机、态度、情绪、情感,不论性别、年龄,每个人都通过这些心理活动认识外部世界。这一章将探讨每个人与众不同的一面——人格。

1. 人格的概念

人们都善于记忆信息,而有些人善于记忆事物的形象,有些人则善于透过形象看抽象的事物;有些人思维敏捷,有些人反应迟钝。凡此种种,不一而足。可见,每个人都有不同于他人的心理表现,没有哪两个人的人格是完全相同的。可以说,人格是各种心理特性的总和,也是各种心理特性的一个相对稳定的组织结构,在不同的时间和地点,它都影响着一个人的思想、情感和行为,使人具有区别于他人的独特的心理品质。

心理学中的人格与人们日常生活中的人格含义不尽相同。日常生活中，人们常说"他的人格不健全"、"白求恩是位人格高尚的人道主义战士"等。不难发现，日常生活中的人格含义可以从道德的角度、法律的角度、文学的角度赋予含义，而心理学中的人格探讨的是一个人区别于他人的稳定而统一的心理品质，是一个人的思想、情感及行为的特有模式。

2. 人格的特征

人格是千人千面的，具有独特性。但人格中的独特性并不是绝对的，独特性中也有共性的一面，生活在同一群体中的人，也许会有一些相同的人格特征。所以说，人格兼具独特性与整体性特征。

人格的整体性是指人格的各种心理特征，如能力、性格、气质都是彼此紧密联系、相互影响的，它们就像是人格这个母亲的孩子一样共同构筑成人格家庭。

人们通常所说的"江山易改，本性难移"，是针对人格的稳定性而言的，虽然随着社会生活环境的变化和一个人的不断发育成熟，一个人的人格会有些许变化，但总体来看还是比较稳定的。

人格还具有自然性特征。自然性是针对大脑的机能而言的。国外一些心理学家认为，人格与大脑的额叶部分有着密切的联系。在大脑迅速发育的童年也是塑造人格的关键时期。如果在童年期的孩子受到创伤性事件，如父母离异、失去亲人、地震、战争等，将深刻地影响着他的人格塑造，在以后的成年期，这些孩子很可能会有抑郁、悲观、焦虑等负面情绪，并影响着他一生的行为表现。

人格的社会性是与自然性统一的。也就是说，人格的形成要以神经系统的成熟为基础，并在一定的社会环境中形成。因而，一个人的人格必然会反映出他生活在其中的社会文化的特点，受到环境的影响。可以这样说，人格是被整个社会教育着、影响着、塑造着的。

综上所述，人格具有独特性、整体性、稳定性、自然性、社会性等特征。

3. 人格的结构

人格的结构是一个复杂的体系，它主要包含两种成分：一是人格的倾向性，二是人格的心理特征。人格的倾向性是就人格的动力层面而言的，如一个人的需要和动机是人格的动力和倾向，它决定着人对现实的态度，决定着人对认识对象的趋向和选择。人格的心理特征是就个体之间的差异而言的，是一个不同于他人的独特的心理面貌。人格的心理特征包括人的能力、气质和性格。

由于国内外心理学者对人格的概念与个性的概念在理解上有差异，所以在本书中分析人格构成的时候，基本上把人格等同于个性，把能力、气质、性格看做人格心理特征或个性心理特征的组成部分。其中，能力是指一个人顺利、有效完成某种活动所必须具备的心理条件，这些必备的心理条件可能是一般能力、特殊能力，也可能是认知能力、操作能力或社会交往能力，还可能是模仿能力、再造能力或创造能力，能力的种类不一而足。而气质是表现在心理活动中的强度、速度和灵活性等动力特点方面的心理特征。性格则是表现在人对客观事物的态度和与这种态度相适应的行为方式上的人格特征。在这里，重点介绍一下人格当中的气质。

8.1.2 气质概述

1. 气质的概念

气质就是人们日常生活中所提到的性情、脾气、秉性、生性等，是由人的生理素质或身体特点反映出的人格特征，是人格形成的原始材料之一。气质是表现在心理活动中的强度、速度、灵活性与指向性等方面的一种稳定的心理特征，主要表现在心理活动的动力特征上。例如，心理过程的速度和稳定性（如知觉的速度、思维的灵活程度、注意集中时间的长短）、心理过程的强度（如情绪体验的强弱、意志努力的程度）及心理活动的指向性特点（如有的人倾向于从外界来获得新经验，有的人倾向于从内部来体验新信息）等，这使得个体的全部心理活动呈现出独特的色彩。

气质的生理解释是指气质是生理与情绪之间的内在化学反应。因为气质差异是受神经系统活动过程的特性所制约而先天形成的。例如，孩子刚一降生时，最先表现出来的差异就是气质差异，有的孩子爱哭好动，有的孩子平稳安静。气质类型的早期表露说明，气质较多地受个体神经生物组织的制约。也正因为如此，气质在环境和教育的影响下虽然也有所改变，但与其他个性心理特征相比，变化要缓慢得多，具有稳定性的特点。

气质既然是人的天性，就无好坏之分，也不直接具有社会道德评价含义，更不能决定一个人的社会价值。据国外心理学家研究，俄国的4位著名作家就是4种气质的代表，亚历山大·S. 普希金（Aleksandr S. Pushkin）具有明显的胆汁质特征，亚历山大·赫尔岑（Aleksandr Herzen）具有多血质的特征，伊万·A. 克雷洛夫（Ivan A. Krylov）属于黏液质，而尼古莱·V. 果戈里（Nikolai V. Gogol）属于抑郁质。虽然他们气质类型各不相同，却并不影响他们同样在文学上取得杰出的成就。

个性的形成除以气质、体质等先天禀赋为基础外，社会环境的影响起决定作用。气质与性格的区别就在于，后天的环境造就了一个人的性格，随着环境的变迁较易改变；而气质则是人格中的先天倾向，是与生俱来、不易改变的。某种气质的人更容易形成某种性格，性格也可以在一定程度上掩饰、改变气质。所以气质的可塑性小，性格的可塑性大。

2. 气质类型说

气质是一个古老的心理学问题。早在公元前5世纪，古希腊著名医生希波克拉底（Hippocrates）就提出了4种体液的气质学说。他认为人体内有4种体液：血液、黏液、黄胆汁和黑胆汁。人体内的这4种体液协调，人就健康；4种体液失调，人就会生病。希波克拉底曾根据哪一种体液在人体内占优势把气质分为4种基本类型：多血质、黏液质、胆汁质和抑郁质。多血质的人体液混合比例中血液占优势，黏液质的人体内黏液比例占优势，胆汁质的人体内黄胆汁比例占优势，抑郁质的人体内黑胆汁比例占优势。

人的气质可分为4种类型：多血质（活泼型）、黏液质（安静型）、胆汁质（兴奋型）、抑郁质（抑制型）。古代所创立的气质学说用体液解释气质类型虽然缺乏科学根据，但人们在日常生活中确实能观察到这4种气质类型的典型代表。活泼、好动、敏感、反应迅速、喜欢与人交往、注意力容易转移、兴趣容易变换等，是多血质的特征。安静、稳重、反应缓慢、沉默寡言、情绪不易外露、注意稳定但又难于转移、善于忍耐等，是黏液质的特征。直率、热情、精力旺盛、情绪易于冲动、心境变换剧烈等，是胆汁质的特征。孤僻、行动迟缓、体验深刻、善于觉察他人不易觉察到的细小事物等，是抑郁质的特征。因此，这4种气质类型的名称曾被许多学者所采纳，并一直沿用到现在。

1）多血质

多血质人具有灵活性高的特点，他们易于适应环境变化，善于交际，在工作、学习中精力充沛且效率高，对什么都感兴趣，但有些见异思迁，甚至有些投机取巧，易骄傲，厌倦一成不变的模式。代表人物：韦小宝、孙悟空、王熙凤。

2）黏液质

黏液质人的主要特点是反应比较缓慢，他们坚持而稳健地辛勤工作，动作缓慢而沉着，能克制冲动，严格恪守既定的工作制度和生活秩序；情绪不易激动，也不易流露感情；自制力强，不爱显露自己的才能；固定性有余而灵活性不足。代表人物：鲁迅。

3）胆汁质

胆汁质人的行事风格具有以下特点：情绪易激动，反应迅速，行动敏捷，暴躁而有力；性急、不能自制；在克服困难上有坚忍不拔的劲头，但不善于考虑能否做到，工作有明显的周期性，能以极大的热情投身于事业，也准备克服且正在克服通向目标的重重困难和障碍，但当精力消耗殆尽时，便失去信心，情绪顿时转为沮丧而一事无成。代表人物：张飞、李逵、晴雯。

4）抑郁质

抑郁质人具有高度的情绪易感性特征。他们主观上把很弱的刺激当做强作用来感受，常为微不足道的原因而动感情，且有力持久；行动表现上迟缓，有些孤僻；遇到困难时优柔寡断，面临危险时极度恐惧。代表人物：林黛玉。

国外盛行的上述4种气质类型说其实在我国古代的思想家孔子那里也有过类似的划分。他从气质的角度把人分为"中行"、"狂"、"狷"3类。他认为"狂者进取，狷者有所不为"。即"狂者"一类的人，对客观事物的态度是积极的，进取的，他们"志大言大"，言行比较强烈表现于外，这应该与上述的胆汁质气质类型相似；属于"狷者"一类的人比较拘谨，因而就"有所谨畏不为"，这应该与上述的黏液质或抑郁质气质类型相似；"中行"一类的人则介乎两者之间，是所谓"依中庸而行"的人，这应该与上述的多血质气质类型相似。除此以外，我国春秋战国时期的古代医学中，曾根据阴阳五行学说，把人的某些心理上的个别差异与生理解剖特点联系起来，按阴阳的强弱，分为太阴、少阴、太阳、少阳、阴阳平和5种类型，每种类型各具有不同的体质形态和气质。又根据五行法则把人分为"金形"、"木形"、"水形"、"火形"和"土形"人，每种人也各有不同的肤色、体形和气质特点。

在鉴定某人的气质类型时应该注意，属于某一种类型的人很少，多数人是介于各类型之间的中间类型，即混合型，如胆汁-多血质、多血-黏液质等。

前面讲过，人格的结构主要包含着两种成分：一是人格的倾向性，二是人格的心理特征。因此，心理活动的动力并非完全决定于气质特性，它也与活动的内容、目的和动机有关。任何人，无论有什么样的气质，遇到愉快的事情总会精神振奋、情绪高涨；反之，遇到不幸的事情就会精神萎靡、情绪低落。但是有着某种类型的气质的人，会在不同的活动中表现出同样性质的动力特点。例如，一个学生每逢老师提问就会表现出不举手抢答的急躁心理，等待与友人的会面时会坐立不安，参加体育比赛前也总是沉不住气等。就是说，这个学生的情绪急躁、激动的特点会在各种场合表现出来，具有相当稳定的特征。只有在这种情况下才能说，情绪易于激动是这个学生的气质特征。可见，气质对人的活动及其效率有着深刻的影响，虽然人的行为不是完全决定于气质，而是主要决定于在社会环境和教育影响下形成的动机和态度，但是气质在人的实践活动中也具有一定的意义，它是构成人们各种个性品质的一个基础，是一个必须加以分析和考虑的重要因素。因此，了解人的气质对于旅游领域中的管理活动、沟通交往活动，以及识别不同气质类型的旅游者并给予不同的服务对策等方面的工作实施都具有重要的意义。

知识链接 8—1

气质的差异的大小[①]

气质是人生来就有的心理活动的动力特征，是人格的先天基础。气质的差异是造成人与人心理特性不同的原因。气质是一个很古老的概念，有多种分类，体液、血型、阴阳五行、星座都曾被认为与气质有密切关系。这些理论具有一定的代表性，因而广为流传，但在科学依据上尚有欠缺。在此仅做一了解。

1. 四根说

古希腊医学家恩培多克勒（Empedocles）认为，人的身体是由土、水、空气、火四根构成。固体的部分是土根，液体的部分是水根，呼吸是空气根，血液主要是火根。火根部分离开了身体，血液会变冷些，人就入眠。火根全部离开身体，血液就全变冷，人就死亡。恩培多克勒认为人的心理特性依赖身体的特殊构造；各人心理上的不同是由于身体上四根配合比例的不同造成的。四根说示意图如图 8.1 所示。

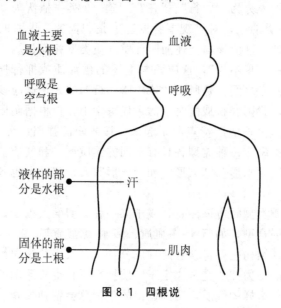

图 8.1 四根说

---

① 资料来源：[日]深堀元文. 图解心解学[M]. 侯铎，译. 天津：天津教育出版社，2007.

2. 体液说

古希腊医学家希波克拉底把四根说发展为四液说，如图 8.2 所示。他认为，人的身体内部有血液、黏液、黄胆汁和黑胆汁。根据哪一种体液在人体内占优势，他把人分为 4 种类型：多血质、黏液质、胆汁质和抑郁质。每一种体液都是由寒、热、湿、干 4 种特性中的两种混合而成。血液具有热和湿的特性，因此多血质的人温而润；黏液具有寒和湿的特性，黏液质的人冷酷无情；黄胆汁具有热和干的特性，胆汁质的人热而躁；黑胆汁具有寒和干的特性，抑郁质的人冷而躁。当这 4 种体液配合恰当时，身体健康；配合异常时，人便生病。

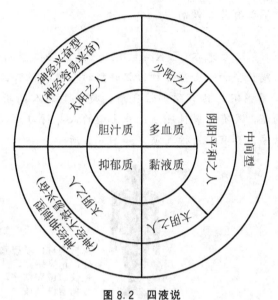

图 8.2　四液说

后人把希波克拉底对气质的观点概括为体液说。用体液来解释气质，虽然缺乏科学根据，但希波克拉底对气质类型的划分，与日常观察中概括出来的 4 种气质类型比较符合，所以关于气质的这种分类一直沿用至今。

3. 阴阳五行说

我国古代也有类似的气质的分类。《黄帝内经》中根据阴阳五行的学说把人按阴阳的强弱，分为太阴、少阴、太阳、少阳，阴阳平和 5 类，每种类型具有不同的体质形态和心理特点。太阴之人，多阴无阳，悲观、孤独、保守、谨慎；少阴之人，多阴少阳，沉静、节制、戒备、善嫉；太阳之人，多阳无阴，勇敢、自负、积极、暴躁；少阳之人，多阳少阴，外向、乐观、聪慧、亲切；阴阳平和之人，阴阳气和，从容、镇定、谦恭、安分。

4. 血型说

人的血型有 A 型、B 型、AB 型和 O 型，很多心理学家认为不同的血型决定着人的不同气质。日本学者古川竹二根据血型把人分为 A 型、B 型、AB 型和 O 型 4 种气质类型。A 型气质的人温和老实、多疑怕羞、独立性差、自信不足；B 型气质的人感觉灵敏、外向开朗；AB 型气质的人是 A 型和 B 型的混合型；O 型气质的人志存高远、争强好胜、胆识过人。这种观点也是缺乏科学根据的。

5. 激素说

激素说是生理学家 L. 柏尔曼（L. Berman）提出的。他认为，人的气质特点与内分泌腺的活动有密切关系。此理论根据人体内哪种内分泌腺的活动占优势，把人分成甲状腺型、脑下垂体型、肾上腺分泌活动型等。例如，甲状腺型的人表现为体格健壮、感知灵敏、意志坚强、任性主观、自信心过强；脑下垂体型的人表现为性情温柔、细致忍耐、自制力强。

现代生理学研究证明，从神经与体液调节来看，内分泌腺活动对气质影响是不可忽视的。但激素说过分强调了激素的重要性，从而忽视了神经系统特别是高级神经系统活动特性对气质的重要影响，不乏有片面倾向。

6. 体型说

德国精神病学家 E. 克瑞奇米尔（E. Kretschmer）提出按体型划分人的气质类型的理论，把人分为肥胖型、瘦长型和斗士型3种。肥胖型的人身材短胖，易患躁狂抑郁症，好社交，活泼好动，情绪不稳定，具有躁郁性气质；瘦长型的人高挑纤细，易患精神分裂症，不善社交，内向拘谨，具有分裂性气质；斗士型的人身材匀称，易患癫痫症，正义感强，注意礼仪，遵守秩序，具有黏着性气质。如图8.3所示。

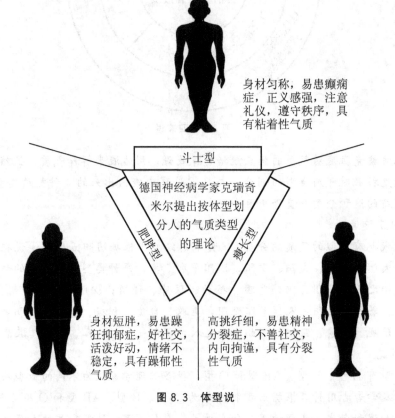

图 8.3 体型说

美国心理学家谢尔顿·J. 科钦（Sheldon J. Korchin）根据胚胎发育的程度把人的体型分为内胚叶型、中胚叶型、外胚叶型三类。内胚叶型：柔软，肥胖，好逸恶劳，是内脏气质型;中胚叶型:结实,强壮,性格独立,喜欢冒险,是肌肉气质型;外胚叶型:虚弱,瘦长,爱思考,谨言慎行,喜欢独处,是脑髓气质型。

体型说虽然揭示了体型与气质的某些一致性,但并未说明体型与气质间关系的机制,体型对气质是直接影响或是间接影响,二者之间是连带关系还是因果关系。另外,研究结果主要是从病人而不是从常态人得来的,因此,体型说缺乏一定的科学性。

7. 星座说

星象学理论认为有3种力量可以影响人的气质。最强大的力量是太阳的位置,以此衍生出来的是太阳星座;其次是月亮的位置和上升星座。其中,太阳被认为是男性的支配力量,月亮是女性的支配力量。比较流行的星相学理论是以太阳星座为依据的,按照十二星座将人分为12类,不同星座的人具有不同的气质特征。较为流行的说法是,白羊座的人充满热情,金牛座的人踏实可靠,双子座的人花心善变,巨蟹座的人敏感细腻,狮子座的人高傲自负,处女座的人严谨理智,天秤座的人公正犹豫,天蝎座的人神秘多疑,射手座的人浪漫率性,摩羯座的人乐观积极,水瓶座的人聪慧潇洒,双鱼座的人温柔体贴。

8.1.3 性格概述

1. 性格的定义

性格是一个人在对现实的稳定的态度和习惯了的行为方式中表现出来的人格特征,它表现为一个人的品德,受人的价值观、人生观、世界观的影响。而这些具有道德评价含义的人格差异称为性格差异。性格是在后天社会环境中逐渐形成的,因此性格有好坏之分,能最直接地反映出一个人的道德风貌。例如,当人们说某个人具有"良好的性格"时,就含有对某人的道德判断,所以,性格是加以评定的人格。

一种性格的特征可以从各个维度表现出来,如性格的态度特征、性格的理智特征、性格的情绪特征及性格的意志特征。

(1) 性格的态度特征。是指个体在对现实生活各个方面的态度中表现出来的一般特征。

(2) 性格的理智特征。是指个体在认知活动中表现出来的心理特征。在感知方面,能按照一定的目的、任务主动地观察,属于主动观察型,有的则明显地受环境刺激的影响,属于被动观察型;有的倾向于观察对象的细节,属于分析型,有的倾向于观察对象的整体和轮廓,属于综合型;有的倾向于快速感知,属于快速感知型,有的倾向于精确地感知,属于精确感知型。在想象方面,有主动想象和被动想象之分;有广泛想象与狭隘想象之分。在记忆方面,有主动与被动之分;有善于形象记忆与善于抽象记忆之分等。在思维方面,善于独立思考的属于场独立型,倾向依赖他人的属于场依存型等。

(3) 性格的情绪特征。是指个体在情绪表现方面的心理特征。在情绪的强度方面,有的人情绪强烈,不易于控制;有的则情绪微弱,易于控制。在情绪的稳定性方面,有的人情绪波动性大,情绪变化大;有的人则情绪稳定,心平气和。在情绪的持久性方面,有的人情绪持续时间长,对工作学习的影响大;有的人则情绪持续时间短,对工作学习的影响小。在主导心境方面,有的人经常情绪饱满,处于愉快的情绪状态;有的人则经常郁郁寡欢等。

（4）性格的意志特征。是指个体在调节自己的心理活动时表现出的心理特征。自觉性、坚定性、果断性、自制力等是主要的意志特征。自觉性是指在行动之前有明确的目的，事先确定了行动的步骤、方法，并且在行动的过程中能克服困难，始终如一地执行，与之相反的是盲从或独断专行。坚定性是指能采取一定的方法克服困难，以实现自己的目标，与坚定性相反的是执拗性和动摇性，前者不会采取有效的方法，一味我行我素；后者则是轻易改变或放弃自己的计划。果断性是指善于在复杂的情境中辨别是非，迅速作出正确的决定，与果断性相反的是优柔寡断或武断、冒失。自制力是指善于控制自己的行为和情绪，与自制力相反的是任性。

2. 性格的分类

心理学家曾经以各自的标准和原则，对性格类型进行了分类，下面是几种有代表性的观点。

（1）从心理机能上划分，性格可分为理智型、情感型。

（2）从心理活动的倾向性上划分，性格可分为内倾型和外倾型。

（3）从个体的独立性上划分，性格分为独立型、顺从型、反抗型。

（4）E. 斯普兰格（E. Spranger）根据人们不同的价值观，把人的性格分为理论型、经济型、权力型、社会型、审美型、宗教型。

（5）海伦·帕玛（Helen Palmer）根据人们不同的核心价值观和注意力焦点及行为习惯的不同，把人的性格分为9种，称为九型性格，包括1号完美型、2号助人型、3号成就型、4号艺术型、5号理智型、6号疑惑型、7号活跃型、8号领袖型、9号和平型。

（6）按人的行为方式，即人的言行和情感的表现方式可分为A型性格、B型性格、C型性格和D型性格。

本书在分析旅游者的性格时，仅采用心理学界目前比较盛行的按心理机能和心理活动倾向性划分的分类结果。

8.2 旅游者人格与旅游消费

8.2.1 不同气质类型旅游者的旅游活动特点

在一个旅游团队中，人们很容易看到不同气质类型的人。不同气质的旅游者，他们的旅游消费特点也不尽相同。作为第一线接待人员的导游员需要提供有针对性的、差异化的服务，采用不同的服务策略。这就要求导游员要有敏锐的觉察力和辨别力。下面分析不同气质类型的旅游者特点。

前面讲到，气质主要与人的生理特点有直接关系，不同的国家、地区、民族、语言，以及不同文化程度的人群中都存在相同的气质类型。

1. 胆汁质旅游者

胆汁质旅游者情绪体验比较强烈，变化迅速，急躁，情绪来得快，去得也快。他们的所做就是所想，动作行为力度大，活动范围广，对旅游活动和社会交往的认知比较单纯。由于这类人感情外露,碰到问题容易发火,一旦被激怒,就不易平静下来。因此,在旅游接待服务工作中,导游员应当根据胆汁型旅游者的特点,注意不要激怒他们,不要计较他们有时不顾后果的冲动言语,万一出现矛盾应当避其锋芒。例如,导游员的话刚说了一半,他们就说"知道了,知道了。"因此,导游员对他们谈话的内容要简明扼要,通俗易懂,一次谈论一个问题,甚至可以多重复几遍。胆汁质旅游者的鉴别及服务技巧见表8-1。

表8-1 胆汁质旅游者的鉴别及服务技巧

情感表现	外露、兴奋
态度表现	热情
行为表现	粗鲁
言语表现	直爽
性格表现	急躁、粗心
服务技巧	① 注意言行不要刺激他们; ② 不计较他们冲动言语; ③ 出现矛盾应避其锋芒; ④ 为他们办事要迅速而准确; ⑤ 适当提醒他们不要遗留物品

2. 多血质旅游者

多血质旅游者以活泼好动、敏感为主要特征。他们对所有的旅游活动,不管自己合适不合适都要参加,做事说做就做,对旅游活动和社会交往的认知也比较灵活,容易被说服,但情绪要比胆汁质旅游者稳定得多。他们喜欢参与变化大、刺激性强的、花样多的活动。例如,他们会急切地等导游员把话说完了,马上说"好,好,那咱们马上行动吧!"对这类旅游者导游员应当多与他们交谈,不能不理睬他们,以满足他们爱交际、爱讲话的特点。对他们的言谈要简洁而全面,信息传递不必多次重复,否则他们会不耐烦。多血质旅游者的鉴别及服务技巧见表8-2。

表8-2 多血质旅游者的鉴别及服务技巧

情感表现	丰富、易变
态度表现	热情大方
行为表现	机敏、活泼
言语表现	能说会道
性格表现	乐观、轻浮
服务技巧	① 多与他们交谈; ② 谈话不要过多重复; ③ 主动介绍活动和设施; ④ 保持热情、耐心; ⑤ 介绍新款食物,食谱应经常变化

3. 黏液质旅游者

黏液质旅游者的最大特点是稳重、安静。他们喜欢清静的环境。导游员在接待他们的过程中应当注意在安排住房时尽量选择一些较为安静的地方，不要安排靠近电梯或有小孩吵闹的地方。他们在旅游团中是"好人"形象，说话不多，一团和气，不太会有激烈的情绪表现，但一旦表明态度就会坚持到底。他们不容易被说服，喜欢问"为什么"，给人的感觉是"不太灵活"。例如，他们会耐心地等导游员把话说完，再等待一会看导游员还有没有补充，然后说"嗯，好。"对他们传递的信息一定要全面。黏液质旅游者的鉴别及服务技巧见表8-3。

表8-3　黏液质旅游者的鉴别及服务技巧

情感表现	稳定
态度表现	冷淡
行为表现	迟缓、稳重
言语表现	慢条斯理
性格表现	怀旧、沉着
服务技巧	① 为他们安排较为安静的环境； ② 尽量满足他们的要求； ③ 不要过多主动地和他们谈话，讲话清晰明了、突出重点； ④ 给他们充分的时间考虑问题，不要过多地催促

4. 抑郁质旅游者

抑郁质旅游者的主要特点是羞涩、忸怩、性情孤僻、不合群。和胆汁质旅游者一样，他们有着深刻的情绪体验，但是他们情绪不外露，对人十分敏感，但又深藏于内，说话比较少，行动常常会落在他人后面，很少到热闹的场所。他们在游览中容易感物伤怀，对旅游活动和社会交往的认知不灵活却非常深刻，认知活动更多地指向自己的内心世界。例如，他们会耐心地等导游员把话说完，但导游员很可能听不到他们的言语反馈。抑郁质旅游者要么不出事，要出事就是大事，这一点需要导游员特别注意。导游员要和颜悦色地与他们交谈，内容要全面，提问要使用封闭式问题，如"您看这样好吗？"，少用开放式问题，如"您看怎样？"。抑郁质旅游者的鉴别及服务技巧见表8-4。

表8-4　抑郁质旅游者的鉴别及服务技巧

情感表现	深刻、敏感
态度表现	羞涩
行为表现	迟缓、柔弱
言语表现	沉默寡言
性格表现	细心、孤僻

	续表
服务技巧	① 留心和关心他们，以免使其产生冷落感； ② 不要在他们面前开过多的玩笑，以免引起误会； ③ 旅游行程遇到变故要耐心向他们解释清楚； ④ 适宜安排单间、清静的房间给他们； ⑤ 在他们面前不要流露不耐烦的神情

作为导游员，需要注意的是，虽然主要通过观察行为和情绪来判断旅游者的气质，但在社会关系稳定、社会角色明确的条件下，人们为了适应社会，有可能改变自己的行为方式，掩盖自己真正的气质，而表现出某种"伪装"的气质。因此，导游员应仔细剖析旅游者的深层气质类型，让自己的工作与旅游者的主导气质基本吻合，做到因人制宜，事半功倍。作为旅游服务人员，了解了自己及旅游者的气质类型，对处理好人际关系、提高自己的工作效率大有裨益。

知识链接 8-2

陈会昌气质类型自测量表[①]

对以下的问题，认为很符合自己的，记 2 分；较符合自己的，记 1 分；介乎符合与不符合之间的，记 0 分；较不符合的，记 -1 分；完全不符合的，记 -2 分。

1. 做事力求稳妥，不做无把握的事。（ ）
2. 遇到生气的事就怒不可遏，想把心里话全说出来才痛快。（ ）
3. 宁肯一个人做事，不愿很多人在一起。（ ）
4. 很快能适应新的环境。（ ）
5. 讨厌一些强烈的刺激，如尖叫、噪音、危险的镜头等。（ ）
6. 和他人争吵时，总是先发制人，喜欢挑衅。（ ）
7. 喜欢安静的环境。（ ）
8. 喜欢和人交往。（ ）
9. 羡慕那种善于克制自己感情的人。（ ）
10. 生活有规律，很少违反作息制度。（ ）
11. 在多数情况下情绪是乐观的。（ ）
12. 碰到陌生人很拘束。（ ）
13. 遇到令人气愤的事也能很好地自我克制。（ ）
14. 做事总是有旺盛的精力。（ ）
15. 遇到问题常常举棋不定，优柔寡断。（ ）
16. 在人群中从不觉得过分拘束。（ ）
17. 情绪高昂时，觉得做什么都有趣；情绪低落时，又觉得什么都没意思。（ ）

---

① 资料来源：http://baike.baidu.com/view/3238896.htm。

18. 当注意力集中于某事物时，其他事情很难使我分心。（　　）
19. 理解问题总比他人快。（　　）
20. 碰到危险情景时，常有极度恐怖的感觉。（　　）
21. 对学习怀有很高的热情。（　　）
22. 能够长时间做枯燥、单调的作业。（　　）
23. 符合兴趣的事情做起来劲头十足，否则就不想干。（　　）
24. 一点小事就能引起情绪波动。（　　）
25. 讨厌做那些需要耐性、细致的作业。（　　）
26. 与人交往时不卑不亢。（　　）
27. 喜欢参加热烈的活动。（　　）
28. 爱看感情细腻、描写人物内心活动的文学作品。（　　）
29. 学习时间长了，常感到厌倦。（　　）
30. 不喜欢长时间谈论一个问题，而更愿意实际动手做事。（　　）
31. 宁愿侃侃而谈，不愿窃窃私语。（　　）
32. 他人议论自己时总是闷闷不乐。（　　）
33. 理解问题常比他人慢些。（　　）
34. 疲倦时只要短暂的休息就能恢复精神，重新投入学习中。（　　）
35. 心里有话宁愿自己想，不愿说出来。（　　）
36. 认准一个目标就希望尽快实现，不达到目的，誓不罢休。（　　）
37. 学习相同的时间后，常比他人更疲倦。（　　）
38. 做事有些莽撞，常常不考虑后果。（　　）
39. 老师讲授新知识时，总希望他讲慢些，多重复几遍。（　　）
40. 能够很快地忘记那些不愉快的事情。（　　）
41. 做作业总比他人花的时间多。（　　）
42. 喜欢运动量大的剧烈体育运动，或参加各种文艺活动。（　　）
43. 不能很快地把注意力从一件事情转移到另外的事情上。（　　）
44. 接受一个任务后，就希望迅速把它解决。（　　）
45. 认为墨守成规比冒风险强些。（　　）
46. 能够同时注意几件事情。（　　）
47. 当我烦闷的时候，他人很难使我高兴起来。（　　）
48. 喜欢读一些情节跌宕起伏、激动人心的小说。（　　）
49. 对学习抱有认真严谨、始终如一的态度。（　　）
50. 和周围同学的关系总是相处不好。（　　）
51. 喜欢复习学过的知识。（　　）
52. 希望做变化大、花样多的事情。（　　）
53. 小时候会背的诗歌，现在似乎比他人记得清楚。（　　）
54. 他人说我"出语伤人"，可我并不觉得这样。（　　）
55. 在体育活动中，常因反应慢而落后。（　　）

56. 反应敏捷、头脑机智。（ ）
57. 喜欢简单而有条不紊的工作。（ ）
58. 遇到兴奋的事时常会失眠。（ ）
59. 常对老师讲的新概念听不懂，但听懂以后就很难忘记。（ ）
60. 假如学习枯燥无味，马上就会情绪低落。（ ）

把每题得分按下表题号相加，并计算各栏的总分。

胆汁质（A）	2	6	9	14	17	21	27	31	36	38	42	48	50	54	58	合计
多血质（B）	4	8	11	16	19	23	25	29	34	40	44	46	52	56	60	合计
黏液质（C）	1	7	10	13	18	22	26	30	33	39	43	45	49	55	57	合计
抑郁质（D）	3	5	12	15	20	24	28	32	35	37	41	47	51	53	59	合计
汇总				A（ ）		B（ ）	C（ ）		D（ ）			总分（ ）				

计算总分方法：

（1）如果A栏得分超过20分，并明显高于其他3栏（大于4分），则为典型胆汁质，其余类推。

（2）如果A栏得分为10～20分，并高于其他3栏，则为一般胆汁质，其余类推。

（3）如果出现两栏得分接近（小于3分），并明显高于其他两栏（大于4分），则为混合型气质，如胆汁质-多血质混合型、黏液质-抑郁质混合型等。

（4）如果一栏得分很低，而其余3栏得分接近，则为3种气质的混合型，如胆汁质-多血质-黏液质混合型等。

（5）如果4栏分数皆不高且相近（分差小于3分），则为4种气质混合型。

多数人的气质是一般型或两种气质的混合型，典型气质和三四种气质混合型的人较少。

8.2.2 不同性格类型旅游者的旅游消费特点

前面提到，性格是人格中最核心的内容，它是决定旅游行为倾向最重要的心理特征之一。对一个人性格的了解，不仅有助于解释和掌握他现在的行为，而且还可以预见他未来的行为。旅游服务工作人员了解旅游者的性格特征不仅有助于掌握旅游者旅游活动的规律和特点，而且有助于引导、控制旅游者的行为，给予不同的服务，促进他们的消费；还可以有目的地创造适宜的活动环境，使之与旅游者的性格倾向尽量吻合，尽量避免在服务工作中出现不和谐乃至对立的局面。下面是按照不同的划分方式对旅游者的性格进行的划分。

1. 按照旅游者的心理机能划分

按照旅游者的心理机能划分，旅游者的性格可分为理智型、情感型。理智型旅游者常以理智来评价一切，并用理智来控制自己的行为，遇到问题总与人讲事实、讲道理。情感型旅游者情绪体验深刻，不善于进行理性的思考，言行易受情绪的支配，处理问题喜欢感情用事。例如，天降暴雨、旅行飞机延误，理智型旅游者可能会耐心等待天气转晴，而情感型旅游者可能会非常气愤或着急，甚至会与相关工作人员发生冲突。

2. 按照旅游者的独立性程度划分

按照旅游者的独立性程度划分，旅游者的性格可分为独立型、顺从型、反抗型。独立型旅游者，其独立性强，不易受外界的干扰，善于独立发现问题，并能独立地解决问题，在紧急情况下表现得沉着冷静。顺从型旅游者，其独立性较差，容易不加批判地接受他人的意见，人云亦云，自己很少有主见，在紧张的情况下，常常表现得惊惶失措。反抗型旅游者的独立意识表现得有些极端，似乎对任何事情都有逆反心理。例如，赶赴旅游目的地途中汽车抛锚，独立型旅游者在听到乘客的抱怨后可能会冷静分析事故原因，等待解决；顺从型旅游者可能会和其他乘客一起抱怨，反抗型旅游者可能会气急败坏的要求旅行社赔偿。

3. 按照旅游者的生活适应方式划分

按照旅游者的生活适应方式划分，旅游者的性格可分为外向型和内向型。外向型旅游者情感容易流露，活泼开朗，好交际，对外界事物比较关心。内向型旅游者比较沉静，不爱交际，适应环境也比较困难。例如，当导游员征求意见时，外向型旅游者可能会滔滔不绝地说，而内向型旅游者可能会一言不发。

当然，不管用那种分类方法，旅游服务人员都要考虑旅游团有没有出现"帮派"，有"帮派"时，不太容易看出客人的气质。以登长城为例，如果"帮派"是外向型客人居多，这些客人就会一起跑在前面，但其中也可能有少数客人属于内向型；同样地，如果"帮派"是内向型客人居多，这些客人就会一起走在后面，但其中也可能有少数客人属于外向型。在这种情况下，要比较准确地判断客人的气质类型，就需要从多方面来进行考察。因为旅游者的行为表现具有从众性，情绪、情感具有传染性。

对于旅游者性格的几种分类方法，只是提供一个基本的框架供大家参考，在实际情境中，还有更多混合类型，这就需要导游员灵活分析、因人制宜。

8.2.3 人格结构理论与旅游消费

人格结构理论的创始人是加拿大蒙特利尔的精神科医生艾里克·柏恩（Eric Berne）。柏恩把个体的人格结构分为3种自我状态：父母自我状态、成人自我状态和儿童自我状态。因这3个"自我"分别用权威、理智和感情来支配人的行为，所以也有学者将自我状态的这3副不同面孔称为自以为是的"家长自我"、面对现实的"成人自我"，以及感情用事的"儿童自我"。柏恩认为，人类个体是由这3种不同的自我状态组成的，人的个性中的这3个不同的"行为决策者"相互独立、相互制约、共同参与决策。不过这三者在每个人的人格结构中所占的比例不同。每个人身上总有一种自我状态占优势，不同的人在不同的情境下会不由自主地选择不同的自我状态。

1. 父母自我状态

父母自我状态(P)包括从父母或父母形象方面吸收与内化的态度、思想与情感。这与弗洛伊德提出的人格"超我"概念有相似之处，它位于人格结构的最高层，作用是抑制来自本我的冲动、对自我进行监控、追求完善的境界，并遵循道德原则行事。该自我状态可以细分为严父和慈母两种类型。当一个人的人格结构中严父成分占优势时，他的作为会以权威和优越感为标志，通常表现为统治人的、训斥人的及其他权威式的作风，甚至有些凭主观印象办事，独断专行，滥用权威。在音容语调上，表现为言谈速度较快、语气较严厉，且带有命令的口吻。这种人语言表达的典型字眼包括"应该"、"不应该"、"千万不要忘记"、"绝对不可以"、"一定不准"、"你不能"、"你必须"。行为举止方面表现为凝视的眼神、叉腰伸指头、轻抚头顶、叮嘱备至等。而当一个人的人格结构中慈母成分占优势时，他的行为和语言则会表现出爱护他人、关心他人、宽容慈爱的一面。

2. 儿童自我状态

儿童自我状态(C)包括儿童中典型的及在成人中偶尔自发的幼稚而缺乏理性的情感、思想和行为。这与弗洛伊德所提出的人格"本我"概念有相似之处，它位于人格结构的最低层，是由先天的本能、欲望所组成的能量系统，包括各种生理需要，本我是无意识、非理性的，并遵循快乐原则行事。儿童自我状态还可以细分为任性的儿童自我状态和顺从的儿童自我状态两类。顺从的儿童自我状态表现为服从和任人摆布、好幻想、有好奇心、无主见、遇事畏缩等，他们会说"我猜想……"、"我不知道……"这样一些词藻；而任性的儿童自我状态表现为爱发脾气、感情用事、喜怒无常、比较冲动，对事情的后果不加考虑，使人讨厌，他们会经常说"我就要……""我喜欢……"。但总体而言，儿童自我状态占优势时，一个人讲起话来会经常语调比较急促，语气冲动，间或装腔撒娇，或带有恳求与无助的味道。

3. 成人自我状态

成人自我状态(A)是对父母自我状态和儿童自我状态进行调和的角色，它为父母自我状态中的说教增加了思维的成分，又为儿童自我状态中的幼稚增加了感知的概念，是一个能用理智来支配人行动的"自我"，它就像是一个信息加工器一样，总是不停地综合信息、估计可能性，并作出逻辑推理。这与弗洛伊德提出的人格"自我"概念有相似之处，它位于人格结构的中间层，是从本我中分化出来的，其作用是调节"本我"和"超我"的矛盾，并遵循现实原则行事。一个人心理成熟的一个重要标志就是其行为决策中起主导作用的是否是成人自我。当一个人的人格结构中 A 成分占优势时，其行为表现为待人接物较冷静、慎思明断、尊重他人。这种人讲起话来总是"我个人的想法是……"。音容语调不急不慢，适当、温和，集中注意，紧闭嘴唇强忍痛苦是成人式自我的行为举止表现。

这 3 种自我状态在任何一个旅游者的旅游活动中经常出现。例如，在旅游过程中，旅游者面临着一系列的旅游决策，如选择何种旅游出行方式、选择哪种类型的旅游目的地、选择哪种等级的酒店及餐饮标准等。在做上述决策时，旅游者内心会受到3种自我状态的影响，任何最终决策都是这3种自我状态调协、斗争的结果。一般来说，瞬时决策主要由儿童自我产生，常规决策主要由成人自我完成，而重大决策主要由家长自我完成。又如，旅游促销广告宣传活动的设计，表面上是针对旅游者或潜在旅游者个人，但实际上应该针对人的3种自我状态同时做工作。要想让人们去旅游，就要使旅游者或潜在旅游者内心中的儿童自我动心、家长自我放心、成人自我觉得省心。因此对旅游工作者而言，了解旅游者在旅游活动和旅游决策的各个阶段主要扮演的自我状态，从而采取有针对性的旅游营销策略，能很大程度上促成旅游营销目标。

在人际交往过程中，通常会出现平行型交往、互补型交往和交叉型交往3种类型。下面以PAC理论介绍几种常见的旅游人际交往类型案例。平行型交往是指信息发送者的人格自我状态与期待和信息反馈者的人格自我状态与期待形成一种平行、平等的交流沟通方式，这符合正常的人际关系，也是人们在交往中期待的交往反应，它可以发生在任何两种自我状态之间，此时，信息的反馈者与信息的发出者具有同样的自我状态，有AA—AA式、PP—PP式、CC—CC式。互补型交往是指信息发送者的人格自我状态与期待和信息反馈者的人格自我状态与期待在交往中形成一种互补的交流沟通方式，其实这是一种特殊的平行式交往方式，也是人们在交往中期待的交往反应，它的沟通特点是信息的反馈者一定指向发出者当时的那个自我状态，有PA—AP式、AP—PA式、PC—CP式、CP—PC式、AC—CA式、CA—AC式。交叉型交往是指信息发送者的人格自我状态与期待和反馈者的人格自我状态与期待形成一种交叉的不良的交往方式，这往往不能获得预期的沟通效果，会使交往无法顺畅地进行，甚至有损交往双方的人际关系，有AA—PC式、AA—CP式、PC—PC式、CP—CP式等。通过表8-5可以进一步诠释这3种交往类型。

表8-5 PAC人格结构理论与人际交往类型

案例	交际特点	交际类型	交际角色对垒	图示
(1) 客人1：导游的职责就是时刻服务于我们，而现在她却玩得不见了。 客人2：显然她没有责任感。 (2) 客人1：我要把这个问题彻底弄清楚。 客人2：对！你应该这样。	客我双方都表现出高高在上的态度，但沟通的话题指向第3人，交流顺利	平行型	PP—PP	
(1) 客人：几点了？ 导游：我的表8:00。 (2) 客人：能否麻烦您帮我拿个杯子来？ 导游员：没问题，我马上就去拿。	客我都以理智的态度对待对方，有助于沟通的顺利进行	平行型	AA—AA	

续表

案例	交际特点	交际类型	交际角色对垒	图示
(1) 客人：我猜这里面有好东西。 导游员：我猜这里一定有好宝贝。 (2) 客人：我喜欢吃麦当劳！ 导游员：我巴不得天天都去吃！	客我双方均表现出小孩子天真、浪漫的情怀，有助于沟通的顺利进行	平行型	CC—CC	P P A A C↔C
客人：你们怎么搞的？还不快上菜？快去厨房催一下！ 导游员：真对不起，我马上就去催。	客人表现出权威和命令的口吻，说话就像家长对孩子一样严格，导游员默认对方的这种尊贵角色，按照客人的要求去做，他的回答就像孩子对家长一样，沟通过程很顺利	互补型	PC—CP	P P A A C C
(1) 客人：我不想要这道菜了，不管怎么样，我就是不要了。 导游员：哦，是这样啊，那就退掉，换一个您喜欢的菜如何？ (2) 客人：我找不到我的包了，我的天哪，我该怎么办。 导游员：不要着急，我来帮你找。	客人1表现出小孩子脾气，客人2表现出儿童般遇事畏缩、无主见，而导游员的口吻表现得像慈母关怀孩子一样，沟通效果良好，客人1也会为自己的无礼而自责	互补型	CP—PC	P P A A C C
客人：证件找不到这件事真快把人烦死了！ 导游员：想想看，还有别的办法没有？	客人的口吻表现出儿童般遇事畏缩、无主见，期待对方能有成人的智慧帮他解决，导游员的回答恰似成人一样以理智代替情感	互补型	CA—AC	P P A A C C
导游员：你再想想，包丢哪儿了？ 客人：我真想不起来，急死我了。	导游员以成人对孩子般的口吻对游客说话，客人的回答就像孩子对成人一样	互补型	AC—CA	P P A A C C

续表

案例	交际特点	交际类型	交际角色对垒	图示
导游员：离开时千万要记得关电源。 客人：我知道了，请放心！	导游员表现出操心、慈爱和些许命令的口吻，客人像一个理智的成人一样理解对方慈母般的关心，沟通顺利	互补型	PA—AP	P→P, A→A, C C
(1) 客人：只有自己相信自己，才能让他人相信你。 导游员：你说得对，所以你要自信才行。 (2) 客人：我不太舒服，想早一点回酒店休息。 导游员：回去吧，余下的事我来帮您做！	客人1表现出成人或哲人般的冷静，并期待对方的更深邃的见解，导游员则像对方的父亲一样给他信心，沟通顺利。客人2也是成人式的发问，导游员则像他的慈母一样给他关爱	互补型	AP—PA	P P, A←A, C C
客人：现在几点了？ 导游员：不要总是打扰我，自己看表去！	客人以成人理性的态度问话，并期待对方能以成人理性回答，却受到了严父对孩子般的冷酷回答，使得客人情绪受挫，对导游员的信任戛然而止	交叉型	AA—PC	P P, A→A, C↓C
导游员：您这次游玩得怎么样？请随时向我们旅行社提出意见。 客人：得了，虚伪，假惺惺，搞什么形式主义！	导游员以成人理性的态度问话，并期待对方的理性回答，而客人却像无知的孩子一样说些不合时宜的话，致使沟通中产生不悦	交叉型	AA—CP	P↑P, A→A, C↓C
(1) 导游员：去收拾好您的床铺！ 客人：你不能支使我做这做那，你没有这个权利！ (2) 客人对导游员说：马上给我拿杯啤酒来！ 导游员：你不见我正忙着吗？你叫服务员给你拿！	导游员以父亲对孩子般的口吻要求客人做事，客人也以父亲对孩子般的口吻问责对方，客我双方都表现出一种高高在上、颐指气使的态度，交流很难继续	交叉型	PC—PC	P╳P, A A, C╳C

续表

案例	交际特点	交际类型	交际角色对垒	图示
(1) 客人：你讲得不好，我不想听。 导游员：那我走好了，不给你当导游员。 (2) 客人：我讨厌坐这么长时间的车，我不喜欢这样。 导游员：那下次你别来这里旅游了不就行了吗？	客人说话就像是小孩子一样有些任性和不负责任，他期待对方能像妈妈一样满足他撒娇的心理，但导游员没有尊重这种心理需要，反而也像一个任性的小孩一样要求妈妈做事。沟通不畅	交叉型	CP—CP	P P A A C C

当遇到了交叉型交往状态后，是不是就没有办法与对方继续交流了呢？不是的，通过及时改善人格角色的自我状态，还是可以从交叉型交往方式过渡到平行型交往方式的。一个策略就是及时分析对方的自我状态与期待，并马上改变自己的自我状态与期待，尤其是在服务领域，服务人员必须也有必要采用始终采取平行式或互补式的交流方式，从而满足客人"求尊重"的心理。例如，客人说："你快点给我拿杯茶来！听见没有？"如果服务员说："您自己拿！"这种 PC—PC 式的沟通方式会造成顾客的不悦，甚至更激烈的言行。此时服务员就有责任及时反思自己的沟通方式，并及时调整自己的自我状态，改为 PC—CP 式交流，说："好的，您别急，我马上就来。"那么一切可能的不愉快都会消失。

第二个改善交叉型交往方式的策略是先采用平行型交往缓和矛盾，再以自身的 A 状态激发对方的 A 状态。例如，作为旅游工作者，当遇到了一个蛮不讲理的旅游者时，你应该提醒自己，"我并不是遇到了一个不讲理的'人'，而是遇到了他的一个不讲理的'自我'，这个自我可能是一个自以为是的家长自我，也可能是一个感情用事的儿童自我"。这时，应当以恭谦的口吻向对方请教，促使对方用成人自我进行思考和对话，这就等于向旅游者的成人自我发出了邀请。只要对方有基本的理智，就应该会从指责、权威、不讲理的言说状态逐渐转变为理性对话，这就说明此时他的成人自我状态的比重已压倒儿童自我状态或过度权威的父母自我状态，一切沟通都可以顺利进行了。例如，你在旅行社忙碌了半天刚把旅游者的资料整理好，这时部门经理跑过来，不分青红皂白地对你吼道："你怎么回事？这么半天，工作做得这么糟糕？"你该怎么办？这时不妨以第二种策略回应，即拿出你的 A 状态诚恳地请教对方："是呀，我也觉得有问题——可是，经理，我该怎么做才好呢？"这种方式首先是含糊地接受了经理的指责，满足了他那盛气凌人的父母自我状态，接着又提出了经理要经过思考并需要理智回答的问题，即"怎样做才好？"当经理从颐指气使变得理智时，他会也以 A 状态与你对话，甚至以刚才的无礼而自责。

通过上面的分析不难得知，PAC 人格理论可以有助于人们在客我交往中有意识地觉察自己和客人的心理状态，及时改善交往策略，正确、科学地改善人际交往状况，分析人际交往成功与失败的原因，促成客我双方进行愉快的交流和沟通，从而提高服务质量。实践证明，对于 PAC 人格理论的深刻理解可以优化人格状态，树立积极处事态度，悦纳他人，提高心理健康水平，改善生活质量。

本章小结

本章从心理学的人格角度入手分析了旅游者人格结构中的不同方面，了解了不同气质、不同性格的旅游者的旅游消费行为各有特点。同时，PAC人格结构理论的相关知识有助于旅游服务人员提供高质量的个性化服务和人性化服务。

章前案例解析

第一类旅游者行动最迅速，一下子就从长廊的一边跳过去，跑到"人塑"前面去拍照，甚至搂住他们照相，他们属于"胆汁质"游客；第二类旅游者不那么冲动、冒失，但是他们很灵活，跨过长凳，走到"人塑"前面去拍照，他们属于"多血质"游客；第三类旅游者做事求稳妥，他们站在人塑的背后拍照，他们属于"粘液质"游客；第四类旅游者也不跳，也不跨，也不绕，留在原地，与人塑保持一定的距离，远距离拍照，或者干脆不照，他们属于"抑郁质"游客。

不同的外在行为表现说明人的天生秉性不尽相同。作为一名导游员，在导游工作伊始，一项重要的工作就是要通过观察游客行动速度的快慢、动作幅度的大小和行为变化的快慢等，把这些名字与他们的气质对上号，为下一步的个性化、人性化服务打基础。

复习思考题

一、名词解释

人格　气质　性格　PAC人格结构理论

二、选择题

1. 希波克拉底提出的4种气质说中将气质分为（　　）。
   A. 抑郁质　　　B. 多血质　　　C. 胆汁质
   D. 黏液质　　　E. 混合质

2. 客人在餐厅对服务员喊道："拿瓶啤酒来！"服务员不耐烦地答道："你自己去！"此时客人与服务员的行为同是（　　）。
   A. 家长型慈爱式　　　　　　B. 幼儿型任性式
   C. 家长型命令式　　　　　　D. 成人型询问式

3. 俗语说："江山易改，秉性难移。"这是指人的气质具有（　　）。
   A. 两重性　　B. 先天性　　C. 可塑性　　D. 稳定性

4. 儿童自我状态以情感为特征，其行为模式通常表现为（　　）。
   A. 命令式　　B. 顺从式　　C. 慈爱式
   D. 自然式　　E. 任性式

5. 下列属于多血质典型人物的是（　　）。
   A. 张飞　　B. 王熙凤　　C. 诸葛亮　　D. 林黛玉

6. 旅游者性格按倾向分类，可分为（　　）。
A. 观光型　　　B. 交际型　　　C. 舒适安宁型
D. 内向型　　　E. 外向型

三、判断题

1. 人际交往的顺利进行需要以交叉式的交往风格，而不是平行式。（　　）
2. 性格是先天遗传的，具有稳定性，而气质是由环境塑造的，随环境的改变而改变。
（　　）

四、简答题

1. 简述PAC人格结构理论的内容。
2. 性格和气质有何不同？
3. 怎样改善交叉型的交往方式？

五、论述题

1. 不同气质类型的旅游者，其旅游活动有何特点？
2. 对不同气质类型的旅游者如何采取相应的服务技巧？

六、案例分析

客人的要求

一位自助游客人来到总台，在办理入住手续时向服务员提出房价七折的要求。按酒店规定，只向住店6次以上的常客提供七折优惠。这位客人声称自己也曾多次住店，服务员马上在电脑上查找核对，结果没有发现这位客人的名字。当服务员把调查结果当众说出时，这位客人顿时恼怒起来。此时正值入住登记高峰期，由于他的恼怒、叫喊，引来了许多不明事由好奇的目光。

问题：

1. 分析这位客人的气质类型。
2. 服务员应如何处理类似事件？

9

学习目标

1. 掌握社会文化概念、特征及对旅游消费行为的影响。
2. 熟悉家庭对旅游消费行为的影响。
3. 熟悉社会阶层对旅游消费行为的影响。
4. 掌握社会群体的分类及对旅游消费的影响。

导入案例

武当金顶众人谈

丁女士(30岁,某大学教师)与张太太(52岁,家庭主妇,无工作)、周老师(35岁,某市中学历史教师)、李小姐(19岁,某单位职工)一起作为某单位的家属随团赴神农架旅游。得知大家去年曾随该单位游过武当山,从未去过武当山的丁女士很想从大家身上多获得一些对武当山的了解,就主动谈论起了关于武当山的话题。大家的发言主动而热烈,各自的感受却大相径庭。

丁女士:"武当山这么有名,我却没去过,到底怎么样呢?"

李小姐:"怎么样?不怎么样!没什么好玩的,就山上那个金顶还有点看头,金光闪闪的。"

周老师:"武当山的建筑很有特色,是道教宫观建筑的典范,尤其是武当金顶,那可是我们国家建筑史上的杰作。"

丁女士:"我特别想亲眼看看那个金顶。"

张太太:"什么金顶?我怎么不知道?"

丁女士:"那你去武当山游的什么?"

张太太:"游什么,去拜祖师爷。"

早就听说武当山是善男信女烧香许愿的绝佳去处,丁女士接着问张太太:"武当山供奉的是哪位祖师爷?"

"反正是祖师爷,我也不知道是哪位。"张太太回答。

"大家的感受与书上的记载可不完全是一回事。"丁女士暗自感慨。

【问题】

1. 结合案例,分析对同样的旅游景观,张太太、周老师和李小姐为什么会产生不同的认识和评价?
2. 旅游者的旅游感受与哪些因素有关联?

9.1 社会文化与旅游消费

9.1.1 社会文化的一般概念

文化是一个概念外延极大的社会现象，整个社会的人为影响甚至都可以包含在文化之中。旅游活动本身是社会文化的一个重要组成部分，人是在社会文化的浸润下成长的，其行为必然受到社会文化的影响。文化可分为许多种类，从内容上可分为物质文化和精神文化两大类。物质文化是指通过物质生活和各种具体的实物表现出来的文化，如建筑物、交通工具、通信工具、衣服、食物、旅游商品等。精神文化是通过精神产品和精神活动表现出来的，如文学、艺术、科学、道德、宗教信仰、价值观等。

社会文化具有以下特征。

(1) 文化的影响是无形的。文化积淀在人的人格之中，不易被觉察，而且影响着人们日常生活的各个方面。旅游者初到异国他乡就存在一个适应的问题，那就是由文化环境的差异造成的，若适应不了，就会产生"文化休克"的现象，这时想回到故乡的念头就特别强烈。

(2) 文化是后天习得的。每个人都是在一定社会文化环境中成长起来的，通过家庭、学校、社会的教育和灌输，在不知不觉中受到社会文化的熏陶，接受社会的行为规范和价值标准。

(3) 社会文化既有稳定性，又有可变性。无论是东方文化，还是西方文化，都有历史的延续性和稳定性，如待人接物的方式、生活价值取向等。但是任何社会文化也都是随着时代的发展而变化的，不同文化之间也会发生碰撞和融合。因此，旅游是个人体验、吸收不同文化的快捷方式。

(4) 文化能够满足人的需要。文化能够满足社会中人的需要，所以文化才能存在。文化通过提供"实践经验"并能满足心理和社会需要的经验，为人们在解决问题的各个阶段确定顺序和方向。例如，不同民族的结婚仪式具有浓厚的文化特征。"抢亲"是一种古老的婚姻仪式，它要求男子有一定的力量、才智才可以达成婚姻。"抢亲"失败意味着男子没有力气，不能庇佑妻子，也不能生育强壮的后代。这就满足了社会的生物选择的需要。

9.1.2 社会文化对旅游消费的影响

1. 风俗习惯

风俗习惯反映了一个国家或民族在物质生活、文化生活、家庭、婚姻生活方面的传统，具体表现在服饰、饮食、居住、生产、婚丧嫁娶、生育、文娱活动、节日、禁忌等方面。一个民族的风俗习惯也反映了这个民族人们的共同的心理和情感。人们往往把本民族的独特风俗习惯看成自己民族的标志。所以在旅游服务中尊重民族风俗习惯是十分重要的。

随着现代社会各民族文化的不断融合，旅游者乐于体验不同民族的风俗习惯。所以，最近几年诸如"世界公园"、"民族村"之类的仿古、仿其他民族风俗习惯的旅游产品丰富起来了，这使人们在旅游中更方便地了解不同的文化。民族节日是人们最感兴趣的民族风俗，如汉族的春节、傣族的泼水节、西方的狂欢节、圣诞节等都成为人们的旅游热点。

文化禁忌是服务接待工作要重视的一环。中国人比较喜欢"8"这个数字，有好事成双、发财发达的征兆；西方则把"13"这个数字视为不吉利，因为这一天是耶稣的受难日。

2. 宗教信仰

可以肯定地说，宗教旅游是人类最早的旅游方式之一。唐朝的唐三藏历经数十年去印度取经的伟大旅行叹为观止。更不用说每年都有成千上万的人去朝拜"圣地——麦加"、去五台山进香等。宗教信仰是人类精神文化的集中体现，而宗教旅游更给旅游者的旅游目的带上一种神圣的色彩。

中国的风景名胜区大都有各种庙宇寺院，尊重旅游者的宗教信仰，热心为宗教信仰旅游者服务是旅游工作中需要重视的环节。

3. 价值观念

M·洛基奇（M. Rokeach）从心理学角度出发，认为价值观是指导行为和进行判断的最核心、最持久的信念，也可以把价值观理解为长期偏好的行为方式及信念。价值观作为一种行为标准，它指导人们应该怎样做，或者应该持什么态度，人们可以有多种态度，但却只能有一种价值观。

洛基奇编制了价值观量表，见表9-1在这个价值观量表中测试了两类价值观，即操作性价值观（指决定行为方式的价值观）和目的性价值观（指信念）。两类共有18项，每一项都是按重要性组成的连续体或由对方形容词组成的连续体。

表9-1 洛基奇价值观量表①

分类	目的性价值观	操作性价值观
主要内容	① 一种舒适的生活（一种富裕的生活）； ② 一种激动人心的生活（刺激、有活力）； ③ 成就感（长久的贡献）； ④ 平静的世界（避免战争和艺术）； ⑤ 美丽的世界（自然和艺术）； ⑥ 平等（兄弟般的关系、平等的机会）； ⑦ 家庭安全（彼此相爱）； ⑧ 自由（独立、自由选择）； ⑨ 幸福（满意）； ⑩ 内在协调（避免内部矛盾）； ⑪ 成熟的爱；	① 雄心（辛勤工作、鼓舞人心）； ② 宽宏大量； ③ 能力； ④ 高兴； ⑤ 干净、整洁； ⑥ 勇气（坚持自己的信念）； ⑦ 仁慈（愿意原谅他人）； ⑧ 助人为乐； ⑨ 诚实； ⑩ 想象力（大胆、有创造性）； ⑪ 独立（自我依靠、自我满足）；

---

① 资料来源：吕勤，郝春东. 旅游心理学[M]. 广州：广东旅游出版社，2000.

续表

分类	目的性价值观	操作性价值观
主要内容	⑫ 国家安全（保护、避免被侵略）； ⑬ 享受（一种高兴、享受的生活）； ⑭ 救助； ⑮ 自我尊敬； ⑯ 社会认知（受尊敬）； ⑰ 真正的友谊（亲密的同伴关系）； ⑱ 智慧（对生活的成熟的理解）	⑫ 知识（智慧、反应快）； ⑬ 逻辑性（一致、合理）； ⑭ 爱心（情感细致）； ⑮ 服从（有责任感）； ⑯ 礼貌（村教养、有风度）； ⑰ 责任心； ⑱ 自我控制（自我约束）

用洛基奇价值观量表的研究表明，旅游消费与价值观之间有着明显的相关。在旅游消费的档次上，目的性价值观起着很大的作用；在旅游商品的选择上，操作性价值观起着更为重要的作用。价值观会随着时间的推移而发生变化，旅游者的消费价值观也会发生变化。人们更期望能参与到旅游活动中，期望在旅游中获得更多益处，如除身体健康之外的心理健康、人生蜕变、焕发活力、结交新朋友等。

4. 民族性格和民族审美情趣

中华民族在消费性格上是重积蓄、重计划；在购买上重实际、重耐用；在审美情趣上喜欢比较含蓄、柔和的色调，追求庄重大方，要在朴素中显出典雅来；在社交上，习惯于保持低调，和他人保持一致，不愿意独处、离群，求同心理比较强，旅游消费时容易受众人影响，容易形成从众消费效应。而西方人习惯于推理分析，消费上强调个人权利与价值，乐于保持自己独立的形象，优先考虑自己的意见。

9.1.3 亚文化对旅游消费的影响

在一个国家和社会中，由于国籍、宗教、价值观、地理位置、种族、语言、民族、社会阶层、年龄等因素又会形成一种特定的、细致的文化，称为亚文化。具有亚文化特征的群体称为亚文化群。在社会文化中的成员一般是典型地遵从自己生活中的总的社会文化价值观，又要恪守他所属亚文化群的独特价值观。

从消费行为的角度对亚文化群研究上要考察人口统计学特征、心理特征、消费模式、促销方式等。

1. 地区亚文化与旅游消费

城市与乡村是由于地理位置不同而造成文化差异。20世纪的都市化运动促进了城市的发展，而旅游业目前的主要客源是城市消费者，他们更向往去大自然旅游，也更容易学会现代旅游项目。但由于农村经济水平的提高，乡村旅游者也会迅速增加，他们将学习他们的参照群体（邻近的城镇）的旅游消费方式。

在中国，北方与南方、东部与西部地区、沿海与内地、山区与平原等都有不同的地域亚文化特征，也都有不同的旅游文化动机。

2. 年龄亚文化与旅游消费

年龄上一般将人分为儿童期、青少年期、中年期、老年期这 4 个亚文化阶段。

儿童期是求知与健身的最重要时期,因此我国儿童旅游市场极为广阔。独生子女政策为儿童成长提供了巨大的经济保证。近几年出国旅游逐渐成为都市旅游的时尚。

青少年消费者往往在旅游中求新、求冒险性,浪漫冲动型旅游消费比较多,消费欲望十分强烈。超前消费是他们的重要特点,在旅游中喜欢表现自己,喜欢被异性注意。

中年消费者经济负担重,生活阅历深,但经济收入稳定,旅游消费比较理智,讲求实际,比较尊重传统习惯,重视家庭温暖与和睦。

老年化是当今社会进步的一种标志。老年人在旅游消费中更多地是追求健康长寿和追求人生完善。老年人有很多时间,也有稳定的资金消费,旅游时更多地考虑安全性及身体的可承受能力,但消费观念守旧。西蒙斯(Simmons)的跨文化研究指出,老年人有 5 种基本需要:①尽可能设法将生命延长;②获得更多的休息;③保持他们所具有的成就;④保持活动的心情,希望有事情可做,以便打发时间,但不一定要完成什么事情;⑤在一种快乐生活的希望中舒适地死去。在旅游接待中要考虑老年人的这些需要。

3. 性别亚文化与旅游消费

男女生理上的差别使其各有不同的亚文化特征。例如,女性在旅游消费过程中,购买旅游商品时,更注重花色、款式,对旅馆房间布置也挑得仔细。在旅游记忆中,女性比男性在记住细节的能力上更强。从消费决策上看,男性往往是大宗的金钱消费决策者,而旅游纪念品更多地是被妇女购买。

9.2 家庭对旅游消费的影响

家庭是社会的基本单位,人们的消费方式、习惯首先是从家庭里学来的。社会文化也要通过家庭传递给新一代。家庭的文化气氛、家庭结构、家庭生命周期、家庭的收入状况等,都会影响到个人的旅游消费决策。家庭是影响旅游消费的重要因素,不同阶段、不同类型的家庭应当是旅游营销的基本目标市场。

9.2.1 家庭生命周期对旅游消费行为的影响

所谓家庭生命周期,就是将家庭按照其发展过程,划分成若干个不同的阶段。一个家庭的发展变化意味着家庭消费随之变化。人口统计变量经常被用来区分家庭生命周期,比较常用的几个变量包括婚姻状况、在家的子女人数、在家的子女年龄、家长的工作状况。家庭生命周期的分类很难把各种不同的状况都包括在内。因为有太多的例外情形,但是这些例外所占的比率并不高。

不同的家庭发展阶段,由于角色、家庭结构、义务、经济、子女成长等变量的不断变化,个体的旅游需要也有很大的不同,因此用家庭生命周期作为分析、预测多数旅游者消费行为是一种正确有效的理念。

美国的瓦格纳和汉娜(Wagner & Hanna)将现代家庭生命周期分为 8 个阶段。

1）年轻单身期

这群人大部分是35岁以下，从未结婚，刚进入社会没多久，收入较低、可能需要还贷款的一群人，但是不像许多年龄较大者需要负担各种义务和支出，所以财务上相当自由，大部分将收入放在娱乐上。这类人口占总人口数的10%以下，许多人认为这一阶段的生活方式只是暂时性的，都以短暂的时间观念来处理自己的消费决定。

这一时期的喜欢建立自己的独特的生活方式，以有别于原来的家庭中的生活，此外，他们还有两项主要的活动：寻找与选择未来的配偶及专业能力。配偶的寻找与选择经常与这些人的娱乐活动结合在一起，并且花费最多的时间和精力。他们也是在外面吃饭的人口中的大部分。专业能力的选择与准备则决定一个人未来的所得及社会阶层。这一时期的人和同伴一起外出旅游的比较多。

2）新婚期

新婚期是指新婚尚无子女的家庭阶段，这群人的数目不多，这时期最重要的工作是创造一种双方都可以接受的生活方式，他们会经历一个试验、冲突和妥协的过程。而另一方面，其中的一人或两人要发展自己的事业。在事业和生活中可能会发生一些冲突，进而产生矛盾和婚姻关系的紧张。为解决这种矛盾和冲突，可以通过更广泛的活动，如旅游、度假及分担家务等方式来解决。

3）满巢一期

当这对小夫妻有了一个孩子之后，生活方式就有明显的变化。在这个阶段中，他们开始养育小孩，最小的一个在6岁以下，许多家庭开始觉得财务上有点压力。尤其是那些妇女辞去工作在家里看小孩的家庭，估计在美国如果有3岁以下的小孩，母亲被雇用的机会只有1/3。这一时期外出旅游相对要少。

4）满巢二期

当最小的孩子大于6岁，有时母亲会在此时重新进入工作社会，所以财务状况开始好转，由于这些家庭的资金和财富是有限的，因此对于经济的考虑仍然相当重视。不过他们对于新产品是十分向往而又缺乏了解的，致使他们只是凭着经验和冲劲购买。这时有可能携带孩子外出旅游。

5）满巢三期

此时期主要是指家中有一些十多岁的小孩，此时父母的经验增加，子女也更加灵活和独立，开始产生一些叛逆心理，父母更需要为子女的成长与和睦相处费心。但一般说来，父母对生活的满意度会增加，并且开始安排一些较长期的度假和旅行。学校的假期是安排孩子进行旅游消费活动的重要时期。

6）空巢一期

小孩开始不住在家里，可能开始上大学或外出工作，不需要父母的财务支援，所以财务状况有了明显的好转，对钱发愁的人显著减少。另外这些人还有一种明显的特点，他们大部分身体状况比较好，有较高的自由支配所得水准，使得这些人开始有更多的时间培养兴趣或到国外旅游度假，他们是度假服务的基本市场，许多的高级服饰、漂亮汽车、豪华餐厅也是以他们为主要消费对象的。

7) 空巢二期

有些人开始退休,收入逐渐减少,可能选择更换小的房子或到养老院,医药上的支出也开始增加。这些人可支配的所得减少,导致他们对于价格的敏感程度增加。由于心理和生理的灵活程度受到限制,外出旅游的可能性相对减少。

8) 寡居期

配偶之一可能死亡,这些人的收入降低更多,一般年纪大的老人,将所得大部分用在住房、食品、药品和礼品上。他们会减少与外界社会团体的接触,但仍希望有更多同伴,只能从事有限的活动,所以可能在近处旅行。

有一些家庭并不一定经过这么完整的 8 个阶段,所以近年来有些人对家庭生命周期进行了修改,把离婚、未婚同居等阶段加进来。这就是墨菲(Murphy)和斯特普尔斯(Staples)的修正模式,但是在一般情况下,有 90% 以上的家庭都是经过一般的变化的,只有少部分家庭是在主要的分类之外。

9.2.2 家庭变化对旅游消费行为的影响

现代化社会生活不断地变革着传统的家庭模式,使现代家庭模式呈现多样化,旅游营销应据此制定适宜的策略。

1. 结婚年龄越来越大

受到大学教育的年轻人结婚的年龄较之以往要大,这种现象使得新婚家庭的年轻夫妇有相当的经济基础,结婚的花费、排场比以前更为讲究。近数十年来,与婚姻有关的行业都在大幅度地增长。婚纱摄影、喜宴、旅游度蜜月已成为时尚。

2. 小孩数目减少

现代人重视养育孩子的质量,而不过分关注数量。尤其是中国的独生子女政策,使只有一个孩子的核心家庭增多,逐渐成为家庭的主流。儿童在家庭中的地位日益提高。例如,近几年在中国火暴的夏令营、冬令营、野外生存训练营等都是针对独生子女而开展的。

3. 职业妇女增加

由于女权运动,女性受教育水平的提高,妇女外出工作的机会增加。中国妇女就业机会已与男性相等,职业妇女的增加意味着家庭经济状况的提高。而旅游度假是夫妇共同消费、增进感情的重要休闲方式。

4. 单亲家庭增加

由于离婚率的提高及再婚的延长,使得单亲家庭逐年增加。这种现象使单个的家庭规模变小。而通常在由女性带孩子的情况下,家庭经济状况明显下降。这也是旅游企业应注意的问题。

9.2.3 家庭决策对旅游行为的影响

家庭决策是指一个家庭对各项事务(包括子女教育、择业、生活用品的购置、收入的支配、闲暇时间的度过等)所做的决定。一个家庭对旅游的态度、对旅游活动的参与程度，是涉及家庭所有成员(包括旅游活动参与者与未参与者)利益的行为，因此也是家庭决策内容中一个较为重要的方面。家庭决策本身是多种因素综合影响的结果，而具体的决策方式、家庭成员角色分工等又进一步对旅游行为产生影响。

一个家庭对各项事务如何进行决策，是由多种因素综合影响而造成的。这些因素包括家庭结构状况、家庭成员受教育程度、家庭成员的个性特征等。例如，我国农村普遍存在的由男主人一人当家的"家长制"作风，主要是由传统文化影响及收入水平低下两种因素作用的结果。而一些城市家庭中表现出的成员高度自治的特征，可能是由于较高的经济收入赋予每个成员雄厚的"自治"基础。一些家庭表现出的成员间共同协商、默契配合，则可能是个性特征较为"匹配"的缘故。子女在家庭决策中的影响力又与子女的年龄有密切联系。

家庭决策对旅游行为的影响可以从家庭决策类型和家庭成员角色分工两个角度进行考察。

1. 家庭决策类型的影响

一般把家庭决策方式分为以下4种类型：丈夫支配型、妻子支配型、夫妻协商型和成员自治型。不同的家庭决策类型将影响着家庭对旅游的态度和家庭成员的参与方式。

1) 丈夫支配型

丈夫支配型家庭在农村普遍存在，表现为一个家庭事无巨细，几乎全由一个人决定，成员几乎没有根据自己兴趣作出某项决定的权力。而丈夫又往往埋头于各项家庭事务，很难有旅游的闲暇，也不可能从有限的收入中拨出旅游专款。因此，这类家庭几乎从不参与任何旅游活动，除非是景区就在自家门口的免费旅游。

城市的丈夫支配型家庭，往往表现为丈夫是家庭收入的主要创造者，妻子或没有工作或收入相对微薄，在家中处于服从地位。这类家庭对旅游的态度很大程度上取决于男主人的兴趣、学识、职业、收入等。如果男主人自身对旅游兴趣索然，则会限制整个家庭的旅游活动。如果男主人能从旅游有助于调节身心、有利于教育子女、有利于帮助家庭主妇开阔视野等方面来看待旅游，那么，在经济条件许可的情况下，这种家庭也会成为旅游活动的参与者。参与的方式往往是男主人带队，全家同行，吃、住、行、游一切具体活动事宜由男主人全权处理。

丈夫支配型的家庭决策方式不利于鼓励成员的旅游行为，这类家庭及其成员将不会是旅游活动的积极参与者。

2) 妻子支配型

妻子支配型家庭往往意味着女主人自身或具备较强的创业能力，或从事收入较高的职业，或具备较高的知识水平，加上女性好奇心强、注重时尚的性别特征，可以推知，妻子支配型的家庭决策方式将有利于鼓励成员的旅游行为，这类家庭当属旅游活动的积极参与者。并且，对有关旅游的各项决策，包括去哪里旅游、如何去、如何旅游、吃什么、住哪里等，都由女主人决定，男主人处于服从地位。

以上两项分析给旅游服务部门带来的启示：针对家庭旅游群体，工作的重点应放在女主人身上。

3）夫妻协商型

夫妻协商型是目前家庭中较为普遍的决策方式。旅游消费富有家庭整体性、富含人情味的特点，使得对该项活动的决策更具协商型特征。夫妻协商的结果往往表现为：家庭成员普遍视旅游为积极有意义的活动；成员选择周末或节假日外出旅游，因为这是全家共同的休闲时间；全家人集体讨论确定旅游目的地，以确保旅游能使家庭成员人人都快乐；有条件的家庭选择自备交通工具旅游，因为这更能体现出"我们是一家"的特征；在具体事宜安排上协调配合各有分工。例如，妻子负责备齐携带物品，包括衣服、食品、用品，丈夫负责交通住宿等项目。夫妻协商的结果还有利于使整个行程的气氛融洽，其乐融融。

可见，夫妻协商型的决策方式是最有利于家庭集体外出旅游的决策方式。这一类型家庭在所有家庭尤其是城市家庭中所占比例最大，这更提醒旅游服务部门要注重旅游活动的"家庭型"特点，进而采取相应的措施。

4）成员自治型

成员自治型家庭多是年轻单身家庭、夫妻无子女家庭或年龄较大的夫妇与已自立的孩子组成的家庭。成员自治型家庭，成员遇事自主决策，这可以在最大程度上满足成员的兴趣爱好。而旅游作为一种闲暇活动，正是个人出于自己的兴趣爱好自觉参加并能从中获得多种满足的活动。因此，成员自治型的家庭决策方式也是有利于成员参与旅游活动的决策方式。不仅如此，成员自治还有利于张扬个性，展示自我。因而可以推知，来自这种家庭的成员是各类不同旅游项目的积极参与者。试想，如果没有自主决策的余地，目前新兴的带有一定风险的旅游项目，如探险、攀岩、潜水、漂流等，会有多少人参加呢？而且最新出现的所谓"另类"旅游，更是必须以成员自治为前提的。

由于夫妻双方在决策中所处地位不同及旅游消费类型需要不同，他们对旅游消费的影响力、家庭旅游决策方式都会有所不同。妻子往往对旅游中的购物有较大兴趣和影响力，而丈夫对旅游目的地的选择、食宿条件等方面有较大决策的权利。R.L.詹金斯（R.L.Jenkins）对美国家庭成员在度假旅游决策过程中所起的作用进行了分析和研究，他一共列出9个方面的决策内容，在是否去度假与准备花多少钱方面往往是由夫妻双方共同作出决策的家庭旅游决策方式见表9-2。

表9-2 家庭旅游决策方式

家庭旅游决策内容	起主导作用的决策方式
度假旅游目的地	丈夫起主导作用
食宿条件的选择	丈夫起主导作用
是否带孩子一起旅游	共同影响，一方决策
度假旅游时间长短	共同影响，一方决策
度假旅游日期	共同影响，一方决策
家庭度假旅游交通工具选择	共同影响，一方决策
度假活动内容	共同影响，一方决策
是否去度假旅游	共同影响，一方决策
花多少钱去度假旅游	共同影响，一方决策

2. 家庭成员角色分工的影响

角色在社会心理学中用来表示个体在特定的社会和团体中所占的位置及与之相符合的行为模式。一种角色标志着相应的地位、权利、责任和与此相联系的行为模式。一种角色可以由许多人来承担，而一个人也同样承担着多种角色。

家庭成员本身已担当着相应的角色，如丈夫、妻子、孩子、男人、女人等。这种由社会和家庭决定的角色是成员最基本的社会角色，它影响着成员在家庭事务中可能进一步扮演的其他角色及如何扮演。对于旅游行为，要求家庭成员扮演旅游活动的发起者、旅游信息的搜集者、旅游决策的决定者、旅游活动的参与者等几类角色。角色的分工受家庭结构、家庭决策方式及所面临的问题性质等多种因素影响，又反过来影响对问题的决策和解决方式。对于单身家庭和成员自治型家庭，旅游活动的发起者、旅游信息的搜集者、旅游决策的决定者、旅游活动的参与者4种角色可能由一人担当，无明显的角色分工。而对于成员较多的家庭，情况就复杂了。现以3口之家为例进行分析。

旅游活动的发起者可以是家庭的任一成员，但具体由谁发起，这对旅游活动最终能否实现关系甚大。对于丈夫支配型的家庭而言，如果由丈夫发起某项旅游活动，那就意味着最终必然成行，因为居服从地位的妻子和孩子本身对旅游的兴趣并不亚于丈夫。至于去哪里旅游、如何旅游等则几乎全由丈夫决定。而此类家庭，如果由妻子或孩子担当旅游发起者的角色，那么决定者必然是丈夫，而且丈夫也往往是旅游信息的搜集者，至于最终能否成行就很难说；参与旅游者则可能是全家，也可能是家庭的部分成员。妻子支配型的家庭，虽然谁都可能是旅游活动的发起者，但由于妻子具有决策权，所以旅游活动往往更适合女性的口味。这是由丈夫和妻子性别角色的差异造成的。男性较注重旅游活动的休闲性、知识性、行程安排的合理性等；而女性较注重旅游活动的时尚性、参与性、行程安排的经济性等。男女性别的差异同样影响到对旅游信息的搜集。同样的旅游信息，男女注重的方面却有所不同。至于年龄较小的孩子，最注重的是旅游活动本身，即"参与即可"，对于其他方面概不过问。所以孩子往往是旅游活动发起人的积极拥护者和活动的热情参加者。

值得重视的是孩子作为发起人的角色。目前，关于旅游的信息充斥电视、广播及生活的各个角落，耳濡目染的结果是，一般城市儿童在3岁左右就会对旅游有所理解，他会向父母表示自己也想去旅游。至于学龄期的儿童更是对旅游饱含热望，他们会在节假日向父母提出旅游的要求。当然，孩子旅游意识是否强烈，最主要的影响是来自父母的影响。一旦孩子扮演了发起人的角色，无论是父亲还是母亲，都会对孩子的意见倍加重视。因为目前中国的社会状况是城市家庭大都是独生子女，人们似乎已逐渐形成了"孩子至上"的思维习惯。孩子的需要就是父母的奋斗目标，对于孩子的一切要求，父母都尽量满足，因此，在孩子的发起下，容易促成家庭的旅游行为，并且在旅游中会进一步体现以孩子为中心的特点，具体表现为选择距离较近的、交通安全方便的旅游地；选择文化内涵丰富、知识性特点突出的旅游景点；选择卫生条件较好的地点就餐和住宿；选购适合孩子的旅游纪念品等。

3. 家庭收入对旅游行为的影响

一个家庭的收入状况从根本上制约着家庭的所有行为。家庭的决策方式、角色分工等也都与家庭收入有关。旅游属于较高层次的需要，它不可能跨越人的基本需要而获得满足。如果一个家庭的恩格尔系数很高，则表示其成员出游的可能性很低。旅游是在一个家庭的收入达到一定水平的基础上方可实现的行为。旅游动机的产生、旅游者的态度、旅游消费观念、旅游方式的选择等都无不与旅游者的家庭收入相联系。

家庭收入对旅游行为的影响具体体现在以下3个方面。

1) 影响旅游消费观念

"经济决定意识"这一哲学原理同样适用于家庭。

家庭对旅游行为的看法与家庭收入状况密切联系。美国低收入家庭视旅游为奢侈型消费，认为是有钱人的专利；中等收入家庭普遍将旅游看做调节身心、教育子女的良好途径；而高收入家庭则把旅游看做显示身份、地位的方式之一，注重旅游的象征意义。目前世界上有名的巨富争相参加太空旅游，人们显然很难把太空旅游的意义与普通旅游同样看待。中国家庭的旅游消费观念也有与美国家庭类似的特点，在一些落后地区刚刚开发好的旅游景区，当地的农民往往用一种奇特的眼光来看待前来旅游的城市人，认为他们来到这"穷乡僻壤"是无事生非，要问这些农民当地有什么好景色，他们往往会脱口而出："这里有什么？什么也没有！"由于收入所限，他们的需求层次很低，需求结构单调，身处景区却对"风景"视而不见，至于旅游有什么意义，他们全然"没感觉"。但是，随着旅游者的不断增加，他们自然成了旅游的受益者，家庭收入不断增加。到一定时期，情况就由量变发生了质变，富裕起来的农民会受城市人旅游行为的感染对旅游产生新的认识，认为旅游不再是城市人的无事生非，农村人也应该走出去开眼界。这就是为什么旅游接待地同时也是旅游客源地的原因所在。

2) 影响旅游动机需要是人的动机产生的源泉。

根据马克思主义的需要观，人的需要分为3个层次，这就是生存的需要、享受的需要、发展的需要。为了满足需要，人们会采取多种相应的措施，即产生各种各样的行为动机。而一个人的旅游行为是为了满足享受的需要，还是为了满足发展的需要，这是与家庭收入密切联系的。例如，同是父母带孩子去北京旅游，低收入家庭可能以让孩子增长知识为主导动机，出行的方式可能采取乘坐火车或加入旅行社组织的经济团；而富裕家庭可能以出门兜风为主导动机，让孩子在享受的基础上求发展，出行的方式可能是自己驾车或乘坐飞机。

3) 影响旅游消费水平

旅游消费是有弹性的。旅游是包括食、住、行、游、购、娱等一系列内容的综合性活动，其中除了景点门票之外，各项花费都是有弹性的。例如，同样的路程，乘坐飞机的价格要比乘坐火车昂贵5倍以上；同样是住宿，五星级的客房就比两星级的昂贵得多。旅游者能承受什么消费水平是由其家庭收入状况决定的。

4) 家庭消费观念对旅游消费行为的影响

通常可以看到这样的情况：两个在结构、成员年龄、收入等方面很相似的家庭，在消费行为上呈现出截然不同的特点；而在这几个方面差异很大的家庭，也有可能呈现出相似的消费特点。这是由于家庭的消费行为除了受以上几个方面因素影响外，还受消费观念的影响。家庭消费观念指家庭对待消费的基本态度，它从根本上影响着家庭的具体消费行为。例如，以下 3 组彼此相反的消费观念，将分别导致家庭不同的消费行为，也必然造成旅游消费行为的差异。

（1）重储蓄、轻消费与重消费、轻储蓄的观念。一些家庭受传统影响，认为只有将大部分的收入存入银行，才是最安全最明智的做法，哪怕利率一降再降，"我自岿然不动"。这种家庭不注重享受，视旅游为无事生非，持消极态度。另一种家庭则与之相反，善于捕捉和迎合潮流，不在乎银行里有无存款，认为有钱消费才是最现实的事情。这种家庭自然是旅游活动的积极倡导者和踊跃参加者。

（2）重子女、轻父母与重父母、轻子女的观念。一个家庭是把子女看得最重要还是把父母看得最重要，这也会从根本上影响其消费行为。不同的观念必然导致不同的旅游动机和出行方式。重子女、轻父母的家庭，往往把让孩子增长见识、接受教育作为旅游的主导动机，对食、住、行、游、购、娱的安排一切以孩子为中心。而重父母、轻子女的家庭，则表现出不同的旅游特征，旅游的动机是为了满足父母的需要，对景点的选择、游程的安排、交通工具的选择等都根据父母的需要而定，孩子只处在附属地位或有时干脆被排出旅游计划之外。

（3）重食轻衣与重衣轻食的观念。这说明不同的家庭在消费结构上有所不同。对待所有的消费品，家庭会各有侧重。类似于对食与穿的不同侧重，不同家庭对旅游在消费结构中的地位也会有不同的看法。有的家庭把旅游看做很重要的活动，认为能出门旅游远胜于吃几顿好饭与穿几件好衣服；有的家庭则不然，认为吃好最重要，或穿好最重要，旅游只不过是"花钱买罪受"。可以推知，这些家庭必然呈现出不同的旅游行为特征。

9.3 社会阶层与旅游消费

9.3.1 社会阶层

社会阶层是由一大批社会地位大致等同的人构成的人群集合。

1. 社会阶层的特征

社会阶层的特征包括以下几个。

1）同质性

同一阶层的人有相同的或相似的态度、活动、兴趣和其他行为模式。他们接触的旅游产品和服务也会比较相似。例如，富人不会去踢足球，而是经常去打高尔夫球。

2）约束性

各阶层的人之间的交往会受到限制，一般来说，同一阶层的人与人之间的交往比较舒服，所以同一阶层的人相互社交的机会较多，外出旅游也以同一阶层的人结伴而行的居多。

3）多维性

社会阶层包括职业、收入、教育水平等各个方面。每个方面都是一个维度，它们对划分社会阶层都起着重要作用。可在同一阶层内进行更细的划分。每一个维度都可能对人们的旅游消费产生影响。

4）变动性

随着时代的变迁、科技革命的发展，每个人所属的阶层都是可能发生变化的。有的阶层可能上升，有的阶层则可能下降。例如，中国的个体户阶层就在近几十年间经历了从底层向上层的上升。这种变动是旅游接待业需要重视的。

2. 社会阶层的划分

社会阶层是许多社会消费市场包括旅游消费市场细分的重要指标。同一阶层的人们具有相同或相似的消费态度和价值观，他们的行为方式也趋同。

美国学者将美国人划分为6个阶层，见表9-3。

表9-3 美国社会阶层体系

社会阶层	成员	人口比例
上上层	当地名门望族，连续三四代富户，贵族，商人，金融家或高级职员，继承财富者	1.5%
上下层	新跻身于上等阶层者，暴发户，尚未被上上阶层接纳者，高级官员，大企业创建人，医生和律师	1.5%
中上层	中等成就的职员，中型企业主，中级经纪人员，有地位意识的人，以孩子和家庭为中心的人	10.0%
中下层	普通人中的后上者，非管理人身份的职员，小企业主，以及蓝领家庭，正在努力并受到尊敬的人，保守者	33.6%
下上层	一般劳动阶层，半熟练工人，收入水平往往同中上和中下两个阶层一样高的人，对生活满意的人，过着温饱生活的人	38.0%
下下层	非熟练工人，失业者，以及未经同化的种族集团，持宿命论的人，冷漠者	15.4%
总计		100%

社会阶层理论认为，任何个人或家庭所属的社会阶层，主要取决于教育和职业两个因素。除了上上层与下下层的人以外，财富与收入对一个人的社会阶层地位作用并不大。这是因为相同的收入并不必然导致相同的行为。每个社会阶层都会有带着自己特色的生活方式，如相似的居住地、相似的旅游度假方式、相似的购物渠道等，从而表现其特殊阶层的价值、人生观及自我概念。因此各社会阶层之间的行为有时会有很大的差别，社会阶层犹如社会的"金字塔"。

9.3.2 社会阶层对旅游消费的影响

虽然最近几年的研究发现社会阶层对消费行为有影响，但不同阶层的消费行为差距存在着减少的趋势。这主要是西方发达国家在最近几十年国民经济持续增长的结果。但现实当中仍然有较大的差别。

以美国社会为例。在旅游态度上，下层的收入水平不足以支付旅游花费，一般不会加入到旅游者行列中，上层的消费者有很多旅游的时间和财力，但毕竟是少数。中层的消费者是最乐意外出旅游的。

在旅游动机上，上层的旅游者比较强调身心健康、社交、比较注重身份和自我形象，如去著名的海滩、温泉或去费用昂贵的大海中的群岛度假等，当然也会去一些旅游名胜区。而暴发户、富有的纨绔子弟在花费上更加出手大方，更乐于在赌博等娱乐场所一显身手。中等阶层的旅游者则更爱冒险，寻求新的经历，更乐于参加到旅行团体中，他们感到自己与国家和整个世界有切身的联系。下等阶层的旅游者则认为到国外或某个遥远的地方去旅游是轻率的、费用昂贵的，因而没有兴趣，他们理想的度假方式是去国内的某个旅游区，或到附近的度假村里度过假期。

9.4 社会群体与旅游消费

作为社会动物的人，具有天然的群聚性，人只有在特定的社会环境中才能得以生存和成长。他们不仅受到其他社会成员的影响，而且他们也影响其他社会成员。旅游者作为特殊的社会角色同样也会受到社会群体的影响。

9.4.1 社会群体

社会群体是指人们彼此之间为了一定的共同目的，以一定方式结合在一起的彼此之间存在相互作用，心理上存在共同感并具有情感联系的人群。

1. 社会群体的特征

社会群体的特征包括以下几个。

（1）群体成员之间具有一定的共同目标，并且有为实现这一目标制定的共同的行为规范。

（2）群体具有一定的结构，群体内每个成员都在群体中占据一定的位置。

（3）群体成员心理上有依存关系和共同感，存在一定的相互作用和影响。

偶然聚在一起的人群由于没有共同目标和隶属感，没有结构与社会角色分化，不能称为群体。例如，电影院里的观众、飞机上的乘客等不属于群体，应称为非群体的人群集合。凡旅游团体都是群体，因为他们有共同的行为目标和规范。但旅游团是特殊的社会群体。

2. 社会群体的分类

社会群体有以下几种分类。

1）正式群体与非正式群体

正式群体是指具有正式社会结构、成员有明确地位与社会角色分化，并有相应的权利、义务、规范的群体。非正式群体是指自发形成的，没有明确社会角色分化和权利、义务规范的，以人们之间的情感联系为纽带联结成的群体。旅游团一般属于暂时的正式群体。而非正式群体往往在旅游团中自动结合起来（如以住宿房间结合起来的、或是志趣相同的、或是老乡等形成的临时性非正式群体）。非正式群体广泛存在于正式群体中。非正式群体是个人生活与成长中重要的社会关系资源。没有加入过非正式群体，则会产生社会失落感，自尊与价值观难以表现。

非正式群体有共同的价值观和较浓厚的情感联系。在正式群体中，人们往往掩饰真实自我的表现，以利于与正式群体一致，免于受到伤害，而在非正式群体中则可真诚地流露自我。

2) 首属群体与次属群体

首属群体是指个人直接生活在其中、与群体成员有充分的直接交往和亲密人际关系的群体。家庭、邻居、青少年同伴等都是首属群体。首属群体是靠人与人交往建立起来的。没有严格群体规范，也无规定性角色关系，其运转是靠人与人之间的情感联系。它常常是一个人最直接的社会现实，也是其社会影响的最直接的来源。

次属群体是指按照一定规范建立起来的，有明确社会结构的群体，如学校、工厂、旅行社等。其运转依靠社会角色关系及成员的明确分工。次属群体是人们介入更广泛的正式社会的基本途径。个人在次属群体中的正式社会身份，常常是个人的社会同一性的核心部分，并由此对其自我同一性发挥着重要的影响。

3) 松散群体、联合体与集体

这是按照群体发展的水平和群体成员之间关系的密切程度而进行的分类。松散群体是指群体发展的水平和成员之间关系的密切程度较低的群体，成员之间没有多少共同的目标和活动内容，只是在时间和空间上接近。这种群体不是严格意义上的群体。例如，"五一"期间同去某一景点游览的旅游者，既可被视为非群体，也可被视为松散群体。联合体的发展水平及成员间的关系属中等层次，群体成员有共同的目标和活动内容，但这种活动只具有个人意义，活动的成败在较大程度上只与个人利益密切相关，如各种协会、团体，包括旅行社组织的旅游团队。集体是群体发展的最高层次。集体成员的活动不仅与个人利益密切联系，而且更主要体现在集体的共同利益上。集体往往具有严密的组织和纪律，其活动具有广泛的社会意义。

4) 假设群体与实际群体

这是为了研究问题方便，按照群体是否真实存在而进行的分类。假设群体是指实际上并不存在，只是为了研究和分析的需要，把具有某种特征的人按照想象加以归类。假设群体不是真正意义上的群体，而只具有统计意义，又称统计群体。例如，不同年龄的旅游者，不同职业的旅游者，不同收入水平的旅游者，不同宗教信仰的旅游者等，都属于假设群体。实际群体则是指在现实中实际存在的具有群体特征的真实的群体。

除此之外，群体还可以根据其他标准，如年龄、性别、地位、数量大小等划分为不同的分类。

9.4.2 社会群体的形成

1. 社会群体形成过程

社会群体的形成有一个渐近的过程。从 M. 谢立夫（M. Sherif，1961）的实验研究中可以看出这一过程。这个研究是请中产阶层以上的家庭中 12 岁的男孩参加旅游夏令营，他们互不认识。研究共分 3 个阶段。

第一阶段。参加实验的人分为两个独立人群，互相不知道对方的存在。两个群体进行各自的游戏活动,如一起做饭、一起玩足球等。经过这一阶段的活动交往,人群集合转变成群体,每个小组有了自己的领导者和规则,并各自为自己的小组起了名字,一个叫"响尾蛇",另一个叫"雄鹰"。

第二阶段。安排两个小组相遇,彼此展开一系列竞争项目,如打垒球等对抗赛。结果小组成员出现"我们情感"的群体意识,开始将自己所在的群体看做内群体,为作为自己群体的一员而感到优越,而将对手看成外群体,似乎对手的特点都不符合自己的愿望。竞争引起双方的敌意。在这一阶段结束时进行了择友的测验,结果选择本小组成员为朋友的比例占90%以上。

第三阶段。探索如何减轻或消除群体间的冲突与敌意。研究安排了两个小组一起吃饭、一起看电影、修供野营基地用的储水池(否则大家就没有水喝)等共同活动的项目。结果双方敌意减轻,在夏令营结束时进行的择友测验中,选择对方成员的比例达到1/3左右。

2. 影响社会群体形成的因素

影响社会群体形成的因素包括以下几个方面。

1) 共同的目标

当人们意识到不能单独完成某一项工作,或者是通过多个人的共同努力可以更加顺利地完成某一项工作时,就倾向于组成群体。这是群体形成的第一的、最直接的动因。

2) 隶属需要

隶属需要是个人认同于他人或群体的行为方式,并以相同方式行动,以获得安全感的需要。

3) 共同兴趣

由于兴趣不同,导致了人们在群体归属上的分化。而一个群体的吸引力,直接与其所开展的活动针对具有何种兴趣的人有关。旅游活动也必须针对兴趣各异的旅游者来设计,以吸引不同的旅游者。

4) 压力情境

"患难见知已",高压力情境会直接促进人们形成群体或加入群体。例如,在灾害、危险情境、紧急事件中人们倾向于自动与朋友、旁边的人结成群体,以求庇护。这样能获得足够的安全感和社会支持。

5) 群体的工具作用

I. 罗斯(I. Rost,1952)发现,工会会员的身份的意义在于得到高薪和更大的工作保障。人们加入某一群体是为了达到某种功利目的,或实现与群体无关的期待,即通过群体获得个人的利益。

9.4.3 社会群体对旅游消费的影响

1. 通过从众心理影响旅游消费

群体规范的存在,使多数群体成员都有共同的认识,对事物有共同的态度,这对每一个群体的成员自然会造成一种无形的压力。群体成员受这种压力影响,也会保持和群体规范相一致的态度和行为，这就是从众。如果一个人所属的群体中的大部分成员都决定去某一旅游景点游玩，即使这个人很不愿意去，他也可能选择与大家一起去游玩，这就是受从众心理的影响。许多传统的习俗或流行时尚都是靠从众心理维持和推动的。特别是当今世界，资讯与传媒十分发达，广播、电视、报纸、互联网等将某一种产品、观念、行为变成大众标准，以对个人行为的自由发挥构成强大压力。例如，最近出境旅游成为时尚，许多人可能纷纷效仿，利用假日到国外一游。

2. 群体能够满足旅游消费者一定的需要

旅行社组织的旅游团属于一种群体。旅游者加入这种群体是因为它能够为旅游者提供一些方便，满足旅游者的某些需要。具体而言，由导游员带领的旅行团这种群体能够为旅游者提供5个方面的好处。

（1）有导游员的旅行团为旅游者提供了预定的旅游线路，节省时间，参观全面，尤其方便了那些缺乏经验的旅游者和初次到某地游览的旅游者。

（2）有导游员的旅行团使旅游者预先知道自己的行程和住宿处，从而为旅游者提供了心理上的安全感。

（3）有导游员的旅行团使旅游者预先知道整个行程的全部开销，不必支出额外的费用，为旅游者提供了经济上的便利和安全感。

（4）有导游员的旅行团由领队和导游员互相协调，可以最大限度地减少旅游者在旅游过程中与异地社会环境之间的冲突，为旅游者提供社会方面的方便和安全感。

（5）有导游员的旅行团还可以促使团体内的旅游者相互交流，协调融洽，减少相互间的摩擦，创造团结友好的气氛，使旅游者得到社会支持和安全感。

总之，有导游员的旅行团能够满足旅游消费者身体方面、心理方面、经济方面和社会方面的需求，所以，旅游者才会热衷于参与这种团体旅游。

本章小结

旅游消费心理与行为的产生也是由个体的心理活动与外部环境因素交互作用的结果。社会文化、家庭、社会阶层、社会群体等因素对旅游者的消费行为产生作用。

社会文化具有无形、后天习得、稳定和可变及满足人的需要等特征。社会文化通过影响一定时期人们的风俗习惯、宗教信仰、价值观念、民族性格和民族审美情趣等间接地影响着旅游消费行为。具体体现在对旅游动机、旅游偏好、旅游者对景点的认知、旅游者对服务的要求等方面的影响。

家庭的文化气氛、家庭结构、家庭生命周期、家庭的收入状况等影响到个人的旅游消费决策。

社会阶层具有同质性、约束性、多维性、变动性等特征。社会阶层划分主要取决于教育和职业两个因素。社会阶层之间的消费行为有时有很大的差别，不同的社会阶层对旅游消费观念、消费水平、消费方式等产生影响。

每一位旅游者作为个体都是各种群体中的一员，其心理和行为必然受群体的影响。

章前案例解析

对于同样的旅游景观,张太太、周老师和李小姐等游客会产生不同的认识和评价,这与其各自的受教育程度、审美观、宗教信仰等文化因素密切联系。受教育程度不同,对于历史和人文知识的掌握及看法不一,在领略风光时所赋予的情感就不同;各种因素的综合影响使得各自审美观会有所差异,对待同一景观的视觉效果会不同,评判标准也不一,故审美效果不同;各自的宗教信仰观念不同,其具体的旅游行为就会产生差异。

游客的旅游感受会与所接受的社会文化背景(风俗习惯、宗教信仰、价值观念、民族性格和民族审美情趣)、所具有的亚文化特征(地区、年龄、性别)、所在家庭的影响(家庭生命周期、家庭变化、家庭决策)、所处社会阶层和社会群体的不同有直接关系。

复习思考题

一、名词解释

社会文化　地区亚文化　社会群体

二、选择题

1. 下列(　　)不属于社会文化具有的特征。
   A. 文化的影响是无形的　　　　B. 文化是后天习得的
   C. 文化满足人的需要　　　　　D. 社会文化有不稳定性
2. 影响社会群体形成的因素中,群体形成的第一的、最直接的动因为(　　)
   A. 共同的目标　　B. 共同兴趣　　C. 隶属需要　　D. 压力情境
3. 从年龄与消费关系看,下列(　　)属于青少年消费者特点。
   A. 考虑安全性　　　　　　　　B. 讲求实际
   C. 超前消费　　　　　　　　　D. 旅游消费比较理智

三、判断题

1. 价值观作为一种行为标准,指导人们应该怎样做,或者应该持什么态度,人们可以有多种态度,也可有多种价值观。　　　　　　　　　　　　　　　　　　(　　)
2. 偶然聚在一起的人群由于没有共同目标和隶属感,没有结构与社会角色分化,不能称为群体。　　　　　　　　　　　　　　　　　　　　　　　　　　　(　　)
3. 一个家庭的收入状况从根本上制约着家庭的所有行为。　　　　　　　(　　)

四、简答题

1. 非正式群体存在哪些功能?
2. 文化和亚文化是怎样影响旅游消费行为的?

五、论述题

1. 分析中国当代社会十大阶层成员的旅游行为特点。
2. "1991年埃及发生了袭击外国旅游者事件,造成1人死亡、5人受伤,致使其旅游

收入短期内暴跌75%,以致总统亲自前往事件发生地视察,并在公开场合露面,以向世界表明经过采取强有力的措施,社会治安状况已经好转,旅游者可以放心了"。结合本章学习内容,谈谈你的看法。

六、案例分析

胡萝卜汁的故事

几年前,我和香港Regent饭店的总经理Rudy Greiner一起用餐时,他问我最喜欢喝什么饮料,我说最喜欢胡萝卜汁。大约6个月以后我再次在Regent饭店做客,在房间的冰箱里,我发现了一大杯胡萝卜汁。10年来不管什么时候住进Regent饭店,他们都为我准备胡萝卜汁。最近一次旅行中,飞机还没在启德机场降落,我就想着饭店里等着我的那杯胡萝卜汁,顿时满嘴口水。10年间,尽管饭店的房价涨了3倍多,我还是在这个饭店住宿,就是因为他们为我准备了胡萝卜汁。

问题:什么样的个性化服务才是赢得客人的根本途径?

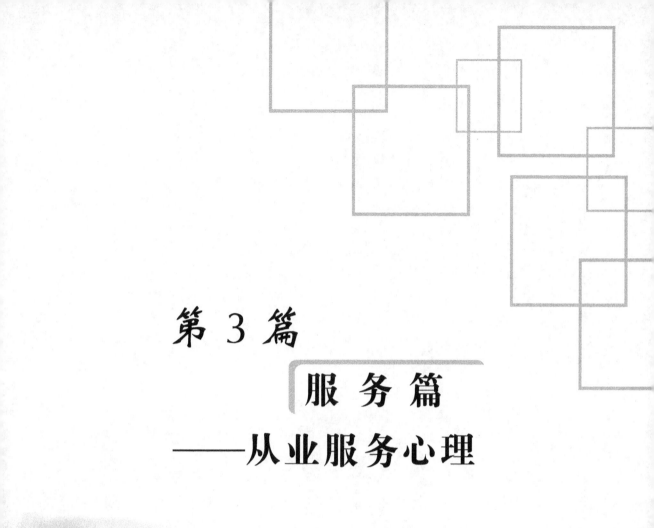

第 3 篇
服 务 篇
——从业服务心理

10

> **学习目标**
> 1. 掌握宾客对客房服务的心理需求及客房服务心理策略。
> 2. 掌握宾客对餐厅服务的心理需求及餐厅服务心理策略。
> 3. 掌握宾客对前厅服务的心理需求及前厅服务心理策略。

> **导入案例**
>
> 民族习惯与客房服务①
>
> 北京某五星级酒店住进了一位中东国家的宾客,他从入住房间的第一天起,就在房间里摆放了朝拜用的方毯。客房服务员在清洁房间的时候,由于不了解宾客民族的风俗习惯,就把方毯挪动了方向和位置。当宾客晚上回到房间后,看到了这种情况,当即投诉了该服务员。
>
> 【问题】
>
> 案例中的客房服务员受到的投诉合理吗?为什么?

10.1 客房服务心理

客房是酒店的基本设施和经济收入与利润的主要来源,是宾客休息的主要场所,同时也是宾客进行社交、商务等活动的场所。宾客住店期间,在客房停留的时间最长,与客房服务人员的接触最多。宾客出门在外,会把客房看做"家外之家",对客房服务有很高的要求。因此,客房服务水平的高低会直接影响宾客对酒店的整体评价。

如果客房服务能够很好地满足宾客的需求,宾客就会向亲朋好友进行广泛宣传,推荐更多的宾客入住,酒店就可能进入良性发展。

10.1.1 宾客对客房服务的心理需求

1. 求卫生、整洁的心理

卫生、整洁是宾客对客房服务的第一需求。客房的所有设施和配备的物品都是为流动入住的宾客准备的。客房的许多物品可能被以前入住的宾客使用过,其中难免杂乱或不卫生。对新入住的宾客而言,他们关心的就是客房内配备的物品是否已经彻底消毒、整理完好。宾客对直接接触的用具尤其关注,如床铺、水杯、洗脸盆、浴缸、浴巾、马桶、沙发、写字台、灯具等要干净、卫生。

客房服务人员在清理宾客房间时应遵循一定的程序,一般要在宾客不在房间时进行清

---

① 资料来源:牛志文.饭店服务员培训教材[M].北京:金盾出版社,2007.

理。宾客大多不喜欢客房服务人员在自己面前转来转去地清理房间，清理过程中所带来的忙乱或扫起的灰尘、杂物等会使宾客感到厌恶、不悦。宾客有特殊要求整理房间的，可以灵活掌握，分情况解决。服务人员整理客房时，先要看客房门把手上的标志，按常规程序打扫房间。服务人员进门时要先敲门，绝不能贸然进入房间。

进入房间后，一定不要将门关严，整个情理过程始终要敞开着门。清理后可以在卫生间器具上贴上"已消毒"标志，在茶杯、口杯上套上专用塑料袋等，这样做能起到一定的心理效果。当然，必须实事求是，不能工作打折、欺骗宾客。

2. 求安静、舒适的心理

酒店客房的主要功能是宾客休息的场所，故客房环境的安静是保证其功能实现的重要条件。保持客房环境的安静，会给宾客舒服、清静、高雅的感觉，也是衡量服务质量的环境标准。宾客希望有隔音设施，周围没有噪声；希望室内环境美观优雅，布置典雅舒适，温度适宜，床铺舒服，灯光柔和；要求服务人员行动"三轻"，即说话轻、走路轻、操作轻。为使酒店的服务人员做到行动"三轻"，要加强对员工的培训和行为习惯养成的培养。组织有针对性内容的培训和严格的制度约束，可以使员工养成良好的职业习惯。

3. 求亲切、温馨的心理

客房服务人员亲切、温馨的服务态度，熟练的服务操作，能够消除与宾客之间的陌生感、距离感等，增进宾客与客房服务人员彼此之间的信赖感，情感接近了，宾客就会配合、支持和谅解酒店的服务工作，也利于提高酒店的声誉。

4. 求安全、平安的心理

安全感是舒适感、愉快感、满足感的基础，宾客外出旅游的共同目的就是追求快乐，旅游期间总是把自身和随身携带的财物的安全作为首先要考虑的问题。宾客希望酒店的保安措施严密，保障宾客生命、财物安全，保护宾客的隐私；宾客希望客房内配备保险柜或提供代为保管贵重物品的服务；希望门窗安全、设施设备有安全保障；遇到突发事件时，希望酒店及时采取有效措施保障宾客身体平安、财物完好无缺。

5. 求被尊重的心理

宾客希望客房服务人员能够尊重自己的人格、生活习惯、宗教信仰，尊重宾客对房间的正确使用权（如未经宾客同意，客房服务人员一般不能随意翻动宾客的贵重物品或重要资料等），希望与自己交往的朋友受到同样的尊重；希望看到客房服务人员欢迎的微笑，他们不能忍受冷漠、恶劣的服务态度。

10.1.2 客房服务心理策略

1. 提供优质的客房服务

1) 做好客房的清洁卫生

客房服务人员要按照客房卫生清洁操作规程，认真仔细地打扫客房的每一处应清洁的地方，尤其要注意对房间卫生死角的打扫，如卫生间的洗脸盆及台面、浴缸边缘的毛发或污垢、台灯的灰尘、抽屉内的灰尘等，还要采取有效措施及时消灭房间的老鼠、蚊虫等害虫。在整理物品时，一般不要移动宾客的物品，更不能擅自把宾客的物品当做废品清理丢掉，否则，可能会带来不必要的麻烦。

如果是有宾客在场时进行卫生清扫，客房服务人员动作一定要轻，要有礼貌地请宾客移动位置予以配合。不要使用同一块抹布，既用来擦卫生间设备，又用来擦客房内的物品和桌面，否则宾客会感到很不卫生，产生不舒服感。

当宾客一进入房间，映入其眼帘的便是整洁如新的卧具，洁净卫生的地面、墙面和橱柜，以及摆放有序的各种物品和设备，就会在心理上对酒店产生信赖感、舒适感和安全感。当然，对于连续住店的宾客，客房服务人员也应每天按规定在客房内进行清洁整理工作，包括及时清理客用垃圾、按照酒店规定或是宾客的要求更换床单被褥、及时补充客房内的低值易耗品。

2) 保持客房内安静舒适

保持安静的环境是客房服务的一个重要的组成部分，任何时候，不管宾客是否在休息，这一点都必须做到。保持客房安静就是要防止和消除干扰宾客休息或人际交往的噪声。酒店选择的设施设备产生的噪声要小，符合国家标准，房间的装修要隔音，要能阻隔噪声的传导。客房服务人员的行为动作要做到"三轻"。"三轻"不仅能减少噪声，而且还能影响那些爱大声说笑的宾客，用行动引导宾客进行自我克制，轻步行走，小声说笑，共同营造安静的氛围，给宾客舒服、高雅的心理感受。

3) 服务态度要主动热情

客房服务人员除了应该熟练掌握客房清洁工作的操作程序，还应努力培养自己的主动服务意识，优化服务态度。服务意识集中表现的一个重要方面就是在对宾客服务中做到主动。主动就是服务要先于宾客的开口，宾客还没提出疑问或要求，客房服务人员就能及时解除宾客心中的疑问或提供能够满足宾客要求的服务。在酒店客房中，主动的服务包括很多方面，如主动迎送，主动问候，主动介绍服务项目，主动照顾老、弱、病、残、孕等宾客。要像对待自己的亲人那样，关心宾客的起居、身体状况，给宾客以家人的关怀。

客房服务人员在服务过程中要精神饱满，微笑对待宾客。"笑脸增友谊，微笑出效益"。微笑可以传递友好、愉悦、善意的信息，也可以表达歉意、谅解、谢意，微笑有时可以起到有声语言所起不到的效果。热情是体现服务态度的本质表现，是取悦宾客心理的关键所在。

4) 尊重宾客，耐心细致

耐心细致的服务不仅是客房服务人员应具备的心理品质，也是酒店赢得宾客的积极评价的有效途径。在服务过程中，客房服务人员应学会有意识地控制和调节自己的情绪，面对不同类型的宾客的具体要求应做到不厌不烦、有问必答，尽力满足要求。即使是在工作非常繁忙时，也应对宾客非常耐心，不急不躁；对爱挑剔的宾客不厌烦，不"火上浇油"，妥善处理宾客提出的问题或困难；对老、弱、病、残、孕等宾客照顾细致周到。

例如，客房服务人员在整理被宾客打开的书籍时，最好在打开的书页处夹上一个小纸条或书签，便于宾客回来后继续阅读，宾客就会非常满意；宾客表达意见时耐心倾听，宾客表扬时不骄傲自满。耐心细致的服务还应注意服务的分寸，注意观察宾客的急需，从实

践中积累经验，这样才能使宾客放心、信任、赞誉，把握好服务的态度，拉近与宾客的心理情感距离。

2. 提供超常服务和延伸服务

酒店客房的超常服务和延伸服务主要是在给宾客核心服务（如清洁、宁静、安全的客房）和支持核心服务的促进性服务的基础上，提供的一种额外超值服务。这些超值服务的提供能够使宾客在心理上产生一种物超所值的感受，带来意外的惊喜。

客房服务人员应细心观察宾客，了解宾客合理的现实需求和潜在需求，如果能做到超常服务，就会使宾客更满意。例如，观察宾客的不同需求，主动服务；正确解答宾客咨询的问题；向宾客提出建设性的餐饮、娱乐或游览行程建议等。

10.2 餐厅服务心理

餐厅服务是旅游酒店服务中不可缺少的一个组成部分，在整个酒店经济收入中约占到1/3。饮食是一种社会文化行为，能从一个侧面反映一个地区或某个酒店的特征、特色。对顾客而言，他们主要关注食、住、行、游、购、娱六大要素，其中"食"是旅游的6个要素之一，宾客进入餐厅就是要解决饮食问题，标准是要吃饱吃好，体验饮食"口福"的享受。当然，游客不一定在所住酒店的餐厅用餐，也可能到其他酒店或餐厅用餐。酒店餐厅的特色、良好的服务、合理的价位、优美洁净的就餐环境等因素对宾客有很大的吸引力。

宾客到餐厅用餐，具有食品享受和精神享受两个方面的需求。餐厅服务人员既要向宾客提供美味佳肴的饭菜，又要向宾客提供优质的餐饮服务，使宾客得到生理、心理的满足，体验饮食的享受。故需要探究宾客就餐心理，深入了解宾客的就餐需求，做好餐厅服务和管理工作。

10.2.1 宾客对餐厅服务的心理需求

1. 求卫生、安全的心理

宾客对餐厅的卫生安全需求主要是在餐厅环境、餐具、食品饮料和服务人员卫生规范操作等方面。良好的就餐环境能给宾客安全、愉快、舒服的直观感受。就餐宾客希望餐厅内环境整洁、地面洁净、墙壁装饰美观、空气新鲜、温度适宜、没有蚊蝇，餐具、台布、口布经过规范的消毒处理。对于一次性方便筷子，最好经过消毒后进行单独包装，避免沾染灰尘和细菌。现在有的餐厅使用由餐具清洗消毒配送中心提供的消毒餐具，将酒杯、茶杯、餐碟、汤勺、餐碗消毒后统一包装，一人一包，是一次性专用消毒餐具。虽然是有偿使用，但价钱不贵，很有市场，赢得了用餐宾客的普遍认可。

在餐厅服务中，食品和饮料卫生是最重要的。餐厅提供新鲜、卫生、在消费保质期内的食品和饮料是防止"病从口入"的重要环节，是维护餐厅声誉的关键。尽管餐厅档次有高低之分，但就餐宾客都有一个共同的心理要求——能够吃到卫生、安全的食品，这也是基本要求。为此，餐厅使用的食品原材料要新鲜、没有污染，严禁使用超过保质期或腐烂变质的食品原料进行食品加工。凉拌菜要使用专用的消毒器具制作。要防止生、熟、荤、素菜直接交叉污染。杜绝供应超过保质期的食品和饮料。如果餐厅对卫生安全工作重视不够，则会给企业带来巨大的经济损失，不但会影响顾客的健康，还会影响企业在消费者心目中的形象和信誉度。

每位餐厅服务人员都要严格遵守餐饮部制定的卫生工作条例，持健康证上岗。服务人员应特别注意个人卫生习惯、服饰干净整洁，不留长指甲，不能养成挖鼻孔、掏耳朵、手擦眼泪等不良习惯。在餐台布置、餐桌准备、餐中服务（上菜、配菜、斟酒）等方面，都应严格按照卫生操作规范提供服务。例如，上菜时，服务人员切忌手指碰到食物、讲话时不要口对食品等。

2. 求快速、便捷的心理

宾客来到餐厅希望能马上找到合适的餐桌和座位，希望餐厅服务人员能尽快提供点菜、沏茶等服务。宾客点菜后希望餐厅快速上菜，而不愿长久等待。其原因主要是现在生活的快节奏使人们形成了节省时间的紧迫感，养成了快速的心理定势或用餐后还有很多事情要做。心理学研究表明：期待目标出现前的一段时间会使人体验到一种无聊甚至痛苦的感觉。从时间知觉上看，对期待目标出现之前的那段时间，人们会在心理上产生一定的放大现象，觉得时间过得慢，时间变长了。

当人体处于饥饿状态时，由于血糖下降，人就容易发怒，说出过激的话语。特别是宾客饥肠辘辘时，宾客等待上菜的时间过长，会使宾客难以忍受，甚至会退餐选择到其他餐厅消费。如果餐厅的服务的节奏太慢，宾客就会有被怠慢的感觉，请客的主人还会感到在宾客面前没有面子，其尊严受到一定程度的伤害在用餐过程中，宾客如果有新的需求，希望打个招呼服务员就能迅速来到面前，提供相应的服务。用餐结束后，宾客希望快速、准确地办完结账手续。赶时间的宾客更是希望给予优先照顾的服务。

3. 求公平、尊重的心理

公平合理是宾客对餐厅服务的基本要求。根据亚当斯的公平理论（详见 12.1.2，2 款），人们的公平感是通过比较而产生的，具有相对性。宾客在就餐过程中的比较，既包括同意餐厅的不同就餐者之间的比较，也包括不同餐厅之间的比较。同类型、同等档次的餐厅在价格上、数量上及接待上的不同都会引起宾客的比较。如果宾客在就餐过程中，没有因为外表、社会身份地位、消费金额的不同而受到不同的待遇，在接待、价格、服务规格等方面是公平合理的，心理上才会平衡，感到没有受到歧视或欺骗，因此餐厅服务一定要做到质价相称、明码标价、一视同仁。

尊重需要作为人类的一种高层次的需要，贯穿于旅游活动的各个环节之中，"宁喝顺心汤，不吃受气饭"，道出了尊重宾客在餐厅服务中的重要性。尊重宾客体现在宾客用餐、消费的各个环节。例如，服务人员要微笑迎送宾客、恰当引座、提供图文并茂的菜单、尊重宾客的饮食习俗和生活习惯，绝对不能强迫宾客消费某种食品等。在餐厅服务中应注意"请"字不离口。例如，顾客临门，服务人员主动招呼"请进，欢迎光临"；进门后，引领顾客到位后说"请坐"、"请点菜"；上茶时，说"请用茶"；当菜肴上桌时说"这是××菜，请慢用"等。这些不起眼的"请"字，可以起到大作用，使顾客处处时时受到酒店的尊重，满足宾客求尊重的心理需求；同时也提升了酒店在顾客心目中的形象，良好的餐厅服务为酒店也赢得了美好的声誉。

4. 求品尝特色、求新求知的心理

感受不同地域的风俗人情和饮食文化，品尝当地的特色、风味美食，是很多游客的愿望，所以在游客就餐时希望餐厅能够提供具有当地地方特色的名菜、名吃，并分享这些菜点津津乐道的来历传说、经典掌故、烹调方法等，这不仅可以了解当地文化、增长知识，而且也会给旅行增添许多快乐和回忆的色彩，如杭州的东坡肉、北京全聚德的烤鸭、内蒙古草原的烤全羊、吉林四平的李连贵熏肉大饼、陕西西安的羊肉泡馍、新疆的哈密瓜、武汉的武昌鱼、天津的狗不理包子等。在品尝风味名吃的同时，宾客在旅游地还希望能吃到适合自己口味和习惯的美味食物。例如，欧美人希望在中国能吃到西餐；韩国人希望吃到韩国料理；老年人希望吃到容易消化、质软、适合他们的可口食物。

5. 求食美、价廉的心理

对于很多食客而言，在餐厅用餐，不仅要好吃而且要好看，这不仅可以增加食欲，而且可以大饱眼福。实际上，食客在餐厅的用餐过程就是一项综合性的审美活动。饮食也是一种文化。钱钟书以其一贯的俏皮如是说：烹饪是文化在日常生活里最亲切的表现，西洋各国的语文中文艺鉴赏力和口味是同一个字(taste)，并非偶然。食客会要求食物、酒水合口味，且色香味形俱佳；要求餐厅外观形象美且内部环境美；要求服务人员仪表美且内心美。

在"货比三家"的消费观的引导下，人们的消费最终会选择在适合自己消费档次、物有所值的场所或物品进行消费。在追求食美的前提下，价廉也是消费者要考虑的一个相当重要的因素。酒店餐厅吸引回头宾客一是要靠特色，二是要靠适宜的价格。

10.2.2 餐厅服务策略

1. 餐厅环境的营造

就餐环境的好坏直接关系到顾客对餐厅印象的好坏。因此，餐厅要十分注重环境的美化，为顾客努力创造一个优美舒适的就餐环境。

1) 优美的视觉环境

用餐环境是为宾客提供优质的餐饮服务的基础，是满足宾客物质享受和精神享受的重要条件。餐厅为了树立美好的视觉形象，除了做好环境的清洁卫生工作，还应从环境的布局和家具的设置摆放及餐厅内的色彩选择等方面入手。餐厅的门面要醒目，要有独特的建筑外形和醒目的标志，餐厅的内部装饰与陈设布局要整齐和谐、清洁明亮，要给人以美观大方、高雅舒适的感觉。餐厅的整个设计要有一个主题思想，或高贵、或典雅、或自然、或中式、或西式、或古典、或现代、或民族风格，色彩也要依据餐厅设计的主题思想来选定。

2) 注意愉快的听觉形象

现代心理学研究表明，音乐对于人们的情绪、身心具有特殊的调节机制，优美的听觉形象可以促进食欲，调节旅游者的心境，使人感到轻松愉快。音乐是表达情感的物质载体,人们能够从中体会到丰富的思想感情,从而引起丰富的联想和强烈的共鸣。研究表明,背景音乐对于旅游者在消费场所的消费购买行为有着直接的影响。合适的背景音乐能帮助制造良好的进餐氛围,对于活跃餐厅气氛、减弱噪声、提高用餐宾客和服务人员情绪、刺激消费行为有着最为直接的影响。

例如,一般可以在快餐厅播放节奏轻快的背景音乐,可缩短宾客停留的时间,以增加接待宾客的数量;在正餐厅、咖啡厅可以播放节奏悠扬的慢节奏音乐,延长宾客的逗留时间,宾客在餐厅的消费额自然就会增加。在餐厅播放优美动听的音乐,可以使宾客愉悦心情,增加消费食欲,还可以掩盖厨房和邻桌传来的噪声。

3) 注意良好的嗅觉形象

在餐厅中,由于环境的特殊性,往往容易存在各种气味,包括各种饭菜味、各种酒味甚至烟草味。这些气味混合在一起,带给人的心理感受通常都是不愉快的,会极大地影响宾客的进餐情绪。为了保持餐厅良好的空气质量,一方面要做好餐厅的通风工作,另一方面要做好餐厅内的温度调节工作。

4) 适宜的温度环境

一般来说,现代化餐厅比较适宜的温度大多在 18~22℃。如果温度过高则易使人感觉闷热,大汗淋漓;温度过低又会使人感觉寒冷,嗅觉的感受性下降,从而影响人的食欲。同时,过低的餐厅温度也会使上桌的菜肴很快变凉,影响宾客品尝佳肴美味。另外,还要注意不能使厨房的油烟及各种气味散发到餐厅房间中来。

2. 注意树立良好食品形象

在人们以往的印象中,菜肴质量仅仅指的是菜肴的卫生情况及菜肴是否可口。现在,随着菜肴制作水平和人类饮食文化的不断发展,除了原来菜肴是否卫生可口这一单一的评判标准外,菜肴质量的内涵又有了扩展。如今人们对菜肴质量的评价主要包括其是否拥有美好的色泽、优美的造型及菜肴口味是否可口等几个方面。

1) 诱人的色泽

色泽也是对菜肴菜点的装饰,对宾客的心理会产生直接作用。一般来说,餐饮消费心理中的视觉主要有两类:一类指彩色视觉,如红、橙、黄、绿等视觉;另一类则指无彩色视觉,如黑、白、灰等视觉。

研究表明,菜肴食品的颜色与人的情绪和食欲存在着一定的内在联系。每一种菜肴食品的色彩都有其特定的心理功效,红、黄、绿等颜色比较容易激起宾客的食欲。例如,红色食物能够兴奋中枢神经,易使人感到食物有浓郁的香味且口感鲜美,此外红色食物还会给人以华贵喜庆之感;黄色食物多给人以淡香的感觉,高雅、温馨,可以调节人的心境;绿色食物在人们心目中往往代表了新鲜、清爽、清淡,有舒缓情绪、愉悦心境的作用。

餐饮制作工作人员应本着以食物的自然色为主的原则,充分利用各种色彩对人的心理的调节功效来制作各色菜肴食品。当然,由于宾客的种族、文化背景等差异,宾客在消费偏好上必然存在着一定的差距,对宾客的特殊要求要进行相应的调整,满足宾客的不同需求。

2) 优美的造型

食品除具有食用价值外,还具有观赏的艺术价值。菜肴是否具备优美的造型是菜肴质量的外在表现,也是宾客评定菜肴质量的视觉标准之一。精细优美的菜肴形象可以起到美化宾客视觉、满足其对菜肴的美感享受的作用。技艺高超的名厨可以利用烹饪中的切、雕、摆、制、烹等独特技艺，可以给宾客提供造型优美的美味佳肴，给宾客带来艺术上的享受。例如，鸳鸯戏水、二龙戏珠、龙凤呈祥等菜点，造型雅致，妙趣横生，可以激发宾客的想象力，增进消费食欲。

当然，为了满足宾客对视觉美感的追求，餐厅除了对菜肴本身应追求造型优美、形象生动外，在盛装菜肴的器具上也应注意搭配、相宜。菜肴盛具的精美对于菜肴具有衬托作用，能够使之锦上添花。古人云："美食不如美器。"餐具的形象的确会对宾客的就餐心理产生影响。餐桌上，各式美食、美器相映成趣，容易让人感到赏心悦目，食欲大增。此外，餐具的搭配应与食物本身的大小及分量相宜，才能有美的感官效果。

3）可口的风味

古人云："闻香下马，知味停车"，故菜肴不仅应该有诱人的色泽、优美的造型，更应注重给宾客带来美好的味觉享受。菜肴口味的好坏是人们评价菜肴烹制技术水平的最重要的标准，菜肴口味的好坏对于餐厅来说至关重要。对于菜肴来说，最基本的要求就是口味纯正、味道鲜美、调味适中。当然，餐厅面对南来北往的宾客，不同的环境影响和地方的习俗会让不同地域的人们在菜肴的口味上有一定的偏好，如在中国就有"南甜北咸东辣西酸"之说。因此，餐厅在为宾客提供菜肴时，应充分考虑其主要宾客的饮食习惯和偏好，以更好地满足他们对菜肴的口味需求。

心理学研究表明，凡是新鲜的、奇特的事物总能引人注目，激发人们的兴趣。宾客一般在旅游活动过程中都会产生探新猎奇的心理，都希望能拥有一段不同于平常的经历，甚至会将品尝美味佳肴及那些极具传统的地方特色食品，作为自己旅游活动追求目标的一部分。而旅游目的地所拥有的独具特色的风味饮食，恰好从饮食这一层面满足了宾客的这一独特心理需求。

4）合理的价位

在保证菜肴质量的基础上，餐厅的收费也应注意其合理性。菜肴价格的公平合理是宾客对餐厅所提供的菜肴产品和服务的基本要求。菜肴价格定得是否适当、或高或低，会直接关系到餐厅与宾客双方的切身利益，也会直接影响到宾客的心理承受力，更直接体现在宾客对餐厅菜肴食品是否愿意消费及消费数量的多少。如果价格与产品的质量不相符，无论菜肴产品的质量很好或者其产品质量一般甚至欠佳，由于其定价非常高，超出了人们消费能够接受的范围，宾客都会觉得太昂贵，认为是餐厅盲目抬价，这样既影响餐厅的声誉和销售，同时也会最终影响宾客对酒店的总体印象和选择。

此外，由于当今餐饮消费者外出就餐频率的增多，对价格的高低已经渐成习惯。如果菜品的质量偏低于人们的习惯价格，宾客又会怀疑是产品的质量有问题，同样也会对其就餐心理产生不利的影响。因此，餐厅制定的收费一定要合理，要让宾客觉得自己的消费是"物有所值"甚至是"物超所值"的，找到心理的平衡感觉。

3. 注意员工职业形象

1）仪表整洁，服务技巧娴熟

餐厅服务人员的仪容仪表是优质餐饮服务的重要体现，它将直接影响宾客对餐厅服务人员及整个餐厅的视觉感受，甚至会影响到宾客对整个酒店的印象和评价。因此，必须重视餐厅服务人员的仪容仪表，工作制服的式样、色彩和质地都应和餐厅的整体风格相协调，服装在样式的选择上可以选择西式、中式或其他带有地方特色的民族性服装。这样，可以将餐厅服务人员的服饰与餐厅的室内环境艺术结合起来，增强艺术特色，产生形象吸引力。对于餐厅服务人员的发型、饰物要求是整洁、大方。女性服务人员在工作时应把头发束起，避免为宾客上菜或是提供其他服务时有头发掉落或是垂下，引起宾客的反感甚至对餐厅的卫生状况产生质疑。

此外，餐厅服务人员的举首投足，如坐姿、站姿、行走等方面都应做到规范得体、自然大方，以期给宾客留下良好的印象。由于餐饮服务工作的特殊性，餐厅服务人员在穿着工作制服时应随时注意保持整洁平整，避免工作制服不干净或是穿戴不整齐给宾客带来不适感，损伤餐厅甚至是酒店的形象。餐厅服务人员在为宾客服务时，还应做到准确娴熟，以提高服务质量和工作效率为目标。

2) 主动服务，热情周到，当好参谋

心理学研究表明，处于饥饿状态中的人由于血液中血糖含量的降低，是比较容易发怒的。因此，餐厅服务人员应在对宾客服务开始时，就要主动热情地接待宾客，使其处于较为愉快的情绪状态中，并利用情绪对宾客行为进行影响，创造良好的心理气氛，达到服务的最佳境界。餐厅服务人员在向宾客问好、拉椅让座、沏茶倒水、送香巾及点菜等前期接待服务中，应做到积极热情，要让宾客感觉到餐厅服务人员不是在例行公事、简单的敷衍，而是发自内心的欢迎自己。宾客点菜时，餐厅服务人员可以提出合理化建议，为宾客选菜、配菜，当好宾客的参谋。既要让宾客吃好、满意，又不浪费食物或增加宾客不必要的消费开支。如果宾客缺少点菜经验，点的均是汤菜或冷菜，服务人员应及时提醒，推荐餐厅的畅销菜，让宾客自己选择。

同样，在宾客用餐过程中，服务人员应继续保持积极热情的服务，以保证宾客能够满意、顺利地用完餐，如适时地为宾客斟酒，主动地为宾客撤换餐碟、撤换烟灰缸，适时地撤走餐桌上的空菜盘等。服务人员应尽力把一切服务工作做在宾客开口之前。例如，宾客在品尝美味菜肴的时候，一般都希望了解菜肴名称、用料、简单制作方法、营养价值、传说、典故等饮食方面的知识，这就要求服务人员应掌握本餐厅特色菜点的相关知识，根据宾客的需要，简单介绍。上每一道菜时要主动报上菜名，在宾客点菜或品尝时能够流利地回答宾客咨询的问题。在对宾客服务过程中，餐厅服务人员还应做到耐心细致，切实地观察宾客的实际心理需求，提供相应的优质服务。

3) 提供个性化服务

在餐厅的经营发展中，除了为宾客提供必要的常规性服务，现在也越来越重视服务产品的差异化创新，开始有针对性地推荐一些适合宾客心理需求的产品和服务，这样个性化服务应运而生。

个性化服务的含义是因人而异的。个性化服务就是餐厅服务人员根据个体及特殊餐饮消费者群体的特点、要求，提供相应的优质服务，使其在接受服务的同时产生舒适的精神心理效应。个性化服务相对于标准化服务的区别在于，个性化服务要求更为细致的主动服务、灵活服务及超常服务。因此，餐厅为宾客提供的服务应该是用规范化的服务来满足消费者的共性要求，用个性化的服务来满足消费者的个别需求。

餐厅提供的个性化服务实际上也就是那些看似平凡实则不平凡、看似容易而做则难的细节性的主动服务。例如，正值盛夏时节，当宾客一走进餐厅，餐厅服务人员就满面笑容地出来迎接，及时送上两次小毛巾（一次冷的，一次热的），隔5分钟后又送来一盘水果解暑，这时正是最热的时候，餐厅服务人员的热情和周到，就会令宾客感到好像回到了自己的家一样。这就是一种针对特殊气候条件下的个性化服务。又如，宾客对食物的烹制可能会提出特殊的要求，对同一道菜，有的宾客要求多放辣椒，有的宾客要求少放辣椒，还有的宾客根本不让放辣椒，服务员一定要记清楚并及时告诉制作热菜的厨师。

为了更好地为宾客提供个性化服务，餐厅服务人员首先应在思想意识中真正地把宾客放在第一位，做到"心中想着宾客"，然后要注意从宾客的一言一行中发现他们的特殊需求，急宾客所急，努力地用一些针对性服务去化解宾客的困难，以达到最佳的服务效果。

10.3 前厅客房服务心理

前厅是酒店为宾客提供预订房间、接待入住、办理离店手续的综合服务区域，前厅包括酒店的大门、大堂和总服务台，位于酒店的大堂处。前厅是一家酒店的门面和窗口，是宾客与酒店人员初接触与最后告别的管理职能部门，是酒店服务的源头和终点，也是酒店的形象部门，更是酒店直接获得经济效益的重要部门。人们常常把前厅比喻为酒店的"脸面"，把前厅的工作人员称为酒店的"形象大使"。

10.3.1 宾客对前厅服务的心理需求

1. 求尊重的心理

宾客来自五湖四海、四面八方，当宾客进入酒店后，酒店服务人员与宾客之间就确立了主客之间的接待与被接待、服务与被服务关系。心理学研究证实，世界上的每个人都希望得到他人的尊重。与宾客最先接触的就是前厅服务人员，宾客要求受到酒店的尊重，当受到尊重时，宾客就会感到温暖和亲切，体会到"家"的感觉。

前厅服务人员要主动问候、笑脸迎客、热情真诚、礼貌友好（注意用好迎送礼、操作礼、微笑礼、言谈礼、称呼礼、问候礼、应答礼等）、耐心细致，宾客来到酒店与离开酒店时受到同样的尊重和热情的服务，这些都是尊重宾客的具体体现。

2. 求高效快速服务的心理

宾客经过旅行来到酒店，由于旅途辛劳，进入酒店后希望迅速办理好入住手续，尽快到客房休息，为安排下一步的活动做准备。宾客离店时，希望结账手续简便快捷，程序不要复杂。前厅服务人员要提前做好工作准备，服务程序要安排合理，服务人员要具有强烈的服务意识和熟练的服务技能。在服务过程中，要"忙而不乱，快而不错"，并灵活地处理宾客的问题，服务热情周到，高效快速。

3. 求方便的心理

宾客在酒店入住期间，会需要前台能够提供咨询、订票、兑换外币、通信、交通和旅游景点推介等服务或帮助。倘若宾客的问题能够在前台得到方便的服务或快捷的帮助，就会给宾客带来愉悦的情绪，达到宾客满意的效果。

4. 求新求知的心理

对于初到异地的宾客，他们对当地的一切都充满了好奇、求新求知的心理。宾客想了解酒店客房的设施条件、价格等情况；酒店餐厅能够提供那些当地的特色食品和服务；当地有哪些著名的文化古迹、风景名胜、风土人情；当地有哪些特产名品和旅游纪念品等。

前厅服务人员对宾客提出的上述问题应热情耐心地解答和介绍，还可以与旅行社的业务服务结合起来，把旅行社提供的服务项目、旅游产品的有关资料准备好，供宾客咨询、查看、使用，满足宾客的求新求知的心理需求。

知识链接 10-1

GRO 的行为

1. 事情经过

某天傍晚，正下着滂沱大雨，H 城一家五星级酒店大堂内，一位戴眼镜的先生正来回踱步。他时而看酒店的一些指示牌，在总台前看房价表；时而从酒店大堂的几个走廊走进走出，似乎在等人，又似乎在寻找什么。

他的举止引起了今晚值班的 GRO（guest relation officer，宾客关系主任或宾客关系员）凯丽的注意。此时，她正在大堂内巡视，一双敏锐的眼睛不被察觉地扫过每一个宾客。平时，碰到这样的宾客，凯丽都会主动上前询问是否需要帮助，宾客会从凯丽这里得到他们所需的信息，凯丽热情主动的服务态度也常常受到宾客的好评。这时，她像往常一样上前询问宾客。

"晚上好，先生，请问您需要什么帮助吗？"

"我……"宾客欲言又止。

"您要住宿吗？我可以为您介绍房价。"凯丽又说。

"啊，不要，不要"宾客有点慌乱。

"您是不是在等人或找人？"

"不是，不是。"

"那么，您是不是要去哪里？"凯丽见宾客盯着指示牌，进一步提供服务。

"我不要去哪里，"宾客显然很不耐烦了，终于对凯丽说："我说小姐，你可不可以不要问了，我只是在躲雨，我的公司就在附近，我们常常在这里消费。今天下班，刚巧赶上雷阵雨，就进来躲一会。你非得刨根寻底问我做什么？我现在就走！"宾客说完，怒气冲冲地走了。

凯丽感到非常委屈，可又不知道自己做错了什么，不禁想到有些老员工对她说的话"多做多错，少做少错。"难道真的是这样吗？

2. 问题

如果你是凯丽，你会怎么做？

3. 可能采用的做法及评析

（1）像凯丽那样多次询问宾客逗留在大堂里的原因。

这种做法的结果在本例中大家已经看到了，热情过头，没有把握好服务对象的心理，宾客非但不感激，反而很生气，弄巧成拙。因此不可取。

（2）对宾客不理不睬。

这种做法显然没达到星级酒店的服务标准，有失服务的主动性。也许宾客正需要帮助，而酒店员工熟视无睹，会使宾客有被冷落的感觉，认为酒店的服务不到位。因此这样做更不足取。

（3）以无声的语言——眼神、微笑及适当的体态语言，如走到宾客附近、点头致意等向宾客表示你已经注意到他了，并且可以随时为他提供服务。

这是一种较好的做法，运用了目前酒店服务中被普遍认可的一种人性化服务，既可以让宾客感受到被关注，又让宾客保留了主动性的心理优势。这种做法不会像"做法（1）"中那样让宾客感到惶恐、尴尬，为被伤了自尊而生气，并因这样的经历而不愿再光顾这家酒店。

（4）根据当时的情景：外面正下着滂沱大雨，宾客的一些漫无目的、不经意的举动，分析判断出宾客有可能正在躲雨。可以请宾客在休息区坐下，同时送上一些报纸、杂志或酒店的宣传册供宾客消磨时光；也可以聊天式的方式向宾客介绍一些酒店的设施并视情况适当做一些不会给宾客造成压力的酒店产品推销。确认宾客是在躲雨后，也可以询问宾客是否需要借用酒店的雨具，主动提供服务。

这是一种很好的做法，可以称得上是"智慧型"的服务，所达到的效果不仅使宾客满意，而且超过了宾客所期望的，无形中也给酒店带来了或许现时、或许潜在的经济效益。这正是要大力提倡的服务方式。但这样的服务技巧并非朝夕能学成，而是基于多年工作经验的积累和总结，平时注意观察宾客言行、研究宾客心理等才能达到。

4. 对酒店的启示

（1）GRO是一些高星级酒店为增进与宾客的双向沟通，加强与改善酒店和宾客关系而新设的一个岗位，旨在通过GRO随时服务于宾客，主动询问宾客意见，进一步了解宾客需求，获得更多的反馈信息，从而改善酒店服务，使之更符合市场需求。

酒店一定要重视GRO的人选，总的来说，只有言行举止大方得体、形象气质较好、语言能力出众、善于揣摩宾客心理、有一定酒店工作经验及应变能力的人才可以胜任GRO的职务。

（2）在提倡酒店服务的规范化、主动性的同时，更应提倡服务中的个性化和灵活性，不要照搬照抄，要根据环境、人物、场所等的变化而应变自如。

（3）随着宾客对服务要求的提高，酒店服务更要注重对宾客心理的研究，倡导人性化服务，让宾客真正有"宾至如归"的感觉，温馨舒适、轻松自如。服务要掌握好度，热情过头只会使宾客"受宠若惊"、无所适从，结果往往弄巧成拙、适得其反，不仅留不住宾客，反而吓跑了宾客。

（4）在服务中恰当运用体态语言有时可达到有声语言所达不到的效果。

10.3.2 前厅服务策略

酒店的前厅服务可以使宾客产生"先入为主"的第一印象,对酒店的整体认识产生晕轮效应,根据宾客的心理需求,应该做好以下工作,不断提升前厅的接待服务水平。

1. 前厅环境的营造

酒店前厅环境是影响宾客的需求和心理、影响酒店形象声誉的重要设施。一般来说,宾客刚进入酒店的感性认识在很大程度上决定了其对酒店的第一印象,而第一印象形成之后,会在很大程度上影响其对酒店的整体印象。因此,酒店在进行前厅环境的设计时应注意为宾客营造一种温暖、松弛、舒适和欢迎的氛围,应尽力使每一位来到酒店的宾客都能够倍感温馨,留下深刻的美好印象。

如果宾客能看到整洁美观、设计优雅的环境,赏心悦目的装饰,就会愿意在这优美的环境中多逗留一会,感到自己的消费支出和体验所得是物有所值,甚至下次还会来或推荐朋友来酒店入住。

一般情况下,前厅的布局要简洁合理(如总服务台应设在大厅最便利、最引人注目的位置,大厅不能太狭小等),各种服务项目要有醒目、易懂的标志(如为宾客提供订房订票、结账退房、问询、运送行李等各项服务),能使宾客一目了然。前厅内温度要适宜,地面、沙发、茶几等要高度整洁、卫生。另外,还要注意前厅环境的整体和谐,包括色彩、灯光、景物装饰、花卉摆放等,有时还要体现出民族和地方特色,体现出文化特色,创造出亲切、舒适、整洁、高雅的特色,使宾客进入酒店确实能产生宾至如归、舒适温暖的感觉和体验。

2. 对前厅服务人员的要求

1) 体貌

体形和容貌具有一定的审美价值,而且能够在一定程度上反映个体的心理特点,对他人会产生一定的影响。由于第一印象的重要影响,酒店对前厅服务人员的容貌要求相对较高,一般都会选择容貌端庄、体态匀称、身材适度(女性不低于165cm,男性不低于170cm)、视力正常、行动敏捷、表达清楚的员工担任前厅服务人员。女性员工应面容整洁、化妆淡雅、讲究个人卫生;男性员工应面部整洁、发式简单整齐、保持口气清新。

2) 着装

酒店前厅服务人员的服饰既是对个体容貌、体形的加工和衬托,也是企业文化的体现。良好的服装服饰能给人留下美观、舒适、优雅、大方的感觉,形成良好的视觉形象。对于前厅服务人员的服饰穿着要求既富有特色,又美观实用;既要与整体的大堂环境相适应,也应与其特定的职业岗位相符合;既要使宾客产生美感,也应使其能够联想到酒店有形及无形产品的质量等,从而增强其对酒店的信任度,促其消费。

3) 行为

前厅服务人员的行为举止也应大方得体、热情庄重,前厅服务人员的行为风度能够在一定程度上反映出前厅服务人员的性格和心灵,这也是宾客评价酒店服务人员的服务水

平、服务态度方面的一个重要指标。前厅服务人员的行为要给宾客美观、大方、优雅的感觉，使宾客产生亲近感、信赖感，给宾客留下良好的第一印象和最终印象。

4）语言

语言是人际交往的重要工具，前厅服务人员的言行同样也是宾客知觉对象的一部分，是酒店服务能否给宾客留下良好的第一印象的重要影响因素之一。同时，语言沟通也是人们交流信息、表达情感的主要媒介。前厅服务人员应具备较强的语言表达能力，并应具备一定的英语口语交流能力，这样在接待和服务外宾时不仅能提供便利的服务，更可以在一定程度上树立酒店的形象。

前厅服务人员的准确表达对于宾客的情绪起着最直接的影响作用，服务成效在很大程度上取决于前厅服务人员的正确语言表达，因此语意表达要清楚、准确。为了使宾客感到在新的环境中得到了关怀和尊重，前厅服务人员要熟练地使用礼貌用语，避免使用宾客忌讳的词语。在服务中要有"五声"，即欢迎声、问候声、致谢声、道歉声、告别声。在接待中应杜绝"四语"，即蔑视语、烦躁语、斗气语、否定语。语言的语气要诚恳、谦和，声音要悦耳动听。

3. 掌握服务技能，提高服务效率

宾客经过一定时间的旅途奔波进入饭店后，都希望能在较短的时间内安顿下来，进入自己所需要的客房休息以解除旅途疲劳，恢复体力。因此，焦虑、急切的心理表现得非常明显，在前厅办理入住登记手续的这段时间对他们来说通常都是越短越好。

同样，宾客在离店时显现比来的急切心理也是很常见的，在这种时候，宾客需要的不是等候，而是能够快速并且准确地结账，以便能迅速离店返回。例如，前厅总台的服务工作包括预订客房、入住登记、电话总机、贵重物品寄存、收账、结账等，这些工作既重要又复杂，环环相扣，需要过硬的服务技能，要做到耐心细致、态度诚恳热情，不出差错，用准确、高效的服务赢得宾客赞誉。

4. 提供公平合理、周到细致的服务

追求公平是现代社会中人们的一种普遍心理。宾客在旅游、商务活动中存在消费档次高低之分，但求公平、求合理的心态是一致的。反之，宾客就会感到不公平，直至产生不满和愤怒，甚至进行投诉。这些将给酒店及旅游业带来巨大的毁誉和经济损失。例如，分析宾客投诉案例，常见的现象多是服务人员"因小失大"，冒犯了宾客。发生矛盾或纠纷的"导火索"往往都是些小事，但小事让宾客感受到了不公平的待遇，这在前厅接待服务中尤其要注意避免。

为了保证酒店前厅的服务工作质量，现在很多酒店在大厅里设置大堂经理的工作岗位，其职责就是处理各种日常和突发事件，协调酒店内部各职能部门之间的关系，帮助宾客解决遇到的各种困难，处理宾客的投诉等。实践证明，在酒店前厅设置大堂经理是非常有效的管理措施，可以使许多问题得到及时、快速的解决，也使宾客体会到酒店对宾客的关心和尊重，为酒店的"窗口"展示了企业良好形象。

知识链接 10-2

世界酒店之最

全世界最豪华的酒店——阿联酋迪拜的阿拉伯塔酒店。它是一家七星级酒店。

最高的旋转式酒店——瑞士的 Allalin 酒店。这家酒店建在阿尔卑斯山上，海拔 3 500 米。整个酒店每 1 小时旋转一周，宾客在用餐时，可欣赏阿尔卑斯山周围美景。

首家水下酒店——以色列的 RedSeaStars 酒店。这家酒店于 1993 年开业，宾客在这里就餐时可以一边吃着新鲜的海鲜，一边观看海底世界。

最奇特的酒店——西班牙的 ElBulli 酒店。在这家酒店里，宾客可品尝到世界上工艺最独特和最古怪的丰盛可口的食物。它的独特风味享誉全球。

最大的酒店——泰国曼谷的 TumNukThai 酒店。其面积有 4 个足球场大，仅中央大厅一次就可接待 5 000 多名客人。这里所有服务员都穿着轮滑鞋为宾客服务。

最古老的酒店——巴黎的 LeGrandveyour 酒店。这家酒店建于 1784 年，法国历史上几乎所有最著名的人士都曾经到这家酒店就餐。酒店中所有的饭菜一直保持法国最古老的特色，这里的所有摆设都是正宗的法国古董。

最小的酒店——芬兰的 Kuappi 酒店。这家酒店只有一个单独的小餐厅，餐厅内仅设两个座位，一次只招待两位宾客。

最漂亮和最雅致的酒店——莫斯科的图兰多特酒店。该酒店由世界上数十家著名的设计公司建造，完全是仿古建筑，里面的设施是优雅高贵的宫廷式摆设。酒店中摆有中国古代的瓷器，俄罗斯古老的壁炉、枝形烛台和灯架。

本章小结

本章主要介绍了宾客对酒店不同服务部门的心理需求及提供针对性的服务策略。

宾客对客房服务的一般心理需求：求卫生、整洁的心理；求安静、舒适的心理；求亲切、温馨的心理；求安全、平安的心理；求被尊重的心理。

客房服务的心理策略：提供优质的客房服务，做好客房的清洁卫生，保持客房内安静舒适，服务态度要主动热情，尊重宾客、耐心细致；并且要尽可能提供超常服务和延伸服务。

宾客对餐厅服务的一般心理需求：求卫生、安全的心理；求快速、便捷的心理；求公平、尊重的心理；求品尝特色、求新求知的心理；求食美、价廉的心理。

餐厅服务的策略：注重餐厅环境的营造，给宾客以优美的视觉环境、愉快的听觉形象、良好的嗅觉形象和适宜的温度环境；注意树立良好食品形象，提供给宾客色泽诱人、造型优美、风味可口、价位合理的菜肴；还应注意员工职业形象，服务员应仪表整洁、服务技巧娴熟，主动服务、热情周到、当好参谋，提供个性化服务。

宾客对前厅服务的一般心理需求：求尊重的心理；求高效快速服务的心理；求方便的心理；求新求知的心理。

前厅服务的策略：注重前厅环境的营造；前厅服务人员在体貌、着装、行为和语言等方面的要求；掌握服务技能，提高服务效率；提供公平合理、周到细致的服务。

章前案例解析

麦加是伊斯兰教的第一圣地，它坐落在沙特阿拉伯西部的撒拉特山区的一条狭窄的山谷里。公元前623年，穆罕默德在此创立和传播了伊斯兰教。因此，"礼拜"是伊斯兰教的"五功"之一，是穆斯林朝向麦加方向诵经、祈祷、跪拜等宗教仪式的总称。穆斯林在做"礼拜"时，都朝向麦加方向。

在该饭店入住的这位中东宾客是一位伊斯兰教的忠实信徒，定时、定向地做"礼拜"是他多年来的民族宗教习惯。那位客房服务员在不了解这些宗教知识的情况下，在清洁房间卫生的时候，无意识地把宾客做"礼拜"用的毯子，调整了方向和位置，自然会引起宾客的投诉。

复习思考题

一、多项选择题

1. 为了保持客房内安静舒适，宾客服务人员的行为动作要做到"三轻"，即（　　）。
   A. 操作轻　　　B. 说话轻　　　C. 走路轻　　　D. 敲门轻
2. 为了使宾客感到在新的环境中得到了关怀和尊重，服务人员要熟练地使用礼貌用语。在服务中要有"五声"，即欢迎声、问候声、（　　）。
   A. 致谢声　　　B. 道歉声　　　C. 抱怨声　　　D. 告别声
3. 服务人员在服务中，应避免使用宾客忌讳的词语。在接待中应杜绝使用（　　）。
   A. 蔑视语　　　B. 烦躁语　　　C. 斗气语　　　D. 否定语

二、判断题

1. 由于第一印象的重要影响，酒店对前厅服务人员的容貌要求相对较高。（　　）
2. 每位餐厅服务人员都要严格遵守餐饮部制定的卫生工作条例，持健康证上岗。（　　）
3. 餐厅应保持适宜的温度环境，现代化餐厅比较适宜的温度大多在10～18℃。（　　）
4. 餐厅应注意树立良好食品形象，提供给宾客色泽诱人、造型优美、风味可口、价位合理的菜肴。（　　）

三、简答题

1. 客房服务人员如何做好客房的服务工作？
2. 餐厅服务人员如何满足不同宾客的心理需求？
3. 简述如何在酒店的前厅服务中为宾客提供个性化的服务。
4. 观察你所在当地的三星级以上酒店，试分析酒店在接待服务中存在哪些问题？

11

学习目标

1. 掌握旅游者的心理特征。
2. 掌握导游员应具备的心理素质和职业要求。
3. 掌握导游员服务心理策略。

导入案例

丽丽的疑惑

丽丽大学毕业后来到苏州一家旅游社工作。毕业后的两年中,她一直做接待国内各地旅游团的工作。由于她工作勤奋努力,业务熟练,成绩出色,不断加强自身的外语学习,获得了外语导游证,这使得她得到领导的重视。

一次,丽丽被安排接待来苏州的一个意大利旅游团。按领导的意思,要为客人准备一份精致的小礼物。中国丝织品闻名于世。于是,丽丽订购了一批纯丝手帕,是苏州一著名厂家生产。每方丝帕上绣有北京园林记忆名胜古迹的风景图案,十分美观大方。丝帕装在特制的纸盒内,盒上又有该旅游公司的徽章,显得很是精致,丽丽料想会受到客人的喜欢。

丽丽带着盒装的纯丝手帕,到机场迎接来自意大利的客人。在车上她用一口流利的英语向意大利客人致欢迎词,之后便送给每位客人两盒手帕作为礼品。没想到意大利客人脸色骤变,还有些伤感。丽丽心慌了,送人家礼物,不但得不到感谢,还出现这般景象。中国人常说礼多人不怪,这些外国人为什么反倒怪起来了?

【问题】

1. 当意大利客人接受丽丽赠送的礼品后,为什么没有使客人感到高兴,反而出现了伤感?
2. 在接待外国客人之前,应提前做好哪些充分的准备工作?

11.1 旅游者心理

11.1.1 旅游者的一般心理

旅游者在游览活动中,各种心理活动都非常活跃,他们的心理特点虽然因人而异,但却都存在着一些共同的心理。

1. 审美心理

审美主要是指美感的产生和体验，而心理活动则指人的认知、情感、意志的活动。审美心理是指人们的一种特殊的行为心理，即人在实施审美过程中美感的产生和体验中的认知、情感、意志的活动过程，它具有一定的个性倾向规律及一定程度的环境影响因素。

在旅行游览过程中，旅游者的审美意识是旅游者思想感情和心理状态主动作用于审美对象而形成的。一般来讲，旅游审美心理具有多重特性，它因人而异。例如，同样出于审美目的的旅游者，有的偏好观赏自然美，有的侧重体察社会美，有的希望享受艺术美，有的则追求文化生活美。旅游者在游览过程中的各种不同的心理，也正是不同旅游动机的具体表现。因此，旅游审美心理可以分为以下几种类型。

1) 自然风光审美型

人的审美意识首先起源于人与自然相互作用的过程。亚里士多德（Aristotle）曾经说过："大自然的每一个领域都是绝妙无伦的。"自然物的色彩和形象特征，如伟岸、险峻、秀丽、优雅、壮观、幽静……让人在与自然的作用过程中得到了美的感受。

现代社会的激烈竞争使人们产生焦虑、受挫、苦闷、忧虑、失望、冷漠等不良的情绪的心态，具有迫切需要防卫、逃避、自我调换的心理趋向。人们试图通过旅游活动在自然中寻找一种情感的净化和物质上、精神上、心理上的放松满足感。人们崇尚自然、回归自然的心理需要在不断地增长。尽管人们外出旅游的动机不尽相同，但无疑几乎都是为了追求美好的东西。

从一定意义上讲，旅游者的旅行游览活动是一种寻觅美、发现美、欣赏美的综合审美实践，主要对象首先是包罗万象的大自然。旅游者在游览过程中的自然审美心理，几乎关联于旅游活动始终，是一种最普遍的现象。面对奇妙的自然万物，人类能够随心所至，自由地构形绘影。其基本形状，如天空、山岳、江河、泉瀑、鸟兽……看了都让人觉得心情轻松，使人顿生超凡脱俗之感。自然风景资源的形、光、音、色造就了自然旅游景观的形状美、光泽美、色彩美、音韵美。瞬息万变的佛光、云海、瀑布、海市蜃楼等变换造景更为大自然增添了神秘美、变幻美。

例如，苏东坡《饮湖上初晴后雨》对西湖的描写："水光潋滟晴方好，山色空蒙雨亦奇。欲把西湖比西子，淡妆浓抹总相宜。"中国山水素有南秀北雄、阳刚阴柔的美学风貌，加上中国古文化的丰富内涵和导游员出神入化的引导讲解，可以引发旅游者丰富的联想，使旅游者在游览过程中得到审美心理的充分满足和心情的愉悦。由此可见，美是可以感知的对象，当人们观赏美妙的景色时，心里总是洋溢着一种难以名状的喜悦。人们常常以对象引起的心理愉悦来表达其美感。

自然旅游景观是大自然赐予的，但审美的主体是人，人是有个性、有情绪变化的。所以，审美对象是通过人的心灵透镜反射作用而形成美感的。旅游者也常常把自己的喜、怒、哀、乐寓于自然景观之中，产生移情作用。

2) 社会与人文审美型

自然景观突出其形式美，旅游者能直接感知。但人文和社会景观则重视内容的美，若不了解其历史背景与神话传说等典故，则难窥视其深层的美。例如，旅游者游览一座寺庙，看到的仅是具有民族风格和浓厚宗教色彩的古建筑，许多文物古迹仅是一块石头、一段碑文，甚至一处古代遗址、残骸。其形式简单，直觉印象十分乏味，不知其美在何处？导游员此时若能引导性地讲解，可令旅游者产生兴趣，形成良好的旅游氛围。

例如，武汉的"古琴台"是旅游者必到之处，它只是一块碑文，讲述俞伯牙与钟子期的故事。看来毫无美感，如果导游员把"知音"这个故事娓娓道来，就会发人遐想，回味无穷。旅游者在游览过程中，除自然审美的满足外，还会鲜明地感受和评价旅游区域的社会美。这包括社会的产品、社会的风尚（道德、伦理、人情和民风等综合美）、社会生活（生活环境、节日习俗、服饰打扮的有机整体美）、社会制度，甚至人的相貌等方面，都可以使旅游者在游览中获得审美价值，以寻求一种心灵上的补偿和感情的升华。

3）艺术文化审美型

自然审美注重形式，社会人文审美注重内容，而文化艺术审美是内容与形式的完美统一。中华民族有着悠久的历史和灿烂的文化，中国的传统艺术美是许多国际旅游者所渴望目睹的，也只有在中国社会与文化氛围中才能亲临体验其意境。艺术是情感的结晶，艺术的美透入人们的心田使旅游者产生心灵的震撼。

例如，陕西临潼秦始皇兵马俑被称为20世纪最壮观的考古发现，它向人们展示了中国古代雕塑艺术的辉煌成就；中国的绘画、戏剧、书法、园林艺术，以及民间的工艺美术，剪纸、丝绣、蜡染、竹编等工艺品，都能激发起旅游者艺术审美的激情。然而，对艺术的审美，特别是中国艺术的审美，导游员在其中起了重要的媒介作用，导游员在引导旅游者特别是引导外国旅游者了解中国艺术的美，了解中国传统的审美观方面，可谓功不可没。

例如，中国画讲究"意境"，即"景愈藏、境愈大，景愈显、境愈小"。画秋竹，只在尺幅间，寥寥数笔而尽秋风萧瑟之寒。中国画呈现图、诗、书法、金石的综合美与西洋画重色彩和逼真不同。含蓄的意境是中国艺术品审美的重要尺度，也反映中华民族的文化背景特征。例如，艺术大师齐白石的画上只有几只虾，便令人感到满幅溢水，也像虾在清溪中游戏，表现了因"虚"得"实"、"虚实相生"和"超于像外"的艺术效果。不了解中国文化传统的旅游者，只有借助导游员讲解的帮助，才能进行此审美活动。

4）饮食文化审美型

在长期的生活实践中，人们追求美食的需求，最终使烹饪演化为一种实用的生活艺术。这种艺术不仅是特定文明历史的见证，也是特定审美意识的沉积。我国的八大菜系风味各异，但都讲究色、香、味、形、器、名、意、趣等中和美的和谐，令南来北往的国内外旅游者尽饱口福，流连忘返，构成中国饮食文化旅游的魅力，使旅游者从中不仅获得生活上的满足，而且得到精神和心理上的审美愉悦。许多旅游者正是在"一饱口福"的审美需要的驱动下出游的。

实际上，人们外出旅游往往带有多重动机和目的，既想欣赏旅游地的自然风光美，又想体验其文化艺术与社会生活美，还想品尝饮食的美。对审美主体的旅游者来说，它们常是交融在一起的。因此，在组织和安排旅游活动时应注意多样统一，以最大限度满足旅游者在游览过程中的多重审美需求。

2. 求安全心理

每位旅游者对自己的旅游行程总是充满了很多美好的憧憬。所以，也不难理解旅游者

的一些希望——希望自己在旅游中享受的是优质的服务、周到的服务、细致的服务;希望自己的旅途一路安全、行程一切顺利。

3. 获得尊重心理

旅游者在旅途中离不开与人的交流和沟通。人们都有受尊重的心理需求,在旅游活动中希望满足这些社交上的需要。导游员在带团时,除了一些程序化的工作外,还要和旅游者交朋友,满足旅游者更高层次上的心理需求。

4. 求新求知心理

好奇心理是人们普遍而正常的一种心态。旅游者一般都具有强烈的好奇心。旅游者对旅游目的地充满好奇心,凡是新鲜的、奇异的、著名的事物都能让旅游者兴奋、激动。导游员在工作中要针对客人的这些心理需求,在活动安排、旅途讲解中提供相应的服务,以满足旅游者求新求知的心理需求。

11.1.2 不同特征的旅游者的心理

不同的旅游者其心理特征存在着较大的差异,这些差异也是有规律可循的。有共同特征的旅游者,其心理特征也有很多共性。

1. 不同国家(地区)旅游者的心理

不同的国家(地区)、不同民族的旅游者因有着不同的文化背景、风俗习惯、个性倾向等,造就了其成员各自的心理特征和行为表现。例如,日本人好胜,办事认真,注重礼貌,注重小节,感情细腻但不外露,自制力较强,他们在旅游活动中一般喜欢集体行动,并且纪律性较强,热衷于购物,爱不停地观看。美国人开朗大方,爱结交朋友,即使在陌生人面前也很少拘束,他们喜欢新奇的东西,重实利,较随便,爱讲话,在旅游活动中往往是想什么,就说什么,有时还会临时提出新的要求。英国人矜持,冷静,尊重妇女,有绅士风度,他们一般不轻易表露自己的意愿,在旅游活动中大都守时、守纪律,遵从安排,多看少语,不随便提出计划外的活动要求。法国人热情,豪放,不拘小节,热爱生活,重视自由,喜欢与人交往,但容易激动,他们在旅游活动中往往比较活跃,喜欢无拘无束,自由活动。德国人踏实,勤奋,有朝气,守纪律,爱清洁,喜欢音乐。韩国人重礼仪,讲礼节,自尊心强,对其不妥之处要避免公开批评。

东西方人在性格和思维上有差异。东方人含蓄、内向,往往委婉地表达意愿,思维方式一般从抽象到具体、从大到小、从远到近;西方人开放、感情外露,思维方式一般由小到大、由近及远、由具体到抽象。导游员在给西方旅游者讲解时要多举事例、数据等具体的事实,服务中要特别留心各种具体的细节,这样才能取得好的效果。

不同地区、不同国家和不同民族的文化还导致旅游者兴趣、爱好上的心理差异。例如,在旅游过程中,中国人常常将收入、住房、子女、年龄等作为交谈的话题,而西方人视这些为隐私;中国人喜欢红色和黄色,认为红色代表喜庆,黄色代表高贵,而西方人将红色和蓝色视作吉祥的象征;日本将菊花视为皇室专用花,不得随便乱用,不能将菊花献给客人,而在意大利和拉丁美洲各国,菊花只能用于墓地和亡灵前;仙鹤在我国被看做长寿的象征，而在法国却被视为蠢汉和淫妇的代名词；我国将龙视作吉祥和威力的象征，而英语中的龙都是喷烟吐火的怪物；我国视狗为低贱动物，而英美人却将狗看做人的朋友。

2. 不同阶层旅游者的心理

社会成员可划分为若干阶层，每个成员凭其所受的教育、职业和收入都可以找到自己所属的社会地位。同一社会阶层的旅游者，他们在价值观念、自我意识和行为模式方面，往往表现出某种相似或趋同。

上层社会的旅游者希望得到导游员的重视，对导游员的素质要求较高，他们既希望获得高雅的精神享受，又希望提供优越舒适的购物条件，对价格则不大计较。

文化素养较高的旅游者，希望导游员能更多地介绍历史、文化、民俗等方面的知识，而且喜欢提问题，因而对导游员知识性方面的要求较高。

一般旅游者，比较喜欢导游员趣味性的讲解，追求游览过程中的轻松愉快，注重旅游产品的质量，追求"物有所值"。

3. 不同职业旅游者的心理

不同职业的旅游者由于各自的职业特点，形成了其相对稳定的职业心理，在旅游活动中也会表现出不同的心理特征。

工人有较强的群体心理，他们喜欢结伴，且相互间有一定的依赖；他们讲义气，爱打抱不平。在旅游过程中比较关心带有普遍性的社会问题，如当地的物资供应、物价等，喜欢娱乐性游览项目。

农民俭朴、踏实、讲究实惠，在旅游过程中，一般不随便花费，更不会浪费。他们看惯了田园风光，因而对城市建筑和娱乐性的游览项目更感兴趣。

教师处理问题比较理智，有较强的自制能力，希望得到更多的尊重，对知识性、历史性的游览项目更感兴趣。

4. 不同年龄旅游者的心理

不同年龄的旅游者，由于心理发展水平不同，生活经历、社会阅历不同，在旅游过程中表现出风格各异的心理特点。

青年旅游者思维活跃，兴趣广泛，富于幻想，活泼好动，喜欢新奇、刺激或富于浪漫情调的活动，愿意参加集体活动，对食宿条件要求不会太高。但情绪容易激动，情感强烈且不稳定，与导游员接触时，喜欢提出质疑和进行争论。这些心理特点决定了青年旅游者在旅游过程中热情有余，冷静不足。因此，导游员要及时引导，冷静对待，避免发生安全事故和矛盾冲突。

中年人平时工作疲劳，家庭负担重，旅游的目的大多是为了放松身心，因而他们更多地喜欢悠闲轻松的游览项目，不愿参与节奏太快、太劳累的游览活动。他们思维敏捷，判断力强，心理素质成熟度高，对服务质量有较强的综合评价能力。导游员应以稳健的工作作风、扎实的服务技术出现在他们面前。

老年人喜欢怀旧，对游览名胜古迹、会见亲朋老友兴趣较高。由于生理机能的衰退，腿脚不够灵便，在游览过程中，他们希望得到导游员更多的抚慰、关心和照顾。老年人自

尊心强，对服务态度极为敏感，导游员稍有不慎或言语不当，就会伤害他们的自尊，引起他们强烈的不满和反感情绪。接待老年旅游者，导游员要做到耐心、细致、周到。

5. 不同性别旅游者的心理

不同性别的旅游者，由于生理、心理特点不同，在家庭及社会中扮演的角色不同，在旅游过程中所表现出的心理特点也有所不同。

女性旅游者情感丰富而细腻，情绪波动性大，比较敏感，易受他人的影响，非常在意自己的形象和面子，导游员要给她们更多的尊重。女性喜欢购物，在旅游日程安排中，购物活动不可缺少。

男性旅游者比较理智，他们对与自己事业有关的事物比较关注，异地的经济、贸易、交通等都会引起他们的兴趣。他们更注重导游员的内在素质。

6. 不同动机旅游者的心理

动机是人体内一种内在的、用以缓和某种紧张状态的积极的动力。

对于每一位旅游者而言，都是由特定的旅游动机驱使而出游的。人们一般的旅游动机包括观光、疗养、保健、探亲、访友、商务、会议、宗教等。导游员了解和把握了旅游者的出游动机，就能更恰当地安排旅游活动和提供导游服务。例如，很多的港澳台同胞和华人、华侨到内地旅游就是为了探亲访友，那么导游服务工作就应该以探亲访友为中心。

现在很多旅游者会选择自助出游，如自驾游、背包客等。但是还有相当数量的旅游者选择参加旅游团队，跟随旅行社出游。这些旅游者参加旅游团队的动机是省心，不用作决定；节省时间和金钱；有伴侣，有团友；有安全感；希望对景物有正确了解等。导游员应以诚信建立旅游者对自己的信任，消除旅游者的不安和紧张，安排好各项旅游活动，让旅游者放心、安心、省心，不断丰富自己的知识储备，满足旅游者的求知欲。

7. 不同个性旅游者的心理

个性是个体在先天生理素质的基础上，在一定的社会历史条件下形成和发展起来的一种比较稳定的心理特征的综合。个性的不同使得每一位旅游者在行为上表现出不同的稳定性与倾向性。导游员学会从旅游者的不同行为表现分析旅游者的个性，从而采取不同的应对策略，对导游服务工作会大有益处。例如，对急性子旅游者要用温和的态度，对沉默的旅游者要主动问候，对爱挑刺的旅游者要避免与其争论。

11.1.3 不同游览阶段旅游者的心理

旅游者离开自己的家出门旅游，离开了自己所熟悉的生活环境，其心理会发生显著的变化。因此，导游员需要了解旅游者在不同的旅游阶段的心理变化状况。

1. 初始阶段

旅游者带着美好的憧憬踏上旅途，对一路上正在经历和即将经历的新鲜事物而感到激动。但是，一想到就要进入一个陌生的世界，又不免会有些紧张。旅游者的紧张感是由于旅游者对旅游活动的顺利、安全、便利与否缺乏足够的信息。

为了使旅游者有一段美好的旅程，导游员在服务的初始阶段要给予旅游者更多的关心。

导游员热情的迎接、关心的话语能增进旅游者对导游员的好感,消除旅游者初到异地的陌生感。导游员要设身处地地多为旅游者着想,尽量预见他们可能遇到的困难,及时给予帮助,减轻旅游者刚到异地的紧张感,让他们带着轻松愉快的心情去享受旅游中的种种乐趣。

2. 游览阶段

旅游的游览阶段是导游员工作的重点。在这一阶段,随着双方交往的逐步增加,有了更进一步的了解,导游员的服务水平将全面展现在旅游者面前。旅游者对游程有了更深入的体验,对导游工作也会提出更全面、更具体、更个性化的要求。所以,导游员做好游览阶段的服务工作,对全程工作来说具有决定性的意义。

旅游者外出旅游一般具有强烈的好奇心,在游览过程中心情非常兴奋。这种强烈的好奇、渴望的心理,驱使他们又很想知道根由,表现为强烈的求知欲。作为导游员,在旅游者游览的过程中,要尽可能满足他们这种求知、求新、求奇的心理,尽可能地回答旅游者所提出的问题。

随着旅游活动的开展、接触的增多,旅游团内成员间越来越熟悉,旅游者开始放松自己,其个性逐渐显露,旅游者的弱点也越来越暴露。例如,时间概念差、群体观念弱、游览活动中自由散漫、丢三落四,甚至旅游团成员之间还会产生矛盾。导游员面对这阶段的旅游者,工作最为艰巨,最容易出差错。这是对导游员的组织能力、导游技能及心理素质的重要考验。这时的导游员更要处处为旅游者着想、细致周到的服务、方便体贴旅游者、千方百计帮助旅游者排忧解难。

3. 结束阶段

旅游者完成了自己的游程,即将离开旅游胜地,这一阶段是旅游者对旅游期间所接受的服务进行整体回顾和综合评价的阶段。这时的旅游者的心理是复杂的,如果导游员忽视这个最后的服务环节,就无法给整个服务工作画上一个圆满的句号,也将使旅游者带着一些遗憾而离去。作为一位成功的导游员,一定要把握好旅游者此时的心理,让旅游者对导游服务留下一个完整而又美好的回忆。

例如,送别旅游者时要让旅游者带着服务的余热踏上旅途,使旅游者产生留恋之情和再次惠顾之意,临行的送别之词要把对旅游者的诚挚美好的祝福说得感人肺腑,旅游者离去时要行注目礼直至旅游者远去。这些都能使旅游者感到有一个完整的旅程,也会使导游员在旅游者心里留下一个美好的、深刻的印象。

总之,在旅游的各个阶段,导游员都要深入了解旅游者的心理,才能做好服务,给旅游者留下美好的印象。

11.2 导游员的心理素质和职业要求

11.2.1 导游员应具备的心理素质

丰富的知识是做好导游工作的前提,而广泛的兴趣是其入门的先导。随着时代的发展,现代旅游活动更加趋向于对文化知识的追求。人们出游除了消遣度假外,还想通过旅

游来增长见识，扩大阅历，获取教益，这就对导游员提出了更高的要求。为了适应旅游者的这种日益增长的需要，导游员就必须做到知识面要广，要有真才实学，"上至天文，下至地理"均应知晓，应具备较广泛的基本知识，尤其是政治、经济、历史、地理及国情、风土人情、民风民俗等方面的知识。当然，作为一名优秀的导游员，除了要掌握丰富的基本知识，还应具备一定的心理素质。

1. 外向乐观的性格特征

一般来说，人们都喜欢与精神饱满、性格开朗大方的人打交道，大多数人对导游员都有一个非常明确的形象：外向、开朗、亲和、见多识广、热情大方。当然，最好的导游员应该是这些个性特征的综合。

1）热情真诚

一名成功的导游员最重要的特性就是对讲解的内容和旅游者都充满激情。这种激情不仅使旅游者的旅游经历更精彩，而且能使导游员和游客从身心疲惫的状态中振作起来。

热情不是假装出来的，而是发自内心的一种心理品质。当导游员对自己的游客充满热情的时候，他的真诚也会感染游客，在游客心目中留下"此人可以依赖"、"我想接近那个人"的印象，从而拉近导游员与游客的心理距离，使游客产生亲切感和友好感，本能地接近并乐于与诚实开朗的导游员相处。

2）亲切随和

导游工作包括接待和欢迎陌生人并为他们服务。因此导游员要给人以亲切、开朗、舒服的感觉，要能在很短的时间内与游客建立起良好的关系。同时，导游员的工作对象性格各异，导游员要做一个随和、合群的人，要善于和各种人打交道。

有的学者极力阻止内向或不合群的人在讲解领域工作。但也有人提出内向的人也可以当导游员，因为羞涩的人常常会在面对人群时"活泼"起来。当然，也并非所有外向的人都适合做导游员。导游员能够做到亲切随和、友好待客才是最重要的。

3）乐观自信

在旅游活动中随时会遇到各种问题和困难，导游员要用乐观的态度去面对困难，要积极应对，冷静处理，而不是愁眉苦脸，唉声叹气。

在工作中导游员要对自己充满信心。自信使导游员能够果敢、有效地履行自己的职责，能灵活地为游客讲解，成功地解决问题。同时，导游员的自信也能使游客感到可以信赖，可以依靠，给游客以安全感。

4）幽默开朗

幽默是人际关系的润滑剂。幽默感能把人们的距离拉得更近，让人们觉得自在，并能让旅游中不可避免的小尴尬变得好笑，而不会让人觉得烦恼或不悦。由于人们喜欢通过旅游放松身心，所以游客通常都欣赏那些为旅游带来欢笑的导游员。

我国的一些导游专家曾经为导游员规定了十方面的条件和十方面的修养，但国际上的导游专家看后，一致要求增加一条，那就是"导游员一定要幽默"。由此可见，幽默开朗的导游员格外受游客的欢迎。当然，幽默也要恰当合适，"幽默的话说得不好，很容易变成友谊的致命伤"。所以导游员要避免滥用幽默，在使用幽默、诙谐的语言时要避免伤害游客和他人。

2. 积极的情感特征

情感是人的心理生活的一个重要方面,是人对客观事物是否符合自己需要而产生的态度体验。导游员健康积极的情感品质主要通过以下几方面表现出来。

1）正确的情感倾向性

情感倾向性是指一个人的情感指向什么和为什么而引起。导游员应该具有为发展旅游事业、满足旅游者需要而奉献的情感,并把这种积极的情感在为旅游者服务的实践活动中充分体现出来。

良好的情感倾向一般通过良好的道德感、美感和理智感表现出来。

（1）道德感。联合国教科文组织曾邀请著名专家就"21世纪需要什么样的人才"进行研讨,专家一致认为"高尚的品德永远居于首位"。可见,在任何时代、任何国家,人的道德品质总是处于最重要的地位。

每一位导游员都是国家的主人、国家的代表、民间的大使、友好的使者。因此,导游员良好的情感倾向应指向全心全意为国家、为旅游者服务上来,要与"三个文明建设"的宏伟目标相一致。导游员应真诚为旅游者服务,对不顾国格、人格的行为和不良的情感倾向应该坚决反对和抵制。导游员的责任感和荣誉感具体反映在对旅游者的尊重和体贴上,这种高级情感的深刻与稳定是导游员努力提高业务知识和服务质量的内动力。在导游过程中,导游员健康积极的情感自然会通过鲜明的面部表情、动作和言语等情绪反应流露出来,以此表达自己对旅游者的关心和友爱,有效地感染旅游者,促进他们强烈的心理体验,从而引发旅游者积极肯定的情绪,产生良好的导游效果。

（2）美感。导游员正确的美感可以调节游客的审美行为,引发游客积极的情感体验,同时导游员正确的美感倾向也将通过自己的衣着、举止、谈吐、表情等仪表风度给游客留下良好的印象。一方面,导游员必须掌握一定的美学知识,正确地引导游客从不同的角度欣赏自然风光美和人文景观美,并且要善于通过导游讲解向游客传递正确的审美信息,帮助其获得真正的享受。另一方面,导游员也要有热情亲切的态度、健康向上的精神、舒适端庄的服饰、亲切文雅的谈吐,体现导游员内在美与外在美的和谐统一,给游客留下美好的印象,传递美的信息。

（3）理智感。导游员的理智感可以很好地控制自己的消极情绪,始终保持清醒的头脑。遇到问题时沉着冷静,有条不紊;处理各方面的关系时能够游刃有余,机制灵活;对待旅游者不合理的要求,能够心平气和,做到合情合理。

2）稳定而持久的积极情感

稳定而持久的积极情感是与情感的深厚性联系在一起,并在相当长一段时间内不变化的情感。深厚的感情可以起到积极的增力作用,并渗透到生活中的各个方面。导游员只有树立了坚定而远大的生活目标,以及为旅游事业献身的远大理想和信念,才能产生对导游工作深厚的积极情感,并把这种情感稳固而持久地维持在为旅游者服务的行动上。导游员应该努力把自己深厚而持久的积极情感和导游实践工作密切结合,全心全意为游客服务,积极主动与各旅游接待部门配合,高质量地完成旅游接待任务,给旅游者以愉快、积极的情感体验。同时旅游者积极的情感也将会加深导游员深厚而持久的积极情感。

3. 临危不惊的意志特征

导游员的意志品质主要体现在心理活动的自觉性、果断性、坚韧性和自制力等方面。

1) 自觉性

导游员意志的自觉性表现为导游员能够明确导游服务工作的社会意义，深刻意识到导游服务质量与祖国和人民的荣誉、社会风尚等息息相关。既表现为能不受外界影响和干扰，自觉遵守纪律，独立完成旅游工作任务；也表现为导游员能够积极钻研导游业务，不断提高自身的服务技能和讲解艺术。

2) 果断性

在旅游过程中，随时随地都会出现许多意想不到的问题，导游员还要经常与形形色色的游客打交道。面对烦琐复杂的工作，面临各种突发问题，导游员意志的果断性有助于导游员迅速正确、果断干练地解决问题。

3) 坚韧性

意志的坚韧性即毅力，表现为导游员能够不怕旅途劳累，克服困难，顺利圆满地完成接待任务；表现为导游员能够始终如一地为游客提供热情周到的服务；还表现为导游员在复杂的工作中，能够长期保持旺盛的精力和高度的工作热情。

4) 自制力

旅游团中的游客来自世界各地，他们的性格、情趣形形色色，对待导游员的态度也各不相同，其中不免有无理取闹的人。导游员意志的自制力能够使导游员在处理这类问题的时候，沉着冷静，始终有礼、有理、有节，坚持不卑不亢的原则，既不伤主人之雅，也不损客人之尊。

11.2.2 导游员职业要求

1. 塑造导游员的良好形象

导游员是旅游活动中与游客接触时间最长、影响最大的旅游伙伴，导游员必然成为游人最直接关注的对象。旅游者初到异国他乡，总是怀有新奇兴奋又兼不安的复杂心态，几乎所有的游客都希望有一位有知识、有水平、可信赖、热心肠的导游员作为向导。

1) 先入为主

塑造导游员良好形象首先要给旅游者留下良好的第一印象，以构成游客的心理定势，在不知不觉中成为其日后判断导游员直至全部旅游接待过程的重要依据。

导游员也是游客旅游中美的直接观赏对象，其形体美、仪表美和风度美构成了导游员的形象美。

(1) 形体美。人们较普遍的审美习惯是从体形和五官来审视形体的。对体型而言，要求骨骼发育正常，肌肉发达匀称，脊柱正视垂直、侧视曲度正常，胸部隆起，腰细腹平，臀部圆满而富有弹性，双肩对称，腿长身短；男性手浑厚有力，女性手纤细结实。除了体形健美外，颜面五官是人们视线更注重的地方，一般而言，眼睛、眉毛、睫毛、鼻子、嘴唇、牙齿、耳朵、额头、脸型都应协调匀称，不能有畸形。旅行社在挑选导游员时应注意到人们对形体美的标准和审美习惯，把形体美作为一个重要条件来决定取舍。

(2) 仪表美。如上所述，人的形体美是有一定标准的。但是，在现实中能够比较全面符合标准的人是很少的，这就需要通过仪表美修饰来扬美和弥补不足及缺陷。

仪表即人的外表，亦称人的外在形象，它是一个人精神面貌的外化。导游员的职业仪表要求在总体上做到端庄、整洁，具体表现在以下两方面。

① 仪容。要求头发整洁，发型大方，男士发式侧不过耳、后不过领，女士发式前不过眉、后不过肩；面容应清洁大方，悦己宜人，男士上岗前应修面剃须，女士应以淡雅、自然的淡妆上岗；应保持身体清洁，避免异味，气味浓烈的香水也同样视为禁忌；注意保持口腔卫生，气味清新，上岗之前禁食大葱大蒜之类食物。

② 服饰。威廉·莎士比亚说过"服饰往往可以表现人格。"服饰是一种无声语言，它传递了穿着者的个性、涵养和品位。导游员服饰要求是端庄、典雅、规范和便于行动，其色彩、款式、质地等应相协调，也应与场合和气氛相协调。因此，应当穿着职业服饰，更有利于强调其社会功能。因为，职业服饰强化导游员的角色意识，有利于导游员约束自己的职业行为；职业服饰也便于旅游者对其工作性质和角色地位的辨认；职业服饰还有利于旅行社的监督。导游员饰物的佩戴也应与职业形象保持一致，少戴为佳，色彩宁暗勿亮。雍容华贵、珠光宝气属于旅游消费者，不属于旅游工作者。

(3) 风度美。风度是人的内在美的自然流露，是个人行为举止和谈吐的综合表现。风度通过站姿、坐姿、行姿和交谈举止等可视因素来表现。导游员既要站着讲解，又要坐着交谈，也需要时常走动，所以特别讲究"坐有坐相、站有站相"的风度美。

① 站姿。站姿是人体的静态造型，是其他动态美的起点和基础。导游员的站姿应能传示其自信、恭敬和亲切，充分体现对游客的尊重、友好和真诚。站立时要抬头挺胸、双脚自然分开与肩同宽，重心保持在两腿之间，双膝收拢、收腹收臀；谨防身体东倒西歪，更不得倚墙靠壁，随意抖动不止；也不宜出现叉腰、抱胸或其他失礼表现。

② 坐姿。坐姿是风度美的重要内容。导游员良好的工作坐姿从入座就有所规范：入座动作应轻而缓，入座后上体自然正直；正坐时男士双腿可分开与肩并宽，双脚平踏于地，双手分别置于腿面上，女士双腿并拢且斜放后侧，双手轻握，置于腿面；侧坐时上身自立，臀部偏向一侧，两腿并拢或一脚在前，一脚在后。

③ 行姿。行姿属于动态美。导游员步态应稳健从容、轻巧敏捷，节奏潇洒自如，而不忸怩作态，行走时应抬头含颌梗脖，目光平视前方，双臂自然摆动，摆幅适中，不要晃肩摇头、前摆后扭、低头弓背，以致破坏行态的平衡对称与和谐一致。在饭店里，行走过程中需超越游客时，应先致歉后致谢；无故不得随意奔跑，随意奔跑既有失风雅，又可能给公众造成心理紧张。

④ 言谈是导游服务的最基本手段。导游员无论是在讲解，还是当听者，都应精神饱满、表情自然、目光温和、手势得体，必要时应持站立状，以示尊重，应尽可能与游客保持一臂距离。唾沫飞溅、手舞足蹈、矫揉造作、心神不定、无精打采等欠雅之举，都是对游客的失礼和失敬。导游员与游客相对而言是处于从属地位的，这一点应体现于双方的言谈之中，也就是在交谈中导游员应多用敬语、服从语和谦词。言谈的内容应力求简明准确、有礼有节、雅而不俗。遣词造句要得当，不使用可能使游客产生不良反应的词句，不用或少用"大概"、"也许"等模糊词语。还应避讳涉及有关交往对象的收入、年龄、婚

姻、家庭及不幸等内容的话题。

⑤ 手势伴随着有声语言的交流而出现，使之更具感染力。规范得体的手势为沟通锦上添花，但是手势滥用、动作幅度过大，则会画蛇添足，甚至因手势不当犯了禁忌（如用手指指他人），一着不慎，满盘皆输。导游员的工作手势运用应力求做到少而准，幅度适中、优雅自然，符合旅游者的习惯和风俗。

2）持之以恒

导游服务是贯穿于旅游活动全过程的服务，所以，塑造了良好的第一印象，导游员并不能以此而感到万事大吉了，导游员必须持之以恒，把良好的形象保持到最后。这一方面是由游客的知觉心理（也是人们一般社会知觉心理）所决定的，另一方面是由导游服务的特点决定的。

（1）游客在旅游过程中的社会知觉心理特点决定了良好形象保持的持久性。在导游服务过程中，导游员努力塑造的良好的第一印象往往可以"先入为主"，对以后的导游服务的感受起到强烈的影响。这种首因效应发生的神经机制是：首先，发挥作用的材料（导游员形象）带有新异性，容易引起主体（游客）注意的集中，从而提高兴奋过程的强度，加强信息活动，有利于建立牢固的信息组合，因而形成了对象的深刻印象；其次，刚产生的兴奋过程可能对以后有关的信息活动发生"前摄抑制"（同时负诱导）的作用，以削弱后来形成的印象。

但是，旅游者同导游员的最初的见面往往不是实质性交往。虽然第一印象很可能给游客以错觉，这是就一般而言。游客在以后还有很多机会，通过接受服务，不断验证和校正自己最初的感觉，并使感觉上升为知觉。如果导游员在获得最初的好评后，就松懈下来，虎头蛇尾，游客就会抱怨，甚至投诉，以后导游员的麻烦也会增加。这种在知觉过程中，最后给人留下的印象最深刻，且强烈地影响了以后的印象的现象，叫做近因效应。近因效应的神经机制是先前"前摄抑制"的作用缺乏强化，趋于消退甚至削弱，而后来产生的兴奋过程则对先前储存着信息组合的人脑部位发生"倒摄抑制"的作用，于是更加突出后来形成的印象。

所以，游客对导游员的评价是凭其一贯表现作出的，不仅有第一印象，也有最后印象，还有始终如一的良好服务。

（2）导游服务的特点决定了良好形象保持的困难性。旅游商品不同于一般商品，其商品交换不是一次性完成的。以服务形式出现的旅游商品，实现综合性的服务是通过多次交换完成的。从游客入境（或出境）起，一直到游客出境（或入境）止，必然要求导游服务始终陪伴着游客，否则就不能完成旅游商品交换的全过程。导游服务作为旅游服务中最具代表性的服务有显著的特点，这些特点也使得导游员始终保持良好形象有一定的难度。

① 独立性极强，成为游客的单一评价对象。导游员带团旅游往往要独当一面，独立地执行国家政策，根据计划独立地组织活动、参观、游览，对不同文化层次和审美情趣的游客进行针对性的讲解，独立地处理旅游中随时可能出现的各种问题。导游员的这些任务，其他旅游服务人员无法替代，往往也无其他人为之"补台"，游客在持续的观察体验中，面对单一的评价对象，目标一致。在旅行团这种临时群体中，情绪的感染性极强，因此，导游员任何一个主观性或客观性的不足都将导致被"扩大"。

② 知识含量高，难以形成理想的形象。导游员的工作涉及很广的知识面，古今中外、三教九流、五花八门、正史野趣等均需涉猎；导游员在进行景观讲解、解答问题时，都需要熟练、灵活地运用各种知识，这是一项知识含量高的脑力劳动。而导游员接待的游客中，各种社会背景、文化水平的都有，还不乏有学者和专家，学海无涯，任何人都不可能全知全能。导游员所了解的一些知识，在专家面前可能就是单薄的，甚至是幼稚的，因而，导游员难以在这些游客面前形成理想的形象。

③ 高强度的工作，难免使服务质量受影响。导游员在导游工作中，要执行导游规程中的任务，要在游览过程中讲解，还要随时随地帮助游客解决一些大大小小的事情，每带过一个团，都要经过好几天休整才能恢复体力。遇上旅游旺季，有不少导游员往往在同一个机场刚送走一个旅游团又接上另一个旅游团。连续的高强度劳动，又常常无法休息，必然引起体力下降、感觉器官的感受性降低，从而使服务质量受到影响。

④ 游客的复杂性和游客需求的多样性，导致服务质量标准的不确定性。旅游者来自世界各地，其文化传统、民族心理不同，思维方式、价值观念各异，游客的职业、年龄、性别、宗教信仰和受教育程度的不同，导致了性格修养和习惯爱好的千差万别。这些跨文化差异和个性差异，必然使游客会在规范的旅游接待中提出一些个性化的要求。不同的对象、不同的时间、不同的场合、不同的导游员，游客的满意度各不相同，情绪化的游客有可能因主观上对某一个性化的服务要求不满意而以偏概全，因跨文化差异而造成的沟通障碍也可能导致游客的不满意。

⑤ 居于旅游服务网络的中介枢纽地位，导游员难免"代人受过"，导致自己的形象受损。导游员要经常同饭店、餐厅、景点、商场、娱乐场所、交通等部门和人员接洽，安排和组织游客进行这些有关活动。因为各种利益关系或主客观上的种种原因所致，这些有关部门的服务质量不高，而游客不可能全面客观地了解和分析原因，导游员不便于也不可以全部推卸自己的责任。这样，导游员很可能因此而"代人受过"。

2. 促成和增强旅游团的群体凝聚力

1）旅游团的群体特点

旅游团虽然是临时性质的，但它仍是一个群体。这个群体有下列一般特点。

(1) 临时性。除了少量的亲朋好友相邀以外，旅游团在组团前，其成员很可能是素昧平生的，有的甚至来自世界各地。经过几天的旅游生活后，每个人又都离开这个偶然的"交点"，沿着自己的"轨迹"前进。因此，旅游团成员之间相互没有成见，人际关系接近一张白纸，并不复杂。

(2) 一致性。旅游者参加同一旅游团来到旅游目的地，虽然动机不尽相似，但购买同一旅游线路是一致的。追求美的精神享受和物质享受，希望旅途平安，留下美好的记忆，这也是一致的。在这一前提下，旅游者容易形成群体规范，服从群体利益，服从导游员安排，有较强的从众倾向。

(3) 矛盾性。如上面分析的，游客之间由于其民族、性别、年龄、性格、受教育程度、动机、习惯、爱好、态度等各不相同，有产生矛盾的很大可能性，其矛盾的方面也各不相同。但是，在旅游团这个矛盾统一体里，一致性是占主导地位的。

2）努力建立旅游团的群体规范

群体规范是指群体所确定的行为标准。这些标准为群体每个成员所公认，是每个成员

必须遵守的。群体规范可在群体中自发形成，也可以是群体内部正式规定的。在旅游团，不可能等待一个较长的自发形成群体规范的周期，导游员应当在带团的初始阶段，就利用自己已经塑造的良好形象，利用旅游者在这个阶段对导游员的期望和依赖性最大的心理状态，用较轻松的方式宣布旅游团的正式规定，建立群体规范。

群体规范一旦形成，就会对旅游团产生反作用，它促使旅游团成员在共同生活、朝夕相处的旅游行程中沟通思想、交流感情，通过相互模仿，受到暗示，顺从于规范压力等，形成维系旅游团的群体凝聚力。在以后的行程中，加上旅游团规范对旅游者的行为定向作用，旅游者中的惰性和认知的标准化倾向增强。旅游者的从众行为较多地出现，大家乐于在旅游活动中遵守共同的行为模式。

3）借助群体压力，协调旅游者矛盾

群体规范对旅游团成员有一定的约束力，要求成员共同遵守一定的行为准则，这也往往是群体内大多数成员的意向和愿望。旅游团内大多数成员的意见会产生一种无形的力量，使每一个成员自觉或不自觉地保持着与大多数人的一致性，这个力量就是群体压力。群体压力不具强制性，但对个体来说，却是一种难以违抗的力量。

一般说，无论外国旅游者或国内旅游者，都不愿意在与他人矛盾对立中度过旅游生活，严重的对立不会多，但小争执却难免。有些小争执是由于导游员经验不足而产生的副作用，如乘车的位置之争。因此，导游员应在初始阶段，根据不同情况，合理分配座位，并使之成为群体规范的组成部分固定下来，每人届时回到自己的位置上，避免纠纷发生。分配座位应照顾老弱、妇女和有威望的旅游者，一般旅游者不会有意见。最好能与领队商量决定。

导游员在带团的最初阶段，应特别留心观察在这个旅游团中是否有特别有威望、有影响力的"核心"人物，是否有亚群体或次群体存在。旅游团虽然是个临时群体，但也时常有些旅游者因为小矛盾而演化成大矛盾，互相争吵，互不理睬，不愿接近，有时还造成"一人向隅，举座不欢"的局面。这时，导游员应请领队出面调解或向"核心"人物、矛盾双方旅游者的亚群体发出暗示，借用群体压力协调矛盾，以免其发展而影响活动和气氛。导游员应注意不介入评理，不要背后评论，以免卷入不必要的争论，影响团队的和谐气氛。

3. 实现与旅游者的良性沟通

旅游团是由旅游者组成的，导游员要带好团，要把主要注意力放在旅游者身上，实现与旅游者的良好沟通，真正使旅游者高兴而来，满意而归。导游员同旅游者的沟通有意见沟通和情感沟通两方面。导游员在导游服务过程中，难免会因为双方的文化差异、对事物的理解角度不同等原因而产生意见分歧，导游员必须创造条件，主动抓住时机，与旅游者实现双向沟通，求得意见一致。有经验的导游员往往注重与旅游者在情感频率上寻求一致，满足旅游者正当的情感需求，急旅游者之所忧。这样，在情感沟通的基础上，很顺利地实现意见沟通。良好的情感沟通要注意从每一件小事积累，于细微处见真诚。

1）记住旅游者姓名

在人际交往中，记住对方的姓名，用尊称称呼对方，特别是一见面就能说出对方姓名，能使人顿感亲切、温暖和受尊重。西方国家更是把记住并尊称对方、爱称对方视为被人喜欢的秘诀之一。导游员要尽快与旅游者缩短心理距离,应在短时间内记住旅游者的姓名,了解他们的身份,并在随后的导游服务中经常、正确地称呼他们。旅游者可从尊称中感受到对自己的尊重,油然生出好感,对导游员多了几分亲近,愿意主动配合,甚至还会原谅某些小过失,使导游服务工作更加顺利。

2) 与旅游者建立"伙伴关系"

导游服务的顺利实现与旅游者的合作态度关系密切。有了旅游者的通力合作,旅游活动就能顺利进行并达到预期的良好效果。获得旅游者的合作的一个简单但很重要的方法就是设法与旅游者建立一种旅游"伙伴关系"。

"伙伴关系"就是一种情感关系,导游员除了以自己热情周到的服务、诚恳尊重的态度获得旅游者的赞赏外,及时地、恰当地赞扬旅游者,使之有一种自我成就感是十分必要的。例如,得到旅游者的主动合作,应赞扬其有团队精神;旅游者之间互相帮助和谦让,应赞扬其利他主义;旅游者尊重妇女,应赞扬其绅士风度;旅游者答对了有关景观的问题,应赞扬其学识渊博等。

"伙伴关系"不是一种无原则的讨好、巴结,更不是不合道德的低级趣味。导游员还应注意要与每一份旅游者都建立起情感关系,对旅游者一视同仁,切忌太亲近爱交际者而冷落了言辞不太多的旅游者。

3) 多提供个性化服务

个性化服务是相对于规范化服务而言的。个性化服务是导游员在做好旅行社接待计划要求的各项服务规范化服务的同时,针对旅游者的个别要求,在合理与可能的条件下所提供的服务。个性化服务虽然不是全团的共同要求,不涉及全团的利益,有些是个别的旅游者的个别需求,有时只是旅游过程中的一点小事。例如,旅游者的近视眼镜上的螺丝松动了,旅行袋上的拉锁拉不上了,带轮旅行箱的轮子转不动了,急需引线缝纽扣……这些不起眼的"小事"看似简单,做起来却不那么容易。一来需要导游员处处留心,二来需要导游员携带简易工具并会一些技术。当旅游者处在尴尬处境,当旅游者在紧要时刻,导游员帮其解决了问题,或者对旅游者的特殊需求给予"特别关照",这都会使旅游者感觉备受优待,享受到超值服务。旅游者感受到导游员的真诚精神和实干作风,内心觉得满足,也对导游员产生更大的信任。

4. 搞好与领队的关系

1) 领队在旅游团中的重要地位

在旅游过程中,旅游团领队的理解、合作和支持,对导游员带好旅游团来说是很重要的。因为,领队在旅游团中有其特殊的重要位置。

(1) 领队是组团旅行社的代表。领队是组团旅行社派出的随同旅游团的代表,在旅游过程中,负有监督接待旅行社落实旅游合同的责任。导游员则是接待旅行社代表,负责落实接待旅游合同的内容。导游员和领队之间的关系实质上是两家旅行社之间执行合同的关系。

(2) 领队是旅游者的代言人。旅游者由于只是消费者,对接待旅行社所应提供的服务(包括乘坐交通工具、游览景点、住宿标准、餐饮标准、娱乐标准、购物次数等)是否质价相符,是否符合国家标准或行业标准不是十分了解,有时即使吃了亏,也会息事宁人。领队有维护旅游者合法权益的责任,据理据实而争,充当旅游者的代言人。

2）搞好与领队关系的工作要点

（1）尊重领队。尊重是人类的基本需要之一，作为领队，他见多识广且社会地位较高，对尊重的需求就更强烈些。尊重领队主要表现在尊重其人格、尊重其工作和尊重其意见建议几方面上，在旅游日程、旅行生活等方面的安排上，多与领队商量，尽可能多听取其意见；在旅游计划不得不发生变化时，在旅游者同接待方的旅游服务人员发生矛盾时，要向领队实事求是地说明情况，与之商量，争取领队的理解和合作；把一些抛头露面、显示权威的机会多让给领队，替领队树立在旅游者面前的较好形象。

领队的合作态度可使导游员通过领队更多地了解旅游者的兴趣爱好、旅游者在生活游览方面的具体要求，从而提供更具针对性的服务，掌握工作主动权。

（2）支持和配合领队的工作。领队工作除了负责监督接待旅行社落实旅游合同外，还要维护旅游团的团结，平安地带回旅游团。导游员在领队的工作或生活遇到麻烦时，应给予尽可能的支持帮助；领队提出意见或建议，导游员应给予足够的重视；旅游团内部出现纠纷，领队与旅游者发生矛盾时，导游员以不介入为宜，不介入就是对其工作支持的表现，必要时可视情况给予帮助。

（3）尽量化解矛盾，力避正面冲突。导游员和领队代表各自的旅行社，由于利益的分配和其他原因，意见不一致，彼此间有矛盾也是正常的。一旦出现这种情况，导游员要主动与领队沟通，开诚布公，分清责任、消除误会，非原则问题可以求大同存小异，避免分歧继续发展。一般情况下，尽可能避免与领队发生正面冲突。

但是，与领队打交道，特别是与有些海外职业领队打交道，不卑不亢的原则是不能改变的，不能只图和谐而无原则地退让。对领队有些苛求、有些借指责我方而掩盖其暴利行为的混淆视听，导游员可进行有理、有利、有节的斗争。当然，斗争要以理服人，时机适当，还要尊重领队的人格，不要当着旅游者的面给领队难堪。事后仍应有与之和好如初的大度，争取与领队以后的合作。

11.3 导游服务心理策略

11.3.1 迎客服务心理

迎客服务是导游工作的开端，一个导游员能否给旅游者留下良好的第一印象，直接关系到以后阶段旅游活动效果的好坏。做好迎客工作应注意以下几方面的问题。

1. 注意导游员形象

在旅游者面前，导游员的形象不仅代表其个人或企业，甚至代表一个民族或一个国家。例如，国际旅游者常常把我国的导游员看做中国人民的典型代表，并以导游员的举止言行来衡量中国的道德标准、价值观念和文化水准。因此，导游员在旅游者面前的形象至关重要。

良好的形象首先来自优美的姿态和优雅的风度。一般来说，男性导游员应有刚毅之美，站立时挺胸收腹，行走时稳健从容；女性导游员应有温柔之美，行走要轻盈，手势要灵活，站立要亭亭玉立。导游员的举止、姿态、风度是内在修养和情操的外在表现，只有具有丰富内涵的人，才能做到站有站相、坐有坐姿，一举手一投足给人以文雅潇洒、和谐优美的感觉。

面部表情也是导游员形象的重要方面。一个笑容可掬的导游员，即使讲解水平一般，也往往被旅游者所认可。因为微笑是世界通用语，即使语言不同，微笑也能拉近彼此间的距离。面带微笑的导游员能使旅游者感到亲切，使旅游者有一种精神和情感上的满足。面部表情是导游员内心活动的自然流露，只有热爱导游工作，全心全意为旅游者服务的人，才能流露出亲切友好的笑容。

2. 讲究语言艺术

导游员是运用语言来讲解各种自然景观和人文景观，为旅游者提供各种服务的人。语言是导游员进行工作的最重要的工具。讲究语言艺术是做好导游工作的重要前提。

1）语言表达准确、简洁

导游员在讲解过程中应力求讲解内容的正确，语言表达要清楚、准确。语言要简洁明了，切忌使用冷僻的词语和冗长的书面语言。

2）语音、语调、语言节奏要适度

语音、语调在传情达意方面起着极其重要的作用。导游员的语音、语调不仅要与自己的思想情感、积极的服务态度相符合，还要与听者的人数、讲话的场合相协调。导游员声音的强弱要适度，太高会令听者感到刺耳难受，太低又使人感到毫无生机，且听不清楚。声调的高低要有变化，注意抑扬顿挫，要有感情色彩。导游员的语调要亲切自然、悦耳动听，给旅游者美的享受。导游员应根据旅游者的反应和理解力来决定讲解的节奏，快、慢、停相结合，给旅游者理解、想象和欣赏的空间，使旅游者于不自觉中进入优美的意境。

3）要善于运用生动、幽默的语言，创造轻松愉快的氛围

导游员的语言如果平淡、呆板，甚至生硬，会使旅游者在心理上产生不耐烦或厌烦情绪，而生动、丰富、妙趣横生的语言，能使情景与语言交融，起到引人入胜的作用，给人以美的享受。导游员生动的解说不仅能活跃观赏气氛，激发旅游者浓厚的兴趣，还能起到锦上添花和画龙点睛的作用。适时的幽默往往可以解除窘境，甚至可以"化干戈为玉帛"，但幽默要注意适度和品位，不能滥用，否则适得其反。

4）语言要有针对性

要根据旅游者的社会地位、认识水平、动机系统、情绪特点、价值观念等因人而异、因地而异地运用语言。对专家学者应注意语言的严谨、规范；对文化水平较低者应通俗化；对初访者应注意热情、详尽；对年老体弱者应简明、从容；对青年人应活泼、流畅。在旅游者观赏情绪高涨的场合，解说应简洁；在景物单调的场合，解说应婉转丰富。导游员的语言应根据对象、地点和时间而因势利导。

3 做好接待工作

导游员的接待工作包括旅游者未到之前的准备工作、旅游者刚到时的迎接工作、旅游者旅游时的导游讲解和服务工作，以及旅游者离别时的送别工作。

1) 准备工作

导游员接到任务后,在旅游者到来之前,应认真查阅接待对象的有关资料,了解旅游团的性质、人数、性别、年龄、职业特点、特殊要求及风俗习惯等各方面的情况。并根据有关资料制订出周密的接待计划,精心安排旅游活动日程,了解房间、交通、行李运送等的落实情况。检查导游员必带的物品,如导游证、扩音器、游览图、日程安排表、小红旗、雨具、药品等。只有准备充分,才能避免旅游过程中的麻烦。

2) 迎接工作

导游员应提前到机场、车站或码头迎接旅游者。旅游者下了飞机、火车或轮船,导游员应立即上前问好,并向领队问清行李件数,清点完毕后,再带领旅游者去饭店。出发前,要清点人数,将所有旅游者安排就座,并发放标志,然后作自我介绍,并作简短的欢迎辞。入住饭店后,要尽快与餐厅取得联系,务必使旅游者在当地的第一餐吃得开心、愉快、满意。

3) 向导工作

每次出发前,导游员应照料旅游者上车,并清点人数。在游览过程中,导游员要自始至终与旅游者在一起,要注意激发旅游者的兴趣,用感兴趣的话题或巧妙地制造悬念,及时调节旅游者的情绪,使旅游者玩得开心、游得有趣,除必要的游览讲解之外,到达目的地时,要向旅游者讲清集合的地点和时间,以便旅游者自由活动。游览结束,回到饭店,下车前应向旅游者重申下次出发的时间和前往的地点,并照顾旅游者下车。

4) 送别工作

旅游者离开饭店前,导游员要通知有关人员办理退房手续,检查旅游者房内有无遗留物。临别时,导游员应向旅游者道谢,并祝其一路平安。导游员要自始至终给旅游者留下美好的印象。

11.3.2 游览服务心理

旅游者到异国他乡旅游,其心理需求就是通过观光游览,寻求不同于居住地的自然景观、人文景观和社会风貌,旅游活动首先是一项综合性审美活动,能起到净化情感、陶冶情操、增长知识的作用。导游员在带领旅游团时,在向不同需求层次、不同审美情趣的旅游者作导游讲解时要尽可能地满足其审美追求和求知需求,注意因势利导,提供良好的游览服务。

1. 根据心理需求,调节旅游者审美行为

1) 满足求知需求,传送广泛信息

旅游者初到目的地,对风土民情不了解,对景观的各种信息也知之不多,这样,其审美情趣就会受到很大限制,不知其美在何处,为何是美,怎样着手欣赏。例如,自然美的观赏角度,自然美与社会美和艺术美的联系;社会美的背景;艺术美的门类审美特征等,如果没有人适当地指点,一般旅游者,特别是地域跨度大的远程旅游者、文化差异大的外国旅游者就很难领略其内在美。

认知心理学和美感心理学认为,只有被人们感知了的和认识了的事物才能引起美感,随着认识的深化,美感也随之升华。即使是风光美,虽然几乎人人都能直接感受到,但是感觉和知觉还只是较低层次的审美;而在较多地了解信息的基础上,达到理解、领悟,旅游者可以更主动、更深入、更全面地观赏,才能获得最大的美的享受。

帮助旅游者感受、理解和领悟各种景观之美的形式和内容,这是导游员导游服务的基本内容之一,是导游员的责任。导游员要从较高审美层次上把握,向旅游者传递自然风光、社会风情和文物古迹等旅游信息;还要通过导游讲解向旅游者传递审美信息,用生动形象的语言介绍风光美景,帮助旅游者获得真正美的享受。对外国旅游者来说,导游员如果不仅懂得中国人的审美观和审美情趣,还了解旅游者所在国家人们的审美观和审美情趣,从而在讲解中比较差异,效果就更好。

2) 遵循审美心理规律,激发联想和想象

景观审美是风光美景作用于旅游者的主观意识而产生审美冲动的过程。审美冲动的强烈程度不仅与对较深层次的景观内涵的了解有关,还与旅游者的审美情趣的差异有很大的关系。作为审美主体的旅游者,由于其审美需求的多样性和审美意识的差异性,形成了很大的审美选择性,由此,导游员讲解要有针对性和灵活性。导游员在安排旅游活动、引导旅游者游览时,不可把自己的审美兴趣强加于旅游者,强迫旅游者接受自己的审美选择,尽管这种做法的愿望是好的。导游员要处理好旅游者一般的审美需求(诸多旅游者共有的和旅游过程全局的)与特殊的审美需求(部分或个别旅游者独特的和特殊景物)的辩证关系,遵循其审美心理特征和思维规律,进行有的放矢的导游讲解。

优秀的导游员除了对祖国、家乡的名胜有如数家珍的熟悉和爱好,还要尽可能多地熟悉对象国家(地区)的情况,还要了解中外不同的审美观,知悉旅游者的审美个性,通过"寓景于情、借景抒情、情景交融"的讲解,将景物的外在形式美和内在内容美的特征与旅游者的审美需要和美感经验结合起来,突出最能引发旅游者审美情趣的内容,借用蒙太奇手法,调动旅游者的联觉能力和联想能力。旅游者在游览观赏过程中,由于导游员的优质导游服务的中介作用,与审美对象产生了"情感交流","相看两不厌",达到"物我交融"、"情景交融"的意境,从而获得美的极大享受。

人的审美过程是通过对审美的知觉,经过积极的思维活动,在已有的知识和经验参与下,进行再造想象和创造想象的过程。导游员恰如其分、恰到好处的讲解帮助旅游者完成了这个美感升华过程。

2. 把握审美信息传递方式,应用多种方法灵活地进行导游讲解

1) 点面结合、突出重点

点面结合的讲解服务既可以深化旅游者的审美观念,又可以使旅游者获得更多的审美信息。从一个具体的景区看,虽然总体上是美的,但其美的特质往往凝聚在若干个特定的点上。导游员在引导旅游者进入景区作"面"上的概要介绍的同时,要注意突出重点,把那些具有鲜明外在形式美或蕴含深厚内在内容美的最具典型的点讲清、讲透,道出其妙,点化其神,以加深旅游者印象,增添审美情趣,深化审美享受。

点和面是一对相对概念,相对于旅游资源遍布、幅员辽阔的中华锦绣大地,每一个景区又只能算是一个"点"。旅游者在一次有限时间的旅游历程中,只能到数量有限的景区(城市)游览,导游员在讲解介绍时,应有意识地运用以点带面的方法,在讲解当前的景区、眼前的景物时，要举一反三，顺理成章地介绍行程内和行程外的一些景区景点，使旅游者在这有限的行程和时间内获得更多的审美信息，开阔眼界，而且还可以使意犹未尽的旅游者萌动下次到那些景区景点旅游的欲望。国内外不少旅游者乐此不疲地四处游览，与导游员的这种良好的服务加促销是分不开的。

2）虚实结合、以实为主

"虚"是指风景名胜、文物古迹中的有关传说、神话故事、名人轶事等，具有趣味性和情感性。"实"是指历史记载和所见景物、实景等客观存在的事实，具有知识性和科学性。虚实还指对某些景观的游览观赏，是远观欣赏其朦胧美，还是近看（或用望远镜）观察其实实在在的"真实面目"。导游员在导游讲解中，应当把这两者有机地结合。讲"实"，就是多用叙述性语言，介绍山水风光之美，说明景观成因或历史变革，从而传递有关审美信息和知识；讲"虚"，就是在讲解景物的过程中，特别是一些象形自然风光和动态人文景观，即景起兴，见景生情，多用富有感情色彩的描绘性语言，把与景物密切联系的典故、传说和故事娓娓道来，引发旅游者的广泛联想和想象。就物讲物、就景说景、开门见山、平铺直叙，往往令旅游者感到味同嚼蜡；而如若避"实"就"虚"，专讲故事、传说和趣事轶闻，虽可使得旅游者开心一笑，但却往往一笑了之。唯有实中有虚、虚中有实、以实为主、虚为实用，才能加深"实"的存在和旅游者对"实"的理解，使旅游者真正满足身临其境的精神享受。

3）动静结合、游驻结合

景观无论是山水或是建筑，都不像图画、银幕、照片那样，只是单一的、孤立不变的平面形象，景观在旅游者的心目中是流动的、生动活泼的三维空间。随着旅游者的运动，景观的空间形象才像一轴画卷逐渐地展现，"移步换景"、景观变换影响了审美情感，情景交融，"登山则情满于山，观海则意溢于海"，旅游者获得了空间进程的流动美感。

旅游审美活动是经常处于"动"的状态的，但是，景观的奇妙之处引起旅游者的注意，又必须停留片刻在相对静止的状态下，在感觉、联想和想象等审美观念的基础上欣赏美和体验美感。这既是审美体验的深化，也是审美情感的升华，处于这种最佳心理境界的旅游者，心中会得到无比的快适和满足。

至于何时"动观"、何时"静观"，这就要求导游员熟悉沿途各景点的情况及观赏价值，灵活应用。不能"静"得过了头，使人感到无聊，而后又匆匆忙忙赶路，也就谈不上什么"动观"。

4）制造悬念、引人入胜

旅游者在游览过程中通常是乐于倾听导游员的讲解，但是因为好奇心的原因，一些无关刺激会时常分散旅游者的注意力。导游员除了要使讲解更加生动形象、更富表达力外，还要利用旅游者追寻景观特征、了解文物来历、故事结局和景区历史变迁的迫切心情，巧妙安排讲解内容，紧要关头可以"且听下回分解"，或提出一些问题让旅游者思考、议论。这种制造悬念，或者叫做"卖关子"，常常使得旅游者不得不全神贯注地听下去或开动脑筋，寻求问题的答案。由于旅游者被调动而积极地参与到思考和观赏过程中，从而使讲、听双方在情感上得以共鸣。当然，提出的问题并非真正全由旅游者一一回答，常常需要由导游员最后点破。

制造悬念，提出问题，要因人而异才能真正起到引人入胜的效果。不同国籍、不同民族、不同文化程度的旅游者，由于其文化差异、思维方法、审美习惯或文化层次等都有所不同，对问题的理解和接受程度也有差别，故不可千篇一律，用同一种模式对待所有的旅游团。否则，不仅影响旅游者情绪，收不到预期效果，而且还可能破坏气氛、削弱审美的趣味。

5）运用比较、点出特色

导游员在讲解中，可利用同类相似的景物对比，以熟喻生，借以避免旅游者因为社会历史、地域和文化心理的差异对讲解内容产生困扰或障碍，使旅游者对陌生事物容易理解和接受，油然而生一种亲切感。例如，对欧洲旅游者介绍苏州，可比作"东方威尼斯"，介绍《梁山伯与祝英台》，可将梁山伯与祝英台比作"中国的罗密欧和朱丽叶"等，这样使外宾一听就能明白。导游员运用类比的方法，往往可收到事半功倍的效果。

类比有明显的效果，但旅游者对景物的认识还只是停留在表层，导游员还应进一步运用比较方法，进一步点出接待地景物不同于异国他乡的特色，激发旅游者进一步比较景物成因、背景、历史变革、规模大小差异，提高游览观赏的兴趣，获得新的审美体验。例如，讲解园林，西方园林艺术是彻底运用建筑原则而修建，中国园林是"力图模仿自由的大自然"的一种"绘画"；讲解建筑，西方人着重于建造一个独特的永久固定的生活环境，中国人却着眼于营造一个能适应自然条件的现实空间等。

3. 综合各种旅游行为的影响因素，选择最佳时机讲解

好的导游讲解还要求导游员对景物的特色、旅游者的心理变化、行车路线和速度及日程安排等诸多旅游行为的影响因素进行综合考虑，在最佳时机、用最佳方式讲解和导游。主要有常规导和即兴导两种。

1）常规导

常规导一般是顺着游览发生发展的方向进行的讲解，分为游前导、游中导和游后导3个阶段。

（1）游前导。游前导的讲解时机是在旅游者到达时或在景点游览活动之前，地点可以在接站的机场或车站，可以在去下榻饭店的路上，也可以在下榻饭店。讲解内容除了表示对旅游者尊重的欢迎词和介绍导游接待人员外，一般地是向旅游者介绍旅游行程中诸城市（景区）的地理位置、历史沿革、生产、交通、人口、民族、对外关系、旅游业发展等基本情况，概要介绍著名的风景游览点等，对旅游者马上将参观游览的对象可详细介绍。游前导通常由导游员（全陪或地陪）讲解，也可根据旅游者的身份、地位及与旅行社的关系由经理甚至总经理参加并讲话。

（2）游中导。游中导是导游讲解的最基本成分，这是从离开饭店向游览景点出发时就开始的。这阶段还可以分成3个小阶段。

① 车上导。旅行车行进在到景点的路上，导游员就开始了导游讲解服务。车上导必须对行车时间、路边风景、景点游览内容等情况综合考虑，选择讲解时机和内容。到小规模的景点，车上导可讲解沿途风光；到较大规模的景点，一些景点概况、历史背景等内容就要考虑安排在车上讲。行车时间短，导游讲解可多些，行车时间长，导游讲解喋喋不休，效果则适得其反。讲解还应选择旅游者情绪稳定、注意集中时进行。在旅行车刚开

动,在途中出现新奇或体量大的景物,在即将到终点时,旅游者的注意尚未集中或容易分散,讲解就几乎没有效果。

② 览前导。在游览点入口处,通常有大幅景区平面图,旅游者手中也会有宣传页。导游员在带团进入游览线路前,应充分利用这些媒介,向旅游者介绍游览线路、主要景点位置和该景点的历史及规模,着重说明游览对象的观赏价值,使旅游者在览前先有了整体的美感。

③ 览中导。览中导是导游讲解的核心部分,是导游员施展才华、提供优质服务的时机。这部分内容上面已多处述及,在此不再赘言。

(3) 游后导。有些景物能对旅游者心理产生极大的震撼力,使之心绪难以平静,旅游者有一种不吐不快的冲动,必然会发出一番议论,议论由于见仁见智,有时还会很热烈。导游员在适当的时机参与议论,并做些必要的讲解补充,这就是游后导。游后导既深化旅游者的观赏和审美效果,也优化了与旅游者的沟通,实际上也是与旅游者进行的文化交流。

2) 即兴导

即兴导也就是在旅游过程中,随时满足旅游者的求知、好奇需要,即时提问,即时讲解;或是导游员根据旅游者的审美趣味和审美情感,见景生情,随机应变地讲解。导游讲解绝不能只会围绕游览点,按导游手册宣读。旅游者特别是外国旅游者,他们旅游的目的不仅是游览名山大川、名胜古迹,他们还要了解社会、了解民俗风情;他们还不满足于听和看,他们还想参与其中。这就要求导游员要有较高的文化素养和思想素质,有丰富的信息和广博的知识,在旅游者发现新奇的或不理解的事物和社会现象时,及时地进行即兴导,旅游者更能感受到轻松愉快的旅游生活的乐趣。

4. 灵活掌握各种服务技巧

导游员在游览服务中不但要掌握上述服务技能,还应灵活掌握以下服务技巧。

1) 充分考虑旅游者的兴趣

(1) 根据旅游者的兴趣特点组织活动。旅游者由于其组成结构的复杂性,在旅游这一特定的情况下,各人的兴趣特点可能存在着共同性,但也必然存在着差异。兴趣的差异来源于各人不同的需要,受到旅游者所处的社会地位、职业、年龄、文化水平等方面的影响和制约。因此,在接待前心理预测时,就要从这些方面来考虑如何因团而异、因人而异地安排活动内容,尽可能满足旅游者因兴趣差异带来的各种要求。

(2) 进一步激发旅游者的兴趣。一般来说,旅游者是怀着浓厚的兴趣、激动好奇的心理参加旅游活动的,这为导游工作提供了前提条件。但一名优秀的导游员应充分考虑如何使旅游者对游览活动内容由不感兴趣或兴趣不高转为有兴趣,并逐渐增加兴趣的强度;如何保持兴趣的稳定和持久;如何防止兴趣的突然消失,使旅游者乘兴而来、尽兴而归。根据心理学原理,可以从两方面来激发旅游者的兴趣:一是直观形象的作用,即借助于直观形象的新鲜、奇特,引起人们的直接兴趣,它是由感知觉直接反映形成的。在游览活动中,自然景物、历史古迹、奇特的建筑等都可能激发旅游者的兴趣,但要尽可能避免活动内容的重复或相似。二是第二信号系统的作用,即词和语言的作用。通过导游员生动的语言介绍,激发旅游者的兴趣。直观兴趣主要由感知觉参与,属于感性阶段,而通过第二信号系统参与的自觉兴趣,伴随着思维活动,可以引起人们丰富的联想,属于理性阶段。随着对事物的理解及认识的加深，由此产生的兴趣则可以巩固和持久。因此，导游员如何使用科学、生动和有针对性的语言去激发旅游者的游兴，是值得每一位导游员充分考虑的问题。

2）善于引导旅游者的有意注意

在游览过程中，导游员可以根据不同的情况，有意识地创造一些情境，主动地向旅游者提出一些问题，以引导旅游者的有意注意。这样做可以使旅游者由被动听讲解变为主动探索追求；可以激起他们强烈的好奇心和求知的愿望；同时也可以加强导游员与旅游者之间的互动，融洽导游员与旅游者之间的感情。

3）了解旅游者的思维特点

思维是人们认识世界的高级阶段，是心理过程的重要组成部分。客观现实中存在着很多未知的、不理解的、从未遇见过的、隐蔽的事物，因而需要逐步地认识世界。思维就是探索和发现新事物的心理过程，是对现实进行分析、综合并间接概括地反映现实的过程。当旅游者来到一个陌生的地方，用自己的感官去接触周围的事物，首先得到的是外界事物的感知觉，是外部世界的表象。仅仅获得感性认识，旅游者并不能满足。例如，旅游者游览某一园林，看到了亭台楼阁、小桥流水，但还不能满足，他要探索和追究这是什么园林，是哪个朝代的建筑，有哪些特点等。这些问题是感性认识不能解决的，它需要思维的参与，导游员只有了解旅游者在游览活动中想些什么、需要了解什么，才能在自己的讲解中有准备、有条理地进行分析，把最重要的、最有趣的、最本质的部分，也是旅游者最想了解的内容介绍给他们。

4）善于观察和调节旅游者的情绪

人的情绪与人需要的满足程度密切相关。旅游者在游览过程中，若在身体和心理上都能得到满足，便会产生愉悦的情绪状态；反之，则会产生消极的情绪状念。例如，刚开始游览时，旅游者兴致很高，情绪处于积极状态，但随着时间的推移，疲劳、口渴、饥饿、不耐烦情绪等将会陆续出现。导游员必须随时留意观察旅游者的情绪反应，通过其面部表情、语音语调、手势及走路的步态等，去观察、分析旅游者的喜怒哀乐，尽可能满足旅游者的需要，使旅游者的情绪经常保持积极的状态。若发现旅游者产生了消极情绪，导游员要及时采取调节情绪的对策。例如，发现旅游者频频看表，很可能是不耐烦，就必须加快讲解的速度，尽快进入新的景点，以消除旅游者的厌倦情绪。

5）注意生理因素引起的心理状态

生理因素影响着人们的心理状态。导游员在游览过程中，要考虑到旅游者生理因素引起的心理状态的变化。例如，对身体强健的旅游者来说，活动的节奏可以快一些，而对身体相对较弱的旅游者来说，活动节奏就应放慢一些，若有病残者，则要特殊照顾，使旅游者既体会到温暖和关怀又能满足强烈的自尊。要力求使每个旅游者在游览过程中获得身心的极大享受。

本章小结

本章主要介绍了旅游者的心理、导游员应具备的心理素质和职业要求、导游服务心理策略。

旅游者的一般心理包括：审美心理、求安全心理、获得尊重心理和求新求知心理。不同特征的旅游者的心理包括：不同国家（地区）旅游者的心理、不同阶层旅游者的心理、不同职业旅游者的心理、不同年龄旅游者的心理、不同性别旅游者的心理、不同动机旅游者的心理、不同个性旅游者的心理。不同游览阶段旅游者的心理：初始阶段、游览阶段和结束阶段。

导游员应具备的心理素质：外向乐观的性格特征、积极的情感特征、临危不惊的意志特征。导游员职业要求包括：塑造导游员的良好形象、促成和增强旅游团的群体凝聚力、实现与旅游者的良性沟通、搞好与领队的关系。

导游服务心理策略应把握好迎客服务心理和游览服务心理。迎客服务心理服务要注意导游员形象、讲究语言艺术并做好接待工作。游览服务心理要根据心理需求，调节旅游者审美行为；把握审美信息传递方式；应用多种方法灵活地进行导游讲解；综合各种旅游行为的影响因素，选择最佳时机讲解；灵活掌握各种服务技巧。

章前案例解析

俗话说，"十里不同风，百里不同俗。"国家不同、风俗不同，馈赠礼仪就有所不同。对于意大利人而言，赠送手帕代表着递送擦拭眼泪的工具，也就是会令其感到伤感，所以客人接到丽丽的礼品时会脸色骤变，还有些伤感。

在接待外国游客之前，应该详实的了解其所在国家和地区的风俗习惯，尤其是禁忌。丽丽在选择礼品的时候，应事先了解意大利在接人待物方面有哪些特殊的风俗习惯。只有了解和尊重客人的风俗习惯，才能做好旅游服务工作。

复习思考题

一、多项选择题

1. 旅游审美心理可以分为（　　）。
   A. 自然风光审美型　　　　　　B. 社会与人文审美型
   C. 艺术文化审美型　　　　　　D. 饮食文化审美型
2. 常规导一般是顺着游览发生发展的方向进行的讲解，分为3个阶段，即（　　）。
   A. 游前导　　　B. 游中导　　　C. 游后导　　　D. 即兴导
3. 不同游览阶段旅游者的心理包括（　　）。
   A. 初始阶段　　B. 用餐阶段　　C. 游览阶段　　D. 结束阶段
4. 旅游团虽然是临时性质的，但仍是一个群体。这个群体的一般特点包括（　　）。
   A. 临时性　　　B. 一致性　　　C. 矛盾性　　　D. 善变性

二、判断题

1. 导游员讲解时应虚实结合、以虚为主。　　　　　　　　　　　　　　　（　　）
2. 即兴导要求导游员要有较高的文化素养和思想素质，有丰富的信息和广博的知识。
　　　　　　　　　　　　　　　　　　　　　　　　　　　　　　　　（　　）

3. 导游员若发现旅游者产生了消极情绪，应采取调节情绪的对策。　　　　（　　）
4. 美国人好胜，办事认真，注重礼貌，注重小节，感情细腻但不外露，自制力较强。
　　　　　　　　　　　　　　　　　　　　　　　　　　　　　　　　（　　）

三、简答题

1. 导游员应具备哪些优秀的心理素质？
2. 导游员在导游服务中应如何注意把握好哪些心理？
3. 旅游者都有哪些心理需求？

四、论述题

试论述导游员应如何与领队搞好关系？

第 4 篇

管 理 篇
——企业管理心理

12

学习目标

1. 掌握激励的概念及功能。
2. 熟悉典型的激励理论。
3. 掌握需要层次理论、公平理论、强化理论。
4. 了解中国旅游业及中国旅游企业发展情况。
5. 掌握我国旅游企业员工激励存在的问题。
6. 掌握旅游员工激励的影响因素。

导入案例

携程旅行网改变导游激励方式[①]

目前国内旅游业界的服务受到旅游者的诟病,主要的问题有"零负团费"、服务恶劣、强迫消费、变景点旅游为"购物旅游"等。最近有相关人士提出,这种情况多是由于国内游不允许导游员收取小费。在国内,导游员的服务费按天核算,而旅行社支付给导游员的工资少之又少,导游员为了多赚钱,便带旅游者去购物或者游说旅游者加点,这就造成国内旅游服务质量急剧下滑。

据报道,旅游业界的龙头老大——携程旅行网,即将启动旅游服务费项目,即不管是国内游还是国际旅游,只要参加该社旅游团的旅游者都要按照一定标准向导游员支付小费。

小费作为服务业的一种员工收入方式,在很多国家普遍存在,对于服务效率的提高,服务品质的保障,都产生了重要作用。在欧洲、美国及东南亚国家(如泰国、日本),以及我国香港等地,都有给导游员小费的习惯,并且都受到法律保护。同时,发达国家一线服务人员的薪资结构是4:3:3,即基本工资占40%,福利保障占30%,小费占30%。

而相对国外导游员来说,国内导游员的收入中没有小费收入。就此携程旅行网表示,征收旅游小费会增加对公司导游员提升服务的激励,从而形成良性循环,提高服务水平和满意度。作为业界"第一个敢于吃螃蟹的人"的在线旅行服务公司,携程旅游网的旅游小费到底能走多远呢?

【问题】

1. 小费的作用是什么?
2. 除了小费外,还有什么方法可以激励导游员努力工作?

[①] 资料来源:http://finance.cnr.cn/gs/201110/t2011020_508657068.shtml.

12.1 激励理论概述

12.1.1 激励

1. 激励的概念

激励是人力资源管理的重要内容,是激发人的行为的心理过程。所谓激励,就是组织通过设计适当的外部奖酬形式和工作环境,以一定的行为规范和惩罚性措施,借助信息沟通,来激发、引导、保持和归化组织成员的行为,以有效地实现组织及其成员个人目标的系统活动。该定义包含以下几方面的内容。

(1) 激励的出发点是满足企业员工的外在性需要和内在性需要。

(2) 科学的激励工作需要奖励和惩罚并举,既要对员工表现出来的符合企业期望的行为进行奖励,又要对不符合企业期望的行为进行惩罚。

(3) 激励贯穿于企业员工工作的全过程,包括对员工个人需要的了解、个性的把握、行为过程的控制和行为结果的评价等。

(4) 信息沟通贯穿于激励工作的始末,从对激励制度的宣传、企业员工个人的了解,到对员工行为过程的控制和对员工行为结果的评价等,都依赖于一定的信息沟通。企业组织中信息沟通是否通畅,是否及时、准确、全面,直接影响着激励制度的运用效果和激励工作的成本。

(5) 激励的最终目的是在实现组织预期目标的同时,也能让组织成员实现其个人目标,即达到组织目标和员工个人目标在客观上的统一。

因此,无论是激励还是动机,都包含3个关键要素——努力、组织目标和需要。激励这个概念用于管理,是指激发员工的工作动机,也就是说用各种有效的方法去调动员工的积极性和创造性,使员工努力完成组织的任务,实现组织的目标。有效的激励会点燃员工的激情,促使其工作动机更加强烈,使其产生超越自我和他人的欲望,并将潜在的巨大的内驱力释放出来,为企业的远景目标奉献自己的智慧和热情。

知识链接 12-1

企业员工奖励旅游发挥重要的激励作用[①]

美国 Harris Teeter 公司是一家拥有 155 家大型零售商店、18 000 名员工的美国东部最大的高端食品连锁集团。公司每年的葡萄酒业务都超过了 16 亿美元。为褒奖葡萄酒部门最优秀的雇员,HT 公司在 2010 年安排了一次特殊的奖励旅游,从 500 人的团队中精选出 30 名最优秀者参加意大利葡萄酒之旅,同时也为葡萄酒部门寻找新的合作伙伴。

旅游公司在接到客户意向后,对 HT 公司进行了深度了解,根据 HT 公司性质和奖励

---

① 资料来源:http://www.guolvol.com/abroad/201008/01-79838.html(有改编)。

旅游目的专门进行设计，真正做到了量身定制。10天的行程中，旅游公司为团员精心挑选了城堡酒庄，每个酒庄都以不同的葡萄酒、酿造工艺和建筑特色闻名。此外，还安排了两晚市中心的酒店间插其中，为的是让团员对于城堡的住宿更加印象深刻。每餐的菜式与葡萄酒都是精心搭配。除了大型酒庄之外，还安排了小村庄里的特色餐厅，他们都有自家酿造的葡萄酒，别有风味。为了给所有团员一次铭记一生的旅游体验，旅游公司安排了一场属于HT的私人城堡酒会，并用直升飞机将所有的团员运送至酒会举办地。

2. 激励的功能

（1）有利于挖掘员工潜力，充分调动员工的积极性。心理学家认为，同一个人在通过充分激励后所发挥的作用相当于被激励前的一倍。在市场经济条件下，企业要面向市场，只有最大限度地激励全体员工，让员工最大限度地发挥自己的聪明才智，为企业的发展做出贡献，才能使企业在激烈的市场竞争中立于不败之地。

（2）有助于企业吸引并留住人才。良好的激励措施是企业吸引并留住人才的保障因素之一。具有吸引力的激励，如高工资、优厚的福利，对于企业来说都有利于吸引大量的人才。在日常管理中，经常采用积极有效的激励措施，对于稳定员工、减少人才流失具有重要的意义。强大的品牌吸引力可以吸引优秀的人才加盟，但要想让员工全心全意投入工作，并留住核心员工，公司尤其是人力资源部门就要真正做到尊重员工、相信员工，并在企业发展的过程中为员工成长提供无限的可能。

（3）有利于促进组织目标的实现。企业组织目标的实现关键在于怎样有效地开发和利用人力资源，而人力资源靠激励才能发挥更大的作用。通过激励可以使员工最充分地发挥其潜能，变消极为积极，从而保持工作的高效率。同时，通过激励可以把有才能的、组织所需要的人才吸引过来，使其长期为该组织工作，从而加快组织目标的实现。

（4）有助于创造良性的竞争环境。科学的激励制度包含有一种竞争精神，它的运行能够创造出一种良性的竞争环境，进而形成良性的竞争方法。在具有竞争性的环境中，企业成员就会受到环境的压力，这种压力将变成员工努力工作的动力。

（5）有助于提高人力资源的质量，提高服务质量。提高人力资源质量的主要途径是教育和培训。在教育和培训方面的激励主要是对才能优异、成绩卓著的优秀人才给予优越的物质待遇、崇高的荣誉，以及令人羡慕的社会地位并进行表彰和鼓励。这样一来不仅会激励受奖者以更大的积极性工作，使自身的才能提高到新的高峰，而且会产生巨大的激励效应，形成勤奋学习的社会风气，其他社会成员受到榜样的鼓舞，就会提高参与教育和培训的积极性，努力学习和刻苦钻研科学文化知识和技能，从而使服务质量得到提高。

（6）可以提高管理水平。在人力资源管理中，让员工参与管理已经成为一种非常有效的激励手段。员工最清楚企业经营管理过程中存在的各种问题，因此管理者应鼓励员工积极提出合理化建议、积极参与管理，从而激发员工以主人翁的姿态工作，去发现并解决问题，进而使企业的经营管理水平得到不断提高。

12.1.2 典型的激励理论

激励理论是关于激励的基本规律、原理、机制及方法的概括和总结，是激励在管理活动中赖以发挥功能的理论基础。自20世纪以来，心理学家、管理学家都从不同的角度提出了许多激励理论。对这些理论可以从不同的角度归纳和分类。按其所研究的激励侧面的不同及其与行为关系的不同，将激励理论分为内容型激励理论、过程型激励理论和修正型激励理论。

1. 内容型激励理论

内容型激励理论是研究行为产生的原因，回答了以什么为基础或根据什么才能激发调动起工作积极性的问题，分析人内在的需要如何推动行为的产生的。内容型激励理论包括马斯洛的需要层次理论、弗雷德里克·赫茨伯格（Frederick Herzberg）的双因素理论和戴维·麦克利兰（David McClelland）的成就需要理论等。

1) 需要层次理论

需要层次理论由马斯洛提出，他认为每个人有5种层次的需要，从低到高依次为生理需要、安全需要、社会需要、尊重需要和自我实现需要。（详见5.1.1，4款）

需要层次理论的组织措施包括以下5个方面。

① 生理需要。应对生理需要的组织措施是基本工资、基本福利、工作条件的改善。

② 安全需要。应对的措施有职业保障、普遍的加薪、额外的福利、安全的工作条件等。

③ 社交需要。组织的措施有构建和睦的工作群体、高质量的管理、同事间的友谊。

④ 尊重需要。组织的措施有职称、奖励、赋予更多的责任、职务本身、同事间的认可。

⑤ 自我实现需要。组织的措施有工作成就、在组织中的提升、创造性、有挑战性的工作等。

通过马斯洛的需要层次理论应该认识到两点：一是人的最迫切的需要是激励人行为的动力，不同时期人的需求不同，使得激励处于动态变化中，不同时期激励的方法也要随之变化；二是在任何时期都存在多种需要，这要求激励的方法、手段不能单一化、简单化，而应多样化、综合化。

2) 双因素理论

（1）双因素理论的提出及解释。

双因素理论又称激励-保健理论，是美国心理学家赫茨伯格于1959年在《工作的动力》一书中提出的。

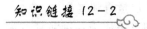

双因素理论的产生[①]

20世纪50年代末期，赫茨伯格和他的助手们在美国匹兹堡地区对200名工程师、会计师进行了调查访问。访问主要围绕两个问题：在工作中，哪些事项是让他们感到满意

---

① 资料来源：http://doc.mbailb.com/view/f4c422953078d347eab72aef0fa316c1.html。

的,并估计这种积极情绪持续多长时间;又有哪些事项是让他们感到不满意的,并估计这种消极情绪持续多长时间。赫茨伯格以对这些问题的回答为材料,着手研究哪些事情使人们在工作中快乐和满足,哪些事情造成不愉快和不满足。结果他发现,使职工感到满意的都是属于工作本身或工作内容方面的;使职工感到不满的,都是属于工作环境或工作关系方面的。他把前者叫做激励因素,后者叫做保健因素。

赫茨伯格及其同事以后又对各种专业性和非专业性的工业组织进行了多次调查,他们发现,由于调查对象和条件的不同,各种因素的归属有些差别,但总的来看,激励因素基本上都是属于工作本身或工作内容的,保健因素基本都是属于工作环境和工作关系的。但是,赫茨伯格注意到,激励因素和保健因素都有若干重叠现象,如赏识属于激励因素,基本上起积极作用;但当没有受到赏识时,又可能起消极作用,这时又表现为保健因素。工资是保健因素,但有时也能产生使职工满意的结果。

赫茨伯格认为激励因素与保健因素对于激励员工的工作积极性都很重要。

激励因素包括工作本身、认可、成就和责任,这些因素涉及对工作的满意因素,又和工作本身的内容有关。这些积极感情和个人过去的成就、被人认可及担负过的责任有关,它们的基础在于工作环境中持久的而不是短暂的成就。激励因素的改善使员工感到满意的结果,能够极大地激发员工工作的热情,提高劳动生产效率;但激励因素即使管理层不给予其满意满足,往往也不会因此使员工感到不满意,所以就激励因素来说,"满意"的对立面应该是"没有不满意"。

保健因素包括公司政策和管理、技术监督、薪水、工作条件及人际关系等。这些因素涉及工作的不满意因素,也与工作的氛围和环境有关。也就是说,对工作本身而言,这些因素是外在的,而激励因素是内在的,或者说是与工作相联系的内在因素。保健因素不能得到满足,易使员工产生不满情绪、消极怠工,甚至引起罢工等对抗行为;但在保健因素得到一定程度改善以后,无论再如何进行改善的努力往往也很难使员工感到满意,因此也就难以再由此激发员工的工作积极性。所以就保健因素来说,"不满意"的对立面应该是"没有不满意"。

总而言之,一个企业为了保持员工原有的积极性,就应该注意保持或完善保健因素为了提高员工的积极性,则应当在激励因素方面多下工夫。只有激励因素和保健因素双管齐下,才能全方位调动员工的工作积极性。双因素理论促使企业管理人员注意工作内容这一因素的重要性。

(2) 双因素理论的分析。

双因素理论的分析见表 12-1。

表 12-1 双因素理论的分析

	激励因素	保健因素
特征	(1) 心理上的长期满足 (2) 满意/不满意 (3) 重视目标	(1) 生理上的短暂满足 (2) 不满意/没有不满意 (3) 重视任务

续表

	激励因素	保健因素
满意或不满意的来源	(1) 工作性质：内部的 (2) 工作本身 (3) 个人标准	(1) 工作性质：外部的 (2) 工作环境 (3) 非个人标准
表现出来的需要	(1) 成就 (2) 成长 (3) 责任 (4) 赏识	(1) 物质的 (2) 社交的 (3) 身份的 (4) 安全的 (5) 经济的

（3）双因素理论的局限。

赫茨伯格的理论表明了人们对工作价值的一种认识，但实践中运用这一理论的确存在很多困难。到目前为止，仍没有一种好的方法能够很好地区分激励因素和保健因素，也没有一种方法可以测量判断这些因素是如何存在的。它仅仅是一种定性分析及推测，无法提供确切的证据。同样，组织中存在这样的员工，喜欢没有灵活性的标准化工作；相反，另一类员工喜欢随时接受挑战性的工作，对多变的工作更感兴趣。

（4）双因素理论与需要层次理论对比。

双因素理论与需要层次理论对比如图12.1所示。

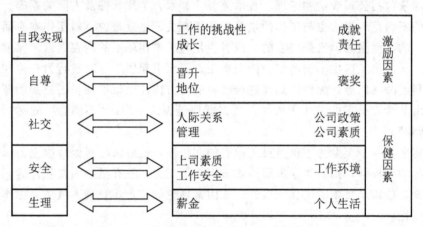

图 12.1　双因素理论与需要层次理论对比

3）成就激励论

（1）成就激励论的主要论点。

美国管理学家、哈佛大学教授麦克利兰等人提出了成就激励论（又称3种需要理论）。麦克利兰认为之前的学者对动机的研究都带有一定的局限性。他注重研究人的高层次需要与社会性的动机，强调采用系统的、客观的、有效的方法进行研究，提出了个体在工作情境中有以下3种重要需要。

① 成就需要。争取成功、需要做得最好的需要。麦克利兰认为，具有强烈的成就需要的人渴望将事情做得更为完美，提高工作效率，获得更大的成功。他们追求的是在争取

成功的过程中克服困难、解决难题、努力奋斗的乐趣,以及成功之后的个人的成就感,他们并不看重成功所带来的物质奖励。高成就需要者事业心强,有进取心,敢冒一定的风险,比较实际,大多是进取的现实主义者。

② 权力需要。影响或者控制他人且不受他人控制的需要。不同人对权力的渴望程度也有所不同。权力需要较高的人喜欢支配、影响他人,喜欢对他人"发号施令",注重争取地位和影响力。他们喜欢具有竞争性和能体现较高地位的场合或情境,他们也会追求出色的成绩,但他们这样做并不像高成就需要的人那样是为了个人的成就感,而是为了获得地位和权力与自己已具有的权力和地位相称。权力需要是管理成功的基本要素之一。

③ 归属需要。建立温暖、友好、亲密的人际关系的需要。

知识链接 12-3

戴维·麦克利兰[①]

戴维·麦克利兰(1917—1998)美国社会心理学家,1987年获得美国心理学会杰出科学贡献奖。他出生于美国纽约州弗农山庄,因心力衰竭逝于美国马萨诸塞州列克星敦市。1956年开始在哈佛大学任心理学教授,1987年后转任波士顿大学教授直到退休。1963年,他开创了麦克伯顾问公司,这是一家专业协助管理人员评估和员工培训的公司。同年,他向国际教育协会提交了设立高校七级学术奖学金的方案,旨在激励学生的学习动机。他在《美国心理学家》上发表论文,指出招聘中常用的智商和个性测试对于选取合格员工的无力和不足,他认为企业招聘应建立在对应聘者在相关领域素质的考查基础之上,应采用 SAT 测试方法。他那一度被认为过于激进的想法现今被企业界广为采用。

图 12.2 戴维·麦克利兰

(2) 成就激励论的应用。

① 针对不同成就需要的人应该有不同的激励方式、方法,了解员工的需要、动机有利于建立合理的激励机制。

[①] 资料来源:http://baike.baidu.com/view/356714.html。

② 在人员的选拔上，可以通过动机体现的分析，合理分派工作。
③ 培训可以使人对成就的需要增强，动机是可以被训练和激发的，因此培训十分重要。

2. 过程型激励理论

过程型激励理论认为，通过满足人的需要实现组织的目标有一个过程，即需要通过制定一定的目标影响人们的需要，从而激发人的行动。总之，过程型激励理论是着重研究人们选择其所要做的行为过程，主要说明行为是怎样产生的、是怎样向着一定方向发展的、如何能使行为保持下去，以及如何结束行为发生的整个过程。

过程型激励理论包括亚当斯的公平理论、弗鲁姆的期望理论等。

1）公平理论

公平理论是美国心理学家约翰·斯塔希·亚当斯（John Stacey Adams）在1965年首先提出的，亦称社会比较理论。该理论侧重于研究工资报酬分配的合理性、公平性及其对职工生产积极性的影响。

（1）基本观点。

当一个人做出成绩并取得报酬以后，他不仅关心自己所得报酬的绝对量，而且关心自己所得报酬的相对量。也就是说，每个人都会不自觉地把自己所获的报酬与投入的比率同其他人的收支比率或本人过去的收支比率相比较。

（2）比较过程和结果。

① 比较过程。

$$自己现在的结果/自己现在的投入 = A$$
$$他人或过去的结果/他人或过去的投入 = B$$

将 A 与 B 进行比较从而得出结论。结果是指从事工作所获得的报酬，投入是指对所从事的各种工作的付出。典型的投入有：时间、经验、知识、健康等，典型的结果有：薪金、晋升、地位、对工作业绩的认可等。

② 比较类型。

比较分为两种，第一种为自己和他人进行的比较，也叫横向比较，关系式为

$$O_p/I_p = A$$
$$O_c/I_c = B$$

式中，O_p——自己对所获报酬的感觉；

O_c——自己对他人所获报酬的感觉；

I_p——自己对个人所作投入的感觉；

I_c——自己对他人所作投入的感觉。

第二种为纵向比较，即把自己目前投入的努力与目前所获得报偿的比值，同自己过去投入的努力与过去所获报偿的比值进行比较。关系式为

$$O_p/I_p = A$$
$$O_h/I_h = B$$

式中，O_p——自己对现在所获报酬的感觉；

O_h——自己对过去所获报酬的感觉;

I_p——自己对个人现在投入的感觉;

I_h——自己对个人过去投入的感觉。

③ 比较结果。

$A>B$:说明进行比较的员工得到了过高的报酬或付出的努力较少。一般而言他不会要求减少报酬,而有可能会自觉增加付出,但一段时间以后,他会曲解比率或转移比较目标而使工作积极性提高不多甚至不提高。

$A=B$:进行比较的员工觉得报酬是公平的,他最有可能继续保持工作的积极性和努力程度。

$A<B$:员工会对组织的激励措施感到不公平,其可能会要求增加报酬、减少努力、曲解比率、转移比较目标或离职。

(3) 公平理论的应用意义。

公平理论表明:对大多数组织成员而言,激励不仅受到绝对报酬的影响,还受到相对报酬的影响。该理论对于领导者来说显然是有教益的。

① 领导者用报酬或奖赏来激励组织成员时,一定要使员工感到公平和合理。

② 领导者应注意横向比较,关心员工经常提及的参照群体。

③ 公平理论表明公平与否始源于个人的感觉。领导者要注意引导主观感受上的认识偏差。

2) 期望理论

期望理论又称效价-手段-期望理论,是由美国心理学家弗鲁姆于1964年在《工作与激励》中提出来的激励理论。

(1) 理论基础。

期望理论认为,人之所以能够从事某项工作并达到组织目标,是因为这些工作和组织目标有助于达成自己的目标,满足自己某方面的需要。人们在预期其行动将会有助于达成某个目标的情况下,才会被激励起来去做某些事情。因此,人们受激励的程度将取决于行动结果的价值评价和其对应的期望值的乘积。

(2) 基本期望模型。

① 期望理论的表达式。

$$激励力=效价×期望值(M=V×E)$$

激励力 M 是调动人的积极性,激发出人的内部潜力的力量。

效价 V 是目标价值的简称,是指一个人对这项工作及其结果能够给自己带来满足程度的评价,即对工作目标有用性(价值)的评价。

期望值 E 是指人们对自己能够顺利完成某项工作可能性的估计,即对工作目标能够实现概率的估计。

② 效价和期望值的不同组合,会产生不同的激发力量。

$$E_{高} \times V_{高} = M_{高}$$
$$E_{中} \times V_{中} = M_{中}$$
$$E_{低} \times V_{低} = M_{低}$$

$$E_{高} \times V_{低} = M_{低}$$
$$E_{低} \times V_{高} = M_{低}$$

(3) 期望理论的 3 个关系。

期望理论的 3 个关系如图 12.3 所示。

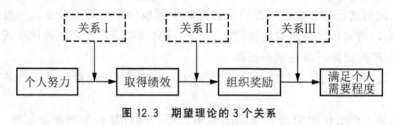

图 12.3 期望理论的 3 个关系

① 努力与绩效的关系：员工通过努力工作而达到工作绩效的可能性。通过期望值变量反映出来。

② 绩效与奖励的关系：员工对于达到一定工作绩效后即可获得理想的奖励结果的信任程度。

③ 奖励与满足个人需要的关系：工作完成的前提下，获得奖励对员工的重要性程度。后两个变量由效价反映。

(4) 期望理论的管理实践。

① 要科学地设置目标，使目标给人以希望，从而产生心理动力。

② 要提高期望水平，提高员工对目标的重要意义的认识，这样就会提高效价。

③ 正确处理好期望与结果关系，防止员工期望过高，导致失望太大。

3. 修正型激励理论

修正型激励理论重点研究激励的目的（即改造、修正行为）。主要包括斯金纳的强化理论和亚当斯的挫折理论等。

1) 强化理论

强化理论是美国心理学家斯金纳提出来的。他认为，人们一次行为的后果将对以后的行为产生影响。如果这种后果对他有利，则这种行为就会重复出现，若对他不利，则这种行为就会减弱直至消失。即行为是结果的函数。

根据强化的性质和目的，可把强化分为正强化和负强化。在管理上，正强化就是奖励那些组织上需要的行为，从而加强这种行为；负强化就是惩罚那些与组织不相容的行为，从而削弱这种行为。正强化的方法包括奖金、对成绩的认可、表扬、改善工作环境和人际关系、提升、安排担任挑战性的工作、给予学习和成长的机会等。负强化的方法包括批评、处分、降级等，有时不给予奖励或少给奖励也是一种负强化。

(1) 强化类型。

利用强化手段来激励员工的具体方式有以下 4 种。

① 积极强化。积极强化是指对组织所期望的行为给予鼓励，使这些行为继续、重复地出现。即指在行为发生以后，组织立即用物质或者精神的鼓励来肯定这种行为。在这种刺激下，个体感觉这种行为对他有利，从而加强这种行为的频率。这种强化因素有增加工

资、发放奖金、赠送礼品、表扬等。

② 消极强化。消极强化是指一个特定的强化能够防止个人所不希望的刺激。消极强化就是说员工努力工作是为了逃避不希望得到的刺激结果。

③ 惩罚。惩罚是在组织所不期望的行为出现后采取的手段，包括批评、处分、罚款等。如上班迟到扣发工资，这样的目的是消除迟到行为的发生。

④ 忽视。忽视是对组织所不期望出现的行为采取的，类似于"冷处理"的手段。由于一段时期连续不强化，这种行为将逐步降低频率，以至于最终消失。

(2) 强化理论在管理中的应用。

① 根据管理对象不同，确定不同的强化方案。只要强化物是人们心中所想才能起到积极的强化作用，才能调动不同员工的积极性。对于不同的员工采取相同的强化物，就不一定能达到刺激作用。

② 及时反馈行为信息。反馈就是让员工通过某种途径及时了解自己的行为及结果。好的结果能鼓舞人；坏的结果能让人认识到行为的后果。反馈的信息要及时，便有强化的效果最优化。不管是好的行为还是坏的行为，过了时效性，强化的效果就大打折扣。

③ 正负强化相结合。对于正确的行为，要给以肯定和鼓励，但是对于坏的行为要及时的给以惩罚。只有奖罚分明才能起到强化作用。

2) 挫折理论

(1) 亚当斯的挫折理论。

由于目标无法实现，动机和需要不能满足，就会导致产生一种情绪状态，这就是挫折。

① 使人产生挫折心理的3个必备条件。

第一，个人所得期望的目标是重要的、强烈的。

第二，个人认为这种目标有可能达成。

第三，在目标与现实中存在难以克服的障碍。

② 人受挫折后的行为表现。

根据不同人的心理特点，受到挫折后的行为表现主要有两大类。

第一，采取积极进取态度，采取减轻挫折和满足需要的积极适应的态度。

第二，采取消极态度，甚至是对抗态度，如攻击、冷漠、幻想、退化、忧虑、固执和妥协等。

同步案例 12-1

挫折与态度[①]

下面是一个人的经历及面对挫折的态度，请分析这个人的心理状态及行为。

22岁，生意失败。

23岁，竞选州议员失败。

[①] 资料来源：http://www.doc88.com/p-903967102724.html。

24 岁，生意再次失败。
25 岁，当选州议员。
29 岁，竞选洲议长失败。
31 岁，竞选选举人团失败。
34 岁，竞选国会议员失败。
37 岁，当选国会议员。
39 岁，国会议员连任失败。
46 岁，竞选参议员失败。
47 岁，竞选副总统失败。
49 岁，竞选参议员再次失败。
51 岁，当选美国总统。

这个人就是亚伯拉罕·林肯（Abraham Lincoln），许多人认为他是美国历史上最伟大的总统。

（2）挫折理论在管理中的应用。

第一，要培养员工掌握正确战胜挫折的方法，教育员工树立远大的目标，不要因为眼前的某种困难和挫折而失去前进的动力。

第二，要正确对待受挫折的员工，为他们排忧解难，维护他们的自尊，使其尽快从挫折情境中解脱出来。

第三，要积极改变情境，避免受挫折员工"触景生情"，防止造成心理疾病和越轨行为。

12.2　旅游企业员工激励

同步案例 12-2

表扬改变了一个人①

某饭店新上任的客房部经理，发现了一个奇怪的现象，每位领班都不乐意接受服务员小张。经了解，大家对她的评价是比较懒惰，工作不积极努力。这时，客房经理并没有轻信大家的话，在心中对小张定位，而是劝服一位领班接受小张，而后注意启发她。

不久，饭店接待一个十分重要的全国性的会议团队。在客人入住的第二天早上，客房经理便收到了全饭店第一封表扬信。表扬的对象不是别人，正是小张！事情是这样的，第一天晚上 10 点左右，一位客人匆匆忙忙地拿着一件外套找到楼层值班服务员小张，希望她能帮着把衣服送到洗衣房清洗，并再三强调这是明天参加会议要穿的衣服。可是那个时间，饭店的洗衣房早就下班了，而外面的洗衣店也不可能营业了，但小张还是毫不犹豫地

---

① 资料来源：http://www.17u.com/news/shownews_251466_0_n.html。

答应了。随即,小张便亲自把衣服洗干净,并很快交给了客人,告诉客人可以把衣服挂到通风处,明天应该不会影响参加会议。客人很是感动,于是写下了这封表扬信。客房经理在晨会上对小张给予了充分的肯定与鼓励。从那以后,小张成了整个饭店最勤劳、最努力工作的员工,并多次受到了表扬与奖励。

思考:在旅游企业中员工激励的原因及必要性。

12.2.1 中国旅游企业发展概况

旅游企业是旅游产业的微观基础,企业活力和市场竞争力是产业促进的第一着力点。改革开放以来,我国旅游企业的总体规模保持了较快增长,形成了一批旅行社、旅游饭店、旅游景区,以及复合型的旅游集团和行业品牌,但是相对于市场开发,旅游产业促进相对滞后,缺少行之有效的政策措施,无论是商业模式还是生产要素,旅游企业都表现得比较传统,与国际知名旅游企业相比,与国民经济其他竞争性产业中的市场主体相比,旅游企业的市场活力和产业影响都明显不足。

1. 星级饭店规模及经营情况分析

2005—2010年我国星级饭店情况见表12-2。

表12-2 2005—2010年我国星级饭店情况

年份	饭店总数/家	客房数/万间	床位数/万张	营业收入/亿元	客房出租率
2005	11 828	133.2	257.17	1 346.69	60.96%
2006	12 751	145.98	278.55	1 482.86	61.03%
2007	13 585	157.38	296.94	1 647.03	60.96%
2008	14 099	159.14	293.48	1 762.01	58.30%
2009	14 237	167.35	306.47	1 818.18	57.88%
2010	11 779	147.64	256.64	2 122.66	60.28%

(1)规模快速增长。旅游星级饭店的数量、资产规模等都大幅度提升。截至2010年年底,全国纳入星级饭店统计管理系统的星级饭店共计13 991家,其中有11 779家完成了2010年财务状况表的填报,并通过省级旅游行政管理部门审核。根据11 779家星级饭店填报的财务数据显示:到2010年年末,全国11 779家星级饭店,拥有客房147.64万间,床位256.64万张;拥有固定资产原值4 546.77亿元;实现营业收入总额2 122.66亿元;上缴营业税金111.36亿元;全年平均客房出租率为60.28%。

(2)饭店档次结构覆盖面广。目前的旅游星级饭店涵盖了从一星到五星的全部范畴,可以满足不同旅游者的住宿需求。2010年在11 779家星级饭店中:五星级饭店545家;四星级饭店2 002家;三星级饭店5 384家;二星级饭店3 636家;一星级饭店212家。

(3)多种经营体制共同成长。在2010年的11 779家星级饭店中,国有星级饭店4 179家,实现营业收入760.15亿元,上缴营业税38.22亿元。外商和港澳台投资兴建的537家星级饭店,2010年共实现营业收入334.42亿元,上缴营业税16.91亿元。

2. 旅行社的规模与经营情况分析

2005—2010 年我国旅行社情况见表 12-3。

表 12-3　2005—2010 年我国旅行社情况

年份	数量/家	资产总额/亿元	营业收入/亿元	招徕入境旅游者/万人次	组织国内过夜旅游者/万人次
2005	16 245	419.26	1 116.59	936.07	6 216.03
2006	17 957	484.80	1 411.03	1 107.27	7 583.78
2007	18 943	517.00	1 639.30	1 373.04	8 424.48
2008	20 110	521.86	1 665.48	1 324.69	8 541.07
2009	20 399	585.96	1 806.53	1 261.43	10 123.47
2010	22 784	666.14	2 649.01	1 352.04	11 953.31

旅行社行业是旅游业的核心行业，是最本质的反映旅游业产业特征的行业，因此，也就成为公众关注的行业。

到 2010 年年末，全国纳入统计范围的旅行社共有 22 784 家，比上年增长 11.7%。

到 2010 年年末，全国旅行社资产总额 666.14 亿元，比上年增长 13.7%；各类旅行社共实现营业收入 2 649.01 亿元，比上年增长 46.6%；营业税金及附加 12.77 亿元，比上年增长 0.6%。

2010 年，全国旅行社共招徕入境旅游者 1 352.04 万人次、4 614.57 万人天，分别比上年增长 7.2% 和下降 17.8%；经旅行社接待的入境旅游者为 2 408.06 万人次、5 610.10 万人天，分别比上年增长 28.5% 和下降 11.0%。

2010 年，全国旅行社共组织国内过夜旅游者 11 953.31 万人次、32 831.73 万人天，分别比上年增长 18.1% 和 9.4%；经旅行社接待的国内过夜旅游者为 14 147.25 万人次、28 833.21 万人天，分别比上年增长 3.3% 和 9.5%。

3. 旅游企业员工激励的必要性

旅游业属于第三产业——服务业，旅游企业提供的产品具有无形性，旅游产品多以服务形式表现出来。旅游产品的质量如何，不仅取决于旅游企业的硬件条件，旅游企业的员工服务水平与服务态度等软件也起着重要作用。一方面，员工的素质、能力、服务技能对旅游者感知旅游质量起着至关重要的作用，另一方面，旅游企业员工工作的积极性、主动性也影响旅游服务水平。旅游企业可以通过招聘、培训来解决员工素质、能力、技能等问题，而如何让旅游企业员工积极、主动地投入到旅游服务中，就需要企业对员工进行有效的激励。

12.2.2　我国旅游企业员工激励中存在的问题

1. 管理意识落后，激励制度不健全

我国的旅游企业特别是中小旅游企业对人才的重视程度有限，没有把人才作为一种资

源来看。部分管理者认为有无激励没有区别,没有注重挖掘旅游从业人员的潜力。

科学有效的激励需要管理者提高认识,并要建立起激励制度要保障激励措施的实施。目前旅游企业的激励现状是,部分旅游企业根本没有激励方案或者是仅仅有较短期的零星的奖罚措施。激励的内容也较为单一,主要集中在薪酬激励方面,并且没有形成有系统的、权威性的文件下发传达,形成制度更无从说起。这种激励制度的缺失或是不健全,都将影响到激励的实施效果,没有制度激励就缺少了实施激励措施的依据。

2. 存在盲目激励现象,对员工需要分析不足

部分旅游企业看到国外的旅游企业的激励措施取得了良好的效果,自己也制定了一些激励措施,但是完全照搬西方旅游企业的措施无法满足本企业员工的需要,无法起到积极的激励作用。要消除盲目激励的现象,必须对员工需要做科学的调查分析,针对这些需要来制定本企业的激励措施。每个员工都有自己的心理需求和人格取向。

3. 薪酬福利缺乏竞争力

美国著名薪酬管理专家约瑟夫·J. 马尔托奇奥(Joseph J. Martocchio)在其所著的《战略薪酬》一书中,将薪酬界定为"雇员在完成工作而得到的内在和外在的奖励",并将薪酬划分为内在薪酬和外在薪酬。内在薪酬是员工由于完成了工作而形成的心理形式,外在薪酬包括货币奖励和非货币奖励。经济的持续、良性发展给个人的发展带来了更多的就业选择机会。

但是目前中国旅游业的从业员工数量是急速增加的,2011 年旅游从业总人数 7 590 万,比 2005 年增长 70.6%。旅游人才(指具有旅游专业知识和专门技能,进行创造性劳动并对旅游业作出贡献的人)总量也由 2005 年的 134.8 万人,提升到 2009 年的 272 万人,占全国旅游业直接就业总量的 20.15%。

在旅游从业人员员工数量扩张的同时,旅游业从业人员的薪酬福利明显缺乏竞争力。以薪酬为例。薪酬的多少取决于企业的效益和员工的表现,目前中国旅游企业处于微利状态,以旅游业的龙头——旅行社行业就深受"零负团费"的困扰。企业为了赢利就在导游员身上做文章,除了给极少的带团补贴外,有的旅行社甚至不仅不给导游员补贴,还要收取"人头费"。这样就使得导游员的工作没有薪酬保证,收入靠收取旅游者购物回扣。而据国家统计局发布的数据,旅游业中吸纳人员最多的住宿、餐饮业的年工资水平从 2009 年的 21 193 元上升到 2010 年的 23 812 元,增长了 12.4%。但是在与其他行业比较时发现,住宿、餐饮业的工资水平只有全国平均水平的 60%,甚至低于 2009 年的 65%(2010 年城镇非私营单位在岗职工平均工资统计数据,国家统计局网站),这样的薪酬水平很难留住人才。

较低的薪酬无法调动员工的积极性,同时旅游企业的福利也较为单一,缺乏弹性。以旅游饭店为例,饭店的工作以顾客为导向,员工加班超额工作,绝大部分员工不能正常休息。饭店对员工的福利仅仅是满足工作需要的免费工作餐、工作服和简单的集体宿舍。薪酬、福利较低的情况使得一些素质较高的人才纷纷流向更有发展前途的其他行业,从而放弃在饭店业发展的机会。

4. 激励措施的无差别化

有激励措施的旅游企业普遍采用的是"一刀切"的激励手段。

首先,激励对象"一刀切"。将普通员工和核心员工"一视同仁",但是旅游企业要注重对核心员工的激励。在企业中,核心技术人员、高级管理者、营销骨干等都属于核心员工,他们有着高于一般员工的能力。加强对他们激励,调动核心员工的积极性,可以起到事半功倍的效果。对核心员工的激励更要使用长期激励的手段,如股票期权、目标激励。

其次,激励方式单一化。激励的方式很多,在我国旅游企业中采用比较多的是物质激励,如提高工资奖金、发放福利、送纪念品等,但更高的精神层面的激励却运用得比较少,或基本不用。根据马斯洛的需要层次理论,不同的需求层次应采用不同的激励方案,当人的基本需求得到满足时,他就会提出更高的需求目标,如果还停留在低层次的激励方式上,激励的效果会大打折扣。但也有旅游企业只给一些纯粹的精神鼓励,如授予每月工作突出的员工以各种荣誉称号,发一纸奖状,刚开始员工感到很光荣,但时间长了,员工觉得没意思,觉得这种奖励很空,没有实际内容,当然也调动不了工作的积极性。物质激励和精神激励要有效地结合起来才能发挥作用。只重视一种,或者两者没有得到很好的结合,效果都会不好。

5. 激励缺乏公平性,奖罚不分明

在我国旅游企业中,激励缺乏公平现象比较普遍。根据公平理论,如果在激励过程中出现不公平现象,不公平感给员工带来的影响是消极的。员工很可能要求增加收入或消极怠工以减少自己的劳动支出,也可能发牢骚、泄怒气、制造人际矛盾甚至辞职而去。这样的激励不会有好的效果,更不会对员工产生正面的激励。

很多旅游企业对激励有错误认识,认为激励就是奖励,但是这种认识是错误的,员工需要被剥夺的时候也可以激起员工的紧张状态,使其有较高的积极性。因此,必要的束缚措施和惩罚措施就很必要。但是,使用惩罚措施时要注意,惩罚力度不能过大。多用奖励,辅以惩罚。目前的旅游企业,有的只注重奖,而没有相应的处罚措施,也有的只重罚而忽视奖,没有将二者结合起来并落到实处。另外,还存在奖罚制度不分明,该奖不奖、该罚不罚的现象。奖励过轻起不到激励的效果,奖励过重则容易引起员工的骄傲自满。同时也有忽视惩罚力度的现象,虽然惩罚、激励在管理中是必不可少的,但是管理人员在运用的时候一定要把握住适当的度,惩罚过重,员工就会失去对公司的认同,但是如果惩罚过轻,员工又会轻视公司的规章制度,轻视领导人的管理的威严性,导致重复犯同样的错误,起不到警戒的作用。现代管理理论和实践都指出,在员工激励中,正面的激励远大于负面的激励。越是素质较高的人员,淘汰激励对其产生的负面作用就越大。如果用双因素理论来说明这一问题可能更易让人理解。淘汰激励一般采用了单一考核指标,从而给员工造成工作不安定感,而且也很难让员工有总结经验教训的机会。同时还会使员工与上级主管之间的关系紧张,同事间关系复杂,员工很难有一个长期工作的打算。这样就很容易造成高级员工的跳槽现象。

12.2.3 旅游企业员工激励的影响因素

激励机制必须要建立在符合旅游企业的基础之上。旅游企业的激励就是为了激励旅游企业员工而采取的一系列的方针、政策、规章制度、道德规范、文化理念,以及相应的组织机构和激励措施。现代旅游企业激励效果受很多因素的制约,总体而言分为内因和外因两大类。

1. 激励内因分析

1) 个体因素

个体因素是指在一个企业内部员工之间的个体差异,而这种差异决定了不同员工需求结构的不同,进而要求企业采取多种激励方式。激励主要是针对个体的激励,个体之间思维方式、推理判断能力、社交能力、分析问题方式及文化背景的差异都会影响到激励的效果。旅游企业要根据不同的类型和特点制定激励措施,而且在制定激励措施时一定要考虑个体差异。

在文化方面,有较高学历的人一般更注重自我价值的实现,既包括物质利益方面的,又包括精神层面的。但他们更看重的是精神层面的满足,如工作环境、工作兴趣、工作条件等。这是因为他们在基本物质需求得到保障的基础上而追求精神层次的需求和满足。而学历相对较低的人则首先看到的是基本物质需求的满足。

在性别方面,女性员工相对而言对报酬更为看重,而男性则更注重企业和自身的发展。

每一个年龄段有每一个年龄段的需求,对于 25～30 岁的员工,自主意识比较强,对工作条件等各方面的要求比较高,因此"跳槽"现象较为严重,他们希望得到的可以是外出学习或深造的机会,或者是一个适合自己才干的职位,这会给他们的事业积攒经验和阅历。而对于 30～40 岁的员工,因为家庭等原因比较安于现状,相对而言比较稳定,对他们来讲薪酬更能引起兴趣。

企业在制定激励制度的时候,要充分考虑到员工的个体差距,考虑到不同个体存在的不同需求,只有从员工的层面出发对其进行针对性的奖赏,才能大大地激发员工的能动性。否则,员工的激励效果会大打折扣。

2) 员工成熟度

随着员工的成长,个性由不成熟到成熟,若旅游企业不能根据员工个性所处阶段来进行激励,就会导致员工个人需要和目标与组织需要和目标之间的冲突和不协调。因此,将一定的刺激作用于具有某种需求期望的个人,引发实际反应,从而达到提高努力强度的作用。不同的人有不同的需求期望,同一个人在不同时期的需求期望也不同。同理,不同的人或同一个人的不同时期要应用不同的刺激因素。如果一定的刺激因素不断重复使用,激励效力就会降低,难以使人保持持续的积极状态。

3) 动机

在激励过程中,企业也要考虑员工本身的动机。动机是指为满足某种需要、达到一定的目标而推动人们实践活动的意图、念头和愿望,它是推动人们进行活动的内部原动力。

影响人动机的心理因素有个性心理特征、价值观、抱负水平。激励理论认为，需要引起动机，动机决定行为。员工的需要使其产生动机，行为是动机的表现和结果。换言之，是否对员工产生了激励，取决于激励政策是否能满足员工的需要，所以说，激励来自于员工的需求，也就是内因。因此，激励措施及措施的制定和实施，必须以员工心理需求分析为基础，通过对动机的激励，调动员工的积极性和主动性。

2. 激励外因分析

1）旅游企业外部环境因素

影响旅游企业构建员工激励机制的环境因素也称外部因素，主要包括国家法律政策、社会经济发展水平、科学技术环境、行业状况、人力资源市场供求关系等。随着全球化竞争的日益激烈，人才流失成为制约企业持久发展的主要问题。因此，构建行之有效的激励机制关系到旅游企业员工的工作效率，并进而关系到组织生存与发展，最终成为影响企业在激烈的市场竞争中竞争力提升的关键问题。这样，充分把握外部环境因素的变化对企业员工激励机制构建中的作用就至关重要。

2）旅游企业内部组织因素

影响企业构建员工激励机制的组织因素主要包括组织目标因素、企业战略与企业文化、企业经营状况、考核评价体系、薪酬和职工福利因素、职工参与度、成就荣誉和晋升机制等。因此，和谐、公平、灵活、透明的组织环境是构建民主、公平的人力资源激励机制的有力保障，从而使企业在竞争激烈市场中立于不败之地。

3）激励措施

激励就是调动员工的工作积极性，使其把潜在的能力充分地发挥出来。从企业的角度看，激励也是一种投资，投资的回报便是工作效率的提高。企业的经营管理者都希望在公司内实施有效的激励政策来提高员工的工作积极性，从而提高整个公司的运作效率，因此说管理深处是激励。建立有效的激励措施是企业经营管理工作的一项重要任务。

4）评价体系

评价体系包括绩效评估和对激励手段有效性的评价。客观、公正的绩效评估是对员工努力工作的肯定，是对员工进行奖惩的依据。而通过对激励手段的评价可以随时把握激励手段的有效性和员工需要的变化，以便调整激励政策，达到激励员工的最好效果。

5）其他因素

影响激励机制构建的因素很多，除了上述环境、组织和个体因素以外，劳动队伍多样化、领导者的激情和人格魅力、富有激情的企业文化，以及清晰的、奋斗可及的事业前景等都会影响企业构建员工激励机制。要在不断变化的企业竞争环境中取得成功，企业管理者必须找到更好的具有针对性的激励办法以构建良好的企业激励机制。

12.2.4　旅游企业员工激励的基本原则

1. 以人为本的原则

员工是企业最宝贵的资源，为此，不论对组织还是对人，有利于人力资源开发和管理的激励机制必须体现以人为本的原则，把尊重人、理解人、关心人、调动人的积极性放在首位。激励机制的设计不是束缚手脚、禁锢思想,没有生机和活力,而必须是承认并满足人的需要,尊重并容纳人的个性,重视并实现人的价值,开发并利用人的潜能,统一并引导人的思想,把握并规范人的行为,奖励并奖赏人的创造,营造并改善人的环境。

2. 激励的功绩制原则

随着经济的发展,"大锅饭"已告消亡,"金饭碗"也已经不存在。功绩制包含9项具体原则,即公开竞争原则、公平对待原则、同工同酬原则、保持公德原则、效率原则、严格要求原则、培训提高原则、保持中立原则与提供保障原则。为有效调动新天地旅游企业员工的积极性,激励机制必须实行功绩制原则。功绩制打破了血缘关系、亲缘关系和地缘关系性质的传统人事管理制度,体现了用人唯贤、用人唯功、优胜劣汰、实绩导向的用人原则。因此,对旅游企业员工的激励不可偏离功绩制轨道。公司在选拔和任用的过程中,在实施奖励的过程中,要做到公开、公平、公正,不凭主观意志、主观偏见、个人好恶判断一个人的工作表现、得失成败,而是"凭政绩论英雄,靠能力坐位置",建立一套科学公正的制度化、规范化的测评标准,切实做到人尽其才。

3. 灵活性与稳定性统一的原则

一个激励机制的确定是有一个过程的,其发挥作用也应有一段时间,如果激励措施内容、方法变动频繁,则被激励人难以适应,激励效果反而不好。因此,旅游企业的激励机制应有一定的稳定性,同时也应考虑到环境的不断变化,必须要求有灵活性,以适应激励机制环境的变化。

4. 激励强度适当的原则

所谓激励强度,"可表述为单位激励周期内激励力的大小,是指组织为实现组织目标而设置的激励,在实际的管理活动中调动组织或组织成员积极性、创造性的大小",可表示为激励强度激励力、激励周期。

1) 激励量的适当

激励无论奖励还是惩罚都要适度。激励量过小,如轻描淡写的表扬、漫不经心的批评,都难以取得激励的真正效果;反之,如激励量过大,过度的奖励与惩罚也会产生不良后果。例如,旅行社有些导游员奖金水平太高,导致导游员积极性的弱化及行政成本的不断上升。

2) 激励周期的适当

激励周期适当要求激励周期不可过短或过长,亦即激励必须注意时效性。员工工作表现好,取得良好成绩,或者提出了好的合理化建议等都应及时给予肯定,使其良好动机得到激励和强化。反之,激励过迟则可能会削弱激励的强化作用。

5. 可操作性原则

建立激励机制的目的就是要让其发挥作用,如果脱离实际情况,激励机制就无法操作,也无法运行,成了一个无用的摆设,起不到任何作用。因此,旅游企业建立激励机制必须具有可操作性,只有这样激励机制才能起到其应有的作用。

6. 物质激励与精神激励相结合的原则

物质激励和精神激励对于员工积极性的发挥都有不可替代的促进作用，企业人力资源管理中的激励方式应该是物质激励与精神激励相结合。鉴于物质需要是人类最基础的需要，层次也较低，物质激励的作用是表面的，激励深度有限，因此随着生产力水平和人员素质的提高，应该把重心转移到以满足较高层次需要即社交、自尊、自我实现需要的精神激励上去。换句话说，物质激励是基础，精神激励是根本，在两者结合的基础上，逐步过渡到精神激励。

12.2.5 旅游企业员工激励体系构建方法

1. 建立规范的激励机制流程

1）选择适合的激励理论

中国的旅游企业数量多，但是规模小、人员流动性大、企业管理者素质不高。目前部分旅游企业认识到员工激励的重要性，但是没有经验。旅游企业在制定激励机制时，首先需要根据政府和行业的法律法规、企业的外部环境条件、企业组织、团队和个人3个层次的具体情况，选择适合本企业的激励理论。

2）注重员工参与

在制定旅游企业激励机制的过程中，每一位员工都要积极配合人力资源部，共同参与制度的制定。这样可以集思广益，使得建立的激励机制不会因脱离实际而难于执行，并使新制度发挥更大的积极作用。

3）实施激励并监控

激励的效果往往不能立刻见效，所以激励措施需要一段时间的持续性。实施方案时需要进行动态的监控，以确保方案得到完全落实，还能及时地发现问题并加以解决。

4）效果评估

激励措施实施一段时间后，需要对激励实施的效果进行评估。

2. 运用综合激励模式

传统的人才激励方式是根据绩效付薪、成就晋级及"按要素分配"等体现出来的。但是，在当今人力资本成为主要经济要素的知识经济时代，表现突出的人本激励、资本激励、知本激励3种模式共同构成的激励体系。

1）人本激励

人本激励是指建立在人的社会层面的一系列激励方式的选择，是"以人为本"的管理思想的具体体现，包括以下内容。

（1）企业文化激励。企业文化是具有本企业特色的群体意识和行为规范、环境形象、产品服务等，其中蕴含的价值观和企业精神是其核心内容。现代企业越来越重视企业文化的建设，它是企业发展的精神动力，是一种长期的无形的激励力量。

企业文化其中的一个重要功能就是激励，企业文化倡导人本管理，以满足员工不同层次的需要作为激励手段，形成了全方位的激励。而在目前旅游企业以中小企业为主，因而有优秀企业文化的不多,在对企业文化的认识上也存在许多偏差,没有认识到企业文化巨大的激励作用。企业文化对激励措施的运行具有重要的影响,它对员工的思想具有重要的导向作用。切实而又广泛认同的企业文化能够增强企业的凝聚力和向心力,激发员工的原动力。

(2) 情感激励。情感激励的突出表现是企业注重人情味和感情投入。给予人才家庭式的情感企业对人才的情感激励,必须建立在对人才的尊重和信任基础之上,只有建立在尊重基础上的情感激励才有效果,才能为人才所接受。企业与人才结成的不仅是利益共同体,还是情感共同体,人才生活与工作在这个充满温暖的大家庭中,其创业的激情就会充分发挥。

(3) 制度激励。现代人才看重物质利益,但也十分看重人才发挥作用的制度体制。旅游企业应该用制度稳定员工队伍。例如,员工除基本工资外,还有工龄工资、技术工资等,从制度上保证人才年龄愈大,工龄愈长,熟练程度愈高,工资也愈高。这样可防止人才经常跳槽,否则一切就会从零开始。有了以上的制度保证,旅游从业人才就不会轻意"跳槽",这对稳定人才队伍,缓解劳资矛盾有不可忽视的作用。制度激励也会在增加人才对企业的向心力等方面起到重要的作用。

2) 资本激励

资本激励是指建立在人的要素层面上的一系列激励方式的选择,是"人力资本"和"人才是最活跃的生产要素"思想在激励措施中的具体体现,包括的内容主要是薪酬激励。

旅游企业员工薪酬主要由基本薪酬、绩效薪酬、附加薪酬和保险福利组成。基本薪酬的高差异性和高稳定性,体现员工的层级、职务、资质、承担工作责任大小的差别。绩效薪酬的高差异性和低稳定性,体现业绩大小且弹性较大。附加薪酬的低差异性和低稳定性,体现的是加班工资和岗位津贴,以时间和岗位为衡量标准,其计算对每个员工都是平等的。保险福利的低差异性和高稳定性,体现的是员工基本一致、平等和普及,目的是为了长期稳定旅游企业员工和发展壮大队伍。合理的工资制度和工资结构不仅可以节约旅游企业人员成本,而且可以最大限度发挥员工潜力,创造良好的经济效益。

3) 知本激励

知本激励是指建立在人的资源层面上的一系列激励方式的选择,是以知识为本位,促进智力资源开发和增值的激励手段,包括以下几种主要形式。

(1) 培训激励。培训激励的突出特点是企业通过对人才提供培训的机会和条件,提高人才素质,激发人才的更高的创造力。基于此,旅游企业不仅将培训本身作为现代企业中激励职工积极向上的一种必要手段,还注意在企业培训机会的分配上,本着"公平竞争,择优培训"的原则,使真正有能力、有潜能的人获得应有的培训机会。另外,根据培训的效果还对参加培训的人员进行物质、精神或晋升激励。此外,旅游企业应该为培训后的员工提供施展才能的条件和环境,使其能发挥所长,则是对其最大的激励,也是对企业最大的回报。

(2) 晋升激励。晋升激励的基本做法是企业领导者指导人才进行个人职业生涯设计,然后企业提供一定条件,与人才共同努力以促进其职业生涯发展计划的实现。

3. 把握激励的最佳时机和适当力度

激励要适度。过强的激励不仅会提高激励的成本，同时引发不道德行为的可能性也会大大提高。过弱的激励则难以起到应有的效果，特别是目标定得比较高时，因此激励亦应适度。在合适的时间对合适的人做合适的事，才能取得良好的效果。管理者在激励员工的时候，如果错过了时机，即使花同样的代价也达不到同样的效果。应把握行赏和肯定性奖励"赏不逾时"的及时性。管理者在分配任务之前，需要先激励员工，把员工的斗志激发出来，这样在执行任务的过程中就会收到非常好的效果。员工在遇到困难时，管理者要及时地帮助他，给予他关怀。这样在以后的工作中，员工会更加怀着感恩的心情来努力工作。因此，管理者在平时的工作中，除了对员工进行日常的管理，严格按照规章制度激励员工外，更应该关心爱护员工，掌握员工的需要，把握好对员工进行激励的时机。

掌握激励的适当力度。激励的力度主要包括两方面的含义：一方面，对员工激励的程度适宜；另一方面，激励措施与旅游企业实际情况相适应，遵循激励的原则，遵守已经制定的规章制度。

4. 做好激励机制实施效果的分析与评价

激励机制实施效果的分析与评价的过程就是将已实施的各种激励措施进行追踪，在激励实施完成后，对其作出评价，以达到激励效果好的项目予以保留，激励效果不好的项目予以改进或删除。其主要作用就是检测激励机制的可行性。激励机制实施效果的分析与评价的内容主要包括激励成本分析、激励实施的可行性分析、激励所带来的绩效分析3方面。

本章小结

员工激励是旅游企业管理的重要方面。本章在介绍激励的概念及功能的基础上，重点将典型的激励理论中的各家理论重点分析。需要层次理论、公平理论、强化理论等都是中国旅游企业重点应用的理论。目前我国旅游企业员工激励存在的问题较多，旅游企业应在明确旅游企业员工激励原则的基础上构建激励体系。

章前案例解析

小费作为服务业的一种员工收入方式，在很多国家普遍存在，对于服务效率的提高，服务品质的保障，都产生了重要作用。

目前我国旅游企业员工激励存在的问题不少，产生原因也各不相同。这就需要在明确旅游企业员工激励的原则基础上，构建激励体系。首先，根据旅游企业实际选择适合的激励理论，注重员工参与，实施激励并监控，进行效果评估，从而建立起规范的激励机制流程。其次，突出"人本激励、资本激励、知本激励"三种模式共同构成的激励体系，运用综合激励模式，达到激励效果。最后，把握激励的最佳时机和适当力度，做好激励机制实施效果的分析与评价。

复习思考题

一、名词解释

激励　需要层次理论　公平理论　强化理论

二、选择题

1. 激励的出发点是(　　)。
A. 奖励　　　　　　B. 需要　　　　　　C. 动机　　　　　　D. 宣传
2. 马斯洛提出的需要层次理论中最高层次是(　　)。
A. 生理需要　　　　B. 安全需要　　　　C. 尊重需要　　　　D. 自我实现
3. 知本激励的形式有(　　)。
A. 培训　　　　　　B. 薪酬　　　　　　C. 晋升　　　　　　D. 企业文化
4. 亚当斯的挫折理论属于(　　)。
A. 内容型激励理论　　　　　　　　　　B. 过程型激励理论
C. 修正型激励理论　　　　　　　　　　D. 需求型激励理论

三、判断题

1. 激励的最终目的在于实现组织的预期目标，员工个人目标的实现可以不在范围内。
(　　)
2. 内容型激励理论研究的重点是研究行为产生的原因。(　　)
3. 薪水属于双因素理论中的激励因素。(　　)
4. 过程型激励理论是着重研究人们选择其所要做的行为过程，主要说明行为是怎样产生的，是怎样向着一定方向发展的，如何能使行为保持下去，以及如何结束行为发生的整个过程。(　　)

四、简答题

1. 简述激励的功能。
2. 简述需要层次理论与组织措施。
3. 简述强化理论在管理中如何应用。
4. 简述旅游企业员工激励的基本原则。

五、论述题

1. 我国旅游企业员工激励中存在的问题有哪些？
2. 论述旅游企业员工激励体系构建方法。

13

学习目标

1. 掌握群体的概念及特点。
2. 熟悉群体心理及特征。
3. 掌握旅游企业员工个体心理差异与管理。
4. 掌握员工性格对旅游企业影响。
5. 掌握团队的构成。

导入案例

旅游业为何频频"集体跳槽"[①]

李禹(化名)是杭州一家大型旅行社的老板,不久前,公司出境游中心的6名员工集体向他上交辞职报告。没多久,李禹发现6个人已经集体"挪窝"到了一家私营小旅行社,其中一名还从原来公司的中层管理人员摇身变为新单位的副总级人物,每个人的薪水自然都上了一个台阶。

"世界上的事最怕就是结盟。"如今跳槽现象频频以"团体"的规模在企业中不断出现。难怪不少企业负责人提起"集体跳槽"就不停摇头。

"其实,集体跳槽在旅游行业很正常!"港中旅总经理倪连生分析,"因为旅游业是群体工作,个人发挥的作用越来越小,很多业务不是个人所能完成的,团队的作用非常大。旅行社挖人前都会算本账,大家越来越觉得挖一个团队比挖一个人更合算,因为省去了一大笔培养、研发和市场拓展费用。因此,几人甚至几十人集体跳槽也就见怪不怪了。"

【问题】

1. 团队和个人有什么联系和区别?
2. 旅行社为什么会出现集体跳槽?如何留住优秀团队?

13.1 群体心理与个体行为

13.1.1 群体与群体心理

1. 群体

1) 群体的概念

群体是指在共同目标的基础上,由两个以上的人所组成的相互依存、相互作用的有机

[①] 资料来源:http://qjwb.zjol.com.cn/html/2006-06/20/content_975613.html。

结合体。群体又叫团体,家庭、学校、班级、球队等均属于群体。群体不是个体的简单组合,那些偶然汇集在一起的人,如候车的旅客、剧院的观众等都不能称为群体。

2) 群体的特点

一般认为群体具有以下特点。

(1) 群体成员有共同的目标。目标是群体成员进行活动的方向,反映全体成员共同的愿望与要求,也是群体成员联系在一起的基础。在目标引导下,群体成员互相合作,取长补短,发挥出群体效应。它是群体建立和维系的基本条件。

(2) 群体成员有公认的规范和规则。为了实现共同的目标,群体内形成公认的规范和规则,对群体成员的心理与行为产生约束与制约,不随群体成员的来去而改变。倘若违反群体规范,将会受到群体的惩罚,甚至被逐出群体。

(3) 群体有一定的组织结构。每个成员在群体中占有一定的地位,扮演不同的角色,行使一定的权利与义务。核心成员占据领导地位,多数成员处于从属地位,各成员间的地位相对稳定。

(4) 群体成员有群体意识和归属感。群体成员之间均进行观念、思想、情感等信息交流,相互影响,相互依存,相互制约。每个成员均意识到其他成员的存在,并意识到自己属于某个群体及群体之间的界限。

3) 群体的分类

群体按照正式程序与否,可以分为正式群体和非正式群体。

(1) 正式群体。

正式群体是组织精心设计与规划的,有明确的目的和规章,成员的地位和角色、权利和义务都很清楚并有稳定、正式结构的群体。

正式群体的特点:①正式群体是为实现组织目标而建立起来的,其基本职能是完成组织任务;②正式群体是按组织的章程和组织规程建立起来的,列入组织的正式机构的序列之中;③正式群体的成员有明确的编制,其领导者有正式的职务头衔,由组织赋予明确的职权与职责;④正式群体是建立在组织效率逻辑和成本逻辑的基础之上的,是按照组织的规程行事的。

(2) 非正式群体。

非正式群体也称非正式组织,最初是由美国心理学家梅奥提出的。从20世纪20年代起,梅奥等人经过长达8年的"霍桑实验"发现,在企业中,除了正式群体外,实际上还存在着各种形式的非正式群体。非正式群体是人与人在交往的过程中,根据自己的兴趣、爱好和情感自发产生的,它的权利基础是由下而上形成的,成员之间的相互关系带有明显的感情色彩,并以此作为行为的依据。

① 非正式群体的积极作用。

第一,满足员工的需要,弥补正式群体的不足。非正式群体是自愿参加的,员工加入某一非正式群体是因为这一群体能满足他们某些需要,如归属、安全、自我满足等,而这些需要往往是正式群体无法完全满足的,因而非正式群体的价值就显得格外明显。

第二,协助工作。正式群体的工作计划和工作程序大多是事先制定的,缺乏随机应变能力。而非正式群体则往往不受工作程序的约束,具有高度的弹性,对于临时发生的急迫

问题，常能寻求非正式途径及时而有效地解决。这是因为非正式群体具有横向联系的特点，成员往往是跨部门的，加之成员之间的情感性较强，办事较为容易。能否发挥非正式群体的协助工作作用，取决于主管人员是否接受并尊重非正式团体，也取决于能否使正式团体与非正式团体利益协调一致。

第三，融洽员工感情，增加稳定性。通过非正式群体的交往，员工加强了解，使彼此的关系更加和谐、融洽，从而产生加强合作的意愿。非正式群体的另一作用是给人一种吸引力，从而能增加稳定性，减少人员流动。

第四，分担领导和制约领导。非正式群体可以分担正式组织和团体的主管人员的领导责任，减轻领导负担。在非正式群体与主管人员保持良好关系并采取合作态度时，能自动工作并积极提供意见，主管人员不必躬亲，可节约许多时间与精力。同时，非正式群体能矫正管理措施，使领导者必须对若干问题作合理的计划与修改，不敢滥用权力，即对领导有制约作用。

② 非正式群体的消极作用。

第一，干扰组织目标的实现。非正式群体的目标如果和企业目标相冲突则可能对企业的工作产生不利影响。如当企业采取变革措施或有人冒尖时，它起阻碍作用。

第二，角色冲突。当个人利益与组织利益发生矛盾时，正式群体和非正式群体可能发生冲突，使个人处于左右为难的境地，增加了思想顾虑。例如，管理人员的下属犯了错误按照规章需要处罚，但是这个犯错误的员工和管理者又同属于一个非正式群体，管理者又要维护，这就使管理者处于尴尬境地。

第三，容易滋生谣言，增加员工不良压力。非正式群体越多，小道消息和谣言越多，这是因为非正式群体以感情作为基础，往往歪曲事实，无事生非。谣言的产生是由于情绪波动或者未满足个人需要所致，或者由于风气不正、正式信息流通渠道不畅所致。

正式群体和非正式群体都有行为的标准和规范，都对个人有约束力，甚至对个人造成压力。但非正式群体的压力较正式群体的压力往往来得沉重，如讽刺、挖苦、打击、造谣等，可能迫使个人脱离正式群体所要求的行为规范。

2. 群体心理

1）群体心理概念

群体心理是群体成员在群体活动中共有的有别于其他群体的心理状态和心理倾向。首先，群体心理是群体成员在群体活动中形成的。群体心理来源于个体心理，但它不是个人心理特征的简单相加，而是每个成员个人心理特征的综合和概括，是成员之间共有的。离开群体活动，个体就不能产生相互联系、相成关系和相互制约，也就难以形成共同心理。其次，群体心理是群体成员共有的心理状态和心理倾向。共有的心理特点是群体活动的基础，它通过共有的行为方式表现出来。群体如果没有共同的心理特点，则意味着群体开始瓦解、偏离。例如，班级如果没有共同的目标、规范、舆论、态度，班级成员就会互不关心，各行其是，则班级已名存实亡。再次，群体心理具有群体界限性。群体心理是在共同活动的基础上形成的，每一群体都有不同于其他群体的需要、规范和结构。因此，群体有自己固有的界限，有内外之分。群体心理既是群体内共有的，又是区别于其他群体的。为了维护本群体的利益，要求群体成员遵守群体规范，力求向内，行为应与群体多数成员协调一致。

2) 群体心理的特征

(1) 认同意识。

不管是正式群体的成员还是非正式群体的成员，他们都有认同群体的共同心理特征，也即不否认自己是该群体的成员。由于群体中的各个成员有着共同的兴趣和目的，有着共同的利益，同属于一个群体，于是在对群体外部的一些重大事件和原则上，都自觉保持一致的看法和情感，自觉地使群体成员的意见统一起来，即使这种看法和评价是错误的，不符合客观事实，群体成员也会保持一致，毫不怀疑。当然，每个群体内部的认同程度是不一样的，一般来说大群体内部的认同程度要相对低一些，而小群体内部的认同程度相对要高一些。

一般来讲，群体中会发生两种情况的认同：一是由于群体内人际关系密切，群体对个人的吸引力大，在群体中能实现个人的价值，使各种需要得到满足，于是成员会主动地与群体发生认同，这种认同是自觉的；二是被动性的，是在群体压力下，为避免被群体抛弃或受到冷遇而产生的从众行为。后一种认同是模仿他人，受到他人的暗示影响而产生的，尤其是在外界情况不明，是非标准模糊不清，又缺乏必要的信息时，个人与群体的认同会更加容易。

(2) 归属意识。

归属意识是个体自觉地归属于所参加群体的一种情感。有了这种情感，个体就会以这个群体为准则，进行自己的活动、认知和评价，自觉地维护这个群体的利益，并与群体内的其他成员在情感上发生共鸣，表现出相同的情感、一致的行为，以及所属群体的特点和准则。例如，一个大学生在社会上表明自己身份时，总是说我是某个学校的，到了学校，则强调是某个系的，到了系里，又表明是某个班的。这种表现校、系、班身份的意识，就是归属感的一种具体表现。群体的归属感由于群体凝聚力的高低不同，其表现的程度也就不同。群体凝聚力越高，取得的成绩越大，其成员的归属感也就越强烈，并以自己是这个群体的成员而自豪。因此，先进群体成员的归属感比落后群体成员的归属感要强烈。另外，一个人在一生中可以同时或先后参加几个不同的群体，他对这些群体都产生归属感，而最强烈的归属感是对他生活、工作和其他方面影响最大的那个群体。一般来讲，人们对家庭的归属感要比对工作群体的归属感强烈得多。

(3) 整体意识。

由于认同群体、归属于群体，不管是正式群体的成员还是非正式群体的成员都有或深、或浅、或强、或弱的整体意识，即意识到群体有其群体的整体性。但是这种整体意识程度不同，行为表现不同。一般来说，整体意识越强，维护群体的意识也越强，行为具有和群体其他成员的一致性；反之，整体意识越弱，维护群体的意识也越弱，行为具有或强或弱的独立性。但是也有相反的情况。正因为整体意识强，所以在发现群体其他成员的行为有害于整体时采取反对态度，和其他群体成员的行为不一致；正因为整体意识弱，所以采取不负责任的态度，和群体其他成员的行为保持一致。所以整体意识和行为一致是两个互相联系的问题，但不是同一个问题。不能简单地把行为独立性强的人等同于没有整体意识或整体意识不强。

(4) 排外意识。

所谓排外意识，是指排斥其他群体的意识。群体具有相对独立性，群体成员具有整体意识，这就必然在不同程度上产生排外意识。只要班组奖金高，就不在乎车间能否发奖金；只要车间奖金高，就不在乎企业能否发奖金。这是群体成员普遍会产生的心理。排外意识是和群体成员把自己看做哪一个群体的成员，或者说更倾向于把自己看做哪一个群体的成员相联系的。倾向于把自己看做班组群体的成员，他就排斥车间以上的群体；倾向于把自己看做车间群体的成员，他就排斥企业以上的群体，同时他更横向地排斥同级的其他群体。越是把自己看做小群体的成员，排外的意识就越是强烈。因此，"外人"也就更难进入小群体。这反过来也说明，人们往往更重视小群体的利益。

13.1.2 个体与个体心理

1. 个体概念

个体是指单个的人，是具有人的普遍自然属性和社会属性，能以单独的形式活动而有个性的实体。

2. 个体心理

个体心理是指个体在特定的社会组织中所表现的心理现象和行为规律，个人所具备的心理现象。个体心理包括心理过程、心理状态、心理特征、心理倾向和心理过程等内容。个体心理及其活动是管理心理学研究的内容之一。通过对个体心理的研究，可以了解和把握在管理活动中个体行为的原因，进一步预测和控制个体的行为，充分挖掘个体的潜能，激发个体工作积极性，使个体心理和行为符合管理目标，实现管理科学化。

1) 心理过程

心理过程主要把认知、情绪和意志视为最基本的心理过程。

认知过程是指个人获取知识和运用知识的活动。主要包括感觉、知觉、记忆、思维、想象和言语等。

情绪过程是指个人认识周围世界时的某种态度和内心的特殊体验，如喜、怒、哀、乐、惧等。

人在活动中设置目的，并根据已设目的支配、调节行为，通过克服困难实现预定目的的心理过程。意志过程是指意志行动的发生、发展和完成的历程。

2) 心理状态

心理状态是指人们的心理活动在一段时间内的相对稳定的持续状态。心理状态是心理过程的相对稳定状态，其持续时间可以使几个小时或者价格星期。心理状态不像心理过程那样动态、变化，也不像心理特征那样持久、稳定。

3) 心理特征

心理特征是指在个人的知、情、意心理活动中经常表现出来的稳定特征。个性心理特征是个体心理差异性的集中体现，包括能力、气质和性格。

4) 心理倾向

个人面对问题时，无论情境中所显示的客观条件如何，个人总是以主观的经验与习惯方式去处理问题，这种心理状态称为心理倾向。

个性倾向性是个性中最活跃的因素，主要包括需要、动机、兴趣、态度、价值观、人生观等。

3. 旅游企业员工个体心理差异与管理

旅游企业是由员工组成的组织，旅游企业员工的个体差异也是客观存在的，要调动旅游企业员工的积极性，管理者就必须深入了解并掌握员工的差异，对员工实行差异化管理，最终取得旅游企业、旅游企业员工和旅游者三方都满意的结果。旅游企业员工的心理特征尤为重要。

1) 能力差异与管理

能力是顺利实现某种活动的心理条件。能力一词包含两种含义，一种是现有的成就水平，另一种是潜力和可能性。

(1) 能力的分类。

① 一般能力和特殊能力。按照能力的倾向性可将能力分为一般能力和特殊能力。一般能力也称智力，是指在进行各种活动中必须具备的基本能力，如记忆力、观察力等，其中抽象思维能力是核心。特殊能力又称专门能力，是顺利完成某种专门活动所应该具备的能力，如运动能力、绘画能力等。

一般能力是特殊能力形成和发展的基础，特殊能力的发展也会促进一般能力的发展。在活动中，一般能力和特殊能力共同起作用。

② 模仿能力和创造能力。按照参与活动性质可将能力分为模仿能力和创造能力两种。模仿能力指通过观察他人的行为、活动来学习各种知识，然后以相同的方式做出反应的能力。而创造能力则是指产生新思想和新产品的能力。

模仿能力和创造能力是相互联系的。模仿能力是创造能力的基础，人的活动一般是先模仿，然后创造，在模仿的基础上发展创造能力。把能力分为模仿能力和创造能力是相对的，模仿能力中包含创造能力，创造能力中包含模仿能力，二者相互渗透。

③ 流体能力和晶体能力。晶体能力是以学得的经验为基础的认知能力，如人类学会的技能、语言文字能力、判断力、联想力等。与流体能力相对应，晶体能力受后天的经验影响较大，主要表现为运用已有知识和技能吸收新知识和解决新问题的能力，这些能力不随年龄的增长而减退，只是某些技能在新的社会条件下变得无用了。流体能力指基本心理过程的能力，它随年龄的衰老而减退。晶体能力在人的一生中一直在发展，它与教育、文化有关，并不因年龄增长而降低，只是到25岁以后，发展的速度渐趋平缓。

④ 能力按照其功能可划分为以下3种：认知能力、操作能力和社交能力。

认知能力。认知能力指接收、加工、储存和应用信息的能力。它是人们成功地完成活动最重要的心理条件。知觉、记忆、注意、思维和想象的能力都被认为是认知能力。美国心理学家罗伯特·米尔斯·加涅(Robert Mills Gagne)提出3种认知能力：言语信息(回答世界是什么的问题的能力)，智慧技能(回答为什么和怎么办的问题的能力)，认知策略(有意识地调节与监控自己的认知加工过程的能力)。

操作能力。操作能力指操纵、制作和运动的能力。劳动能力、艺术表现能力、体育运动能力、实验操作能力都被认为是操作能力。操作能力是在操作技能的基础上发展起来，又成为顺利地掌握操作技能的重要条件。认知能力和操作能力紧密地联系着。认知能力中必然有操作能力，操作能力中也一定有认知能力。

社交能力。社交能力指人们在社会交往活动中所表现出来的能力。组织管理能力、言语感染能力等都被认为是社交能力。在社交能力中包含认知能力和操作能力。

(2) 能力的差异。

能力的个体差异有着不同的表现。其中最为主要的是量、质、发展和性别4个方面。

量的方面主要表现在能力的高低之别，即能力发展水平的差异。大致来说，能力在全人类中表现为正态分布，两头小，中间大。

质的方面主要表现为在相同的活动中或相同的成就中，不同的人可能用不同的能力或不同的能力组合来完成活动或取得成就，即能力类型的差异。

从发展的特点来看，有些人的能力发展较早，有些人则较晚，即能力发展早晚的差异。

能力的性别差异体现在特殊能力方面。从总体上看，男性和女性的能力有无差异没有统一结论，但是在一些具体的能力方面，男女还是呈现出一定的差异，如男性的空间知觉能力、计算能力优于女性，而女性在言语能力上优于男性。

知识链接 13-1

智力能力差别[1]

在现代典型的智力测验中，设定主体人口的平均智商为100，则根据一定的统计原理，一半人口的智商为90～110，其中智商在90～100和100～110的人各占25%，智商在110～120的占14.5%，智商在120～130的人占7%，130～140的人占3%，其余0.5%人智商在140以上，另有25%的人IQ在100以下。

智力测验问世后，要区别智力的差异就变得容易起来。人们发现智商极高(IQ在130以上)和智商极低的人(IQ在70以下)均为少数，智力中等或接近中等(IQ在80～120)者约占全部人口的80%。智力超过常态者，称为智力超常，那些智力低于常态者，称之为智力低常。

(3) 能力与旅游企业管理。

① 掌握旅游企业各岗位的能力标准，合理招聘选择人才。旅游企业具有综合性的特点，旅游业集食、住、行、游、购、娱六要素于一体。旅游企业的从业人员具有跨行业的特点，同时一个旅游企业中的从业人员的结构也涵盖了高层、中层和基层工作人员。旅游企业在招聘时要掌握不同岗位的能力标准，合理招聘适合的人才。

知识链接 13-2

旅游景区总经理能力要求[2]

1. 岗位职责

(1) 能够迅速组建团队完成新项目的有效接管及按目标有序发展，建立完善的管理体系。

---

① 资料来源：http://baike.baidu.com/view/2644.htm。
② 资料来源：http://jobs.zhaopin.com/changsha/%E6%99%AF%E5%8C%BA%E6%80%BB%8F%E7%90%86_277840119250181.html。

(2) 负责所在景区的日常经营管理,完成经营目标。
(3) 积极拓展景区所在地当地资源,协调景区所在地的社会公共关系。
(4) 能够及时、准确有效处理突发事件。

2. 岗位要求

(1) 具备专科以上学历(含本科)。
(2) 具备5年以上国家4A级以上景区管理经验,熟悉旅游企业尤其是旅游景区运作,有外资企业或投资开发公司相关工作经验优先。
(3) 沟通能力强,擅长人际沟通和资源组织,有责任心亲合力,对景区管理有自己独到的见解,具有可持续性发展不可复制旅游资源的业务发展战略目标和实施经验。
(4) 有理想,肯吃苦,具有敬业精神,有韧性,做事踏实。
(5) 具有团队合作精神。

知识链接 13-3

旅行社计调能力要求[①]

(1) 熟悉国内旅游目的地和旅游线路,熟悉景点、航班、酒店等细节,熟悉旅游产品供应商和地接社,熟练操作报价和出团安排。
(2) 有相关的旅游市场产品、活动策划经验,丰富的饭店、观光、机票采购的知识。
(3) 具有良好的执行能力和团队协作精神,有旅行社门市、前台工作经验,有导游或计调经验者优先考虑。
(4) 沟通能力强,工作认真负责,心细谨慎,反应灵活,有责任心,能承受较大的工作压力,有较强的服务意识。
(5) 熟练使用办公软件。

② 根据员工的能力差异,做到职能一致。每一种工作都对从事该工作的人的能力水平具有一定的要求,管理者在安排人员时,应尽量使职工本身所具有的能力与实际工作的要求相一致,这就是职能一致原则。在现实中,一个人所具有的能力如果低于实际工作所要求的水平,这个人会表现出无法胜任,给工作带来影响。但一个人所具有的能力水平如果高于实际工作的能力要求时,不仅浪费人才,而且本人不满足现状,因而工作效果也不佳。

在职能一致方面需要注意3点:第一,应考察每个职工的实际能力,并据此安排适当的工作,特别是对不同层次管理者的技术能力,人际管理能力和管理能力应了如指掌;第二,摆正学历与才能的辩证关系,做到既重视学历高者的能力应用,也不忽视学历不高,但实际工作能力较强员工的任用;第三,应注意性别与年龄的差异,视工作的需要安排性别和年龄适合的人员。

---

① 资料来源:http://jobs.zhaopin.com/suzhou/%E5%95%86%E6%97%85%E4%B8%93%E5%91%98_209486919250003.htm。

③ 根据能力差异，对员工实施有效的职业技术教育和能力的训练。旅游企业要想在竞争中求得生存和发展，必须不断对员工进行职业技术培训，促进员工能力的提升。在实施职业技术培训时要做到根据人的能力差异区别对待。首先，应根据职工智能水平的现状实施不同的职业技术教育；其次，根据职工的年龄差异，在职工技术教育的内容和方法上应有所不同；再次，职业技术教育内容的深度和广度上要适合职工的文化水平及职业要求，难易程度要适当，内容应适合各自的职业特点。

知识链接 13-4

酒店工程部培训计划[①]

（1）各部门常用设施、设备的使用与保养。通过本课内容的讲授，使员工对本部门所使用设备用途及操作有明确的认识，特别是每个员工对实际工作中发生问题的设备，经过现场示范、互动及示例讲解，起到"会操作使用，会自己保养，会排除一般故障"的目的。要求员工对本部门的设施、设备能正确使用及保养。

（2）钳工、电焊工的基本知识。通过理论讲授与实际操作，使全体人员掌握钳工、电焊工正确操作方法和规范，以及使用中的安全注意事项。人员掌握钳工在錾削、锯削、钻孔、套扣及手工焊接的焊条选用，焊接电流的判断，安全注意事项等。

（3）客房及公共区域设施、设备的检修方法。目的：通过本节的内容的讲授，使各个工种对客房及公共区域的设施、设备的检查方法和程序做到熟练掌握，并掌握客人的特殊要求的解决方法。要求：每个人熟练掌握操作及方法，常见性故障的处理检修。

（4）变配电及应急供电设备的保养与维护。通过本节讲授，对酒店变配电设备的控制关系设备的功能及安全操作有深刻的认识，并掌握发电机的正确启动与停车。要求：掌握停电及送电的倒闸操作要领、发电机启动的技术参数和蓄电池的维护。

（5）空调系统的运行与维护。目的：通过讲授，对酒店空调系统冷热源、末端及管线有清楚的认识，了解吸收式制冷的原理、9型蒸汽制冷机的工作原理和参数设置、防火阀的使用注意事项、各区域空调阀门的控制及管线走向，掌握新风机组和盘管的清洗方法、各水泵的开启与检修和空调机组的故障排除。

（6）蒸汽锅炉的运行与维护。通过讲授，了解SHL1，2-4型蒸汽锅炉的工作原理，各型辅机的维护与保养；如何观察煤质与火焰温度。要求：通过本节讲授，着重掌握锅炉的各运行参数，学会根据压力布置煤床的厚度、调整风门的位置，学会锅炉本体及辅机一般故障的排除方法。

④ 在员工配置方面实施能力互补原则。旅游企业在员工配置时要考虑员工的能力，实施能力互补原则。旅游企业员工能力互补，能力上搭配、协调，在工作过程中能够配合默契，相互补充。为了实现能力互补原则，旅游企业在员工配置时要考虑两方面的问题。

第一，人的能力是有类型差异的，而要圆满完成群体工作任务，实现组织目标，往往

---

① 资料来源：http://www.canyin168.com/glyy/yg/ygpxjh/201002/19829.html。

需要各种能力类型的人。因此，在组建工作群体时应考虑到各种能力类型的搭配与互补。群体成员应具有各不相同的特长，整个群体应尽可能具有各方面的专门人才，这样才能在具体工作中取长补短、相互配合，保证工作任务顺利完成。

第二，实际工作是分层次的，有管理与被管理、领导与被领导之分，有职责分工和级别的差异，而不同的工作对人能力水平的要求也不同。因此，在组建群体时应考虑到这种差异，尽可能使成员的能力有高低层次之分，按梯次结构搭配。这样，虽然单个人的能力可能并不很强，但群体内耗小，因而群体的整体力量可以很大。

2) 性格差异与管理

(1) 性格的定义。

性格是指人对现实的态度和行为方式中比较稳定的独特的心理特征的总和。包括两个主要要素：稳定的态度和惯常的行为方式。在外界现实的作用下，通过个人的认知和实践活动，对现实产生了各种态度，构成态度系统，并决定着个体的行为表现，逐渐形成个体所特有的行为方式。

性格是个性心理特征的核心部分，气质是心理过程的动力特征，能力则是完成某项活动所必备的心理特征。

(2) 性格的类型。

性格的类型是指在一类人身上，许多共有的性格特征的独特结合。

① 按照心理机能，性格可分为理智型、情绪型、意志型。

英国心理学家 A. 培因(A. Bain)和法国心理学家 T. 李波(T. Ribot)将人的性格划分为3 种：理智型，以智力机能占优势，通常以理智来衡量周围发生的事物，并以理智支配自己的行动，通常表现出的是善于思考问题，三思而后行；情绪型，以情绪机能占优势，行动多受情绪的左右，表现为情绪易波动，并左右行动；意志型，意志机能占优势，具有明确的行动目的和较强的自制力。

除了这 3 种之外，还有中间型或称混合型，体现为没有某种心理机能占优势，而以某两种心理机能相结合为主。

② 按照人的活动倾向，性格可以分为内向型和外向型。

瑞士著名的心理学家荣格根据人的心态是指向主观内部世界还是客观外在世把人分为两种类型：内向与外向(也称内倾与外倾)。

内向性格的人心理活动倾向于内部世界，他们珍视自己的内在情感体验，对内部心理活动的体验深刻而持久。内向性格的人感情及思维活动倾向于内，感情比较深沉，待人接物小心谨慎，喜欢单独工作。这类人喜爱思考，常因为过分担心而缺乏决断力，对新环境的适应不够灵活，但有自我分析与自我批评的精神。

外向性格的人心理活动倾向于外部世界，经常对客观事物表示关心和兴趣，不愿苦思冥想，常常要求他人来帮助自己满足自己的情感需要。外向性格的人常将自己的想法不加考虑地说出来，即思维外向，这类人心直口快、活泼开朗、善于交际、感情外露、待人热情、诚恳，且与人交往时随和、不拘小节，适应环境的能力较强。由于比较率直，因此这类人缺乏自我分析与自我批评的精神。

在现实生活中，很少有绝对的或典型的内向或外向型的人，大多数人属于中间型，并且人们在不同的时期或不同的场合会表现出不同的特征。

③ 按照性格与工作压力的关系，性格可分为 A 型和 B 型。

A 型性格。这样性格的人动作匆忙，办事的节奏快，有时间紧迫感，争强好胜，遇到困难也不罢休，对任何事情都有一种不满足感。一件事情没有做完，又去做另一件事情，四处奔忙。这种人雄心勃勃，脾气暴躁，干练利索，性格外向。他们常常为一些小事就可以大发雷霆，虽然有事业心，但对周围的人怀有"敌意"。另外，由于 A 型性格的人过于追求事业和功名，却常常忽视个人的健康，他们不会享受生活的乐趣，不懂得如何照顾自己，常使自己整天处在紧张和压力之中。

B 型性格。该性格表现为从来不曾有时间上的紧迫感及其他类似的不适感；认为没有必要表现或讨论自己的成就和业绩，除非环境要求如此；充分享受娱乐和休闲时光，而不是不惜一切代价表现自己的最佳水平；充分放松而不感到愧疚。

知识链接 13-5

你是 A 型性格还是 B 型性格①

说明：本测试共 25 个题目，请对每一个题目做出判断。如果该项题目反应的内容符合你的情况，请回答"是"，否则回答"否"。

(1) 你说话时会刻意加重关键字的语气吗？
(2) 你吃饭和走路时都很急促吗？
(3) 你认为孩子自幼就该养成与人竞争的习惯吗？
(4) 当别人慢条斯理做事时你会感到不耐烦吗？
(5) 当别人向你解说事情时你会催他赶快说完吗？
(6) 在路上挤车或餐馆排队时你会被激怒吗？
(7) 聆听别人谈话时你会一直想你自己的问题吗？
(8) 你会一边吃饭一边写笔记或一边开车一边刮胡子吗？
(9) 你会在休假之前赶完预定的一切工作吗？
(10) 与别人闲谈时你总是提到自己关心的事吗？
(11) 让你停下工作休息一会儿时你会觉得浪费了时间吗？
(12) 你是否觉得全心投入工作而无暇欣赏周围的美景？
(13) 你是否觉得宁可务实而不愿从事创新或改革的事？
(14) 你是否尝试在有限的时间内做出更多的事？
(15) 与别人有约时你是否绝对守时？
(16) 表达意见时你是否握紧拳头以加强语气？
(17) 你是否有信心再提升你的工作绩效？
(18) 你是否觉得有些事等着你立刻去完成？
(19) 你是否觉得对自己的工作效率一直不满意？

---

① 资料来源：http://quwei.nlp.cn/art/renge/72770.html。

（20）你是否觉得与人竞争时非赢不可？
（21）你是否经常打断别人的话？
（22）看见别人迟到时你是否会生气？
（23）用餐时你是否一吃完就立刻离席？
（24）你是否经常有匆匆忙忙的感觉？
（25）你是否对自己近来的表现不满意？

记分说明：如果你有一半以上的题目回答"是"，那么你就有 A 型倾向了，题目越多，倾向越明显。反之则是 B 型倾向。

（3）员工性格对旅游企业的重要影响。

性格是人的个性特征的核心成分，它直接或间接地影响着旅游企业的人际关系、人的能力与创造性、领导素质与作风、工作效率与成就。

性格与人际关系。人际关系是管理心理学中的一个重要课题，是影响管理绩效的重要因素。科学研究与管理实践表明：人的良好的性格特征，如谅解、支持、友谊、团结、诚实、谦虚、热情等是使企业和单位人际关系和谐、有凝聚力的重要心理品质；相反，对人冷淡、刻薄、嫉妒、高傲，容易导致人际关系紧张，出现扯皮、拆台、凝聚力差与士气低落的局面。

性格与创造力、竞争力。员工的创造力和竞争力是属于能力的范畴，这是关系到一个企业能否生存、发展，是否有生命力的一个重要心理品质。而人的创造力和竞争力又同人的某些性格特征有密切关系。一般来说，独立性强的人抱负水准高，适应能力强，有革新开拓精神，有时难免武断；而依赖性强的人自信心弱，易受传统束缚，创造力和竞争性也差。

性格与效率。不同的员工在工作效率方面是有差异的，有的人智力水平不高，能力也不强，但非智力因素优异，有良好的性格品质，如有事业心、责任心、恒心，为人勤奋好学，则可以弥补能力的不足，同样能够在学习、工作方面取得成就。相反，如果单凭小聪明，没有好的性格品质，为人懒惰、浮躁，对知识不求甚解、浅尝辄止，那么学习和工作的效率不会很高。

（4）性格与旅游企业管理。

① 重视员工优良性格的培养。

人才的成功和失败，不仅与其智力水平有关，而且与其性格品质有更大的关系。事实上，良好性格如自信、坚强、乐观、进取、百折不挠等，是决定人才成功与否的重要因素，它不仅影响到员工的创造力、竞争力，同时还与人的行为倾向、抱负水准密切相关。性格的可塑性比较大，因此要想有效地提高人员的工作绩效，就要从理想教育、道德教育、集体活动入手，努力培养其良好的个性品质。

② 提高性格类型和职业的适应度。

人的个性、爱好与其从事的职业相适应，就会使人充满愉快感；而愉快的情绪易激活大脑，提高工作效率。例如，性格外向的人，心胸开阔，易和人相处、从事导游、销售等工作，比从事会计、计调等工作更能扬长避短，发挥潜力；性格内向的人，喜欢清静、细致，从事会计、文秘等工作比从事采购等工作更适宜。

知识链接 13-6

性格色彩[①]

乐嘉的性格色彩是用颜色来表示先天而来的性格，红、蓝、黄、绿分别代表热情、智慧、霸道、温柔4种性格。他认为一些人可能适合从事的是导游，多和旅游者打交道，介绍各个景点的特色。红色富有表现力，语言能力较好，天性容易适应导游的工作。而和不同人打交道也满足红色对变化的需求，但是红色也需要避免一些问题，如粗心易忘事，丢三落四。

对于内勤策划、行程安排、计划制订的工作，蓝色性格的人较能适应。他们天生有计划性条理性，考虑全面计划周详。但是从事旅游业，与人打交道的能力必不可少，蓝色性格较内向，不善于表达，需要学习拓展交际能力。

对于企业的管理和领导工作来说，黄色性格的人是最好人选。他们富有组织能力，有明确的目标，讲求效率，抗压力强，是天生的领导者。但是黄色性格的人有可能过于注重目标而忽略员工的感受，他们需要学习在关注事情的同时也关注人的感受，让工作氛围更加和谐。

而客户服务、接待客户投诉类的工作，绿色的人较为擅长。他们天性平和，追求人际关系的圆融，极具耐心并善于倾听，具有高超的协调人际关系的能力。但绿色有时行动较慢、拖拖拉拉，责任心不强，这是需要改进的方面。

③ 根据职工不同的性格特点采取不同的管理方法。

对于员工，管理和教育都应该根据其性格特点采取灵活而有原则的方法。对于自卑、自暴自弃的工作对象，要多用暗示、表扬的方法，使其看到自己的优点和能力，增强勇气和信心，切不可过多地苛责；对于自尊心强的要注意照顾面子，有问题用个别谈心、批评的方式解决；对好胜自负的，要一面肯定成绩，一面提出问题。

④ 注意不同性格人的搭配组合，以达到部门优化的作用。

要根据员工的不同性格特点组建完美团队。一个员工不可能有完美的性格，但若干个具有性格特点的员工却可以组建成完美的团队。对于一个旅游企业，将对员工性格的认识与把握应用到团队组建和工作分配中，通过多种特殊性格员工的有机结合，形成一个高合力、低阻力的优化的组织结构，使多种不同性格的员工用不同的方式发挥自己的优势和特长，就可完成众多的单个员工独自不可能完成的事业。这样，长期以来困扰企业的人际成本就会降低，企业的战斗力和生命力就会增强。

3）气质差异与管理

（1）气质的定义。

气质指人的典型的、稳定的心理特征，主要表现为情绪体验的快慢、强弱，以及动作的灵敏或迟钝等方面。

心理学中所说的气质与日常人们所说的气质不太一样，而近似于人们常说的脾气。气

[①] 资料来源：http://www.toptour.cn/detail/info361914/htm.

质在人的个性中是最稳定也就个性中最突出的特点。气质这些心理特点以同样的方式表现在各种活动中的心理活动上。也就是说，气质是不会单独存在的，而是体现在人的心理活动过程中。

(2) 气质的分类。

古代最著名的气质学说是由古希腊的著名医学家希波克拉底在公元前 5 世纪提出的体液说。他认为在体内含有 4 种体液，即血液、黏液、黄胆汁、黑胆汁。它们分别多生于心脏、脑、肝、胃。希波克拉底认为，机体的状态决定于四种体液的有机配合。公元 2 世纪，罗马医生盖伦(Galenus)采用了气质这一用语，并把人的气质分为 13 种。后来心理学把人的气质分为胆汁质、多血质、黏液质和抑郁质 4 种类型。(详见 8.1.2)

(3) 气质与旅游企业管理。

① 正确认识员工的气质。气质类型无好坏之分。气质类型不能决定人的社会价值大小与社会成就的高低。任何气质类型既有其积极作用也有消极影响。例如，多血质者活泼热情、善交际，反应灵活，工作效率高，但稳定性差；胆汁质者外向开朗、反应快、效率高，但暴躁任性自我控制力差；黏液质者镇静踏实，但反应较迟钝；抑郁质者耐受力差，易疲劳，性情孤僻，但观察细微，感情细腻，办事谨慎。

实践证明，影响员工的工作效率的因素主要是思想觉悟、工作热情、文化技术水平、实际工作经验等。

② 根据员工的气质特点进行管理与教育。针对人的气质类型特征，采取不同的方法和措施做员工的管理与教育工作，才能收到良好的效果。例如，胆汁质的人容易冲动，吃软不吃硬，做管理、教育时应避免正面冲突，需冷处理；对多血质的人，可采取多种方法加强其自制力、注意的稳定性及细致耐心品质方面的训练；对黏液质的人要有耐心，不要过急，应多给他们锻炼的机会；对抑郁质的人要多体贴关心，避免公开指责和太强烈的刺激，对他们微小的进步应给予充分的肯定以鼓起他们前进的勇气和信心。

13.2　团队建设

13.2.1　团队概述

1. 团队的概念

1994 年，组织行为学权威、美国圣迭戈大学管理学教授斯蒂芬·P. 罗宾斯(Stephen P. Robbins)首次提出了"团队"的概念：为了实现某一目标而由相互协作的个体所组成的正式群体。也就是说，团队是由一些具有共同信念的人为了达到共同的目的而组织起来的，各成员通过沟通与交流保持目标、方法、手段的高度一致，从而能够充分发挥各成员的主观能动性，运用集体智慧把整个团队的人力、物力、财力集中于某一方向，形成比原来的组织具有更强战斗力的工作群体。团队是高层次的群体。

2. 团队的构成要素

1) 目标

团队应该有一个既定的目标，为团队成员导航，知道要向何处去。没有目标，这个团队就没有存在的价值。团队的目标必须跟组织的目标一致，还可以把大目标分成小目标具体分到各个团队成员身上，大家合力实现这个共同的目标。同时，目标还应该有效地向大众传播，让团队内外的成员都知道这些目标。

2）人

人是构成团队最核心的力量。3个（包含3个）以上的人就可以构成团队。目标是通过人员具体实现的，所以人员的选择是团队中非常重要的一个部分。在一个团队中可能需要有人出主意，有人订计划，有人实施，有人协调不同的人一起去工作，还有人去监督团队工作的进展，评价团队最终的贡献。不同的人通过分工来共同完成团队的目标，在人员选择方面要考虑人员的能力如何、技能是否互补、人员的经验如何。

3）团队的定位

团队的定位包含两层意思：第一层是指团队的定位，团队在企业中处于什么位置，由谁选择和决定团队的成员，团队最终应对谁负责，团队采取什么方式激励下属；第二层是指个体的定位，作为成员在团队中扮演什么角色，是订计划还是具体实施或评估。

4）权限

团队当中领导人的权利大小跟团队的发展阶段相关，一般来说，团队越成熟领导者所拥有的权利相应越小，在团队发展的初期阶段领导权是相对比较集中。

团队权限关系的两个方面：①整个团队在组织中拥有什么样的决定权，如财务决定权、人事决定权、信息决定权；②组织的基本特征，如组织的规模、团队的数量、组织对于团队的授权、组织的业务类型。

5）计划

计划的两层面含义：①目标最终的实现，需要一系列具体的行动方案，可以把计划理解成目标的具体工作的程序；②提前按计划进行可以保证团队的顺利进度。只有在计划的操作下，团队才会一步一步地贴近目标，从而最终实现目标。

3. 团队的特征

1）清晰的目标

高效的团队对所要达到的目标有清楚的了解，并坚信这一目标包含着重大的意义和价值。而且这种目标的重要性还激励着团队成员把个人目标升华到团队目标中。在有效的团队中，成员愿意为团队目标作出承诺，清楚地知道希望他们做什么工作，以及怎样共同工作最后完成任务。

2）相关的技能

高效的团队是由一群有能力的成员组成的。这些成员具备实现理想目标所必需的技术和能力，而且相互之间有能够良好合作的个性品质，从而出色地完成任务。后者尤其重要，但却常常被人们忽视。有精湛技术能力的人并不一定就有处理群体内关系的高超技巧，高效团队的成员则往往兼而有之。

3）相互的信任

成员间相互信任是有效团队的显著特征，也就是说，每个成员对其他人的品行和能力都确信不疑。在日常的人际关系中人们都能体会到，信任相当脆弱，它需要花大量的时间去培养而又很容易被破坏。而且只有信任他人才能换来他人的信任，不信任只能导致不信任。因此，维持群体内的相互信任还需要引起管理层足够的重视。

组织文化和管理层的行为对形成相互信任的群体内氛围很有影响。如果组织崇尚开放、诚实、协作的办事原则，同时鼓励员工的参与和自主性，就比较容易形成信任的环境。

4）一致的承诺

高效的团队成员对团队表现出高度的忠诚和承诺，为了能使群体获得成功，他们愿意去做任何事情。这种忠诚和奉献称为一致的承诺。

对成功团队的研究发现，团队成员对其群体具有认同感，他们把自己属于该群体的身分看做自我的一个重要方面。因此，承诺一致的特征表现为对群体目标的奉献精神，愿意为实现这一目标而调动和发挥自己的最大潜能。

5）良好的沟通

毋庸置疑，这是高效团队一个必不可少的特点。群体成员通过畅通的渠道交流信息，包括各种言语和非言语信息。此外，管理层与团队成员之间健康的信息反馈也是良好沟通的重要特征，它有助于管理者指导团队成员的行动，消除误解。就像一对已经共同生活多年、感情深厚的夫妇那样，高效团队中的成员能迅速而准确地了解彼此的想法和情感。

6）谈判技能

以个体为基础进行工作设计时，员工的角色由工作说明、工作纪律、工作程序及其他一些正式文件明确规定。但对于高效的团队来说，其成员角色具有灵活多变性，总在不断地进行调整。这就需要成员具备充分的谈判技能。由于团队中的问题和关系时常变换，成员必须能面对和应付这种情况。

7）恰当的领导

有效的领导者能够让团队跟随自己共同度过最艰难的时期，因为他能为团队指明前途所在。他们向成员阐明变革的可能性，鼓舞团队成员的自信心，帮助成员更充分地了解自己的潜力。

优秀的领导者不一定要作出指示或控制，高效团队的领导者往往担任的是教练和后盾的角色，他们对团队提供指导和支持，但并不试图控制它。

8）内部支持和外部支持

支持要成为高效团队的最后一个必需条件就是它的支持环境。从内部条件来看，团队应拥有一个合理的基础结构，这包括适当的培训、一套易于理解的用以评估员工总体绩效的测量系统，以及一个起支持作用的人力资源系统。恰当的基础结构应能支持并强化成员行为以取得高绩效水平。从外部条件来看，管理层应给团队提供完成工作所必需的各种资源。

13.2.2 团队发展阶段

著名管理学家布鲁斯·塔克曼(Bruce Tuckman)的团队发展阶段学说比较有影响力。1965年，塔克曼发表了一篇短文，题为《小型团队的发展序列》。1977年，他在1965年提出的四阶段中加入第五阶段——休整期。该模型对后来的组织发展理论产生了深远的影响。这5个阶段分别为组建期、激荡期、规范期、执行期和休整期。

1. 组建期

团队成员由不同动机、需求与特性的人组成。此阶段缺乏共同的目标，彼此之间的关系也尚未建立起来，人与人的了解与信赖不足，尚在磨合之中，整个团队还没建立规范，或者对于规矩尚未形成共同看法。这时矛盾很多，内耗很多，一致性很少。

组建期的主要工作是明确方向、确定职责、制定规范与标准、进行员工培训。团队负责人一定要向团队说明工作目标、工作范围、质量标准及进度计划，并根据工作目标要求对团队成员进行技能和知识培训。团队负责人要让成员参与探讨工作计划，主动和团队成员进行平等而真诚的交流，消除团队成员的困惑与忧虑，确保团队成员之间建立起一种互信的工作关系，设想出成功的美好前景并达成共识，以激励团队成员。

2. 激荡期

团队经过组建阶段以后，形成了各种观念激励竞争、碰撞的局面，出现人际冲突与分化。团队成员面对其他成员的观点、见解，更想要展现个人性格特征，对于团队目标、期望、角色及责任的不满和挫折感被表露出来。团队成员间、团队和环境间、新旧观念间会出现矛盾，甚至负责人的权威都面临挑战，团队组建初期确立的原则受到冲击与挑战。作为团队负责人应具有解决冲突和处理问题的能力，创造出一个积极向上的工作环境。激荡期首要的是如何安抚人心。首先要认识并处理各种矛盾和冲突，同时要鼓励团队成员就有争议的问题发表自己的看法。要善于做引导工作，想方设法化解矛盾，而不应置之不理或进行权力压制。同时，这个阶段要准备建立工作规范。没有工作规范、工作标准约束，就会造成一种不均衡，这种均衡也是冲突源，领导者在规范管理的过程中要以身作则。

3. 规范期

在团队进行规范期后，规则、流程、价值观、行为、方法、工具均已建立，人们的工作技能开始慢慢地提升，新的技术慢慢被掌握。团队成员之间开始建立起互谅互让互助的关系。成员的目光重新集聚到工作上来，关注目标与任务，团队成员有意识地解决问题，实现组织和谐。他们开始关心彼此的合作和团队工作的发展，并逐渐适应环境、技术和各种规范的要求。

在规范期最重要的是形成团队的文化和氛围。团队精神、凝聚力、合作意识能不能形成，关键就在这一阶段。这一时期的最大危险是团队成员对激荡期存在的问题心有余悸，害怕引发矛盾而不敢表达自己的声音。作为团队的负责人，在这一时期的主要工作，就是通过激励来使团队成员放弃各种心理上的包袱，提高责任心和相互信任度，使其行为标准和工作任务紧密地结合起来。

4. 执行期

度过第三个阶段，稳定期的团队逐步变成高绩效的团队。这一阶段团队呈开放、坦诚、及时沟通的状态，具备多种技巧，协力解决各种问题，用规范化的管理制度与标准工作流程进行沟通、化解冲突、分配资源。团队成员自由而建设性地分享观点与信息，有一种完成任务的使命感和荣誉感。

在执行期内，团队成员形成了良好的默契与合作，不同的调整会对团队成员心理造成不同的影响，这个时期需要做好团队成员思想的引导，说明调整的必要性及意义，让员工认同组织调整决定。

5. 调整期

调整期的团队可能有 3 种结果：一是解散；二是组建新的团队；三是因团队表现欠佳而勒令整顿。以项目或工作小组形式成立的临时团队，一般在项目或某项工作完成后，团队会解散，或组建新的团队。常规团队在企业发展到一定阶段，可能根据业务需要撤销、调整或重组。

本章小结

本章在介绍群体的概念及特点基础上，分析了群体心理的概念及特征，进而对旅游企业员工个体心理差异与管理之间的关系进行了阐释。力求通过剖析员工性格对旅游企业的影响，为旅游企业团队的构成及优化提供参考。

章前案例解析

一个优秀的团队需要团队中的个体来支撑和打造，各自发挥其业务特长，分工明确并专攻特长，才能完成包含对外联络、技术公关、组织协调等各项事务。当然优秀的个体是必不可少的。但是脱离了优秀的团队，即使个人能力很强也很难得到较快的提升和发展。团队与个人是互相支撑的关系。

旅游企业频频出现集体跳槽的现象，主要原因在于待遇和团队协作性。通常情况下，集体跳槽的团体优势会为个体赚到了高于个人跳槽几倍的薪水，但也不排除"羊毛出在羊身上"的情况。养老险、公积金等福利，是很多小旅行社所没有的；且小规模的旅行社通常需要 1 个人做 3 个人的工作，付出更多。

集体跳槽应看是否有利于实现自我价值，需要遵循基本的职业道德，不应总是盯着原旅行社的业务，而应该利用集体跳槽的团队优势，开辟新的客户资源；跳槽后，仍需要重视对和谐、积极向上工作环境的维护，以及和新公司其他成员建立良好的合作关系。

复习思考题

一、名词解释

群体　群体心理　个体心理　性格　团队

二、选择题

1. 下列人群属于团体的是（　　）。
   A. 候车旅游　　　B. 球队　　　　C. 家庭　　　　D. 剧场观众
2. 群体心理的特征是（　　）。
   A. 认同意识　　　B. 归属意识　　C. 整体意识　　D. 从众意识

3. 团队的构成要素有（　　）。
A. 目标　　　　　B. 人　　　　　C. 定位　　　　　D. 计划
4. 没有某种心理机能占优势，而以某两种心理机能相结合为主的人属于（　　）性格。
A. 理智型　　　　B. 情绪型　　　　C. 意志型　　　　D. 中间型

三、判断题

1. 梅奥等人经过长达 8 年的"霍桑实验"发现正式群体的作用。（　　）
2. 性格是个性心理特征的核心部分。（　　）
3. 非正式群体是人与人在交往的过程中，根据自己的兴趣、爱好和情感自发产生的。（　　）
4. 气质指人的典型的、稳定的心理特征，主要表现为情绪体验的快慢、强弱，以及动作的灵敏或迟钝等方面。（　　）

四、简答题

1. 群体的特点是什么？
2. 个体心理包括哪些内容？
3. 旅游企业员工性格对旅游企业有什么影响？

五、论述题

1. 个体能力有什么差别？如何对个体进行管理？
2. 论述团队建设各阶段的特点及工作重点。

14

学习目标

1. 熟悉领导的概念和功能。
2. 掌握领导影响力的构成。
3. 了解领导者应具备的基本心理素质。
4. 熟悉领导者群体心理结构的内容、优化的要求。

导入案例

毕业生的困惑

一位刚刚走出校门的大学毕业生,在一家旅行社工作。总经理对他的学历和能力表示出了极大的兴趣,多次表示要对他委以重任,他也对新的工作充满了抱负。总经理交给他的第一项工作就是让他为目前较为混乱的企业内部秩序订立必要的管理制度。

他问总经理:"您想让我订立关于哪方面的制度?"

总经理回答说:"咱们企业现在需要管理的地方太多了,你就一个一个地写吧。"

他又问:"那您希望我把制度定成什么样子?"

总经理回答说:"越细致越好!"

于是他怀着满心的忐忑,开始查阅资料,并结合企业内部管理混乱的具体情况,按照整顿的迫切性高低,开始制定不同领域的企业内部制度。当他每写完一部分拿去给总经理审阅的时候。总经理总是说:"你放心去干,只要有了制度,执行不是问题,只要我一签字,没有人会不执行。"但是随着工作的开展,他却陷入了深深的困惑,他发现自己越来越不知道该做些什么了。他不明白该订立什么样的制度、制定哪些制度。每次问总经理,总是感觉总经理也没有办法说明其意图,他又不便总是追问。而其他的同事,由于他刚刚进公司就和总经理接触频繁而对他有所保留,总是感觉有什么隔阂。现在的他遇到了走出校门之后最大的难题。

【问题】

结合有关领导风格的理论,帮这位毕业生分析一下造成其困惑的原因。企业的总经理是不是这位毕业生困惑的来源呢?

14.1 领导概述

14.1.1 领导的概念

任何一个组织中,领导者都处于重要的地位,发挥着极为重要的作用,他们往往是影响组织工作成败的关键因素。关于领导的定义，各国管理学家、心理学家和组织行为学家有着不同的认识和表述。

R. 斯托格狄尔(R. Stogdill)认为，领导是对组织内群体或个人施行影响的活动过程。

哈罗德·孔茨(Harold Koontz)认为，领导是一门促使其部属充满信心、满怀热情来完成其任务的艺术。

G. R. 泰瑞(G. R. Terry)认为，领导是影响人们自动为达成群体目标努力的一种行为。

J. 罗伯特(J. Robert)等认为，领导是在某种条件下，经由意见交流过程所实行出来的一种为了达成某种目标的影响力。

凯思·戴维斯(Keith Davis)认为，领导是一种说服他人热心于一定目标的能力。

虽然各国学者从不同的研究角度出发，对领导的定义作出了不同解释，但是多数学者则认为，领导是指引和影响个人或组织，在一定条件下实现某种目标的行动过程；致力于实现这个过程的人，即为领导者。领导者是在群体中处于法定或实际的领导地位，力图影响群体行为的人。实质上这些学者都倾向于把领导看成一个动态的过程，而该过程是由领导者、被领导者及其所处环境3个因素所组成的复合函数。

可用公式表示：领导＝f(领导者·被领导者·环境)

在日常生活中，人们常常把领导和管理当做同义词，认为领导过程就是管理过程，领导就是管理者。实际上，领导与管理是两个具有不同含义的概念。领导与管理的区别在于，管理的范围小于领导的范围，而管理者的范围大于领导者的范围。领导偏重于决策和用人，而管理侧重于执行决策，组织力量完成目标任务。人们把企业中具有法定的领导地位和影响的个人称为领导者，而把领导者和所有从事管理工作的职能人员统称为管理者，如会计、统计、功效劳资员等。

14.1.2 领导的功能

领导在任何一个组织中都扮演着重要的角色，发挥着关键的作用。概括起来，领导的主要功能体现在以下两个方面。

1. 组织功能

组织功能是指领导者领导群体成员采取一定的手段实现组织目标。它包括确立组织目标而作出的决策；提高管理有效性的努力；合理组织、利用资源，保证组织目标的实现。

2. 激励功能

激励功能是领导的基本功能，也是实现领导组织功能所必须具备的条件。它包括提高被领导者接受和执行目标的自觉程度；激发被领导者实现组织目标的热情；提高被领导者的行为效率3个方面。一个领导如果仅仅缺乏技术性知识和能力，尚不足以危及其能否继续担任领导者，但若缺乏调动全体员工的聪明才智来实现领导组织功能的激励手段，就不能实现企业的组织目标，就不能胜任领导岗位。因为激励功能必须由领导者自身来完成，不能借助他人的能力来实现。

14.1.3 领导者的根本任务

领导工作纷繁复杂、千头万绪，归纳起来其根本任务有以下 4 条。

1. 提出企业发展目标

作为领导者首要的任务，就是对自己所领导的企业提出明确的目标，然后进行规划，确定能够实现这些目标的途径和步骤。一个单位工作效率的高低，首先，取决于其目标方向是否正确。如果目标方向错了，企业的效益就会呈现负数。其次，有了正确的目标规划，还必须系统地设计出能实现这一总目标的子目标，并制定出一套明确的、科学的评价与考核检测标准。

2. 制定和完善企业的规章制度

要引导人们积极、有序地开展工作，除了有明确的企业发展目标和规则外，还要有正确的指导方针和企业规章制度。俗话说"没有规矩不成方圆"，领导者应制定和完善企业的规章制度。具体制度可分为 3 个方面：岗位责任制度、检查监督制度、奖励惩罚制度。3 个方面是一个有机整体，岗位责任制度是核心，检查监督制度是保证，奖励惩罚制度是杠杆，三者相辅相成。

3. 建立健全合理的组织结构

领导者要在自己所领导的范围内建立起合理而有效的组织结构，以确保企业目标的实现和各项规章制度的实施。

4. 知人善任

人无完人，每个人都有自己的长处和短处，领导者用人应才重一技，要看主流，不能一味求全能人才，那样将会感到无人可用。要做到按需任才，量才用人，能职相称；明责授权，充分信任，赏罚分明；培养教育，关怀爱护。作为一个管理者不仅要能激发他人跟随自己一起工作，以取得共同目标，而且能创立一种机会和成长并存的环境。在这种环境下，每个人都想抓住机遇，做出显著业绩。领导者要在了解的基础上信任员工，给他舞台让其充分发挥。

总之，领导者是要做到认真地考察干部、确切地了解干部，把每个人都安排到适当的岗位上去，让其充分发挥自己的长处，施展才能。

14.1.4 领导的方式

领导风格是指领导者在思想上和工作上所表现出来的态度、行为及其方式。在领导工作中，领导者的领导风格能够表现出领导者的个性。不同的领导者有不同的个性，不同个性又表现出不同的领导风格。该理论的创始人是社会心理学家勒温，他以权力定位为基本变量，把领导者在领导过程中表现出来的极端的工作风格分为 3 种类型。

1. 专制型领导

专制型的领导者一般只有 3 个主要特征：一是个人专断，"拍脑袋决策"，喜欢搞"一言堂",容不得反对意见,大权集中,小权亦独揽;二是命令主义,喜欢用命令的方式、命令的口吻传达自己的指示,没有商量的余地;三是个人包办,大小事一齐抓,甚至玻璃碎了需要换、扫帚坏了需要购买等小事也要亲自过问,亲自批准。这种领导方式势必造成这样一种局面:领导忙得团团转,下属站在一旁看;自己很辛苦,下属有意见,工作效率低。

造成专制型领导方式的原因主要有以下几点:一是社会历史原因,我国几千年的封建专制制度,缺乏民主传统,因而专制型、家长式领导方式不但容易产生,而且拥有市场;二是领导者的个性特征,专制型领导者往往属于支配型性格的人,大多自信,有主见,有魄力,但又争强好胜;三是下级成熟度低,需要依靠领导,容易俯首听命,这样便容易滋长领导者的独断作风;四是被领导者中有喜欢阿谀奉承的人,专门奉迎领导者,从而更加剧了领导者的专断行为。

专制型领导方式在落后生产条件下还能行得通。因为生产指挥和专业技术要求不是很严格,凭领导者个人的聪明才智往往就可以取得成效。但在当前的信息社会,现代化的程度比较高,结构复杂,技术要求比较高,所以专制型领导方式就行不通,因为那样可能会造成灾难性的后果。

2. 民主型领导

民主型的领导者都具有这样一些特征:一是把尽可能多的问题提交集体讨论,经过讨论之后解决问题,发出指令;二是能系统地向下级下达目标任务,对下级的批评亦能作出正确的反应,并始终渴望与下级交谈;三是从不表现自己的优越感,从不责骂下级,而把自己置于集体之上。在民主型领导方式下的群体内,可以看到这样一种局面:群体成员具有生机勃勃的主动精神和创造精神,群体中气氛热烈,关系融洽,对于领导者,下属会发自内心地给出高度评价。

3. 放任型领导

放任型领导即人们常说的甩手掌柜,对工作和下级放任自流,让成员各行其是。其主要特征:一是领导者事业心差,缺乏主见,对上级的指示只管收发和传达,对下级的工作从不关心过问;二是只向下属提供工作需要的材料,只有当下属提出问题时,才给予回答,从不作积极指示;三是对下属活动不参与,对工作成果不评价,对下属不表扬、不批评,致使下属人员我行我素。这种领导方式所领导的单位,一般来说缺乏管理、缺乏激励,工作很难有高效率可言。而这也是 3 种领导方式中最差的一种。

14.2 旅游企业领导者概述

在现代复杂多变、竞争激烈的国内外旅游市场上,旅游企业的领导者不仅是保证旅游企业能够为旅游消费者提供优质服务的关键因素,而且也是旅游企业兴旺发达、健康、持续发展的关键所在。

14.2.1 旅游企业领导者

领导者是旅游企业组织的灵魂,在旅游企业生存和发展的过程中起着举足轻重的作用。

1. 旅游企业领导者的概念

旅游企业领导者是指担任旅游企业某项职务、扮演某种领导角色,并实现领导过程的个人或集团。

2. 旅游企业领导者的作用

旅游企业的领导者作为旅游企业的指挥者、组织者必须成为组织的灵魂,要发挥以下作用:①为企业的生存和发展提供指导思想、理论、情报和技术;②决定企业的发展目标、战略、任务和规划;③预测企业的发展趋势,制定企业的正确发展方针、政策、策略和计划等;④在思想和行为上成为企业的象征、全体员工学习的榜样;⑤在关键时刻能把握大局,适时、果断地作出新的决断。由此可以看出,领导者是企业的中枢神经,如果他向企业发出了错误的指令,就会导致整个企业陷入困境。

14.2.2 旅游企业领导者的素质

旅游企业领导者的素质是指企业领导者必备的基本品质和心理特征的综合,是直接影响旅游企业生存和发展、影响决策的重要因素。有学者研究认为旅游企业领导者除了要具有较强的经济头脑外,还应具有哲学家的理性思维、政治家的调动才能、科学家的超前意识、外交家的机智风度、战略家的高瞻远瞩、军事家的当机立断。根据我国的实际情况,旅游企业的领导者应具备以下一些基本素质。

(1) 坚定的方向。坚持社会主义方向是我国旅游企业领导者必须具备的首要品质,是旅游企业领导者做好领导工作的基础。

(2) 品德高尚。旅游企业的领导者要知法、守法、公正廉洁。

(3) 时代意识。旅游业是一个国家或地区经济发达、文明富裕程度的重要标志,具有明显的时代印记。当今我国社会已进入一个前所未有的伟大时代,建立社会主义市场经济,一切以经济建设为中心已成为一切政治家、企业家和所有有识之士所关心的头等大事。对此,旅游企业领导者必须要有清醒的认识,在企业发展中时刻把握时代发展的脉搏,做时代改革的先行者。

(4) 智于决策。决策是领导行为成功的关键。智于决策就要求领导者能依据实际情况,不仅能作出正确而且有效的眼前决策,而且还能高瞻远瞩,作出有远见的长期决策。

(5) 巧于组织。组织能力是领导行为成功的决定性因素。领导者要巧于组织,善于使用各类人才,善于发现职工的特长,从而发挥他们的潜力,为他们提供发挥聪明才智的舞台,同时也为企业谋福利。

(6) 善于授权。在企业管理中,领导者要能把握要点,将琐碎事交给下级处理,善于调动下级的积极性。

(7) 善于应变。在企业管理中,领导者要懂得通权达变,机动进取,不抱残守缺,不墨守成规，善于促进事态的顺利发展。

（8）长于合作。合作是领导者成功的保证。领导者要善于合作，能知人善任，吸引人才，为群众所爱戴。

（9）勇于负责。领导者对上级、下级、旅游消费者和企业要抱有高度的责任心。

（10）敢于求新。领导者对新事物、新环境、新技术、新设备、新观念、新方法要有敏锐的感受能力，并勇于求新。

（11）敢担风险。领导者对旅游企业的发展开拓要有适度的承受风险、开创新局面的雄心和胆略，关键时刻不争功诿过。

（12）尊重他人。领导者要重视和采纳他人的意见，不武断狂妄。

14.2.3 旅游企业领导者的影响力

从某种意义上说，领导者的影响力是领导者实现有效领导的必要条件。所谓旅游企业领导者的影响力，是指旅游企业的领导者有效地影响和改变被领导者的心理和行为的能力。领导者必须具有影响力，否则领导只不过是名存实亡。一般来说，领导者的影响力可以分为以下两大类型。

1. 权力性影响力

权力性影响力不是由领导者的现实行为造成的，而是外界赋予的，是一种具有强制性的影响力，它对下级的影响带有强迫性和不可抗拒性。权力性影响力主要由以下3种因素构成。

1）传统因素

传统因素是一种观念性因素。这种传统观念常以某种形式的社会规范而存在。例如，一个人服从上级，就是因为对方是上级，正是因为对方是上级，所以才使人们产生对领导者的服从感。这种影响力存在于领导行为之前，可以说是传统观念附加给领导者的一种力量。因此，只要成为领导者，就自然获得了这种力量。

2）资历因素

资历因素是一种历史性因素。资历即指一个人的资格和经历，是由领导者的社会阅历、经验及年龄等因素所产生的影响力。这种影响力与人们的传统观念有关，在现实生活中，人们常常对于资历深、见识广、久经磨炼的人怀有某种敬重感。资历因素所造成的影响力也是一种强制性影响力，它也存在于领导行为之前，只要是有较深资历的领导者，就有相当的影响力。

3）职位因素

职位因素是一种社会因素。职位是一种社会分工，是个人在企业组织中的职务、地位。居于领导职务的人，社会赋予他一定的权力，他掌握了权力，就可以左右被领导者的行为、处境，甚至前途、命运等，从而使被领导者产生一种敬畏感。一般来说，职务越高，权力越大，人们对他的敬畏感也就越强，他的影响力也越大。事实上，职位因素的影响力是以法定形式为基础的，是企业组织赋予领导者的力量。它的存在是不以领导者本人的素质为转移的，是存在于领导者实施领导行为之前的。

2. 非权力性影响力

非权力性影响力是由领导者个人的素质和行为造成的，与领导者的权力没有必然的联系，它是一种内在的、动力性的影响力。这种影响力对被领导者来说不存在任何压力，在行为上表现为自愿、主动，它产生于领导者的领导活动之中。其影响效果容易使被领导者产生敬爱感、敬佩感、信赖感和亲切感。非权力性影响力主要由以下4种因素构成。

1) 品格因素

品格因素是本质性因素。领导者的品格指道德品质、性格和作风，它是决定领导者影响力的根本因素。具备优秀品格的领导者具有巨大号召力、动员力和说服力，容易使被领导者产生敬爱感，并诱使人们去模仿和认同。对于一个领导者来说，无论他资历多深、职务多高，如果品格不好，他将威信扫地，失去影响力。

2) 才能因素

才能因素是一种实践性因素。一个领导者的聪明才智和工作能力是其影响力的重要因素。领导者的才能是他成功地完成领导工作所必需的内部条件。一个有才干的领导者会给企业带来成功，会使后进企业变为先进，会使职工积极性高涨，正所谓"不用扬鞭自奋蹄"，从而使职工对他产生敬佩感。

3) 知识因素

知识因素是科学性因素。知识是人类实践经验的概括和总结，其本身就是一种力量，是科学赋予的一种力量，它是影响力的源泉。作为一个领导者，若精通业务知识、通晓其他相关理论，就容易取得他人的信任，使人们产生信赖感。

4) 情感因素

情感因素是精神性因素。领导者与被领导者之间的关系实际上是一种人与人之间的感情关系。如果领导者与被领导者之间的感情深、关系密切，领导者对被领导者关心体贴，领导者的影响力就大，被领导者就会对领导者产生一种亲切感。事实上，情感因素在提高领导者的影响力上起着催化剂的作用。

综上所述，领导者的影响力是由权力性影响力和非权力性影响力构成的。权力性影响力是当权则有，不当权则无；非权力影响力是当权与不当权都可能具有的，它在影响力结构中占主导地位，起主导作用。权力性影响力受非权力性影响力所制约，因此，要提高领导者的影响力，关键在于提高非权力性影响力。在实际的旅游企业管理工作中，领导者的影响力主要受以下5种影响力的影响：①德威，领导者为政廉洁、克己奉公、不诿过不争功，则能获得德威；②行威，领导者精通本行业有关业务，则能获得行业威信；③法威，领导者能够科学督导、公正处事、奖惩分明，则可取得法威；④理威，领导者知人善任，作风民主，以理理事，助人发展，则可获得理威；⑤情威，领导者对下级相敬如宾、相待如友、关怀如子，则可取得情威。

具有了这"五威"，领导者的影响力必然会大幅度提高，为其事业的成功奠定基础。

14.3 旅游企业领导者的领导风格与领导艺术

在领导工作中，领导者的领导风格能够表现出领导者的个性，不同的领导者有不同的个性，不同个性的领导者也可能会有不同的领导艺术。

14.3.1 旅游企业领导者的领导风格

在旅游企业的管理活动中，领导者的领导风格对旅游服务人员工作积极性的调动具有极其重要的意义。

1. 领导风格的概念

领导风格是领导作风和领导方式的总称。领导作风是指领导者在思想上和工作上所表现出来的态度和行为；领导方式是指领导者在统御人事过程中所采取的方法和形式。前者是后者的基础和行为根源，后者是前者的结果和表现形式。

2. 旅游企业领导者

领导风格的类型根据旅游企业领导者"对业绩的关心"和"对人的关心"程度的组合，可以将旅游企业领导者的领导风格分为以下 5 种类型。

（1）贫乏式领导者。对业绩和对人关心都少，实际上，他们已放弃自己的职责，只想保住自己的地位。

（2）俱乐部式领导者。对业绩关心少，对人关心多，他们努力营造一种人人得以放松、感受友谊与快乐的环境，但对协同努力以实现企业的生产目标并不热心。

（3）小市民式领导者。既不偏重于关心业绩，也不偏重于关心人，风格中庸，不设置过高的目标，能够得到一定的士气和适当的业绩，但不是卓越的。

（4）专制式领导者。对业绩关心多，对人关心少，作风专制，他们眼中没有鲜活的个人，只有需要完成任务的员工，他们唯一关注的只有业绩指标。

（5）理想式领导者。对业绩和人都很关心，对工作和人都很投入，在管理过程中把企业的生产需要同个人的需要紧密结合起来，既能带来生产力和利润的提高，又能使员工得到事业的成就与满足。

14.3.2 旅游企业领导者的领导艺术

对于旅游企业的领导者来说，领导艺术是领导者水平和能力的一种综合的、特有的表现形式，它是处理千变万化的旅游市场和复杂的人事关系的一种技能。在现代旅游企业中，企业领导者的经常性工作之一就是与人、与事、与时间打交道。因此，处理人、事和时间的艺术是极为重要的。

1. 领导人的艺术

现代企业管理的核心是管理人，是调动人的积极性和创造性去实现各项具体的工作任务。在市场竞争激烈的现代社会，对于旅游企业的领导者来说，就必须牢牢树立"以人为本"的观念。纵观古今，横观现代世界各国成功的管理者和企业家，无不具备"治众"的本领和善于利用"人"这个特殊资源的本领。

1）知人之术

"兵之胜负在于选卒"，这对旅游企业的领导者来说已是"共识"。作为旅游企业的领导者谁都希望能选到有"才"有"能"之人。事实上，能否及时发现有"才"有"能"之人,是衡量一个企业领导者是否有现代化领导能力和领导艺术的首要因素。但怎样才能选到有"才"有"能"之人,这就要求企业家全面了解各种不同的人及人的各个不同的方面。

(1) 内导人与他导人。内导人是指注重自身内在的价值体系,坚持个人的主见,对自己能够成为企业中的重要角色充满信心;他导人是指在工作中缺乏主见,常表现为顺势行为,对他人所指派的任务基本上是尽心尽力。在旅游企业里,内导人在行为上如果不过分,凭其个人的内在动机和创造精神是能够成为企业的有生力量的,但如果其行为走向极端,他会不顾全大局,对抗领导,甚至会发生分裂行为,给企业带来极坏的影响;他导人在行为上如果不过分,还是能够尽心尽力于领导者,但如果行为走向极端,容易成为吹牛、拍马屁、阿谀奉承之徒,使企业毫无创见、毫无生气。为此,旅游企业的领导者如何认识和使用这两种人,做到不偏不倚、运用自如,使企业能够有效地运转,才是其用人艺术之所在。

(2) 理性人与情绪人。理性人是指那些运用逻辑推理,重视事实,推演出纯粹客观结论的人;情绪人是指那种缺乏理智,经常感情用事,具有很大偏见的人。在现实社会中,不存在纯粹的理性或情绪型的人。临床心理学的研究表明,任何人差不多都具有理性型和情绪型的双重心理,任何人都无法排除自己在思考、分析、推理,或在人与人之间的交往中受情绪因素的影响。因此,在旅游企业的管理工作中,若忽视人的理性面而把人与动物等同起来,或忽视人的情绪面而把人与机器等同起来,都是对人的严重歪曲。旅游业是服务性行为,人的感情是非常重要的因素,更需要有一定的情绪色彩;但情绪过于激动易使人注意范围缩小,忽视和忘却那些在平时不至于忽视和忘却的事实和道理,或说出一些错话、做出一些蠢事。因此,领导者在选拔人才时,要识大局,顾大体,从本企业的长远利益出发,不要受到自己情绪的影响和支配,不要陷入理性与情绪的旋涡之中,力求使自己和下级缩小情绪面,扩大理性面。

(3) 人的个体性与群体性。旅游企业组织是由若干个体职工组成的,因此,在管理工作中,一方面应强调人的个体性,发挥个体的作用,使每个职工为企业贡献力量;另一方面还应强调人的群体性,依靠集体力量发展企业。因此,作为旅游企业的领导者,在选拔职工时一定要注意对方个体性和群体性两种心理素质的比例,考察其能否与同事和睦相处,是否能团结大多数人一起工作,共同完成任务,能否摆正和处理好个体与群体、个人能力与群体能力的关系。总之,旅游企业的领导者在选择有"才"有"能"之人时,要做到客观、公正又符合实际需要。此外,旅游企业的领导者还应注意以下几点:①选拔忠于旅游企业、热爱旅游工作的人;②选拔精通技术和业务的人;③选拔有主见的人;④选拔在事业中勇于改革和追求进取的人;⑤克服偏见,不被表面现象所迷惑。总之,在选人的标准上,要注意被选者的品德、素质、学问、智能、见识、专业、体质、年龄等各方面。在全面衡量的基础上,"宁用有暇玉,不要无暇石",要"德看主流,才重一技"。

2) 用人之术

"人尽其才,地尽其利,物尽其用,货畅其流"是企业管理的4条原则,在这4条原则中,人是最主要的。那么,怎样才能调动起人的积极性和创造性呢?作为旅游企业的领导者必须遵循以下3个原则。

(1) 用人之长，容人之短。人人都有长处和短处，十全十美的人并不存在。作为旅游企业的领导者在用人时，只要注意用人所长，职工的工作积极性就能充分发挥。但在用人所长时，必须要注意容人之短。如果领导者像医生对人看病一样把注意力放在专找"毛病"上，必致英雄无用武之地。总之，作为领导者只要确认某人具有一技之长，就要大胆不疑地用他的长处，不要过多地介意他的缺点，但对于一个没有突出成绩的人，则应无情地调离他的职位。

(2) 责权分明，用人不疑。领导工作最重要的一点就是责权分明，对人要尊重。当下级请示工作时，领导者应及时、明确地给予答复，切忌拖泥带水，含糊不清，使下级不知所措。凡属下级要做的事，绝不能干预、插手或代行其事。只要是用他，就放手让他去干，如果捆住其手脚，其积极性则很难发挥。

(3) 严于律己，宽以待人。领导者只要严于律己，不做损人利己之事，并以身作则，身先士卒，必然能赢得下级的尊重和爱戴。宽以待人、令人亲近也是高尚的美德，可以说是领导艺术的基石。

2. 处理事的艺术

作为旅游企业领导者所面临的事极其复杂多变，企业内部的事与外部社会关系的处理都集中在领导者身上，领导者如果没有高超的领导艺术，就很难得当地、体面地、有效地处理好复杂微妙的各种关系问题。因此，作为领导者在处理事的方面必须注意以下几点。

(1) 专于正业。领导者做事专心是其成功的主要秘诀之一。专心就要求领导者在同一时间内，毕其力去做一件有成就的事。专于正业，也就要求领导者要做领导者该做的工作，一个企业有大量的"急事"和"必办的大事"，在这种情况下，领导者必须集中全力去做那些带有根本性的事情(正业)。如果领导者不分巨细，事必躬亲，必然会导致精力分散，以致"竹篮打水一场空"。

(2) 业精于勤。俗话说：业精于勤而荒于嬉。作为旅游企业的领导者，虽然凡事不必事必躬亲，但按照企业的分工，对自己职责范围以内的工作还是要多花一些时间去思考、去做，只有这样，自己负责的工作才不会因为自己的懈怠而荒废。

(3) 只争朝夕。随着社会的发展，科学技术的进步，"昨天"（指过去）的工作重心和方案在今天就有可能不适应了。及时摆脱"昨天"，抓住"今天"，是领导者确保事业成功的又一秘诀。

(4) 灵活而有序。旅游企业的工作千变万化，领导者能否依变化了的情况而适时改变工作方针和处事策略，这是事业成功的关键。然而，发展变化中的企业有很多事情要办，一个成功的领导者在处理企业内外部事务时，总是处变不惊、忙中有序，每天的事情总是明确地按计划先后顺序，按"正业——必办，急事——马上办，普通事——按正常顺序办"的原则有条不紊地进行。

3. 掌握时间的艺术

在一切资源中，唯有时间显得最为稀少、最易消逝。旅游企业领导者要善于支配和分配时间，这也是提高工作效率的关键。

在赢得时间的问题上，郑秉文、胡士泰在《企业家领导艺术》一书中归纳了以下10条秘诀。

1) 提前做好相关安排

拟好安排工作的时间表，在办公地点应尽可能多地备有必需的工作手册、书籍、参考材料和工具书等，以便在处理工作有所需要时随手可得。

2) 应勤奋记录，训练速读的能力

有了好的创见、构想、观点等火花，应立即记录下来，以便需要时随时可以利用，这样也可训练速读和速记的能力。如果速读和速记的能力提高 2～3 倍，那么，处事效率就会提高数倍，时间也就节省了。

3) 合理地处理电话的干扰

在现代社会，电话是获得信息的重要交流工具。一个经理或厂长，如果没有电话，就像信息失灵者，可同时电话也是对现代企业家冲击最大的因素。据心理学家研究，当一个人专心思考一个问题时，最好能让他一气呵成，不要中途打断，一旦被烦恼的电话打断，则需很长的时间才能使思路重新集中。为了解决这一矛盾，领导者通常让秘书或办公室人员"过滤"。所以，领导者应选择精明能干的秘书，使他们较多地了解自己的工作意图，授予他们更大的权力，使他们能够直接代表领导者把事情处理掉，事后集中汇报一次处理结果即可。

4) 合理地处理信件和电报

草拟信件和电报常比说话更浪费时间，这些与对方不见面的事可口授给秘书去处理，自己只需过目、签名即可，要培养下属言简意明的习惯。

5) 随时不忘工作

要随时利用"边角余料"的空隙时间来工作，不能让闲聊浪费时间和占用工作时间。经常分析自己利用时间的情况，从而合理地利用时间。

6) 尽量减少会议

必须召开的会议，其时间最好安排在午餐时或下班前，这种会议往往能很快地作出决定。

7) 减少报告文件和谈话时间

当遇到一位健谈的来访者商量工作时，最好双方都站着，这样可以有效地防止来访者转弯抹角，促使他谈话直截了当、言简意赅。

8) 提前上班并做好一天的工作安排

每天上班应提前 15～20 分钟，在全天工作开始之前，运筹好自己的时间安排。

9) 合理分配一天的工作时间

每个人一天中均有最佳工作时间，应把最困难、最重要的事分配在这段时间中去做，切忌先办小事后办大事。

10) 勤于回忆和总结

每晚花费片刻回忆一下一天的工作，总结一下成功与失败的经验教训。杰出的企业家怎样忙也不说忙，因为他把一天 8 小时当做 15 个小时或 16 个小时来使用，他创造了时间。

总之，领导艺术的形成和发展是由许多复杂因素构成的，既包括领导者的智力水平、创造经验、对待事业的态度，还包括组织环境所存在的变数的影响。当人们研究领导者的领导艺术时，应将诸多因素考虑在内。

14.4 旅游企业领导者的心理素质与心理调整

14.4.1 旅游企业领导者的心理素质

1. 领导特质理论

领导特质理论是研究领导者所应该具备的素质的理论。研究这一理论的学者普遍认为领导行为有效性的高低与领导者自身所具有的素质有关，凡是领导效率高的领导者会具有很多共同的特质，从中归纳出一个优秀的领导者所应该具有的素质，这就是这一理论的出发点。

1) 斯托格狄尔的 6 类领导特质理论

美国学者斯托格狄尔通过研究，把领导者所应该具有的素质分成六大类。

(1) 身体特性。斯托格狄尔认为，优秀的身体条件对领导者来说很重要，除了保证高强度工作的优秀的身体素质之外，身高、外貌等条件也非常重要，外貌出众的领导者往往对下属更具有感召力。但是对于这一点并没有足够的依据，现在还有争议。

(2) 社会背景特性。这方面的特性主要包括社会经济地位、学历等。一般来说，社会经济地位高、学历高的领导者会比较令人信服。但是很多事实证明，这一点并不是绝对的，所以也缺乏一定的说服力。

(3) 智力特性。智力特性一般包括洞察力、判断力，以及知识的深度和广度。据研究证明，较为成功的领导者确实都在这方面比较突出。但是还要和一些附加的条件一起考虑这一要素。

(4) 与工作有关的特性。这一特性主要是指那些可以激励领导者重视工作的特性，主要包括责任感、创新能力、高成就感的需要等。研究证明，这些因素都会对成功的领导者有所帮助，但并不能证明它们之间有必然的联系。

(5) 个性特性。个性主要包括适应性、进取性、自信、正直、有主见等。事实证明，是否能够成为好的领导者，个性是很重要的因素，但在这个因素中究竟包括哪些方面，还是有待进一步研究的。

(6) 社交特性。研究表明，较强的社会交往能力是成功的领导者所不可缺少的特性，因此，作为领导者要积极参加各种活动，愿意与他人合作，善于交际。

2) 鲍莫尔的领导特质理论

领导特质理论是美国学者威廉·杰克·鲍莫尔(William Jack Baumol)提出的，他总结了作为成功的领导者所应具备的 10 个条件。

(1) 合作精神。领导者必须愿意与他人合作，而且并不是压服他人，而是要具有能够使其他人心甘情愿与其合作、被其领导的能力。

(2) 决策能力。决策是领导行为的重要组成部分，领导者应该具有凭借客观事实和高瞻远瞩的洞察力为组织作出正确决策的能力。

(3) 组织能力。领导者是组织的核心力量，因此作为领导者必须具备能够将组织成员凝聚在一起的组织能力。

（4）精于授权。领导者必须能够作出正确的授权决定，做到适当分权但还要掌握大权，这样才能既保证组织工作的顺利进行，又不造成人力资源的浪费。

（5）善于应变。对于现代组织而言，内部环境和外部环境的变化都很快，所以成功的领导者必须具备机动灵活的应变能力。

（6）敢于求新。成功的领导者要积极地接受新事物和新观念，主动适应新环境，还要有求新求变的勇气和智慧。

（7）勇于负责。高度的责任感对领导者的岗位来说是非常重要的。成功的领导者对组织、对下级、对客户甚至对整个社会都要有高度的责任心。

（8）敢担风险。在现代社会，要得到回报就必须承担风险，因此作为领导者必须具备甘愿承担风险的勇气和成功规避风险的智慧。

（9）尊重他人。作为领导者，很重要的一点就是能够把他人放在和自己平等的位置上去尊重和交流，重视并善于采纳他人的意见。

（10）品德高尚。除了以上各点，成功的领导者还应该具有出众的人格魅力，能够被社会人士和组织成员所真心地信任和敬仰。

3）鲍尔的领导特质理论

马文·鲍尔（Marvin Bower）是麦肯锡公司的创始人之一，他在1997年提出了他所总结的领导者所应具备的14种素质。

（1）值得信赖。作为领导者要具有能够使他人信任的能力，这需要真诚、正直的人格。他特别指出：一个想当领导者的人应当永远说真话，这是赢得信赖的良好途径，是通向领导者的入场券。

（2）公正。公正和值得信赖是联系在一起的，一个做不到公正的领导者是不可能得到下级的信任的。办事不公正对领导者来说是很愚蠢的错误，因为他为他人开了可以不遵守规定的先例。

（3）谦逊的举止。谦逊的举止是领导者走向群众、赢得下级好感的第一步。而且要想成为真正的、长久的领导者就要做到真正的谦虚，而不是在下级面前假装谦虚。

（4）倾听意见。作为领导者要学会倾听及倾听的技巧，要在听的同时选择适当的时机，提出非引导性的问题，表示感兴趣和理解，并促使对方更有激情地说下去。在讨论会上，领导者过早地发言会打击下级的热情，同时也封闭自己学习的机会，因此领导者必须学会倾听，这样才能获取比其他人更多的信息，更早地发现他人没有发现的问题。

（5）心胸宽阔。现在很多领导者都难以做到心胸宽阔，很大一部分原因是来源于领导者所处的高高在上的位置，这很容易令人陶醉和自我满足。而且处在领导者位置上的人通常都非常自信，而过分的自信就会导致盲目的自我欣赏和目中无人，这势必使领导者变得心胸狭窄。因此要成为成功的领导者就要尊重他人，对于下级的意见，凡是有益的都予以考虑。

（6）对人要敏锐。作为领导者要对人的内心想法有敏锐的洞察力，只有了解组织成员的想法，领导者才能更好地引导他们、说服他们。这里所说的对人敏锐还包括作为领导者要注意到下级细微的感情和言行举止变化。

（7）对形势要敏锐。这里所说的形势并不是指组织的宏观形势，更多的是指组织的内部形势，或者说是组织工作中发生的各种倾向。领导者要对各种不同的倾向有敏锐的感觉，善于对事情进行客观全面的分析。

（8）进取心。作为领导者要有不断进取的意识和勇气，才能领导组织及成员不断前进。

（9）卓越的判断力。领导者要善于掌握信息并准确地分析信息，从而对组织所处的环境及将来所要面对的局面作出正确的判断，并能够在关键的时刻作出有利于组织发展的决策。

（10）宽宏大量。所谓宽宏大量，是指领导者可以允许不同观点的存在，可以宽恕组织成员所犯下的小过错。

（11）灵活性和适应性。领导者要思想开放、思维活跃，清醒地看到组织中需要改进的部分，使组织更快地适应变化的环境。

（12）稳妥和及时的决策能力。决策是领导者的主要行为过程之一，成功的领导者所作出的决策不仅要快，而且要准。

（13）激励人的能力。领导者应该善于利用奖金、情感、荣誉等各种方式对组织成员进行激励，要善于把握激励下级的最佳时机，从而增强他们的信心。

（14）紧迫感。对于时刻都在变化的组织内外部环境，领导者要对组织的发展具有紧迫感，并适当地把这种紧迫感传递给组织中的其他成员，这样，组织工作的效率就会保持在较高的水平。

2. 领导者的心理素质

领导者的心理因素包含非智力因素和智力因素两个方面。

1）领导者的非智力因素

（1）情感。所谓情感，是指人们对现实对象是否适合自己的需要或社会的需要而产生的心理体验。领导者既是组织中的普通成员，又担负着带领下级发展组织及下级自我发展的特殊使命。所以领导者在组织中扮演着双重的角色，也正是这种双重角色决定了领导者情感的一些特性。作为领导者一方面会感受到组织其他成员对工作、对环境的感受，另一方面由于其在组织中的特殊使命，又必须对环境有比其他成员更深入、更敏锐的认识。除此之外，领导者由于其所处位置的特殊性，其情感有较强的感染性。而且作为领导者不能轻易地在下级面前流露真实的感情，因此领导者的情感还要有较强的自控性和隐蔽性。

（2）意志。所谓意志，是指人自觉确定目标、支配行动、克服困难以实现预定目标的心理过程。作为领导者通常都具有比普通组织成员坚定的意志品质，其意志一般具有自觉性、果断性、坚定性、自制性的特点。

（3）兴趣。所谓兴趣，是指人们探索事物或从事某项活动的意识倾向，这种倾向是和一定的情感体验相联系的。兴趣是后天的，因此是可以培养和改变的。对于领导者来说，兴趣是推动其从事领导活动的精神动力，而且领导者的兴趣会在潜移默化中对下级的兴趣产生影响，所以领导者应该多培养利于社会和组织发展的兴趣。

2）领导者的智力因素

（1）领导者智力的含义。所谓领导者的智力，是指领导者利用其所掌握的知识，认识领导工作的对象、影响和改造领导对象、适应领导活动的环境、实现领导目标的基本能力。领导者的智力是领导者的重要的心理要素，也是其从事领导活动的重要的心理条件。

(2) 领导者的智力特征。包括以下几个方面：①领导者智力因素的多样性，领导者的智力因素有很多来源，除了具有普通人所具有的观察力、记忆力、思维力、想象力及创造力之外，还包括感召力、洞察力等特别的能力；②领导者的智力活动具有很强的创造性，这一点对于旅游企业的领导者来说尤为重要；③领导者的智力具有影响性，领导者的智力与组织中其他成员的智力是相互作用的，但是由于领导者的特殊地位，领导者的智力对下级智力的影响能力要明显强过下级智力对领导者智力的影响。

(3) 影响领导者智力的因素。影响领导者智力的因素包括先天因素、环境因素、教育因素、实践因素、知识因素、非智力因素、年龄因素、健康因素等。

3. 旅游企业领导者所应具备的素质

1) 真诚善良的博大胸怀

真诚善良是所有企业的领导者都应该具备的品质，而对于旅游企业来说更为重要。作为以服务为主要产品的企业，旅游企业要在市场上树立值得顾客信任的良好形象。领导者的气质和品格会在很大程度上影响企业内部成员的价值观，也会对企业文化的形成起到重要的作用。因此作为旅游企业领导者，只有自身具备真诚善良的博大胸怀，才能在企业内部要求员工做到真诚对待顾客的高质量服务，从而树立企业的健康形象。

2) 超越金钱的长远追求

经济利益虽然是经营企业的重要目的之一，但是却不是经营企业的唯一目的。旅游企业的领导者不应该是紧紧盯住金钱不放的人，而应该是执著于事业、有长远追求的人。事实上，很多旅行社企业的领导者进入这一行业，就是因为旅行行业门槛低，又容易赚钱，有些领导者甚至不惜欺骗顾客来赚取利润。这些短期行为和低级追求都会在很大程度上限制企业今后的发展。因此，旅游企业领导者必须有超越金钱的长远追求，正确处理赚钱和赔钱的辩证关系，过于重视金钱，就会为了短期利益而丢掉长远利益。只有能够适时地放弃短期利益，才能维护企业长远的发展。

3) 冷静客观的哲学思考

近年来，旅游市场的变化速度越来越快，变化程度也越来越大。要成为成功的旅游企业领导者，就必须站在战略的高度，冷静、客观地思考分析复杂多变的市场状况，运用辩证的思维从多个角度去考察市场变化对企业的影响，才能作出高瞻远瞩的战略决策。

4) 敢冒风险的经营胆略

目前，旅游市场的竞争越来越激烈。在激烈的市场竞争中，风险和机遇并存，不冒风险就不可能得到机遇。作为旅游企业的领导者，除了要冷静、客观地分析市场变化之外，还要以敢冒风险的经营胆略，不失时机地作出正确的决策，才能使企业在激烈的市场竞争中立于不败之地。

5) 开拓进取的创新精神

旅游产品是一种易于模仿和复制的服务产品，旅游企业要赢得市场，就要走在市场的前面甚至是引导市场，这就需要开拓进取的创新精神。对于旅游企业而言，掌握了最新的旅游产品，就等于把握了市场的脉搏、赢得了市场。因此开拓创新精神更是旅游企业的领导者所不可缺少的。

6）知人善任的驾驭能力

作为旅游企业的领导者，既要有识别人才的能力，更要有善于任用人才的能力，即把适当的人任用在适当的位置上，最大限度地发挥其对企业发展的作用。同时，作为领导者还应该从更高的角度重视下级能力的培养和将来的发展，把培养下级作为一项系统工程，使下级真正从工作中得到锻炼，走向成熟。

7）凝聚团体的人格魅力

集体的凝聚力对于旅游企业来说是十分重要的，而实现集体凝聚力的关键就是企业的领导者。领导者对于下级的影响一方面来自于职位权力，另一方面来自于人格魅力。因此，旅游企业的领导者应该注意修炼自己高尚的人格，并善于利用自己的人格魅力将团队凝聚起来，形成强大的团队向心力。

14.4.2 旅游企业领导者的心理调整

1. 关于压力的一般心理学理论

1）压力的产生

压力是人们对自己所重视的、可能对自己带来威胁或挑战的事情的反应。并不是只有令人不快的事情才能产生压力，很多使人愉快的事情也可以成为压力的来源，如婚礼、升职等。人们的压力来自于工作和生活的环境，而环境是怎样转变成压力的呢？根据心理学家的研究，人们面对环境的变化会作出一系列不同等级的反应。第一等级的反应是初步估计，也就是人们对于某一环境的改变或某一事件的发生所暗示的可能结果是积极、消极或中立的估计。如果一个人确定这件事情的暗示是消极的，那么对于这个人而言，这件事情就成为潜在的压力来源。第二等级的反应通常被称为第二步估计，是指人们对自己的能力及所掌握的资源是否能够胜任挑战性的工作、是否能够克服潜在压力来源的估计。如果第二步估计的结果是消极的，那么也会造成压力。心理学家认为，人们压力的产生是这两步估计综合作用的结果。

2）压力的来源

心理学研究表明，压力是很个性化的东西，也就是说对于不同的人来说，同一事件可能会使其产生压力，也可能不会产生压力。但是也有一些情况是基本上会使每个人都产生压力的。社会心理学将压力的来源归结为3种主要的类型：突发事件、个人压力、日常烦恼。

突发事件是指一些自然灾害、战争等突然发生、并且会影响到很多人的重大事件。但是，由于不同的人对同一事件的心理承受能力不同，所以同样的突发事件带给不同人的压力程度是不同的。

个人压力是指由于个人情况的变化而产生的压力，即在生活中产生消极后果的主要事件，如亲人的去世、工作或学习的失败等。这些个人情况的变化在发生时可能会对人造成比较深刻的影响，但是随着时间的推移，当人们学会适应后，这种压力就会逐渐消失。

日常烦恼是指生活中一些非正式的背景压力，一般都来自于一些日常的琐碎小事。这些事件本身可能只会对人产生较小的压力和刺激，但是这些消极的后果累积起来所产生的压力可能比起初更大的环境变化所带来的压力还要多。

总之，能够引起消极后果的事情比积极的事情更容易产生压力；不能控制、不能预料的事件会比那些能够控制和预料的事情带来更多的压力；那些不清楚、模棱两可的情况会比那些清晰的、确定的情况更容易带来压力。

2. 旅游企业领导者的工作压力

1) 工作中的具体压力源

（1）与权力相对称的重大责任。旅游企业的领导者所处的地位虽然带给他很大的权力，但同时也会使他面对更多的责任。一方面，领导者肩负着企业的兴衰成败；另一方面，领导者还承担着员工生活水平的提高及他们个人前途的未来发展责任。因此，领导者既要处理日常的各种事务，还要面对变化的环境，又要周旋于各种社会团体和势力之间，所以领导者所承受的这些双重压力是一般人所难以想象的。

（2）激烈的市场竞争。激烈的市场竞争迫使旅游企业必须不断更新产品、加强企业管理，保住在市场上占有的一席之地。因此，领导者必须时刻处于备战状态，保持清醒的头脑，其精神压力也就可想而知了。

（3）各种风险因素。在市场经济条件下，旅游企业要面临各种风险，如投资风险、合同风险、金融风险、不可抗力风险等。旅游企业领导者由于其肩负着企业的未来命运，面对这些风险，必须为企业作出正确的决策，这就使其精神总是处于高度紧张的状态。

（4）员工素质所带来的压力。对于旅游企业的领导者而言，员工素质的参差不齐是其必须要面对的问题。素质较低的员工多，会给企业日常的经营管理带来很多麻烦，会使领导者面临较大的风险。领导者一方面要想尽办法提高员工的素质，一方面还要花费更多的精力提防企业出现问题。

（5）时间和精力的问题。当领导者全身心地投入到工作中时，常常会感觉时间和精力不够用，精神要时刻处于高度紧张的状态。特别是随着年龄的增长，体力有所下降，因时间和精力所带来的精神压力就会更大。

（6）家庭婚姻方面的问题。事业和家庭似乎总是一对难以调和的矛盾。当领导者忙于事业的时候，难免会忽视家庭，久而久之就会引起家庭成员特别是爱人的不满，从而造成一些家庭矛盾和危机。这也会造成领导者的精神紧张，成为其主要的压力来源。

（7）领导者的能力危机。旅游企业现在的领导者大都没有经过相关的专业学习，随着市场竞争的越来越激烈，他们往往会觉得自己的相关知识、综合素质难以应付旅游市场的飞速发展。这种自身能力的欠缺会给领导者带来巨大的心理压力，如果下级的学历、素质比较高的话，就更会使领导者感到危机了。

2) 工作压力所带来的不良后果

（1）情绪波动较大。领导者面临的巨大的工作压力和心理压力所带来的最直接的后果，是其情绪波动越来越明显，有时候甚至会难以控制，常常表现出喜怒无常。

（2）自制力下降。自制力强的领导者可以控制自己，有意识地抑制自己的不良情绪，注意在员工面前树立良好的形象。但是在巨大的精神压力下，领导者的自制力会下降，往往会导致非理性行为的发生，给企业经营带来不必要的麻烦。

(3) 知觉迟钝。人在精神紧张的条件下会出现知觉迟钝的情况。领导者在巨大的心理压力下也难免会出现知觉上的障碍。例如，记忆力减退，对环境的变化反应迟钝，工作中精神不集中，经常出错，从而影响企业的正常经营。

(4) 正常的生活规律被打破。作为领导者，在全身心投入工作的时候，所承受的压力会打破其正常的生活规律，造成生活节奏的紊乱，特别是会失去很多休息时间和休闲娱乐时间，这又会进一步加剧领导者的心理压力，处理不好会形成恶性循环。

(5) 不良嗜好增加。领导者在心理压力过大的情况下，常常会过量饮酒、吸烟或饮用大量的咖啡、茶等提神饮料，以减轻自己的精神紧张状况。这些习惯都会影响领导者的身心健康。

(6) 家庭关系急剧恶化。工作的精神紧张使得领导者常常会把不好的情绪带回家中，从而造成家庭关系的紧张和恶化。

3. 旅游企业领导者的心理调整

旅游企业的领导者在工作中难免会面对很多压力，而在压力过大的情况下，又会出现上述不良后果，因此作为旅游企业的领导者，应该善于调整自己的心理状态，为自己减压。下面介绍10种调整心理状态的方法。

1) 顺其自然

企业的领导者虽然在事业上应该有所作为，但不要对自己提出过多的要求，不要苛求自己。"不求事事尽如人意，但求一切无愧我心"，领导者应该把努力的目标定在自己的能力可以达到的范围之内，对于很多达不到的目标，该放手的时候就应该果断地放手。这样才能够享受经过自己的努力，最终达到奋斗目标的喜悦和成就感，而不是每天在不断地责备自己中度过。

2) 对他人的期望不要过高

领导者在放松了对自己的要求之后，还要学会对他人也不要有过高的期望。领导者要能够允许他人犯错误，要能够包容别人的不同观点和不同的生活选择，不要勉强他人去做不愿意做的事情。这是尊重他人的前提，同时也是领导者自我解放的必要条件。

3) 及时疏导自己的愤怒情绪

当领导者在工作中遇到令自己愤怒的情况时，一定要先静下心来，考虑一下场合和环境，分析一下自己的发怒会对周围人产生什么样的影响，然后衡量一下自己的发怒是否会起到积极的作用，是否有意义，再决定是否发怒。作为领导者，在工作状态中不可以轻易地表露出自己的真实情绪，不分场合和对象的发脾气只会给工作带来不必要的麻烦，并且严重地破坏领导者在员工心目中的形象。

4) 在人际交往中善于屈服和妥协

领导者应该学会适时地放弃，能够在适当的时候摆出低姿态，不要为了维护自己的自尊心，对任何事情都一味地坚持和强求。对于一些无关紧要的小事，不要计较太多；对于一些固执的员工要学会使用迂回的战术，不要总是端着架子"硬碰硬"。

5) 善于"暂时逃避"

领导者在受到挫折的时候，应该学会暂时把那些不如意的事情忘掉，去做一些自己愿意做的事情，暂时逃避一下那些事情所带给自己的心理压力。等到自己能够用理智的态度去面对挫折的时候，再去总结失败的教训。

6）善于宣泄自己内心的压力

旅游企业的领导者在激烈的市场竞争中总是位于潮头浪尖，不得不去面对很多的压力，因此领导者一旦有了心理压力，应该学会适当地、及时地宣泄出来。领导者可以向亲人、朋友或者心理医生去倾诉自己心理上的压抑，从而将这些心理压力宣泄出去。

7）多为别人做好事

领导者不能处处唯我独尊，应该多考虑别人的需要和感受，多去发现别人的优点，多为别人着想。这样既可以证明自己存在的价值，又可以锻炼自己平和的心态。

8）在一段时间内只做一件事，减少精神负担

当旅游企业发展到一定的成熟程度后，领导者应该把自己从烦琐的日常事务中解脱出来，争取在一段时间内只有一个工作主题，只做一件事情。把其他的权力适当地、合理地分给下属，这样可以有效减少领导者的精神负担。

9）不要处处和人竞争

虽然旅游行业的市场竞争异常激烈，但是这并不意味着旅游企业的领导者要去参与各种竞争。领导者必须明白竞争与合作的辩证关系，在该竞争的时候竞争，该合作的时候合作，并在恰当的时候做好竞争与合作的转化。而且领导者必须善于区分什么样的事情有必要去竞争。对于一些无关大局的小事大可不必用竞争的压力来束缚自己。

10）对他人要表示友好

领导者不可以因为自己身处高位，就以居高临下的姿态对人，这样只会为自己处处树敌。领导者要学会把自己的架子放下来，用适当的方式对他人表示友好，用真诚的心对待自己的下级和竞争对手，这样才可以消除他人的戒心和敌意，从而减轻自己的心理压力。

事实上，对于领导者而言，面对来自各方面的压力，还能保持良好的心理状态，需要一种非常高的精神境界。这需要宽广似海的胸怀、静如止水的平和及宠辱不惊的从容，也就是说领导者的人生哲学和管理哲学都必须修炼到非常成熟的境界。

14.5 旅游企业领导者群体的心理结构

在现代的旅游大中型企业管理中，不再是个人领导，绝大多数是集体领导。领导班子构建是否合理，领导内部各成员其素质要素的组合是否科学，将直接影响企业经营与管理的效能。为使领导群体成员都能人尽其才、才尽其用，并且能充分发挥集体的力量，分析领导者群体的心理并进行优化亦是旅游心理学研究中的一个重要内容。

14.5.1 领导者群体的心理结构的效能

领导者群体的心理结构是指由若干个具有不同个体特征的领导者，按照一定的原则和要求进行的组合，是群体成员的情感、意志特征和个性心理特征等结构的动态综合体。领导者群体的心理结构会对领导集体和成员产生重要的影响。

1. 整体效应

任何一个旅游企业的领导者群体都是由若干人组成的，每个人都有自己的个性，如果

能有效地组合起来，就会促进领导群体的团结，使他们在思想认识上达成统一、情感上融合、行动步调上一致，大家齐心协力，从而最大限度地发挥出群体的整体力量，产生 $1+1>2$ 的效应。反之，如果领导者群体结构搭配不合理，群体成员关系不和谐，勾心斗角、矛盾重重，把时间和精力都消耗在内部斗争上，则会极大地削弱领导者群体的效应，降低企业领导与管理的效能。

2. 个体效应

领导者群体是由个体组成的，个体领导成员要做好工作，必须依赖于领导者群体的关心、信任和大力的配合。领导班子的任何成员在行使领导职能时，都要受领导集体成员和活动的制约。

一个心理结构比较合理的领导者群体能够促进群体内部中各成员之间心理上的协调，互相信任，每个人都心情舒畅、精神振奋，可以把精力和时间用在工作上，充分发挥自己的领导才能，互相支持，从而大大提高工作效率。但是，如果领导者群体的心理结构不合理，成员内部不团结，人人心存戒备，心情郁闷，谁也不敢大胆工作，这样就会抑制领导者个体的才能发挥，更谈不上发挥个人的创造性。因此，领导者群体的心理结构是保证领导成员正常工作、提高个体工作效率的重要条件。

14.5.2 领导者群体的心理结构

领导者群体的心理结构是通过对个体的年龄、知识、智能、个性等各种因素的分析和发挥个体的优势、群体的力量而综合建立起来的动态结构。

1. 年龄结构

集体领导的年龄结构是指领导集体内部成员平均年龄和年龄比例构成。合理的年龄结构是使领导集体保持最佳功能状态，富于生命力、高效率的重要条件。

不同年龄阶段的人心理行为不同。现代生理学和发展心理学研究表明，一个人的年龄与智力有一定的定量关系。知觉的最佳年龄是 10～17 岁；记忆的最佳年龄是 18～29 岁；比较和判断的最佳年龄是 30～49 岁；而动作和反应速度的最佳年龄是 18～28 岁。一般说，青年人精力旺盛，思维敏捷，求知心切，上进心强，敢说敢干，富有创造开拓精神；但阅历浅，经验不足，看问题容易片面，处理问题不够稳健，容易激进。老年人阅历深，知识经验丰富，老练沉着，遇事深思熟虑；但精力往往不够充沛，在接受新事物、开拓创新方面缺乏勇气和决心。中年人正处于"而立"或"不惑"之年，是承前启后的最佳年龄，较有经验，亦敏感，正是干事业、出成果的时候。因此，作为组织领导班子的年龄结构配备，应以中年为主，实行老中青三者结合，发挥不同年龄阶段的不同优势，增强领导班子的整体效能。

具体地说，要注意两个方面：一是领导班子年轻化。班子成员的平均年龄不宜过大，对于高层班子的平均年龄可以相对高一些，中、下层的可以降低，也不能拉大成员之间的年龄差距，领导班子内部各成员之间年龄差距应不大于 10 岁。二是领导班子内部的年龄结构应该是一个动态平衡体。现代领导不再有终身制，领导成员的年龄多层次，一方面可以让各年龄段的人发挥不同的作用，另一方面也为领导班子形成后备力量。

2. 知识结构

有人认为，现代企业的基层领导者的知识结构以"T"形模式为最理想。"T"字上面的一横，代表领导班子要有多领域广博的知识面；下面一竖代表领导者是某个知识领域里的专家，也即所谓的"通才加专才"。有研究结果表明，随着现代企业的高科技化、专业化，通专比应为1∶6。

当选配较高层次的领导班子时，应以"A"形结构为宜，即在专业上形成既有深度又有广度的扇面，用"八"表示；并且知识广博，用"一"表示，两者组合成为"A"字。其实，现实生活中，这两类人物并不多，即使都是"T"和"A"形人物，也存在着各人专深领域的差异。作为旅游企业的领导班子，应有与企业任务相适应的各种知识人才，才能胜任现代企业管理的要求。

3. 智能结构

智能包括学习能力、研究能力、思维能力、表达能力、组织能力和创造能力等。智能结构是领导班子心理智能的一个重要结构，是指将具有智慧、掌握不同知识和具有不同能力的人进行组织的结构形式，对领导水平、领导效率起着决定性的作用。智能是有差异的，这种差异既表现在每个人具有不同于他人的特殊智能，还表现为对完成同一活动，不同的人可能采取不同的途径。有的人善于在简单或复杂的事物中发现问题；有的人勇于探索，善于创新；有的人喜欢习惯性思维，有的人则善于打破常规；有的人善于调配人财物，善于组织实施；有的人具备公关能力，善于上下、左右沟通等，只有将不同智能类型的领导成员合理地组合起来，才能形成整体的最佳结构。

4. 个性结构

性格人人迥异，这是客观存在。旅游企业领导班子的性格结构要避免两种情况：一是领导成员的性格完全相同；二是领导成员性格完全不同。性格是个人现实态度习惯化的行为方式，虽然人与人之间的交往常常以性格相同则合得来，性格相异则谈不拢，但是在领导班子中，由于各人所担负的工作职责不同，各人的兴趣不同，所扮演的角色不同，因此，需要一个有多种个性人员组成的集体，以达到人事协调。

每个领导者都有其气质特点，使自己的管理具有鲜明的气质色彩。气质是人典型的稳定的心理特点，表现在人的心理活动的动力方面，气质组合类型合理对于工作必定产生积极影响。气质无好坏之分，但一个领导班子应该考虑气质的多样化，既要急性子的胆汁质成员，以敦促领导班子处理问题迅速而果断；又要有慢性子的抑郁质成员，以便提醒领导班子三思而后行；既要有反应灵敏、善于应变决策的多血质成员，又要有坚韧自制、稳妥实干的黏液质成员。这样，便会形成刚柔并济、相辅相成、气质优化的领导班子。

14.5.3 领导者群体心理的优化

领导者群体心理的优化是指充分发挥领导者群体的最佳心理功能，群体内部的所有成员在心理上形成认同性、相容性、互补性和适应性。

1. 心理认同性

心理认同性，即一种心理上的默契，认同主要包括目标认同和情感认同。目标认同就是领导群体所有成员都具有共同的目标，每个人的个人目标必须同领导群体的共同目标相一致。目标认同，可以使全体领导成员产生凝聚力，使大家在统一目标的指引下，心往一处想，劲往一处使，配合默契，形成强大的合力。情感认同就是领导群体的所有成员必须具有共同的价值观和责任感，每个人都深切感受到自己对集体所肩负的责任，都以极大的热情投身到领导工作中去。

2. 心理相容性

心理相容性主要是指领导群体成员之间融洽的心理交往状态，也是领导成员之间互相能以诚相待，彼此互相谅解，求大同，存小异，有良好的人际关系。

领导成员心理是否能够相容及相容的程度如何，是由多种因素决定的，如成员的气质、性格都可能成为原因。假如是胆汁质的人，经常发脾气，粗暴无礼，这样的人就很难和他人友好相处。在性格上，如果有成员心胸狭窄、斤斤计较、疑心重重，难免会造成成员之间的矛盾、出现对立情绪，这样人际关系就不利于工作的开展。

3. 心理互补性

心理互补性是指在领导者群体的建立过程中，应注意将各领导成员在心理品质上进行互补、搭配，以保证形成最佳的整体功能。

（1）能力互补。即在旅游企业领导者群体中，应将具有不同能力专长的成员充实到领导者群体中，保证和完善领导者群体的整体才能。因为，每个人都不可能是全才，都有自己的长处和短处。

（2）气质互补。每个人都有自己特定的气质特点，并有自己的长处和不足。如果将相同气质的人分配在一起，对工作将会非常不利，而把不同气质的人组合在一起，则可以做到取长补短。因为领导者群体既需要多血质、胆汁质那样的英明、果断，有时也需要黏液质、抑郁质那样的细心、敏感、踏实。如果在领导者群体中将不同气质的人进行搭配，就可以互相补充、各施所长。

（3）性格互补。一个好的领导者群体应该是将不同性格的人组合进去的，有外向的、也有内向的，有理智型的、也有情感型的，这样才能取长补短，使不同性格的人用不同的方式发挥自己的优势，完成众多个人不可能完成的任务。

4. 心理适应性

心理适应性是指领导成员对领导群体的功能变化和要求的适应，以及对领导群体内部其他不同成员个性特征和行为方式的适应。每一个领导成员都隶属于某一个群体，因此只有当领导成员能在心理和行为上适应系统的整体要求，适应他人的性格和行为方式以后，才能做到以大局为重，做到彼此适应、求同存异，减少各种矛盾和摩擦，促进个体积极性的发挥。同时也对整体领导者群体功能的发挥产生增力的作用。

第14章 旅游企业领导心理

本章小结

本章首先介绍了领导的概念和功能，进而分析了旅游企业领导者的概念、作用、素质及影响力的构成，力求通过对领导者应具备的基本心理素质、领导风格、领导艺术及领导者群体心理结构的内容的剖析，明确优化领导者群体心理的具体要求。

章前案例解析

有关领导风格的理论中提到三种领导方式。专制型领导专断、大权集中、小权亦独揽、好施号令、大小事亲自过问，易造成领导忙得团团转、下属站在一旁看，自己很辛苦、下属有意见、工作效率低的局面。民主型领导能将问题提交集体讨论、能系统的下达目标任务、对下级的批评亦能作出正确的反应，可形成群体成员具有生气勃勃的主动和创造精神、群体气氛热烈、关系融洽，下属对领导者会发自内心地给出高度评价的局面。放任型领导对工作和下级放任自流，让成员各行其是，造成缺乏管理、缺乏激励、工作很难有高效率可言的局面。

该案例中的这位毕业生，遇到的领导属于专制型的领导，他认为只要制定了相关制度，员工们就必须要执行。且对待该毕业生只给出要制定制度，而不详细告知制度的针对性和具体要求，使得该毕业生无从下手，成为了该毕业生困惑的来源。同时也反映出该毕业生今后需要主动来缓解工作人际关系，切实了解工作状况，切实可行的制定紧要制度以利于实施。

复习思考题

一、名词解释

领导特质理论　整体效应　个体效应

二、选择题

1. 下列关于领导功能包括（　　）。
   A. 组织功能　　　B. 指挥功能　　　C. 协调功能　　　D. 激励功能
2. 社会心理学家勒温以权力定位为基本变量，把领导者在领导过程中表现出来的极端的工作风格分为（　　）。
   A. 专制型　　　B. 民主型　　　C. 放任型　　　D. 涣散型
3. 旅游企业领导者需具备的基本素质包括（　　）。
   A. 品德高尚　　　B. 时代意识　　　C. 智于决策　　　D. 巧于组织
4. 领导者群体的心理结构包括（　　）。
   A. 年龄结构　　　B. 知识结构　　　C. 智能结构　　　D. 个性结构

三、判断题

1. 领导者的影响力通常可以分为权力性影响力和非权力性影响力两大类型。（　　）
2. 领导风格是领导作风和领导方式的总称。领导作风是指领导者在思想上和工作上所表现出来的态度和行为；领导方式是指领导者在统御人事过程中所采取的方法和形式。前者是结果和表现形式，后者是基础和行为根源。（ ）

3. 领导者群体心理的优化是指充分发挥领导者群体的最佳心理功能，群体内部的所有成员在心理上形成认同性、相容性、互补性和适应性。（ ）

四、简答题

1. 简述旅游企业领导者的作用。
2. 简述旅游企业领导权力性影响力的构成因素。
3. 简述旅游企业家所应具备的素质。

五、论述题

1. 如何理解旅游企业的领导者在企业中所扮演的角色？其影响力来自于哪些方面？怎样提高其影响力？
2. 旅游企业的领导者会面对什么样的心理压力？应该进行什么样的心理调整？

六、案例分析

老总的困境

某民营旅行社的老总对工作非常认真负责，亲自批阅各种文件，时刻关注下属的工作情况，每天都会到各个部门去视察工作，特别是业务部门所谈的每一项业务他都会亲自过问，和下属商量洽谈业务的细节。在这位老总的辛勤工作下，该旅行社的效益明显提高，但是他却惊讶地发现员工的工作积极性越来越低，经常在公司聊天、上网，而送到他案头的文件却越来越多，每天都会有很多琐碎的问题等着他去解决。直到有一天，他碰到了一个企业管理方面的专家，他对专家抱怨说，我现在真的不想做了，每天都有很多事情脱不开身，感觉每天来工作都是痛苦。

问题：如果你是该专家，请你结合所学的相关知识，帮这位老总诊断一下他的症结所在，并为他出主意，解决现在的困境。

15

学习目标

1. 了解健康的含义及员工心理健康的标准。
2. 掌握员工的挫折心理内容和心理自助方式。
3. 熟悉员工情绪状态的自我调节方法。
4. 掌握如何维护员工的心理健康。

导入案例

旅游商品销售的烦恼[①]

伴随着社会的发展和进步,人的社会交往和社会需求更加复杂,生活也更加紧张。现代人必须应付交通堵塞、噪声、拥挤、竞争和其他人为的紧张环境。中国社会和中国的企业正面临着前所未有的剧变,这个巨大的压力源对人们的影响是毋庸置疑的。根据2010年中国青年报社会调查中心通过民意中国网对4 687人进行的一项调查发现,有86.6%的人感觉在城市生活有压力,其中46.4%的人表示"压力很大"。在2010年,美国疾病控制和预防中心最新公布的一项调查结果显示,由于生活压力不断增加,越来越多的美国人因精神紧张而罹患抑郁症或其他精神疾病。该中心发表的报告说,在接受调查的120万人中,有近10%的人表示,因为生活压力大,他们每月至少有14天生活在高度紧张之中,并因此而患上多种精神疾病,如心情抑郁、情绪焦躁和失眠等。

刘小姐自一所知名大学毕业后,来到一家旅游公司从事旅游商品销售工作。工作不到半年,她便向经理递交了辞呈,任何挽留都无济于事。她无限沮丧地说:"我再也撑不住了,看见那些客户名单心里就烦,一拿起电话脑袋就要爆炸。"

【问题】

1. 压力感受到哪些因素影响,你是如何解决这一问题的?
2. 作为旅游企业管理人员,如何解决旅游工作者的心理压力?

15.1 旅游企业员工的心理健康

15.1.1 健康的含义

在日常生活中,人们常常将健康理解为身体上没有疾病与缺陷,并没有将健康的概念

[①] 资料来源:薛群慧. 现代旅游心理学[M]. 北京:科学出版社,2005.

推延至人的心理方面。事实上，健康既包括生理方面，也包括心理方面。世界卫生组织将健康定义为"既没有身体上的疾病与缺陷，又有完整的生理、心理状态和社会适应能力"。心理学家所做的大量心理学研究也证明，人的健康状况是一个整体，身体的状况与心理的状况相互影响。身体的缺陷和长期疾病会影响到心理的健康和个性的发展，心理的状况也会影响到身体的健康。

15.1.2 心理健康的标准

什么样的人才是心理健康或心理正常的人呢？要判断一个人心理是否健康，判断一种行为是不是健康心理的表现，必须考虑这个人所处的时代、文化背景及年龄、情境等各方面的因素。

首先，心理健康或正常的标准是随时代的变迁而变化的。倒退50年，若有人在海滨游泳场裸体会被看成变态，而在如今的欧美，你会看到有的海滨浴场有千百人裸体，人们并不认为这是心理不正常的表现。50年的变迁，心理健康的标准发生了很大的变化。

其次，文化背景的不同，判断心理健康与否的标准也不同。在美国，人们对裸体游泳者不以为意。但在中国，若是裸体在众目睽睽的海滩上招摇，别人会以为这是精神病患者。

除了时代和文化因素外，心理健康的标准显然还必须考虑年龄、性别、社会身份、情境等因素。某些行为发生在孩子身上是正常的，发生在成人身上则是变态；某些行为发生在女性身上是正常的，发生在男性身上则难以为人容忍；某些行为在特定的背景下是正常的，而在一些社会背景或一般情况下出现则不正常。基于这些因素的考虑，心理学家和精神病学家所提出的判定心理健康正常与否的基本标准，就是同等条件下大多数的心理和行为的一般模式，即社会常模。一种心理活动、情绪或行为，如果是同等条件下大多数所具有的，那就是作为这种心理活动、情绪或行为的背景和基础的个性也被认为是正常的，从而具有这种心理活动、情绪或行为的人的心理就是健康的。与此相比，若是一种心理活动、情绪或行为只是少数人所具有的，那就认为这少数人偏离了社会常模，他们的个性也与众不同。偏离社会常模可能是心理不正常的标志，但不是必然的。所以，心理学家和精神病学家提出了判定心理健康正常与否的标准：①是否偏离了社会常模；②是否具有可以对自身或社会产生直接伤害的行为表现；③是否具有会造成个人内在心理伤害的消极情绪。

美国心理学家马斯洛和米特尔曼（Mittleman）在《变态心理学》一书中提出了10条正常人的心理健康标准，受到人们的普遍重视，包括：①有足够的自我安全感；②能充分地了解自己，并能对自己的能力作出适度的评价；③生活理想、切合实际；④不脱离周围现实环境；⑤能保持人格的和谐与完整；⑥善于从经验中学习；⑦能保持良好的人际关系；⑧能适度地发泄情绪和控制情绪；⑨在符合集体要求的前提下，能有限度地发挥自己的个性；⑩在不违背社会规范的前提下，能恰当地满足个人的基本需求。

15.1.3 旅游企业员工心理健康的标准

参照上述心理健康的一般标准，结合旅游企业员工的心理特征及特定的社会角色，员工心理健康的标准可概括为以下几项。

1. 正确认识自己、接纳自己

一个心理健康的员工应能够体验到自己存在的价值,既能了解自己又能接受自己,对自己的能力、性格、特点能作出恰当、客观的评价,并努力发展自身的潜能。

2. 能较好地适应现实环境

心理健康的人能够面对现实、接受现实,并能主动地适应现实;对周围事物和环境能作出客观的认识、评价,并能与现实环境保持良好的接触;对生活、工作中的各种困难和挑战都能妥善处理。

3. 和谐的人际关系

心理健康的员工乐于与人交往,不论与同事交往还是与旅游者交往,都能认可他人存在的重要性和作用,在与人相处时,积极的态度(如友善、同情、信任)总是多于消极的态度(如猜疑、嫉妒、敌视),因而在工作和生活中有较强的适应能力和较充分的安全感。

4. 合理的行为

心理健康的员工,其行为应该是合情合理的。具体包括:行为方式与年龄特征一致、行为方式符合社会角色、行为方式具有一贯性、行为受意识控制等。

15.2 旅游企业员工的挫折心理和心理自助

15.2.1 挫折的概念

挫折是指员工在从事有目的的活动时,遇到障碍和干扰,致使动机和需要不能获得满足和实现时的情绪状态。挫折是一种感受,所以也称挫折感。人们在日常生活和工作中一帆风顺是很少的,总会遇到这样或那样的障碍和干扰,遇到或大或小的困难,因而受到挫折。挫折对人有利有弊,从利的方面来说,它在使人遭受打击的同时,也使人有机会来锻炼自己应付挫折的能力,有了应付挫折的能力,人就能在遭受挫折以后迅速地摆脱消极的情绪状态,重新振作起来,继续朝着自己的目标前进。但是,挫折也有弊的方面,如果挫折太大,而人又没有足够强的应付挫折的能力,就会长时间地沉溺于消极的情绪状态而不能自拔,不仅无所作为,而且还会使自己的心理健康受到严重的损害。

15.2.2 挫折产生的原因

挫折产生有各种各样的原因,归纳起来大致有客观和主观两方面的原因。

1. 客观原因

挫折产生的客观原因来源于外部环境,这方面的原因又包括3种因素,即自然因素、社会因素、管理因素。

1)自然因素

自然因素是指个人能力无法克服的自然因素,如天灾、突发车祸、空难、海滩沉船,以及衰老、疾病、死亡等。

2) 社会因素

社会因素包括个人在社会中受到政治、经济、法律、道德、宗教、风俗习惯等人为因素的限制。

3) 管理因素

管理因素是由于组织管理当中出现的原因，包括5个方面。

(1) 组织管理方式。管理人员主张用权威、控制、惩罚的方法管理员工，形成管理者要求无条件服从与员工个人意愿、动机之间的严重冲突而造成员工的心理挫折。

(2) 组织内的人际关系。既包括员工和管理者之间的上下级关系，也包括员工与员工之间的同事关系，组织内人际关系紧张会使员工产生心理挫折。

(3) 工作性质。如果工作性质不适合个人的兴趣和能力会成为心理上的负担。在工作中分工不适当，"大材小用"或"小材大用"都会造成员工的心理挫折。

(4) 工作环境。工作场所的通风、照明、噪声、安全措施和卫生设备，以及工作中使用工具等不理想，不但直接影响员工的身体健康、增加工作强度，而且也容易引起员工情绪的不满而造成心理挫折。工作环境中还可以由于旅游者对员工不尊重、讽刺挖苦或辱骂等，使员工产生心理挫折。

(5) 其他。管理人员对员工的工作与休息的时间安排不适当，强迫加班、恶性延长加班时间，或者经常安排上夜班；员工的工资与同类人员相比偏低；不公平的晋升等都足以影响员工的情绪造成心理挫折。

2. 主观原因

挫折产生的主观原因来自于个体内部，包括3种因素。

(1) 个人生理因素。个人具有的智力、容貌、身材，以及健康状况或生理上某些缺陷所带来的限制而形成的挫折。

(2) 需要冲突因素。在员工日常生活、工作中经常同时产生两种或两种以上的需要，但又一时难以决定哪一种是最强烈的需要，产生难以决策的心理状态。例如，一个员工欲接受主管的提拔，但又担心自己对新职位无法胜任，而形成"进退两难"的心理状态。

(3) 能力和期望的矛盾。若过高估计自己的能力，制定目标过高，不切实际，就会引起挫折。例如，一些旅游专业的毕业生，刚一参加工作就想做管理人员，稍长时间从事基层工作就感到失意沮丧。

15.2.3 心理挫折的容忍力

遇到挫折后，忍耐和排除不良情绪，克制自己，免于行为失常的能力称为心理挫折的容忍力。员工对心理挫折的容忍力大小与下列因素有关。

1. 生理条件

身体健康、发育良好的人比疾病缠身、体弱有残疾的人容忍力大。

2. 心理成熟程度

心理成熟的人具有辩证唯物主义的世界观，有坚强的意志，一般对挫折容忍力大，遇到困难百折不挠。

3. 社会经验

社会经验丰富的人，挫折的容忍力大些，生活中经历艰辛的人比一帆风顺的人更能容忍挫折。

4. 对挫折的知觉

判断每个人对客观世界的认识不同，对挫折情况的判断就不同。例如，两人同时认真地完成了工作，经理检查后没说什么，一个人可能认为经理对自己不满意，一个人却认为经理对自己很满意。一般而言，虚荣心强、把名利看得很重的人对挫折敏感。

5. 是否预见到挫折

员工能否预见到挫折，其挫折的容忍力有很大差别。例如，一位员工家属长期患疾病死亡和突然因疾病或车祸死亡，反映在员工身上的挫折的容忍力就可能完全不同。

6. 支持

良好的人际关系可能减轻挫折感。同样的挫折由两个人分担，痛苦就减少一半。上下级、同事间的支持有助于克服挫折。员工心理挫折的容忍力是因人而异的，工作和生活中的挫折常常会构成对心理健康的威胁，所以，只有增强应付挫折的能力，才能进行自我保护并保证心理上的健康成长。那么，旅游服务人员就需要学会在遇到挫折时实行积极的心理自助。

15.2.4 挫折后的行为表现

人们在工作和生活中遇到挫折后，会表现出各种各样的态度和情绪反应，研究这些反应有助于理解周围发生的各种事件，同时也能提高自己抗拒挫折的能力。由于受挫折的人各有特点，所以其受挫折后的行为表现也各有不同。一般有两类：有的人采取积极进取的态度，采取减轻挫折和满足需要的积极适应的态度；有的人却采取消极的态度，甚至是对抗的态度，如攻击、冷漠、幻想、退化、固执等。

1. 攻击

攻击是一种常见的对挫折所采取的公开对抗的行为。这种攻击可分为直接攻击和转向攻击两类。直接攻击是指把攻击行为直接指向阻碍达到目标的人或物。转向攻击是指当不能直接攻击阻碍达到目标的人或物时，把攻击行为转向某种替代的人或物。例如，有人在工作单位受到批评，不敢顶撞上级，回到家里骂老婆、打孩子。在旅游企业中如果员工遭受挫折，很可能向旅游者发泄，引起冲突，这是旅游工作的大忌。

2. 冷漠

冷漠是指员工受挫折后所表现出的对一切漠不关心、无动于衷的态度。这是一种压抑的情绪状态，其内心深处常隐藏着痛苦。例如，有的员工工作出了差错，得不到领导和同事的谅解，于是自暴自弃，对什么都不积极，最后放弃工作离职而去。

3. 幻想

幻想是人受到挫折后的另一种退缩式的反应，是指个人遭受挫折后退缩、脱离挫折的情况，把自己置身于一种想象的境界，企图以非现实的虚构方式来应付挫折或解决问题。

4. 退化

退化是指人在遇到挫折时会表现出与自己年龄、身份不相符的行为，是一种反常的现象。一般说来，人们随着年龄与经历的增加和社会生活的影响，由儿童时代的任意发泄，逐步学会如何控制，如何在适当的时机作出适当的反应。但是，有的人在遇到挫折时会失去控制力，像小孩一样哭闹、暴跳如雷或蒙头大睡，甚至装病不起。这种行为属于幼稚退化。

5. 固执

人在生活环境中遇到挫折时，需要有一种随机应变的能力，才能顺利解决所遇到的问题。但在某些情况下，如果一再遇到同样的挫折，他可能会采取一种一成不变的反应方法，即使以后情况已改变，而这种已有的刻板性反应方法仍会继续盲目地出现。这种现象称为固执。

15.2.5 进行积极的心理自助的方式

心理自助是在人无法改变外部环境的情况下，通过调整自己的所思所想、所作所为来实行心理上的自我保护。心理自助有积极与消极之分。积极的心理自助不仅能减轻痛苦，而且有助于人在心理上的健康成长。消极的心理自助虽然能减轻一时的痛苦，却妨害了自己的心理健康，甚至也有害于他人和社会。而旅游企业员工作为旅游行业的服务人员，经常要面临各种压力，容易产生心理挫折，故积极实施心理自助亦显得很重要。心理自助最常用的方式是代偿、合理化和宣泄，这 3 种方式都有积极与消极之分，旅游企业员工要学会积极地运用这几种方式。

1. 代偿

代偿包括替代和补偿。当一个人因为自己的需要未能得到满足而产生挫折时，如果能得到一种替代或在其他方面得到补偿，就能减轻甚至消除自己的挫折感。寻求消极的"代偿性满足"是一种"倒退"，寻求积极的"代偿性满足"是一种"升华"。

例如，有的人自己失败了，就希望别人也失败，他要从别人的失败中得到心理上的补偿，这是消极的代偿，是"倒退"；有的人在某一方面竞争中失败了，就在别的方面积极努力，终于取得了优异的成绩，这是积极的代偿，是"升华"。有的人在现实生活中遭受挫折，就退到幻想中去满足，在幻想中可以把一切都想得很美好，但是人不可能永远生活在幻想中，幻想中的世界越是美好，人就越不能接受必须面对的这个不完美的现实，于是又要逃避现实而回到幻想中去，如果陷入这样的"恶性循环"，头脑就会离现实越来越远。这种逃避的方式是消极的代偿，而积极的态度是面对现实，"忍受痛苦，为所当为"。一个心理健康的人能永远正确地面对现实。

2. 合理化

合理化是为了"化不合理为合理"，是指一个人受挫折后想出各种理由原谅自己，为自己的失败辩解，起到自我安慰的作用。例如，人们常说的"阿Q精神"是合理化，"吃不到的葡萄是酸的"是合理化，"不得不吃的柠檬是甜的"是合理化。如果合理化能使人们辩证地看问题，能使人们接受本来就无法逃避的现实，那它就是起积极作用的心理自助。如果合理化只是一些假象用来欺人而且自欺，就是起消极作用的心理自助。

3. 宣泄

宣泄是指在遭受挫折后把自己的不满和愤怒、伤心和悔恨等内心感受痛痛快快地表达出来。能够把感情表达出来，人就会觉得轻松地多。如果只考虑自己的感受，而完全不考虑对工作和对他人的影响，不分时间、地点、场合，想说什么就说什么，想骂谁就骂谁，那是消极的心理自助。积极的做法一是诉说自己的感受，二是进行"象征性的攻击"。

无论是在客人面前受了委屈，还是在自己的上级面前受了委屈，如果的确感到不公平，那就应该找一个适当的对象来诉说自己的感受，而不要总是把委屈憋在心里。如果实在是觉得"咽不下这口气"，非要采取攻击性行为不可，那就应该用"象征性的攻击"来代替真正的攻击。例如，你可以把一个玩具设想为你所恨的那个人，痛快地骂一顿，甚至挥起拳头狠狠地揍它一顿；你可以给你认为应该"教训"一番的人写一封不必寄出也不必保留的信，在信上毫不客气地把他"教训"一番。这些"象征性的攻击"不会使你的同事和朋友受到伤害，却可以使你因为已经得到了宣泄而平静下来，更客观、更现实地来考虑你究竟遇到了什么样的问题和应该怎样去对待。

15.3 旅游企业员工的心理疲劳与调节

15.3.1 心理疲劳

1. 疲劳的基本含义

所谓疲劳，是指人在劳动和活动过程中，由于能量消耗而引起的机体的生理变化。也就是在连续劳动一段时间以后，劳动者自感不适和劳累，从而使劳动机能减退的现象。疲劳也是人的机体为了免遭损坏而产生的一种自然的保护反应。一般来说，可以将疲劳分为生理疲劳和心理疲劳两种。

1) 生理疲劳

工作疲劳表现在生理方面叫做生理疲劳。由于人们从事工作的性质不同，生理疲劳又可以分为体力疲劳和脑力疲劳。

（1）体力疲劳。是指由于肌肉持久重复地收缩，能量减弱，因而工作能力降低以至消失的现象。体力疲劳是肌肉关节过度活动，体内新陈代谢的废物——二氧化碳和乳酸在血液中积聚并造成人的体力衰竭的结果。人的肌肉不可能在这些化学物质积聚的情况下，继续有效地活动。

（2）脑力疲劳。是指用脑过度，大脑神经活动处于抑制状态的现象。人的大脑是一个错综复杂而精密的组织，它既有巨大的工作潜力，也容易受到损伤。大脑重量约 1 400 克，只占全身重量的 2%，却整个浸沐在血液之中，拥有心脏流出血液的 20%。人在从事紧张脑力工作时，耗血量更大。如果供血情况中止 15 秒钟以上，人会立即神智昏迷；中止 4 分钟以上，大部分的脑细胞受到破坏而无法恢复。人们在进行脑力劳动时，肌肉同样

有所反应，那些细微的变化与体力劳动属于一个类型。

体力疲劳和脑力疲劳是相互影响、紧密相关的。极度体力疲劳不但降低直接参与工作的运动器官的效率，而且影响到大脑活动的工作效率。

2）心理疲劳

心理疲劳是一个较难把握的概念。一般是指人体肌肉工作强度不大，但由于神经系统紧张程度过高或长时间从事单调、令人厌烦的工作而引起的疲劳。它表现为感觉体力不支、注意力不集中、思维迟缓、情绪低落，并往往伴有工作效率低、错误率上升等现象产生。心理疲劳的持续发展，将导致头痛、眩晕、心血管和呼吸系统功能紊乱、食欲下降、消化不良及失眠等。因此，了解心理疲劳的产生及发展过程，进而达到消除或推迟心理疲劳的产生，在工作中是有实际意义的。

2. 疲劳时的心理状态

疲劳问题早就引起了研究人员，其中包括生理学家和劳动心理学家的注意。研究疲劳问题具有重要的实际意义，因为疲劳是对劳动效率发生重要影响的最为普遍的因素之一。

随疲劳而出现的是作业量的减低。疲劳是一系列复杂纷繁现象的综合体。疲劳的完整内涵不仅仅由生理的，而且还由心理的、劳动环境的及社会的因素所决定。

心理学家注意研究疲劳，正是把疲劳看成特殊的、独特感受的心理状态，认为疲劳是多种感受的体验。其中包括以下几种。

（1）无力感。当劳动效率还没有下降的时候，员工已经感到劳动能力有所下降，这就是疲劳反应。劳动能力下降表现为特殊的、难忍的紧张造成的难受的感觉和缺乏信心，员工感觉到无法按照规定的要求继续工作下去。

（2）注意的失调。注意是最容易疲劳的心理机能之一。在疲劳情况下，注意力容易分散，少动，或者相反，产生杂乱好动，游移不定的表现。

（3）感觉方面的失调。在疲劳的影响下，参与活动的感觉器官功能就会发生功能紊乱。

（4）动觉方面的紊乱。表现为动作节律失调，动作滞缓或者忙乱，动作不准确、不协调，动作控制程度减低。

（5）记忆和思维故障。在过度疲劳的情况下，员工可能忘记技术规程，把自己的工作环境弄得杂乱无章；与此同时，对于与工作无关的东西却熟记不忘。脑力劳动造成的疲劳，尤其有损思维过程。然而在体力劳动造成疲劳的情况下，员工也经常抱怨自己理解能力降低和头脑不够清醒。

（6）意志衰退。疲劳状况下，人的决心、耐性和自我控制能力减退，缺乏坚持不懈的精神。

（7）睡意。过度疲劳能够引起睡意，这种情况下睡意是保护性抑制的反应。人工作得疲惫不堪，睡眠的要求变得强烈，以致任何姿势下（如坐着）也能入睡。上面历数了疲劳的心理表现，它们随疲劳的强度而改变。轻度疲劳状态下，人的心理无明显变化，只是警告人们必须采取措施，预防劳动能力的降低。人过度疲劳，劳动能力急剧减低，劳动效率也就随之下降，因而过度疲劳是有害的。

疲劳可以分成不同阶段。疲劳的第一个阶段，倦怠感相对轻微，劳动效率并没有降低,或者稍有降低。可是不能认为,如果疲劳感——主观感受尚未造成劳动效率的下降,那么它就是毫无意义的。一个人进行着繁重的工作,主观上觉得自己精力还很充沛的时候,疲劳感往往已经产生。浓厚的工作兴趣、工作的特殊刺激、意志的冲动构成了自我感觉精力充沛的原因。人处于这种抗疲劳状态,在一些情况下他确实战胜了疲劳,同时没有减低劳动效率。而在另一些情况下,这种抗疲劳状态能够造成过度疲劳的独特形式的迸发,这种迸发对人的劳动能力起着强烈的破坏作用。

疲劳的第二个阶段,劳动效率的下降已经为人所察觉,并且下降趋势愈演愈烈。不过这一下降只涉及工作的质量,而不是工作的数量。

疲劳的第三个阶段,倦怠感强烈并以过度疲劳的形式出现。工作曲线或是急剧下跌,或是"忽高忽低",后者表明人正在试图维持作业的规定进度。在第三个阶段中,工作进度可能加快,但不能稳定下来,最终动作发生紊乱,人感到一种病态而无法继续工作。

个体的易倦性是一个有意义的问题。许多研究人员都认为,个体的易倦性确实存在。疲劳的发展过程和疲劳的极限量主要取决于劳动者个人的特点,如机体发育和健康状况、年龄、兴趣和动机、性格的意志特征等。这些个体特点还决定着一个人对疲劳的感觉程度,以及在疲劳的不同阶段上如何克服疲劳。

3. 疲劳产生的原因

1)关于疲劳产生因素的主要理论

关于产生疲劳的因素,心理学家有着不同的见解。但归纳起来,主要有以下4种理论。

(1)疲劳物质积累论。认为疲劳是由劳动中人体内废物质过多引起的。

(2)能量消耗论。认为人们在劳动中消耗过多的能量就产生疲劳。

(3)物理化学变化协调论。认为疲劳是人体内物质的分解与合成过程产生不协调所致。

(4)中枢神经论。认为疲劳是由中枢神经失调引起的。

2)产生生理疲劳的主要因素分析

劳动心理学的研究表明,产生生理疲劳的主要因素是紧张而持续的作业。具体可以从下面几点来分析。

(1)作业强度和持续时间。作业强度是决定疲劳出现早迟及疲劳积累程度的主要因素。作业强度越大,疲劳出现越早;持续时间越长,疲劳积累的程度越高。

(2)作业速度。过于快的作业速度很容易产生疲劳。只有采取经济速度,才能减少疲劳和提高效率。

(3)作业环境。恶劣的环境会使作业者加速疲劳。温度、湿度、照明、噪声、灰尘、震动等处理不好都会引起疲劳。

(4)肌肉的不合理活动也会产生疲劳。例如,全面的肌肉劳动,局部肌肉的长时间劳动,以及静态的肌肉劳动等,也都容易产生疲劳。

(5)工作时间。研究表明,人的工作效率在一天的24小时中有一定的周期性。夜班作业比白天作业疲劳产生得快,大约作业时间为白天的80%就会产生疲劳。

3）心理疲劳产生的主要因素

心理疲劳的产生主要与消极情绪、单调感和厌烦感等因素有关。

（1）消极情绪。有一些人总感到全身疲乏，精神萎靡不振，休息后也难以恢复，或稍活动就出虚汗，感到疲惫不堪，这种现象称为病态疲劳，是一种既有生理因素也有心理疲劳的表现。如果不是病后虚弱的话，它说明体内潜伏着某种失调，或即将爆发某种疾病。然而有些人什么病也查不出来，却仍是无精打采，注意力不集中，情绪消沉，或狂躁，或抑郁。这可能是由于工作、学习、生活不顺心，可能是受到他人打击和遭遇某种不幸，因而心烦意乱；也可能是由于一种需求得到了满足，失去了对行为的激励；或者是合理的需求得不到满足，产生了郁闷、消极的情绪。

消极情绪对人的行动有减力的作用，有消极情绪的人，工作缺乏动力，对工作表现冷漠甚至厌烦，遇到困难也不能自觉地以坚强的意志来克服。忧虑、郁闷的情绪使人的能力和技能不可能很好地发挥。人的悲伤、恐惧、委屈、痛苦、不满、嫉妒等消极情绪使人失去心理上的平衡，因而动作软弱无力、姿态反常、面色苍白、心率改变、呼吸频率加快，甚至肌肉颤抖。在这种状态下工作，工作效率必然降低，甚至出现别扭、摔打、拿东西出气、甩手不做等抵制工作的现象。

生理疲劳经过睡眠休息易于消除，恢复工作能力，而要消除心理疲劳就不那么容易。可见心理疲劳对工作效率的影响比生理疲劳更大。要消除员工的心理疲劳，就需要加强思想工作，增加员工的工作兴趣，满足员工的合理需求，使员工从消极的思想情绪转变为积极的思想情绪。

（2）单调感和厌烦感。在现代旅游企业中由于分工过细，因而往往使员工感到单调、乏味、厌倦。随着工作时间的增加，这种感觉会越来越严重。从事持续单调操作的员工大多数在上午上班后一小时和下午上班后半小时就开始进入心理疲劳状态，工作效率逐步下降。而这两个时间正是员工的一天工作中体力最佳的时间。这说明，持续单调的操作给员工心理上造成的疲劳和对工作效率的影响，远远先于和大于生理疲劳所带来的影响。一般说来，员工做单调的工作比做变化多、兴趣大的工作易进入心理疲劳状态。

15.3.2 旅游企业员工心理疲劳的调节

尽管生理疲劳具有防护性作用，但人在疲劳过程中会出现注意力涣散、操作速度变慢、动作的协调性和灵活性降低、误差及损耗增多、事故频繁升高等现象。这些现象无疑会降低旅游工作者的工作效率。因此，有必要对预防与消除疲劳的措施进行探讨。

1. 合理安排休息

人疲劳后必须休息。但是，休息应科学地安排。具体地说，如何根据工作和疲劳的情况确定休息时间的长短、休息的频率不是一件简单的事。工作与休息的合理安排对于提高工作效率、保证员工的健康至关重要。

在活动初始阶段，员工的工作能力逐渐上升，这时一般不需要进行休息。不适当的休息反而会延迟员工达到最大工作能力状况的时间。在进入最大工作能力阶段后，员工的疲劳逐渐积累，这时应开始安排休息。安排休息的原则应为"先少后多"，即起先少休息几次，休息时间也可较短，以后慢慢增多。如果没有安排足够的休息致使工作过程提早进入下一阶段，即工作能力下降阶段，这时即使给予很多休息也往往无法使员工完全恢复到最大工作能力。操作活动强度大，环境条件差，员工的疲劳积累较快，这种场合下应在活动的较早阶段就开始安排休息以缓和疲劳的积累。

另外，员工的工作能力还存在随工作日、星期和月份发生变动的特点。在一天中，上午(特别是 9:00～10:00)的工作能力较高。在一星期中，工作能力呈倒形，即星期三、星期四的工作能力较高而周初和周末工作能力较低。在一年中，冬季的工作能力最高，夏季的工作能力最低。所以根据工作日、星期、月份的变化，适当安排休息时间具有一定的意义。

2. 提供足够的睡眠

提供足够的睡眠是消除疲劳、恢复员工的工作能力的最重要方法之一。通过睡眠，可以将员工在一天中消耗的能源物质重新储备起来，将积累的代谢产物清除掉，只要不是过度疲劳，通过足量的睡眠，员工完全可以恢复到活动前的状态。尤其是旅游企业员工由于所从事工作的特殊性，更应保证充足的睡眠。

3. 合理设计工作环境

在工作环境的设计上，除了消除温度、噪声、粉尘等因素的不利影响外，工作台、工作座椅的合理设计对消除疲劳也是十分重要的。工作台过高或过低、工作座椅设计不合理，往往会造成员工处在一种不舒适的姿势下工作，从而引起局部肌肉疲劳。例如，操作时如果工作座椅的高度过低，则员工的双腿将处于一种持续紧张的状态而引起疲劳。此外，让员工在工作过程中变换姿势，使工作负荷由不同肌肉轮流承担，也是一种减轻疲劳的有效方法。

4. 变换工作类型

不同类型的活动对员工施加压力的形式是不同的。有些操作活动需由双手来承担，而另一些活动则可能需由身体其他部位来承担；有些活动是纯体力的操作活动，而另一些活动则可能是纯智力、心理的活动。所以合理地安排员工的工作轮换，或者将各种类型的活动混合起来并交替进行，可使员工机体的不同部位(或机构)得到必要的休息。

5. 工作内容丰富化

工作内容丰富化是用以减少单调感、厌烦感，调动员工积极性的重要方法。它可以使工作成为员工本身的一种享受和需要，从而具有内在的激励作用。

工作内容丰富化就是尽可能地使员工的劳动丰富多彩，其主要之点是在工作中增加更有兴趣和更有挑战性的内容。在计划和控制工作中，给予员工更多的自主权，通过工作发展个人的成就感和创造力。实行工作内容丰富化之后，能消除工作设计上的错误，员工能够马上了解到自己的工作成果，感到工作是一种学习提高的机会。这样，工作中的单调感和厌烦感便会减少。

企业吸收员工参加管理和制定规划，使员工的本职工作与企业联系在一起，让员工有更多的机会发挥自己的聪明才智。这样做的一个重要作用就是可以增强员工对工作的责任感和进取心，发挥员工的自觉性、积极性。企业领导坦率地与员工研讨改进工作的办法，允许员工参与决策，有益于激励员工不断取得新的成就。

6. 自我心理训练

自我心理训练也称自我心理调节。这是运用思维、情绪等心理因素的作用，对自己进行良好的心理暗示，使大脑产生美好的想象，抑制大脑的紧张状况，有利于消除疲劳、强身健体，提高工作效率。

自我心理训练的主要方法：闭目养神，脑子里思想意识集中，想象自己认为的最美好的事物，就会面带笑容，产生美好愉快的体验；或者以意领气，采用自我调节呼吸的方法，吸气时默念"静"，呼气时默念"松"，以这种"静"、"松"的意念来缓慢地调节呼吸。经过几次练习之后可使头脑入静，全身放松，全身的血液循环和呼吸系统的功能得到改善。运用自我心理训练入静之后，大脑的兴奋自然地转入抑制，常可入睡，而使人得到休息。

15.4 旅游企业员工情绪状态的自我调节

15.4.1 对情绪状态进行自我调节的必要性和可能性

情绪状态对人们的身体健康有极为重要的影响，当一个人情绪激动时，他会产生相应的生理反应，肾上腺素大量分泌，一系列的生理指标都偏离正常值，他的健康状况会受到影响。情绪还能影响人的"能量供应"，所以随着情绪的变化，人们有时会感到"浑身有使不完的力气"，有时又可能会觉得"整个人就像泄了气的皮球"。除了影响人们采取各种行动的积极性外，情绪还会影响人们进行各种操作的准确性。而且，人们的情绪状态还会通过人们的表情影响他人对自己的"人际认知"，还会通过人们的表情使人们周围的人受到"感染"。因此，人们能否处于积极的情绪状态，这不仅关系到旅游企业员工能否做好旅游服务工作和管理工作，而且关系到能否成为健康而又幸福的人。所以，学会进行情绪状态的自我调节，使自己处于积极的情绪状态是十分必要的。

人的情绪是由人的潜意识直接支配的。潜意识有心理活动中那些被忽视、被遗忘的内容，也有心理活动中那些被压抑的内容，还有许多被人们压抑的思想感情。这些被人们压抑的思想感情可能会使人们觉得痛苦、难堪和羞愧，人们把它驱赶到潜意识中去，就会觉得自己已经"没有"这些思想感情了，就不会再感到痛苦、难堪和羞愧了。

人的潜意识层不仅能"存放"心理活动中那些被忽视、被遗忘和被压抑的内容，而且能在不知不觉中"制造"出一些新的想法和感受，在不知不觉中支配人的行为，影响人的情绪反应和生理活动。人的潜意识有一个特点，即"没有批判能力"，并不能够区分真、假、对、错，所以当意识的"批判能力"由于某种原因不起作用时，人就会不加怀疑、不加批判、不加抵制地接受来自外界的影响，这就叫做"暗示"。"暗示"可能来自外界，也可能来自自身，来自自身的"暗示"叫做"自我暗示"。潜意识的另外一个特点是分不清现实的东西和想象的东西，在潜意识中，想象出来的东西可以起到与现实的东西同样的作用。

如果人们能够了解内心深处的潜意识，就完全可能通过自觉而有效地对自己的潜意识施加积极的影响来调节自己的情绪状态。

15.4.2 情绪状态自我调节的方法

1. 积极自我暗示法

首先，坚决抵制来自他人的消极"暗示"。例如，有人对你说："你这个坏脾气，这辈子改不了。"你不一定要和他辩论，不一定要去批驳他，但是你一定在对自己说："不是改不了，是可以改掉的。"

其次，一定要停止消极的"自我暗示"。例如，你决不能再说："我这个坏脾气，这辈子改不了"这一类的话。

实行积极的"自我暗示"，先要把正确的、应该灌输给自己并让它在自己的潜意识中"扎根"的想法，编成一段用正面的、肯定的语气来说的话，然后在非常放松的，完全不加怀疑、不加批判、不加抵制的情况下，出声地、反复地自己说给自己听。例如，对自己说："无论遇到什么样的人，什么样的事，我都能沉得住气。"而不能说："以后遇到什么事情，我不会再沉不住气了，"因为这样做是在提醒自己："我这人就是沉不住气。"这就不是在做积极的"自我暗示"了，这样做的结果肯定无效。

2. 形象控制和想象演习法

人的情绪通常都与浮现在头脑中的形象有关。美好的形象使人愉快，可怕的形象则使人恐惧，人们可以通过控制出现在头脑里的形象来影响自己的情绪。如果你在着手做一项难度较大的工作时信心不足，你就应该让自己的头脑里生动地浮现出过去做这一类工作做得出色时的情景，你的潜意识会根据这些情景，迅速地使你进入一种充满信心的情绪状态。所以人们无论做什么工作，都要力争一开始就把它做好，从一开始就在头脑里留下美好的形象，记忆中的美好形象越多，就越可以利用这些美好形象来使自己进入积极的情绪状态。要知道，留在记忆中的许多美好形象是人们的一笔非常宝贵的精神财富。

如果在记忆中找不到所需要的美好形象，就用想象出来的美好形象来代替。对人的潜意识来说，它同样起作用。这种方法是先在想象中演习，用这样的演习来保证自己在将会遇到的情境和将要从事的活动中处于良好的情绪状态。进行想象演习法需要注意 4 点：①要尽可能生动地想象出自己将会遇到的情境；②要尽可能具体地想象出自己将要采取的行动；③要很逼真地想象出自己在某种情境中采取某种行动时有良好的感受；④要充分估计到事情的复杂性和发展变化的多种可能性，使自己以后无论遇到什么样的情况，都会觉得"这已经不是第一次了"。

3. 积极行动法

作为旅游服务人员，随时都有可能遇到困难重重的局面。当种种不利因素"碰巧"都碰到一起时，不仅会造成非常困难的局面，还容易使人陷入消极的情绪状态。这时如果怨天尤人是无济于事的，应对之策应是"第一，接受；第二，行动"。这就是积极行动法。

对于摆在面前的困难，人们必须"接受"它，"接受"它就是要"正视"并"承认"

它，因为它已经存在，逃避是没用的，应该考虑的是下一步该怎么办？怨天尤人和自我谴责都不能使人从消极状态变为积极状态，只有考虑行动才能使人摆脱消极的情绪状态，然后，积极行动起来，一心一意地去解决问题。

4. 延缓反应法和自我强化法

人都是从不成熟到成熟，从不能实行自控到能够实行自控，而自控都是从反应延缓开始的。一个人在将作出冲动的反应时，若能延缓自己的反应，就能赢得思考的时间，而经过思考，哪怕只是很短时间的思考，也常常能改变原来凭直觉对情境所作的不正确的评价和估量，使人从惊恐和气恼等导致举措失当的情绪状态中解脱出来，避免由于作出不适当的反映而招致不良的后果。旅游企业员工和管理者常常会遇到一些想不到的人和想不到的事，而且往往是一旦举措失当就会造成严重后果，所以增强自控能力就显得特别重要。运用延缓反应法，训练自己在感情冲动时有意识地延缓自己的反应，以赢得思考的时间，就是增强自控能力的一条有效途径。

反应的延缓可以通过反应的替换来实现。例如，当你在交谈中急于开口去反驳对方时，如果你想延缓这种反应，就可以端起茶杯喝上几口，"喝茶"替换了"反驳"，"反驳"自然就延缓了。究竟应该用一种什么样的反应来替换需要延缓的反应，要根据当时的具体情况来定。人们最好根据自己所从事的工作和可能遇到的情况，设计出一些切实可行的用"替换"去实现延缓的方案，并通过反复的演练，使这种"替换"变成自己的一种习惯性行为。如果能养成一些良好的习惯，就能使自己经常处于良好的情绪状态。

行为变成习惯是强化的结果。强化是指用"及时地给予奖励"的办法来增加一种行为"重复出现的可能性"。运用"自我强化法"就是用"自己奖励自己"的办法来使自己养成一些好的习惯。如果确信自己做得对，那就应该及时地自己表扬自己、自己奖励自己，也就是及时地对这种做得对的行为进行一次自我强化。

知识链接 15-1

天慧公司超负荷的员工[①]

作为一家面临着激烈的市场竞争的IT企业，天慧公司和许多其他公司一样，也常常期望公司的员工为公司做更多的工作。员工常常要加班到很晚，甚至通宵达旦，在星期日和节假日也不例外。小王加入这家公司快8个月了，他说："我几乎从来没有按时下班过，七八点下班就算早的了，每天在公司吃盒饭，家里都不用开火，有两次甚至直接在公司的沙发上睡觉。"提到加班工作，员工可以理解公司所处的行业竞争激烈。但是令员工感到吃惊的是这种加班工作几乎成了永久性的。在天慧公司所处的行业中，近年来公司之间的并购也成为一个潮流。目前，该公司正在与另外一家公司进行并购，在这个过程中，许多部门的工作负担都大大加重了，甚至要完成数倍于原来的工作量。天慧公司的员工并不是唯一体验到越来越高的工作压力的人们。许多公司面临着在竞争中被挤垮的危险，这些公

---

① 资料来源：陈国权. 组织行为学[M]. 北京：清华大学出版社，2006.

司通过裁员的方式来应对压力、减少成本或者仅仅为了能够生存下去。天慧公司也进行过这样的裁员。通常,那些裁员后保留下来的员工需要承担更多的工作任务,公司期望他们肩负起振兴公司的重任。员工人数减少了,但是他们需要完成以前更多数量的员工能够完成的工作量,维持同样的甚至达到更高的生产力水平。这些幸存者心中也常常忐忑不安,因为不知哪一天,公司又要进行新一轮的裁员,到那时自己是否还能幸免就成了一个未知数。不管怎样,这意味着员工需要在每天或每周工作更长的时间。在天慧公司,当在周末或者节假日走进公司,你很难想到这是节假日,因为有那么多人正在公司中忙碌。

在这种超负荷的工作状态下,往往意味着某些工作的完成质量受损、很多被认为不太重要的工作被忽视、每天工作更长的时间、将工作带回家里完成、在双休日和节假日工作。很显然,这种增加的工作时间意味着员工花在其他事情上的时间减少,如享受家庭生活的时间、娱乐休闲的时间、从事业余爱好的时间。持续增加的工作负担和减少的休闲时间导致了工作压力水平不断上升、更低的生产力和服务质量及个人幸福感的降低。天慧公司的许多员工在抱怨自己每天所做的就是在上班的路上及在上班,许多人由于没有时间和家人在一起而影响家庭关系,现在公司里还有许多大龄的单身贵族没有时间考虑自己的个人问题。

天慧公司也在想办法回报员工所付出的超负荷的努力。例如,公司正在设法为员工提供更多的加班补助,让员工感到自己为公司做更多的贡献是能够得到经济上的回馈的。公司也正打算引入员工帮助计划,通过提供心理咨询等方式帮助员工应对工作压力。

15.5 旅游企业员工心理健康维护

15.5.1 对心理疾病应有的认识

1. 心理疾病是可以治疗的

虽然从一方面看,心理疾病的原因不易确定,治疗时效果缓慢,可是从另一方面看,这种疾病不易危害个人生命,而且具有很大的不治而愈的可能。生理上的疾病多凭借医术和药物,心理上的疾病则多凭借患者自己的了解、信心与毅力。例如,个人不幸患有某种心理疾病,首先应该坚信,只要遵从心理治疗者的指导,心理疾病是可以治好的。

2. 心理疾病是可以预防的

虽然心理疾病的产生有遗传的因素,但一般说来主要是由于后天生活经验中的不良适应已成习惯所引起的。长期焦虑是形成心理异常的主要原因,而焦虑又是由挫折和冲突引起的。因此,减少员工挫折和冲突的机会,培养员工适应环境的能力,培养员工多方面的兴趣,建立正确的人生观和世界观是非常重要的。人处在竞争激烈、生活紧张的社会里,固然不能遇事退却,但也不能过分强求自己做力所不及的事情。对人对事要拿得起、放得下,才不至于患得患失,整天处于紧张、防卫、焦虑的情绪状态中。

3. 心理疾病并非可耻之病

所谓失常,只是在某些行为上有偏差的程度之分,并无种类之别。严格地说,任何人

在某时某地都会有某种程度失常的表现,而且任何人也无法预料到自己将来是否会遇到挫折而导致心理失常。从大的方面说,心理失常不仅是个人的不幸,而且也是社会的损失。因此对失常者应该给予同情与协助,使其获得安全与自救的机会。

15.5.2 提高心理健康水平的途径

心理学家强调,一个人没有心理障碍,并不能说明他有真正健康的个性。没有心理障碍只是达到真正心理健康的第一步,真正健康、理想的个性所达到的发展水平要远远高于一般水平。一般心理健康水平的人尽管没有心理障碍,也能够适应日常生活的各种要求,并满足自己的各种需要,甚至对平时生活的各个方面也感到满足。但是,这些人仍常常会感到生活无聊、厌烦、每况愈下。其中许多人虽然生活舒适、工作稳定、家庭温暖,生活中似乎也没有碰到什么大的问题和困扰,但他们也从来就没有高度振奋的体验和压倒一切的生活热情,也没有明确执著的追求和强烈的奋斗及献身精神。事实上这些人还有很多潜能没有得到发挥,他们也还没有达到能够达到的发展水平和生活状况。因此,心理学家指出,心理健康水平直接影响着一个人心理能量发挥的程度,影响着人的身体健康、生活状况与成功,更影响着个性所达到的发展水平。

提高心理健康水平对每一个人来说都是非常重要的,提高心理健康水平的途径主要有以下两个方面。

1. 了解并接纳自己

俗话说"知人容易知己难",这是人类行为上的一大缺点,也是形成心理失常的主要原因之一。所谓"知己",就是了解自己。了解自己的优点、缺点、能力、兴趣等。不切实际的自我概念会直接造成种种困难。

个人对自己的一切不但要充分了解,而且还要坦然地承认并欣然地接受,不要欺骗自己,更不能拒绝或憎恨自己。

一个人怎样才能客观地认识自己并欣然地接受自己呢?

1) 要学会多方面、多途径地了解自己

不是只从稳定的生活世界周围,而是从整个生活经验来了解自己。既了解别人对自己的评价、自己与别人的差别,也了解自己操纵周围事物、把握周围世界的状况;既了解自己的能力、身体特征,也了解自己的性格、品德等。这样,人们才能对自己有一个全面的了解,使自己在范围广大的领域中都能完成良好的适应,拥有不断发展的机会。

2) 要消除误解

在人们的正统教育中,总是向人们灌输理想人格的观念,而忽视引导人们正视自己的黑暗的或社会价值观不接受的一面。事实上,人并不是一个理想的、死板的观念,而是一个活生生的有机体,因而人有冲动、有攻击性、有本能的欲望。人有时会产生与社会鼓吹的理想人格不相符合的念头,有时会有与社会期望不相符合(但未必是犯罪和不道德)的行为。而这些念头和行为就常常成了不能自我接纳的根源。因此,应正视那些人性的黑暗方面但又是自然的方面,因为它们无损于人们的价值和尊严。

3) 避免以唯一的标准进行社会比较

人们的自卑情绪也常常源于用唯一的标准来衡量自己。在一定的范围内以唯一的标准来把自己同别人相比较，势必会出现优劣、高低之分，当自己处于不利的地位时，就容易引起自卑和自我拒绝情绪。实际上，世界是复杂的，人身上很多的特征都具有两面性。人在某一方面的落后（有时还是暂时的、偶然的）并不能成为自卑的理由，可能在更多的方面超越了别人。退一步说，即便以某一单一标准来衡量自己，对于在某一范围优秀的人，在更大范围来看未必还优秀，而在某一范围落后的人，在更大范围内也未必还落后。

4）适当的抱负水平

挫折常常会诱发自我拒绝情绪，在日常生活和学习中，有些挫折是无法避免的，而另一些挫折则常常是因为人们不切实际的成就欲望导致的。心理学家建议，最为适当的抱负水平应当是选择既有适度的把握，又有适度的冒险的目标。

2. 主动参与社会活动

凡是心理失常者都与别人失去和谐的关系，因而在行动上多表现为退缩，甚至对人表现出仇视、怀疑、畏惧、憎恨等态度。因此，从预防的观点看，主动参与社会活动，并与人建立良好的人际关系，是维护心理健康的最好方法之一。首先，要能够进行正常的个人间的私人交往。私人交往包括与家庭中亲属间的交往和朋友间的交往。这种人际交往不重形式而重感情。平常称好朋友为知己，所谓知己，是指了解自己并能与自己分享苦乐的朋友。从心理健康的观点看，具有真情实感的朋友能使人在心理上得到安全感。因此，在个人生活中，朋友是不可缺少的。其次，要参加职业性或学术性的活动。参加这类社会活动，一方面扩大了交往的范围，同时也可以使自己在工作或学术上得到发展和提高。

本章小结

本章首先介绍了健康的概念及员工心理健康的标准，进而对员工的挫折心理内容及自助方式进行了剖析，并且分析了员工的心理疲劳与调节，力求能够全面分析员工情绪状态的自我调节方法，对如何维护员工的心理健康有比较全面的解析。

章前案例解析

受年龄、职业、家庭背景等不同条件的影响，个体的压力感受有很大不同。但总体而言，会受到抗压能力、处理问题能力等自身因素，家庭因素，学校或单位等不同群体因素的影响。解决压力的问题，需要准备的定位自己，清楚地认识到自身的价值和当前实现价值的条件及平台，从而积极应对；对于家庭和单位的大环境，只能做到积极合理的影响，更多的是适应。

作为旅游企业管理人员，在解决旅游工作者的心理压力时，首先要选择恰当的方式来寻找压力源。针对于工作带来的压力，可以考虑工作硬件条件的改善、工作人际关系的疏导、工作流程的科学化、工作强度的合理化、工作待遇及自我价值实现的提升空间创造等多个方面，从而满足员工的生理和心理需求。在有限的条件下，以情感人、用情疏导，引导员工拥有一个积极向上的心态来应对工作。

复习思考题

一、名词解释

心理自助　心理疲劳

二、选择题

1. 挫折产生的客观原因是（　　）。
   A. 自然因素　　　B. 社会因素　　　C. 管理因素　　　D. 需要冲突因素
2. 员工对挫折的容忍力大小与（　　）有关。
   A. 生理条件　　　B. 心理成熟程度　　C. 社会经验　　　D. 对挫折的知觉
3. 心理自助最常用的方式有（　　）。
   A. 代偿　　　　　B. 合理化　　　　C. 宣泄　　　　　D. 攻击
4. 情绪状态自我调节的正确方法包括（　　）。
   A. 积极自我暗示法　　　　　　　B. 形象控制和想象演习法
   C. 积极行动法　　　　　　　　　D. 延缓反应法和自我强化法

三、判断题

1. 当人们遇到挫折，能够忍耐和排除不良情绪、克制自己，免于行为失常的能力是挫折容忍力。（　　）
2. 由于受挫折的人各有特点，所以其受挫折后的行为表现也各有不同。一般有两类：有的人采取积极进取的态度，采取减轻挫折和满足需要的积极适应的态度；有的人却采取消极的态度，甚至是对抗的态度，如攻击、冷漠、幻想、退化等。（　　）
3. 疲劳的第二个阶段，倦怠感强烈并以过度疲劳的形式出现。工作曲线或是急剧下跌，或是"忽高忽低"，后者表明人正在试图维持作业的规定进度。（　　）

四、简答题

1. 简述旅游企业员工心理疲劳的调节的方式？
2. 简述提高心理健康水平的主要举措。
3. 简述形象控制和想象演习法的注意事项。

五、论述题

1. 简要概括心理自助的概念，结合心理自助的常用方式，举例说明如何进行积极的心理自助。
2. 情绪状态自我调节的方法有哪些？

六、案例分析

徐敏超事件

吉林市雾凇旅行社的一名导游员徐敏超，在2007年4月带领40人的吉林市"夕阳红"旅游团游览云南丽江古城。期间，徐敏超和当地负责接待旅游团的导游员彭某发生争执，彭某弃团而去。徐敏超情绪激动，从东大街的一家银器店借了一把刀，而这个借刀的人，也正是第一个被砍伤的。之后徐敏超夺门而出，在门口又砍伤了2个人，其中有一位老太太。之后他直奔四方街，在四方街前后砍倒了十几个人，两月大的婴儿也被砍伤，接着在路上又连续砍倒了6个人，直至最后被抓获。

问题：

1. 在工作中遇到挫折和失败时，如何进行自控和心理调节？
2. 作为旅游企业管理人员，在关注员工的心理健康方面应该采取哪些措施？

参考文献

[1] 冯海英,等.现代心理学新论[M].成都:电子科技大学出版社,2007.
[2] 中国科学技术协会.心理学学科发展报告 2010—2011[M].北京:中国科学技术出版社,2011.
[3] 舒伯阳,廖兆先.旅游心理学[M].大连:东北财经大学出版社,2007.
[4] 吕勤.旅游心理学导论[M].重庆:重庆大学出版社,2007.
[5] 时蓉华.社会心理学[M].上海:上海人民出版社,2001.
[6] 刘志友,聂旭日.消费心理学[M].大连:大连理工大学出版社,2007.
[7] 魏乃昌,魏虹.服务心理学[M].北京:中国物资出版社,2007.
[8] 阎纲.导游实操多维心理分析案例100[M].广州:广东旅游出版社,2003.
[9] 娄世娣.旅游心理学[M].郑州:郑州大学出版社,2006.
[10] 马继兴.旅游心理学[M].北京:清华大学出版社,2010.
[11] 李昕,等.旅游心理学基础[M].北京:清华大学出版社,2006.
[12] 刘纯.旅游心理学[M].北京:科学出版社,2004.
[13] 牛志文.饭店服务员培训教材[M].北京:金盾出版社,2007.
[14] 吴军卫.前厅疑难案例解析[M].北京:旅游教育出版社,2000.
[15] 吴正平,阎纲.旅游心理学[M].北京:旅游教育出版社,2005.